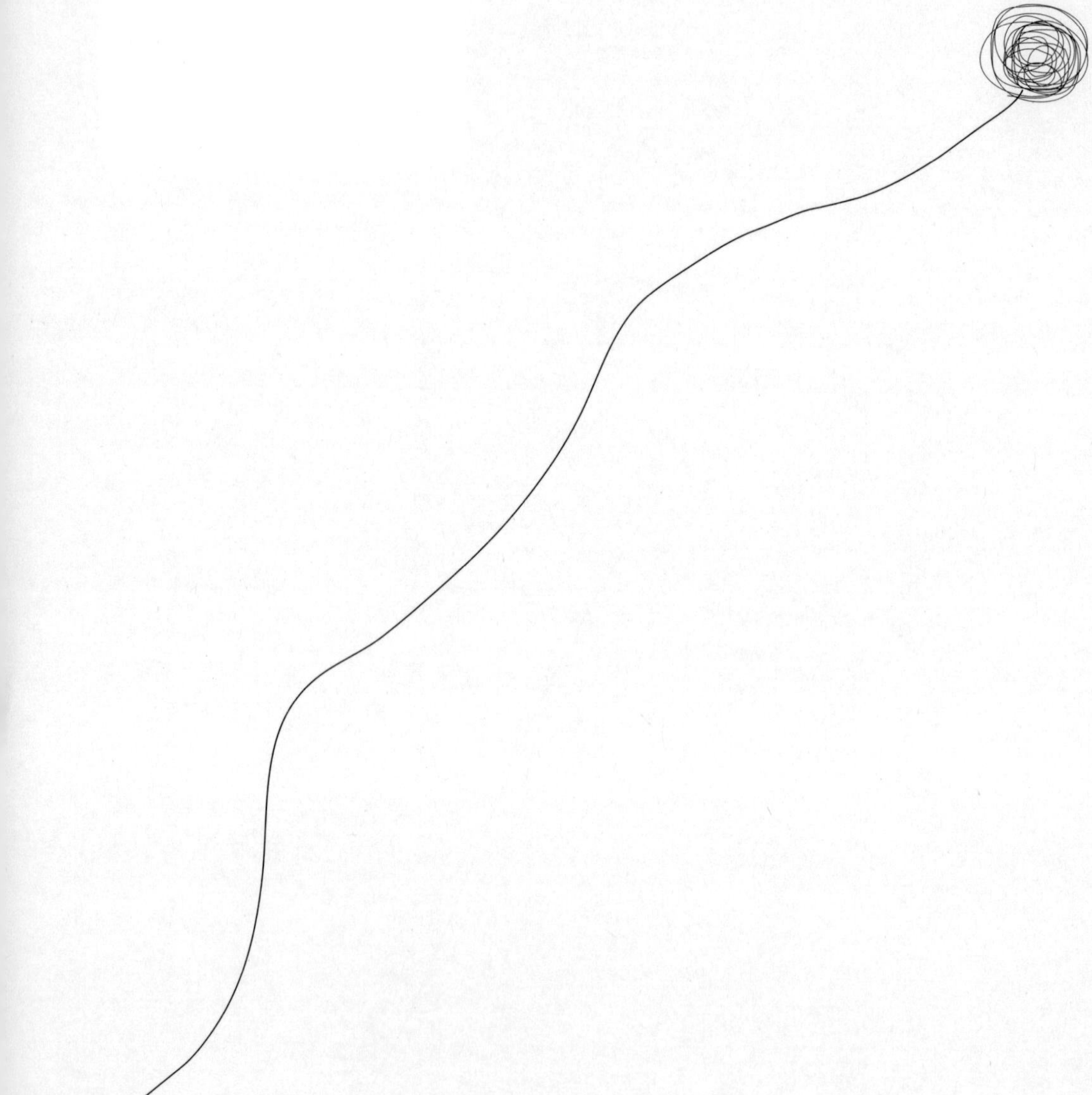

spot

context is all

如詩的地毯

喀布爾男孩成長記

A Fort of Nine Towers
An Afghan Family Story

Qais Akbar Omar（凱斯 · 阿克巴 · 歐馬）著

鍾玉玨 譯

閱讀本書可以如實了解阿富汗的現況。這本讓人印象深刻的回憶錄，記載了一個家族因戰爭導致生活分崩離析後，被迫踏上讓人難以想像的飄泊歷程。本書也在令人寒顫的災難現場，記錄阿富汗這個飽受蹂躪的國家過去三十年來最黑暗的一段時期。充滿詩意、鏗鏘有力、深刻難忘。——**卡勒德・胡賽尼**（Khaled Hosseini），**暢銷書《追風箏的孩子》**、**《遠山的回音》作者**

令人難以想像……一個男人召喚的成長記憶，透過一個孩子的眼睛訴說著令人著迷的戰爭故事。——**《紐約時報書評》**

若今夏只能讀一本書，本書是首選。故事精彩震撼，講述宗教狂徒以及人民堅持不棄的希望，呈現塔利班掌權前後喀布爾發生的一切。——**《O雜誌》**

文筆優美，有著小說的節奏感與懸疑性……生活在軍閥與塔利班魔掌下的阿富汗，作者詳細敘述自己的成長過程，充實而出色，尤其難得的是他活著說出親身經歷。——**《華盛頓郵報》**

詩意、詼諧，卻又讓人覺得恐怖。——**《經濟學人》**

坦率、感人……引起世人共鳴的傳記經典佳作。——**《新聞日報》**

本書捕捉了對多數美國人而言均很陌生的時間與場景……的確是非常寫實，但也溫馨、風趣、激勵人心。——**《波士頓環球報》**

抒情卻讓人感受強烈。這本初次登場的回憶錄讓人著迷、不容錯過，同時也巧妙地勾起世人的注意，讓他們重新認識阿富汗這個飽受誤解的土地與人民……以精彩的生命與文化勾勒出一張圖案豐富的織毯。——**《柯克斯書評》**

歐馬的行文討喜直率，自由不受拘束，有時還帶點調皮。道地的阿富汗作品，因為處處可看到阿富汗人的堅韌與寬容。——**《出版者週刊》**

一本精彩不凡的傳記，描繪歐馬在瘋狂時期的成長歲月，以及他所屬的中產階級家庭在十年的內戰與塔利班統治期間如何辛苦地求生。本書比《追風箏的孩子》更讓人印象深刻，因為本書並非虛構故事。——**《費城詢問報》**

歐馬的回憶錄呈現了阿富汗普通百姓的樣貌以及殘酷的遭遇。儘管目睹了各種駭然與恐怖，也痛失了至親，歐馬字裡行間卻看不到恨意與復仇之心，只有泰然。——**《泰晤士報》**

歐馬是喀布爾年輕的地毯商，他執筆的自傳是阿富汗最傑出的傳記之一。本書的特色是捕捉到了那個年代的動盪與破壞。——**《環球郵報》（英國）**

本書寫給喜歡阿富汗的讀者，寫給想了解阿富汗的民眾，或純粹寫給那些非常看重人類高尚情操的人士。本書值得與《追風箏的孩子》齊名。——**羅納德・紐曼（Ronald E. Neumann），前美國駐阿富汗大使，現為美國外交學院院長。**

contents

阿富汗

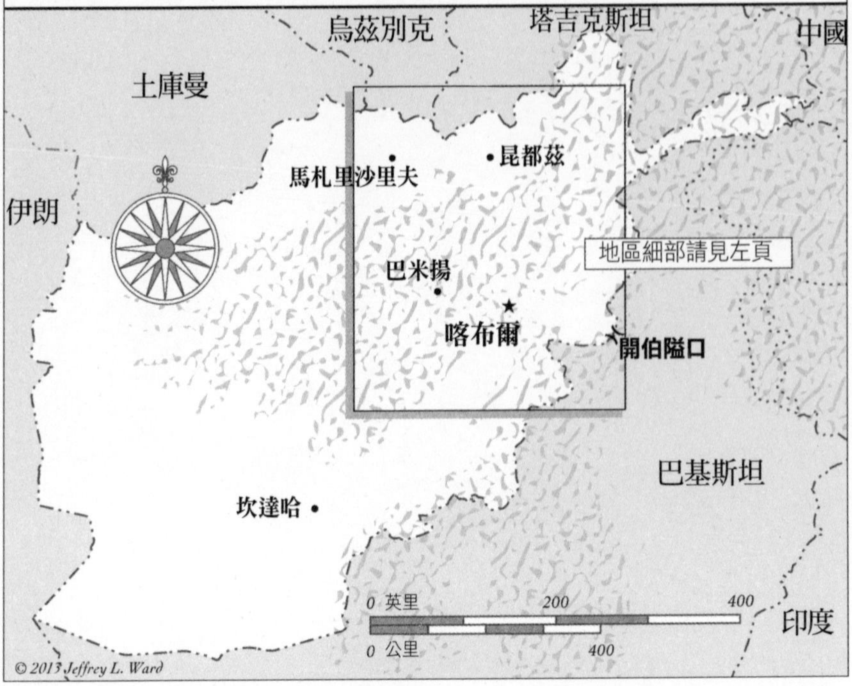

烏茲別克
塔吉克斯坦
中國
土庫曼
伊朗
馬札里沙里夫
昆都茲
地區細部請見左頁
巴米揚
喀布爾
開伯隘口
巴基斯坦
坎達哈
0 英里
200
400
0 公里
400
印度
© 2013 Jeffrey L. Ward

喀布爾

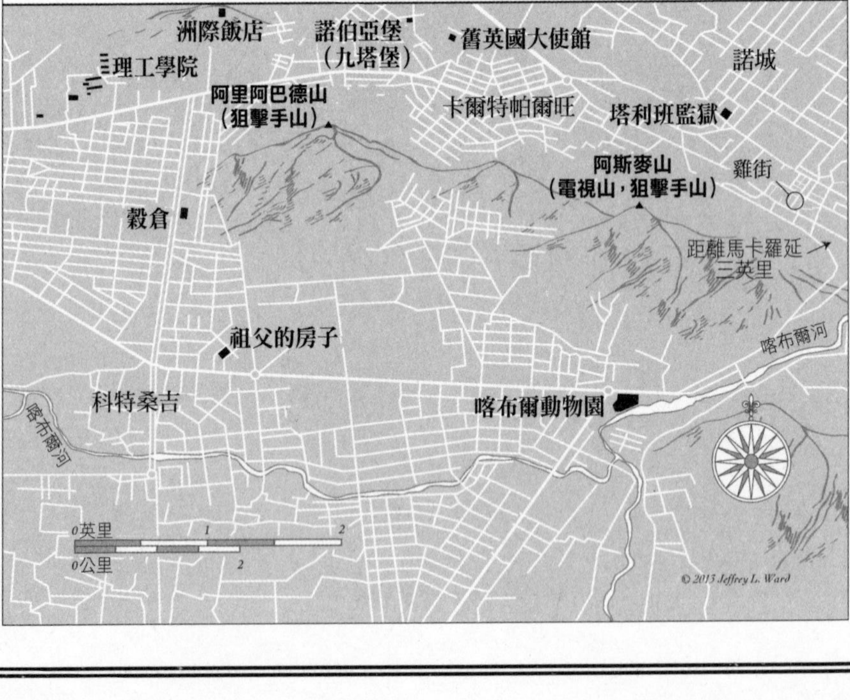

洲際飯店
諾伯亞堡
（九塔堡）
舊英國大使館
諾城
理工學院
阿里阿巴德山
（狙擊手山）
卡爾特帕爾旺
塔利班監獄
阿斯麥山
（電視山，狙擊手山）
雞街
穀倉
距離馬卡羅延
三英里
祖父的房子
喀布爾河
科特桑吉
喀布爾動物園
喀布爾河
0英里
1
2
0公里
2
© 2013 Jeffrey L. Ward

家族逃亡之旅

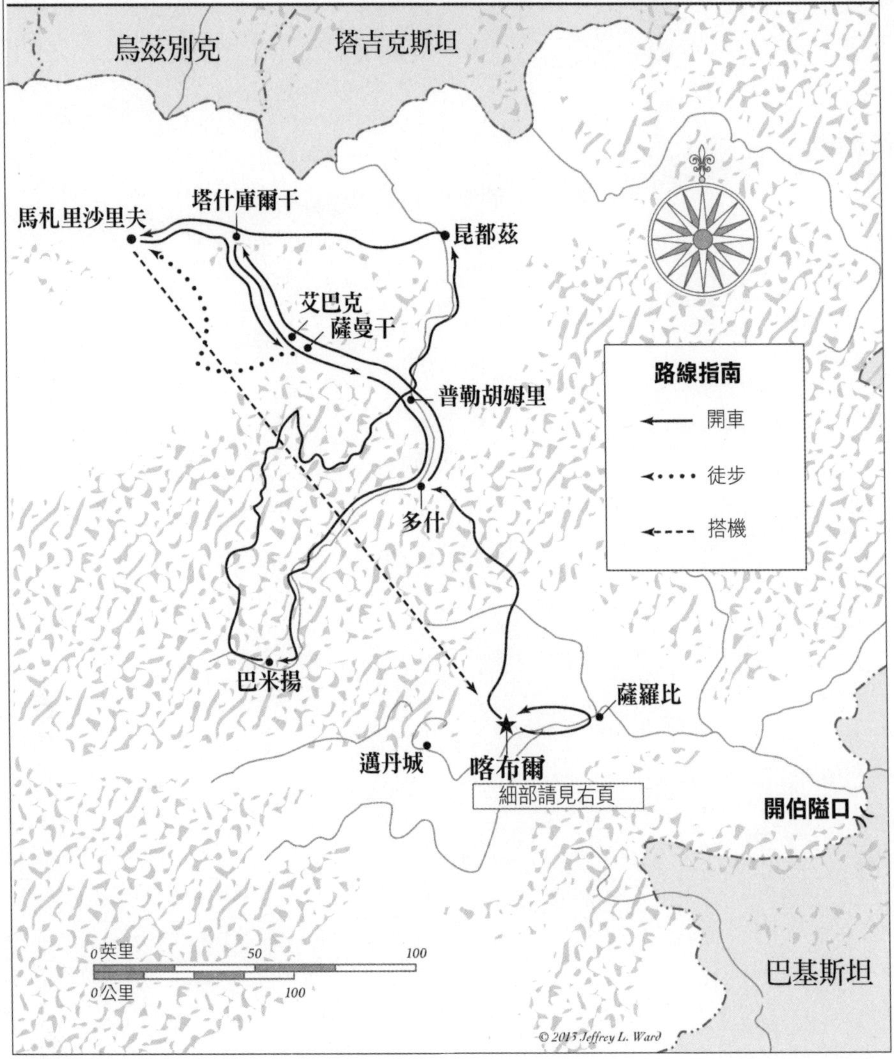
烏茲別克
塔吉克斯坦
馬札里沙里夫
塔什庫爾干
昆都茲
艾巴克
薩曼干
普勒胡姆里
多什
巴米揚
薩羅比
邁丹城
喀布爾
細部請見右頁
開伯隘口
巴基斯坦
路線指南
開車
徒步
搭機
0 英里 50 100
0 公里 100
© 2013 Jeffrey L. Ward

若悲傷占據心靈，那快樂何處落腳？
生活悲喜雜陳。
除了萬物的創造者，沒有人能將悲喜一分為二。

真男子凌駕在死亡之上；死亡在凡夫上找到棲身。
真男子不會被死亡擊倒；死亡在凡夫上找到名字。
當一個人的名字為世人景仰，死亡便藉藉無名。

——祖父箴言

序曲

電話總是在一大清早響起。樓上母親的房間傳來電話鈴聲時，我還在早禱。我彎身往前傾，讓頭碰觸地毯，這下得更努力才能心無旁騖，專注於腦海裡川流不息的古老經文。

真主阿拉至大，榮耀歸於我全能的主……

每次母親接起電話之前，我都猜得到是誰來電。

準是我移居加拿大的姑姑，她剛參加完婚禮回到家，在婚禮上遇到了某家的女兒，這女孩漂亮、聰明、風趣、家世一流。這些女子的老家不外乎在喀布爾（Kabul）、坎達哈（Kandahar），或是馬札里沙里夫（Mazar-e-Sharif）。我祖父認識她們住在那兒的叔伯，要不就是她們的父親和我們鄰居的表親曾是哈比比亞（Habibia）高中的同窗，曾在阿瑞納飯店（Ariana Hotel）被砲彈炸毀之前，擔任那裡的高階主管，或是……

阿拉，唯一的真主。祂是絕對的、永恆的。祂沒有子嗣，也沒有被生產，沒有人能像阿拉一樣。

姑姑移居加拿大已三十年。我想她大概認識所有在加國的阿富汗人。當年她年紀輕，又是寡母，帶著一個幼女在陌生國度討生活，還得克服語言障礙，儘管自己都自身難保，卻不減助人的熱情，許多初次踏上加國的同胞都曾受她接濟。阿富汗人感恩知報，絕不會忘恩負義，現在不論她走到哪裡，莫不受到同胞的歡迎與愛戴，感念她的善心與義舉。除了在伊斯蘭齋戒月期間，她幾乎每週都會受邀參加婚禮。婚禮是姑姑「獵女」的機會，她從小看著這些女孩長大，看著她們善用異地給予的機會蛻變，若她們的家人三十年前選擇續留在喀布爾，她們絕不會有今天的發展。這麼多年下來，姑姑的腦袋有了張單身漢名單——舉凡甥侄、鄰居、任教過學生的兒子等等都在名單內，隨時等著幫他們作媒牽線。

神賜汝豐饒，
汝當祈禱與犧牲，
汝若不敬主，希望一律斷。

我現年二十九歲，大學畢業，擁有自己的地毯事業，有時會和外國人打交道。我四肢健全，這在地雷充斥的阿富汗可不是容易的事。我出身良好家庭，至今未婚。我是普什圖人（Pashtun），但有雙哈札拉（Hazara）人的眼睛，這得感謝高祖母，至今沒人記得她的全名，因為她是女性，只知她出自中亞某部族，擁有蒙古血統。在我身上體現了多種族融合特徵，這正是阿富汗人的特點。

姑姑為了我，不斷參加婚禮，儘管忙了一天早已累癱，儘管外面冰天雪地，積雪盈尺，她還是強打起精神勉力出席。我給了她和人聊天的話題，提供她吹噓的素材。我兜售地毯，而她兜售我給某個女孩。她最大的心願是看到我搬離阿富汗，到別處過著富裕而安穩的生活。

我怎能告訴她我愛阿富汗？我喜歡當阿富汗人？（雖然有人覺得這話聽起來匪夷所思。）怎能告訴她我希望協助重建被太多人嚴重蹂躪破壞的阿富汗？我知道重建需要可觀的時間，這些我都懂。我是織地毯的，知道地毯靠著一個結接一個結才能慢慢織出圖案。

哦，老天爺，能否放我一馬，別把我的命運和這些對我至為重要的人緊密交織在一起？

阿們。

結束早禱，我坐在大型落地窗旁，從這兒可以俯瞰喀布爾大學以及遠山。儘管是一大早，卻積了厚厚一層霧霾，幾乎看不清山峰嶙峋的輪廓。

喀布爾的揚塵非常嚴重。現在這裡到底擠了幾百萬人？沒有人知道。我記得小時候，這裡只有八萬人，家家戶戶都住大宅、擁有大花園。而今我們住在山腰，和山羊一樣，而賣土地給我們的是擅占別人房屋與土地的「土霸」。

太陽從群山之後冉冉升起，在揚塵的反射下，泛出一層油光。我靠坐在椅墊上，椅墊出自一群每年在荒地跋涉數英里為牲畜尋找綠地的遊牧民族。我的祖先也是遊牧民族，直到祖父定居喀布爾，才結束遊牧生活。現在我們已經不養牲畜，除非把屋頂那隻貓也算在內。

我么妹在保溫杯裝了熱茶端給我，順便透露加拿大姑姑說了什麼。其實我早就猜到了，但我不動聲色，以免壞了她的興致。她眼睛裡閃著狡黠與使壞的神色，我想她打算揶揄姑姑介紹的女孩。四個姊妹現在仍住在家裡，母親會把相關細節一五一十地告訴她們，大姊雖然已婚，但總能在最短時間掌握最新消息。在阿富汗，婚姻是家庭大事，也是聊天、消遣的主要素材。么妹打量我的情緒，不知我有無心情和她開玩笑，或是會直接把她攆出去。

最後她咯咯咯地笑著離開。若哪天我真的離開這裡，一定會對她念念不忘。

有時我心想，祖父當年是否經過一番掙扎才決定放棄遊牧生活，捨遼闊的大地而就處處高牆的喀布爾？我想起精神導師莫拉納．賈拉魯丁．穆罕默德．巴爾希（Maulana Jalaluddin Mohammad Balkhi，世人較熟悉魯米[1]這個名字），當年碰上成吉思汗（阿富汗軍閥最崇拜的戰爭大師）橫掃千軍、摧毀一切時，是不是也不得不逃離阿富汗，奔走他鄉？

我該上樓吃早餐了。父親已騎著腳踏車到中學教物理課。母親準備到辦公室，協調發放賑災的救援物資。兩個么妹準備走下山上學，出門前，正忙著調整搭配黑色制服的白色頭巾。另外一個妹妹在廚房幫我張羅一些優格與水果，她在喀布爾大學主修農業，馬上要出門上課。我唯一的弟弟小我八歲，在樓上房間跳繩，揚起的灰塵飄進樓下房間。

這是每天上演的例行活動，是我家每天早上的生活節奏。這些微不足道的芝麻小事將跟著我一輩子，我確信沒有什麼比這更讓我懷念與難忘。

不確定感像塵埃一般又厚又重地懸在空氣中。我不知道生命之路會引領我走到哪裡，我的天性不適合坐著枯等，但是當下既然看不到前程，只好將就地回頭檢視，將這些年經歷的奇特動盪歲月訴諸筆端。也許，有天我會更了解這些往事的意義，也許其他人也能窺知其真諦，也許本書可以幫上一點忙。

一切遵照阿拉的旨意。

1 魯米（Rumi，一二〇七—七三），伊斯蘭教蘇菲派神祕主義詩人、教法學家。

第一部

聖戰士

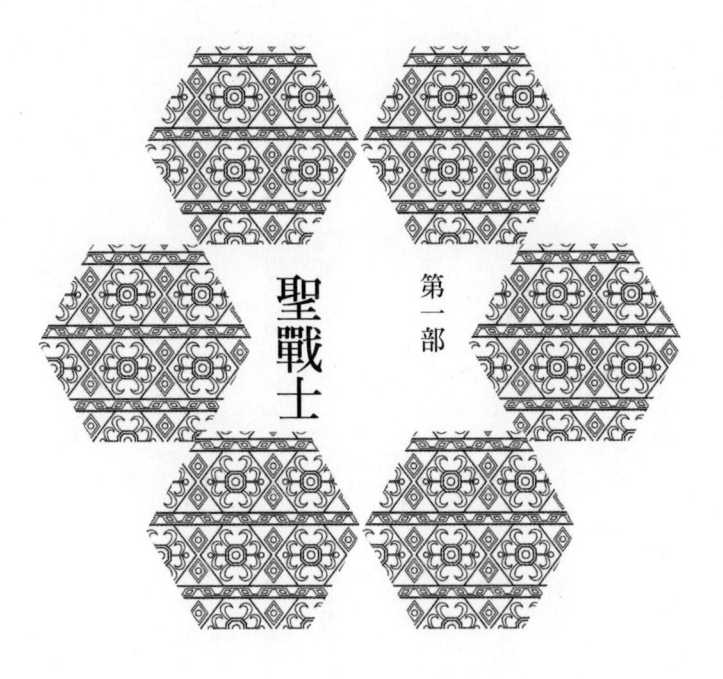

1 花園裡的麥金塔

在戰火、砲彈、軍閥和他們虛假的承諾之前，在我們熟悉的人物無端從人間消亡或流亡異鄉之前，在塔利班和他們瘋狂的行徑之前，在空氣還未瀰漫死亡氣息之前，在大地尚未沾染紅色鮮血之前——我們原本生活美滿。

我們沒有保留照片，在塔利班執政期間，這麼做太危險了，因此我們把照片都銷毀。但是絕望降臨阿富汗之前，我們對昔日的生活點滴依舊留下清晰而深刻的印象。

母親穿著短裙，坐在銀行的辦公室裡，服務大排長龍的客戶。她在銀行受到大家敬重，一來是因為她嫻熟銀行業務，二來是因為她有能力解決客戶問題。

父親穿著喇叭褲，騎著摩托車馳騁於喀布爾的大街小巷，那模樣簡直就像個電影明星。有時他會用一條皮帶把我緊緊綁在背後，看著他的長髮迎風飛揚。他在轉角咻地轉彎時，兩腿上的金屬護膝因為摩擦人行道而冒出火花。隔天我把這告訴同班同學，大家都歆羨不已。

我有個叔叔因為做生意經常飛往國外。其他叔叔與嬸嬸在喀布爾念大學，大家都非常講究時尚。祖父將一頭濃密的白髮梳理得一絲不苟，身上的西裝是義大利手工量身訂做，高雅又顯貴氣。每次他一現身，都是全場的焦點。

祖父人高馬大，虎背寬肩。不同於多數阿富汗人，他會將古銅色臉龐上的鬍子刮得乾乾淨淨。最讓人過目難忘的，是他又大又黑的雙眼，如此的深邃、懾人，如此的溫柔。

這些畫面會突然湧現，有時發生在極為普通的場景。

父親叫著我的名字，要我準備上學。我張開雙眼，看了一下床頭牆上的鐘，時間還早，但我能對父親抱怨嗎？他是我父親，我是他兒子。普什圖族的兒子必須對父親言聽計從。

但我真的還想睡個回籠覺。我揉著惺忪的雙眼，聽著父親持續喊道：「起床了！戴上手套，我在拳擊場等你。」他希望我能在早飯前和他一起運動。他已經開始對我進行體能訓練，希望我能和他一樣當個知名的拳擊手，參加各大國際比賽。

我討厭早起，但是我喜歡和父親一起運動。他每次都放水讓我贏，儘管我只有七歲。

我也喜歡上學，從不蹺課缺席。我不僅聰明，而且人緣好。有時同學會向校長抱怨，說我欺負他們，戳他們的臉。但是校長會罩我，因為他是祖父最好的朋友。但是校長從不對我笑。

我和大我一歲半的姊姊念同一所學校。她比我聰明，也比我會做人。儘管她是鼎鼎有名拳擊手的女兒，但她從不欺負女同學。

祖父的家是我們生活的重心。

祖父在一九六〇年代末蓋了這間房子，當時他在阿富汗國家銀行（Bank-e-Millie）擔任會計專員。那時正值阿富汗經濟起飛，祖父預見沿著喀布爾河而建的千年蜿蜒腸徑，將容納不下日益壯大的喀布爾。於是他買下遠在陡峭小山另一頭約五英畝的土地，該山的雙峰數百年來屏障了喀布爾的南邊與西邊。當時那塊土地以外的地方全是農地，土磚搭蓋的村落散見其間，但這光景並未維持太久。

祖父購地前做了一番研究，並和熟悉該地的農民交換意見，最後小心翼翼選中這塊擁有一口好井的地。即使碰上一連幾個月的旱季，鄰居可能缺水，但我們一家仍有水可用。祖父在自有地的四周蓋起固若金湯的水泥牆，但保留一部分地興建學校，讓附近孩子能夠上學，他知道這些小孩的家庭不久將變賣農地，改建成住宅區。

父親有七個兄弟，他和其他六兄弟、六兄弟的老婆以及小孩，全都安居於祖父蓋的大宅裡。我有超過二十五個堂兄弟，大家年紀相仿，會一起玩樂。每個叔伯的家都有單獨的兩間大房，櫛比鱗次地排列在花園一端的單層樓房裡。祖父的住房在花園的另一邊。老中兩代隔著花園，花園裡種了六十棵麥金塔蘋果樹，樹苗是祖父的堂兄從美國攜回，經過和阿富汗品種的蘋果樹接枝改造，成了阿富汗非常稀有的品種，祖父對此引以為傲。

緊臨大宅外有一排三層樓公寓，一樓是店面，二、三樓是住家。祖父將公寓出租給非親非故的人。公寓的窗戶全面向街道，阿富汗人不會讓陌生人往內窺探自家的院子。

父親在其中一個店面開了健身房，每天放學後，數十名年輕男子會在這裡受訓，希望有朝一日能成為拳擊手。堂兄瓦基爾（Wakeel）和我會站在人行道看著他們對著沙包練拳、做伏地挺身、跳繩，父親則在拳擊台上和一個或兩個人格鬥。

瓦基爾大我七歲，是我夢寐以求卻永不可得的兄長（我是家裡長男），而我也是他夢寐以求的弟弟。我模仿學員練拳時，他充當我的沙包。每次打到他時，他都笑笑地回應。

祖父當時已從銀行退休，將其中一個稍大的店面拿來充當存放地毯的倉庫。倉庫的門又厚又重，並套上一把牢不可破的鎖，裡面充滿著從羊毯溢出的羊毛脂香甜的氣味。祖父在倉庫擺放了數千條地毯，堂兄弟和我喜歡在堆高的地毯叢中跳來跳去。

所有叔伯都有自己的事業，但瓦基爾的父親例外，他在阿富汗的國防軍服役，官拜少校。他老愛說：「做生意風險太大，多數生意人都有心臟病，或是早死。」他是祖父的長子，因此在家中地位特殊，他和老婆、兒子瓦基爾（我最喜歡的堂兄）以及兩個女兒靠著軍餉過著舒適悠哉的生活。

某天他去了辦公室，自此音訊杳然。我們至今不知道他是生是死。當時我第一次聽到「共產主義」這個詞，但不知道那是什麼意思。如今二十五個年頭過去了，嬸嬸還是癡癡地等著他回家，直到現在每當有人敲門，她就立刻奔到門邊一探究竟。

父親是祖父的第三個兒子，像所有其他兄弟一樣，只娶一個老婆。我們家族不時興三妻四妾。鄰居把父親視為聖人，對他非常尊敬。他們來找父親，和他討論生意以及碰到的難題。儘管他們有些人的年紀比父親還大，但他們會稱父親為拉拉（Lala），意為「老大哥」。他們跟父親說：「你的想法比你的年紀還老成。」父親勇於嘗試一切，「不」這個字，對他完全派不上用場。

他也是唯一接手祖父地毯事業的兒子。他的五個弟弟認為地毯已成過去式，應該放眼未來，靠嶄新方式賺錢。

其中一個叔叔從俄羅斯進口產品，另外兩個叔叔還在念大學，但考慮進口醫藥賣給阿富汗全國藥局。

通常我們會一起用晚餐，有超過五十人坐在庭院的一角，大家拿著座墊圍成一圈，中間有塊布鋪在祖父精心修剪的草坪上，彩色小燈泡懸掛在頭上。晚餐後，祖父與兒子們聚攏來談論生意與事業，或是討論該送我以及其他堂兄弟去美國還是歐洲哪間大學留學。

婦女們則圍坐在另一邊，討論家務事。年紀較長的婦女得負責替年紀較小的女孩（例如父親有兩個尚未出嫁的妹妹）找個好丈夫。這兩個單身的姑姑和我們住在一起。至於父親的兩個姊姊已經出嫁，並搬去和夫家同住，她們的夫家也在喀布爾，但不在同一區。所有家族成員都會參與討論誰是合適的人選，而且一談就是好幾個月。

和我同輩的堂兄弟姊妹則圍坐在另一圈，大家比賽說鬼故事，或是欣賞喀布爾明朗的夜空，看著月亮與星星高掛天際。大家若聽膩了故事，就對著星星想像動物的形狀，然後開心大笑。

吃完晚餐，有時候父親或是其中一個叔叔會帶著我們小孩繞山一圈，在諾城公園（Shahr-e-Naw Park）附近購買冰淇淋，或是到電影院看一齣印度或是美國電影。

喀布爾當年有如一座大花園，街道兩旁綠樹成蔭，形成一條綠色隧道。市區裡到處是受到妥善打理的公園，裡面高大的粉紅色蜀葵、亮橘的金盞花、萬紫千紅的玫瑰花在互相爭奇鬥豔。家家戶戶都有花園，種著石榴、杏仁、杏樹等等。就連市郊那座有著雙峰的陡峭小山每逢春雨時節，山頂也會被低矮灌木叢或綠草所覆蓋。在春季與秋季，往返於俄羅斯西伯利亞大草原與印度之間的水鳥凌空而過，棲息在喀布爾四周的溼地。古老的地下水道將山泉引到市區，讓家家戶戶的花園永保常綠。

到了每週五穆斯林假日，學校停課，店家休市，我們一家人會準備豐盛的午餐到附近的花園散心，或是在卡爾加湖（Qargha Lake）附近、帕格曼山谷（Paghman Valley）內野餐，甚至遠至薩朗隘口（Salang Pass），隘口位於興都庫什山（Hindu Kush）的高海拔處，距離喀布爾以北開車約一小時。週五是大家族成員聚會、互訪、互開玩笑、閒聊八卦的日子。

堂兄弟和我會去爬山，那些長輩則靠著大型枕，躺在柳樹或是桐樹的樹蓋下休息。其他人一杯接著一杯地喝茶，未婚的姑姑們就忙著煮水泡茶。在長長的午後，大家輪流把芝麻蒜皮小事拿出來加油添醋，逗得大家開心大笑。當然，大家想方設法要說得比另一人精彩，畢竟我們是阿富汗人。我母親是當中的佼佼者。

叔叔們演奏塔布拉鼓（tabla），父親吹奏木笛，不過父親從未接受正規訓練。我們唱歌、跳舞、烤食物，一直待到天色已深才回家。

有時家族外出郊遊時，堂兄弟姊妹會進行課業比賽，誰拿最高分，就可以要求其他堂親出錢買他們想要的東西，價格無上限。大家競爭得非常激烈，我們父母充當裁判，每次我們答對，爸媽都高聲叫好。有時比賽不分勝負，平手收場。我們都討厭這樣的結果。

偶爾有些堂親會因此而吵架，冷戰一兩天，但多半維持不久，因為禁不起一起玩的誘惑。不管是在花園裡躲貓貓、打彈珠，在附近公園比賽誰騎的腳踏車比較快，抑或是在屋頂上放風箏，都讓我們小孩玩得樂不思蜀，沒完沒了。

每個春季與秋季的下午當微風吹起，數百個風箏升空，將喀布爾的天空擠得「水泄不通」，直到天幕變黑為止。放風箏不只是遊戲，還牽涉到個人的自尊，若能成功磨斷對手的風箏線，可是一件引以為傲的事。技巧在於利用速度與拉力，纏住然後割斷對手的風箏線。

瓦基爾是放風箏的高手，也是我們大家的指導老師。因為他割斷太多人的風箏線，所以街坊小孩給他冠了個頭銜——「狠心斷線手瓦基爾」。

某天下午，瓦基爾和我拿著風箏走上屋頂時，對著我說：「我們來比賽！」一如既往，他烏黑的長髮披垂在額頭輕拂著雙眉，濃眉下深邃的雙眼閃閃發光。永遠都是如此。

我說好。儘管我知道他準是贏家，但是就算有自知之明，知道自己贏不了，也不可以不接戰帖，我們自小就被教導不可以逃避奮戰。

祖父建造的出租公寓的頂樓平台是鬥風箏的理想地點。不僅高於街道兩旁的路樹，更像是個表演舞台。在平地的觀眾（大人小孩皆有）看到風箏升空，會一一放下手邊的工作，抬頭觀看比賽結果。一場精彩比賽將成為大家接下來數天談論的話題。

我們兩人的風箏在空中纏鬥了約半小時，瓦基爾在頂樓遙遠的另一端驚訝地喊道：「你進步得真快！以前我只消五分鐘就能讓你斷線，現在已撐過了半個多小時，你的風箏還繼續停留在空中。」突然他耍了一計我從未見過的高招，讓風箏繞著我的打轉，彷彿要「掐死」它，我感到手中的風箏線一鬆，眼睜睜看著風箏垂死，像片秋葉在空中飄蕩，離我愈來愈遠。

瓦基爾露出燦笑，得意洋洋地讓風箏飛得更高，用以向街上觀眾炫耀他又鬥贏了。我跑下樓，趕緊拿來另外一個風箏。

比拉（Berar）是哈札拉人，年紀約十多歲，是我們家園丁的幫手。他熱愛鬥風箏，每次我和瓦基爾比賽，他都一臉羨慕，目不轉睛地盯著交鋒的風箏。

比拉大瓦基爾幾歲，人長得又高又英俊，工作態度認真。他的家人住在巴米揚（Bamyan），那裡有大佛的佛像刻在山壁上。比拉並非他的真名，比拉在哈札拉語的意思是「兄弟」，我們不知道他的真名，他也不介意我們叫他比拉。

瓦基爾和我還分不出勝負之際，比拉忍不住一直盯著天空。老園丁不耐地念了他幾次。「你該看的是地上的雜草，而非天空。」園丁對比拉一向不假辭色。

「讓那小夥子休息一下。」祖父對園丁道。園丁和比拉正在打理祖父心愛的玫瑰花叢。剛好我又對天空放了另一只風箏，祖父對比拉點頭道：「去吧。」

比拉跑上屋頂，看到我正奮力地讓風箏爬到高點，避開瓦基爾的奇襲。比拉從我的手中搶走風箏線，並叫我握緊線軸。

我從未看過比拉放風箏。我一直對他喊道：「加油！加油！用力拉！」但比拉根本不需我的指點，他精準地知道該怎麼做。瓦基爾大聲對我吼道，就算我有一百個幫手，他還是會割斷我的風箏線。瓦基爾又高又瘦，不過他很壯，用力地扯著他的風箏，讓風箏繞著我的打轉。

比拉讓風箏飛得又高又快，很快就高於瓦基爾的風箏，然後他讓風箏俯衝，速度之快彷彿石頭從天而降。瓦基爾的風箏突然斷了線，於空中失速載浮載沉、左右飄蕩，逐漸遠離瓦基爾手上殘餘的風箏線，朝坎達哈的方向飛去。

我爬上比拉的肩膀，高興地尖叫，並抓牢風箏線，讓風箏飛得更高，宛若一隻小小鳥。街坊鄰居的小孩也跟著叫好，他們並未看到比拉鬥風箏的技巧，只看到在比拉厚實肩膀上的我，興奮地喊道：「瓦基爾，狠心斷線手被斷線了！」我親了比拉數次，他是我的英雄。他給了我「斷線手的殺手」這個頭銜，儘管那都是他的功勞。

瓦基爾生氣了，兩天不跟我說話。

我另外一個僅比我小幾個月的堂弟，人緣極差，跟誰都處不來，瓦基爾動不動就叫他傻B，其他堂兄弟也跟著喊他「傻B」。

他若添購新衣，一定在我們面前耀武揚威，然後說些蠢話。「我們去了那間幾週前在諾城開幕的新店，那裡販售從倫敦與巴黎進口的高檔貨。店家跟我父母說我對衣服的品味出眾。我想你們這些傢伙應該買不起我身上這件西裝。」我問他售價時，他把價格灌水了三倍。

瓦基爾問他：「嘿，傻B，那麼貴的衣服會耍魔法嗎？」

傻B就是傻B，永遠不知道人家在開他玩笑，反而中計地問了一些沒大腦的問題，諸如：「什麼魔法？」

「它們可以讓你變帥，看起來沒那麼醜嗎？」瓦基爾道，然後便縱聲大笑。

我們也跟著大笑，氣得傻B跑回家，找父母投訴。為了躲避大人懲罰，我們會跑到屋頂、庭院或躲在父親停在車庫的汽車裡。

每次傻B穿上好衣服到處炫耀時，瓦基爾就喝上滿口的水，我呢就揍他肚子一拳，他噗嗤一聲，將水一古腦噴到傻B身上，傻B不可置信地看著我們，怒氣沖沖地質問我們，為什麼要這樣作弄他。

瓦基爾告訴他：「這是一種鍛鍊，好讓自己更強悍。我們出其不意的對彼此出拳，以後若和誰打架，才不會吃虧。你也應該把自己鍛鍊得又強又悍。」然後我們出拳猛揍他肚子，但刻意避開他的臉，以免留下瘀青，否則被他父母看到，我和瓦基爾恐怕逃不了一頓挨打。

傻B有個跌破大家眼鏡的長處：他酷愛閱讀。他的知識遠超出他這個年紀應該知道的，而且記憶力過人。也因為這樣，我們更想欺負他。

我們堂兄弟在家一起玩時，瓦基爾老愛找傻B的碴，但是出了家門，瓦基爾絕不會讓任何人欺負他。瓦基爾彷彿我們的大哥哥，每次傻B和鄰家男孩打架（這事經常發生），瓦基爾一定挺身保護他。在公園踢足球時，瓦基爾每次都要傻B和我跟他同一組，這樣他才能罩我們。

我們的街坊鄰居安靜溫和，跟我們相似，都是受過良好教育的人。附近人家一有婚宴或訂婚派對，所有鄰居都會受邀參加，並帶著孩子與僕役赴會。

每週五在清真寺結束禱告後，祖父會發言十分鐘，和鄰居討論如何保持社區清潔、如何解決水電問題、如何打理公園，還有如何興建更多設施讓小孩有地方一起嬉戲。他從未出馬競選什麼官職，但大家對他言聽計從。

若有某戶人家的財務出了問題，這家的長者會私下來找祖父，希望能獲得鄰居們的幫忙。然後，週五禱告結束時，祖父會在清真寺向其他男士表示，有人需要一些錢，但絕不透露是誰，因為重要的是保護這家人的顏面與尊嚴。

某個週五，其他人都離開了清真寺，我看到祖父把剛籌到的錢交給一個鄰居，他的妻子已生病數月。男子親吻祖父的雙手，說道：「你從來沒讓我們失望，願真主保佑你長壽、身強、體健。」祖父發現我在看他，皺眉看我一眼，臉露不悅，我立刻轉身跑開，因為這是我不該看到的。

祖父蓋的大宅讓他引以為榮，「麥金塔」蘋果樹更是他的開心果。我出生時，他已六十多歲快七十歲，沒多久喪妻成了鰥夫。那時他已從銀行退休，整天在庭院裡忙東忙西，栽種玫瑰、天竺葵、蜀葵，或是對著麥金塔蘋果樹澆澆水，常常邊忙邊低聲哼著歌，或是默默誦念真主的九十九個尊名。

祖父喜歡閱讀，埋首書堆一讀就是幾小時。他最愛的一本書，是由米爾·古拉姆·穆罕默德·戈巴爾[1]所著的《阿富汗在歷史的進程》（*Afghanistan in the Course of History*），共上下兩冊，封面是精美的皮套裝幀，書名還燙金。有時候他會念書的內容給我聽。

他還有一套《佛洛伊德心理學著作全集》（*Complete Psychological Works of Sigmund Freud*），封套同樣精美，但他不會閱讀內容給我聽。當我提出要求時，他只說等我年紀夠大後才行。

冬天時節，他改讀魯米、沙姆斯、哈菲茲、薩亞迪、奧瑪·開儼[2]等人的詩集。有時他會邀請友人一起討論阿富汗與世界的政局，但是過沒多久，話題就轉到詩集上。他總是希望我和堂兄弟們能細聽他們說了什麼，然後提問。

我的姊妹以及其他堂姊妹從不參與這些討論，她們的人生走向和男生一分為二，但是她們獲准閱讀祖父的藏書，其實祖父常常鼓勵她們博覽群書。「教育，」他說（特別強調這兩個字）：「是未來發展的關鍵」。她們讀了許多詩歌，也讀杜斯妥也夫斯基、托爾斯泰、湯瑪斯．曼等文豪的小說，還有一些阿富汗與伊朗小說家的作品。這些作品不為其他國家所熟悉，都是用達利語（Dari）所書寫。

年紀較大的女孩們（包括瓦基爾的姊妹）早在我之前就接觸祖父那些佛洛伊德的書籍。我們聽到她們小聲談論「伊底帕斯情結」，然後咯咯地笑。只要我們這些年齡較小的堂弟們一趨近，她們就噤聲，用閒人勿近的眼神瞧著我們。

某天祖父和友人七嘴八舌地討論時，瓦基爾舉手發問政治是怎麼回事。

祖父的一位友人答道：「其實政治只是一堆謊言，政治人物是非常高明的騙子，利用手腕掌控權力、金錢與土地。」

「那麼，他們一定是邪惡的人。」瓦基爾道。

「沒錯。」

「哪個國家的邪惡政客最多？」瓦基爾問道。

「讓我跟你說個故事吧，孩子。」祖父的友人清了清嗓子，然後說道：「有人問魔鬼撒旦，世上有這麼多國家，你是怎麼讓阿富汗、巴基斯坦、巴勒斯坦等國一直動亂不斷？你一定忙得不可開交吧。」

「撒旦笑道：『這對我不成問題。』」他向後倚在靠墊上，將水煙筒的煙嘴舉到乾裂的唇邊，吸了一口泛著酸臭味的水煙，煙管裡的水變成黑色，還冒出油油的氣泡，然後從嘴角吐出這口煙。接著繼續道：『世上有個國家，比我這個到處製造麻煩與事端的魔鬼還要厲害呢。』」

「真的嗎？」瓦基爾問道。「還有哪個國家比撒旦邪惡？」

「『那個國家叫作英國。』撒旦道。」

祖父與友人全都笑了起來，然後繼續討論詩歌。

多年之後，我才了解阿富汗人對英國人的反感。英國曾三度入侵阿富汗，也三度被趕出去。長達近三世紀，在一場非常醜陋的遊戲中，阿富汗被英國人利用為挑戰俄羅斯的戰地。沒有一方獲勝，也沒有一方在意他們讓多少的阿富汗人犧牲受苦。

恍若古代帝王為爭奪阿富汗統治權而發動的戰爭一樣，那些都成為遙遠的過去了。現在的生活平順、安逸、充滿歡樂，只不過傻B可能不這麼覺得，因為我們老愛捉弄他。隨著四季更替，時間優雅地踱著步，輕推著我們度過人生各個階段。但是某一晚，空氣充滿了此起彼落「真主至大」的驚呼。從此，一切都不一樣了。

1 米爾．古拉姆．穆罕默德．戈巴爾（Mir Ghulam Mohammad Ghobar，一八九七—一九七八），阿富汗著名歷史學家、詩人、政治家。
2 沙姆斯（Shams Tabrizi，一一八五—一二四八），伊朗神祕的苦行僧，魯米受到他的啟發；哈菲茲（Hafiz，約一三一五—一三九〇），著名的波斯抒情詩人；薩亞迪（Sa'adi Shirazi，一二一〇—一二九一／一二九二），中世紀波斯主要詩人之一；奧瑪．開儼（Omar-e-Khayyam，一〇四八—一一三一），波斯詩人、天文學家、數學家。

2 太陽在西邊升起

喀布爾周圍高山颳起的陣陣寒風開始吹往市中心，意味著秋天來了。過去兩晚格外寒冷，我的爸媽與叔叔嬸嬸利用週五的下午，在每個房間安裝可燒柴火的錫爐「波卡里」（bohkari）。去年冬天殘留的煙灰從煙管掉下來時，幾個叔叔忍不住罵了髒話，引得堂兄弟們哈哈大笑，立刻跑出去把剛聽到的髒話告訴每個人。

夜幕降臨沒多久，突然停電。我往外看，發現不只我們家遭殃，整個城市也陷入一片漆黑。我從未見過這種事，喀布爾向來不缺電。

母親說：「哎呀，像墳墓一樣黑。」

我思索片刻，不解母親怎會知道墳墓有多黑。

「你曾經被埋在墳墓裡嗎？」我問她。

「少在這裡胡言亂語。」她一邊找蠟燭，一邊責罵我。

姊姊忙著寫功課。「笨蛋，墳墓裡哪有電，當然是黑漆漆一片。」她道，然後起身幫母親找蠟燭。

我再次望著黑漆漆的窗外。街上一個人也沒有，我心裡想：墳墓會和整座城市一樣大嗎？

我隱隱聽到遠處傳來聲音，彷彿一千多人在喀布爾遙遠的另一端發出的低語聲。一開始我以為是清真寺穆安津（muezzin，宣禮員）在召集大家禱告，但是宣禮時間已在二十分鐘前結束，而且這也不是熟悉的穆安津聲音。再者，聲音不是從擴音器傳出，也不是從附近清真寺的方向傳來。現在聲音愈來愈大聲，我已能清楚聽到一群人在高喊：「偉大的真主！偉大的真主！」

我跑去母親跟前，問她那些人為什麼要喊「偉大的真主」。她正忙著在各個抽屜裡翻找蠟燭，姊姊則幫忙找火柴。

「我不知道。」母親說。

「你的年紀大我四倍，」我纏著她道：「但是你知道的也沒我多。」她終於找到一根蠟燭，並點著了火，用右手捧著，左手掌曲成杯狀，小心翼翼護著火苗。柔和的燭光把她映照得十分美麗。

她親我的臉頰，我微笑了。「去問你父親吧，這麼一來你知道的就比我多了。」蠟油滴在她纖細的手指上，燙得她忙不迭地縮手，將蠟燭放在桌上。一陣風從窗子吹進來，窗簾婆娑起舞，燭光翩然搖曳。外面的喊聲更大了。

我在院子找到父親，他站在把我們家與街道隔開的厚磚牆牆垛上，探出身子，希望有人路過，能告訴他發生了什麼事。

聲音愈來愈大，宛如一陣漸起的嘯風。現在可以聽到許多人在不同的地方高喊，他們不是有組織地喊，而是每個人自發地喊「偉大的真主」，有的喊聲大些，有的較小聲。

住在我家對面，在街角經營一家商店的男子突然在他家的院子裡喊著「偉大的真主」，不一會兒，他的兩個兄弟也跟著一起喊。同一條街上又聽到兩三家院子傳出喊聲。

父親從牆垛上跳下來，雙腳落在低矮的木製平台，有時我們會鋪著地毯在這平台上吃晚飯。他也開始高喊：「偉大的真主！」

我非常驚訝。雖然也想跟著喊，但我沒聽到其他小孩的聲音，全都是成年男子在喊，我感到一絲恐懼，不由得抱住父親的大腿。

我把腦袋貼在父親的腿上，聽到從他體內發出的聲音有別於平時，然後當我移開腦袋，聲音又恢復正常。我試了幾次，並叫姊姊跟著我做，因此她抱著父親另一條腿，把耳朵貼上去。我們為這個新發現開心不已，玩得不亦樂乎，父親根本沒理會我們。他喊得愈大聲，我們姊弟愈興奮。我們把耳朵貼在他的腿上，然後移開，咯咯咯地笑個不停。

我聽到熟悉的聲音加入喊叫陣容，甚至有女人的聲音。我把腦袋從父親腿上挪開，看到所有的叔叔嬸嬸們站在父親身後，一起喊著「偉大的真主」。

「為什麼大家都這麼喊？」我對著大家說出心中疑惑。

「世界末日要來了，」姊姊道：「到了晚上，太陽會從西邊升起，月亮與星星消失不見，高山不再起伏迭宕，整個地球將被夷為平地。」我已經八歲，長得幾乎和她一樣高，還是被她嚇到了。每次她講故事，都會把我們這些年紀比她小的嚇個半死。

「從東到西，從北到南，世上再也看不到高山。你甚至可以從地球的一個角落看到遠在另一個角落的雞蛋。那些於盤古開天已作古幾世紀之久的死屍將會復活。真主會把有罪的人打入地獄，讓誠實的人進入天堂。」我希望她別再說了，但她仍說個不停，並做出古怪的表情強調她所說的話。

「地獄到處是火和兇猛殘暴的野獸。有罪的人死了又復活、死了又復活，周而復始，一直受苦。那正是你要去的地方，因為昨天你偷了我的鉛筆，還騙父親說鉛筆是你的，你還責怪我用了你的鉛筆。你肯定會下地獄，而且會在地獄待得非常久，因為你犯了三大罪。」我開始大哭。

「但我不是故意的，後來也把鉛筆還你了啊，我只是逗著你玩的。」我哭訴道。

「那有什麼用，你就是讓我難過了啊。若我不原諒你，你肯定下地獄。」她道，語氣還十分果決。

「我該怎麼做你才會原諒我？」我乞求道。

「你得親我的手和腳，明天到了學校買一包糖給我，我才會考慮要不要原諒你。」

「但你說今天是世界末日，哪來的明天！」我道。

「啊，對哦！這我倒忘了，但你得親我的手和腳。快點，否則你就來不及了！」她警告我。

我遲疑了一分鐘，不知道該怎麼辦。

「快點，若太陽現在升起來，你的道歉就沒用了，先親我這隻腳底吧。」

我瞥了瞥滿天的星斗，懷疑太陽會在晚上八點升起，不過我覷了姊姊一眼，發現她神情嚴肅，絲毫不願讓步。她抬起了右腳。

我彎身親她的腳底，這一舉動讓父親分神注意到我，他看著我跪在地上，弄髒了衣服，問我說：「嘿，你在幹什麼？」

姊姊尖叫地跑開。若我當時確信這是她耍我的愚蠢把戲，一定跑去追她。但是我想先弄清楚世界末日是怎麼回事。

我問父親：「今天真的是世界末日嗎？」

他哈哈大笑，伸手撫摸我留長的頭髮，當年我的頭髮又密又鬈、顏色偏褐，所以看起來像外國人。

「為什麼每個人都在喊呢？」我不耐煩地問他。

「因為他們希望聖戰士（Mujahedin）能來喀布爾，把俄羅斯人趕出阿富汗。」他答道，並為這個想法咧嘴而笑，繼而又開始高聲喊起來。

我很小的時候，偶爾會看到俄羅斯大兵，他們有藍色的眼睛、紅色的頭髮、白皙的皮膚。他們駕著巨大的裝甲車隆隆駛過時，會朝我們丟糖果，我們小孩就喊「Spaseva」（謝謝），也不知道那是什麼意思，但他們一聽就笑了。

對其他阿富汗人而言，俄羅斯人帶來的是砲彈而非糖果。整個村落或大片城市被他們從飛機上投下的一枚又一枚的炸彈夷為平地，而這些飛機似乎就在房子上方幾公尺的地方呼嘯而過。就算只剩一個反抗他們的「餘孽」活著，他們也不會停止轟炸。不管有罪還是無辜，每個人都被趕盡殺絕。但是，若一個人只是為了保護自己的家人和家園，免受入侵者染指破壞，又怎能說他有罪呢？

阿富汗人只能靠著老舊獵槍與他們的決心對抗俄羅斯人，但是阿富汗每個村落都有一個由長者組成的協調會（shura），一旦這些長者決定怎麼做，村裡每個家庭都必須照辦。協調會決定所有男子應該組成戰鬥小組，和阿富汗其他戰鬥小組聯合起來。他們照做了，並自稱為聖戰士。

我的祖父、父親、叔伯，還有祖父的賓客早在聖戰士抵達喀布爾前，就談了很多他們的事。實際上，從他們在巴基斯坦與伊朗成軍以來，大家就開始談論不已。大家一提到他們，便經常露出驕傲的表情，稱他們是「我們的聖戰兄弟，他們會解放阿富汗，讓我們擺脫沒有宗教信仰、擁抱共產主義的俄國人。」身為小孩，聽到大人滿懷敬意地談論聖戰士，真是迫不及待想看到他們。

十年來，他們毫不留情地與俄國人奮戰。美國人資助他們強大的武器，幫了聖戰士大忙。最後，俄國士兵被趕出阿富汗，俄羅斯大敗，連帶也瓦解俄羅斯與東歐的共產主義。可是，俄羅斯新政府上台後，仍舊想控制阿富汗，於是讓曾在俄羅斯受過教育的阿富汗人掌權，還送給他們大量的金錢、糧食和燃料。儘管得到俄國的奧援，每個阿富汗人都明白，阿富汗政府維持不了多久。

我的祖父與叔伯們只要一起吃飯，話題總是離不開這件事。其中一個叔叔從俄國進口商品。和所有阿富汗人一樣，他們希望俄國停止干涉阿富汗，但不知道這對他們的生意有何影響。

現在聖戰士逼近了喀布爾，他們甚至要逼退這些為俄羅斯人代理執政的阿富汗人。經歷十二年動盪，阿富汗總算可以再次恢復平靜。

我不再猶豫，開始跟著喊：「偉大的真主！偉大的真主！」一開始還有點害羞，後來愈喊愈大聲。

在阿富汗曆法一三七一年年初（公元一九九二年四月），聖戰士終於拿下喀布爾並掌控阿富汗剩下的國土。在此之前幾個月，俄羅斯政府已決定停止供應金錢與補給品給扶植的傀儡政府，少了俄國人支持，糧食以及其他貨物價格開始飛漲，諸如麵粉、食用油、稻米、豆類、鷹嘴豆、糖、肥皂、衣物等等，價格都一漲再漲。

俄羅斯人離開阿富汗之前三年（一九八九年），替政府工作的每個人都拿得到這些生活必需品的優惠券，因此每個月底可用極低的價格在政府經營的商店買到這些東西。若是一個家庭有好幾個人替政府工作，就可把過多的東西拿到黑市去賣，當然售價高於他們當初購買的價格，但仍比一般市價便宜甚多。此外，這些俄羅斯商品的品質也遠高於市場其他東西。不過俄國人一走，優惠券也沒了。

市場愈來愈難買到食物了。就連我們家充沛的供應也開始縮水。每餐不再是五樣菜，只剩豆子配麵包，或是水煮馬鈴薯配麵包，或是米飯配幾片番茄與洋蔥。當我們問母親，以前的蔬菜、雞肉、羊肉都到哪裡去了？她開玩笑地說：「蔬菜的種子還沒播到土裡，羊還沒長大，雞還在蛋裡沒孵出來。」

有幾次兩個妹妹拒絕吃早餐，因為她們希望烤餅（naan）上面能塗些果醬或奶油，母親就在她們的牛奶裡多加了兩勺糖，她們開心地喝下牛奶並把餅吃了。母親總是設法餵飽我們。

有一天，儘管家裡食物少得可憐，我們還是辦了一場盛大聚會，慶祝母親生下弟弟。有了第二個兒子讓父親欣喜不已，為了慶祝，他出門想買個大蛋糕，過了兩個小時回到家，手上捧著的蛋糕不比磚頭大多少。我們一看忍不住哈哈大笑，心想他準是在開我們玩笑。他把蛋糕遞給母親，也跟著我們一起笑，然後告訴我們，他前後光顧了大約二十家店鋪，除了這個蛋糕之外，根本找不到第二個。

我的父母和姊妹們，連同幾個嬸嬸與堂兄弟在小蛋糕上插了幾根小蠟燭，過了片刻，大家一起吹熄蠟燭。然後，父親把蛋糕分切成非常、非常小的一塊，當遞給每個人一塊時，他笑稱：「至少可以塞大家的牙縫。」聽他這麼說，大家都笑了。

我實在太餓了，一口就將蛋糕吞進肚子裡，我很想再吃一塊。父親看著我說：「抱歉，兒子，沒有了。等來年吧，到時候你可能又多了個弟弟，願真主恩賜，那麼你就可以吃第二塊蛋糕了。」大家又笑了。我沒有再多個弟弟，接下來幾年，真主又賜給我兩個妹妹。

當物資日益匱乏，政府卻束手無策時，阿富汗百姓的怒火便與日俱增。政府千方百計想要平定情勢，但是不曉得該如何是好。他們試圖與聖戰士達成協議，但已經太遲了。總統納吉布拉（Najibullah）逃到聯合國在喀布爾的駐地尋求庇護。就這樣，共產主義瓦解，聖戰士的時代來臨。

當我聽到聖戰士要來了，便滿心期待會看到穿著軍服、蹬著亮鋥鋥軍靴的英雄。但是他們的裝束和一般村民沒兩樣，頭上包著穆斯林頭巾，穿著類似燈籠褲的傳統寬鬆長褲紗爾瓦（shalwar），以及過膝的束腰上衣克米茲（kamiz）。他們穿的背心裝滿了手榴彈與子彈，每個人都蓄了鬍髭，散發出難聞氣味的鞋子套在發臭的腳上，手裡全都拿著槍。

電視上，女主播開始用圍巾罩住頭。再也看不到女歌手唱歌，取而代之的是包著頭巾、蓄著長鬍鬚的男子坐在地上，誦念可蘭經。男主播不再像以前穿著筆挺的西裝打著領帶，而是改穿傳統的紗爾瓦褲和克米茲上衣。電視節目盡是人物專訪，後來我們才知道那些人都是聖戰士的指揮官。他們大談自己所屬的派系，以及願為阿富汗犧牲奉獻。

當他們談論到伊斯蘭教，以及伊斯蘭對穆斯林和阿富汗人的重要性時，口吻就像講授可蘭經的大學教授。他們每個人都將自己與先知穆罕默德（願他得安詳）[1]扯上關係，稱自己是阿拉伯人的後裔，彷彿這麼說可以讓別人覺得他們和先知穆罕默德（願他得安詳）存在緊密的關係。儘管我們都知道，阿富汗人是瑣羅亞斯德（Zoroaster）教徒、猶太人、希臘人、蒙古人、雅利安人以及其他許多種族的後裔，當然也包括很晚才進入我們歷史的阿拉伯人。

聖戰士到來前的兩個月，學校教我們，人類與猿猴有關係。老師告訴我們，有些猿猴經過一點一點的進化，慢慢變得更像人類。由於文明社會有許多問題，因此有些猿猴不想變成人類，也不想接受教化。課本上附了一系列圖片，顯示猿猴如何變成人類。

老師說：「人類是某種動物，而動物是自然界的產物。」

「誰創造了自然？」我問道。

「自然界是自創的。」老師說。

老師帶著我們到喀布爾動物園看猴子，叫我們比較猴子的臉和我們的臉。沒有一隻猴子和我認識的人相像，直到後來我發現有個籠子關了幾隻剛從印度運來的猴子。其中一隻和我們老師長得一模一樣。

我興奮地跑去告訴老師：「有一隻猴子跟你長得一模一樣呢。」

老師當時和全班同學以及另外兩位老師在一起，聽到我這麼說，大家都哈哈大笑。老師走近我，非常用力地扭著我的左耳，小聲道：「學生不可以這樣和老師說話。」

「也許牠是你的祖先之一啊。」我固執道。

到那時為止，班上同學紛紛認同我的觀察結論。儘管按照計畫，我們應該在動物園待上一整天，但老師卻衝著大家吼道該走了。

聖戰士進入喀布爾之後，這位老師改用新教材《亞當的創造》（*The Creation of Adam*），裡面隻字不提猴子。我們被教導人類祖先是亞當與夏娃。老師開始改口說：「人類歷史始於亞當和夏娃，地球早在他們出現之前就存在了。不要讓撒旦當你們的導師，他讓亞當與夏娃誤入歧途，害他們被趕出天堂。」

我困惑了，問老師：「猴子怎麼了？還有自然界呢？」

老師坐在桌子的邊緣，沉默了一會。「猴子和自然界是共產主義的觀點。」他的語氣非常冷靜，並直視我的眼睛，彷彿班上沒有其他人似的。「伊斯蘭的觀點是：真主是大自然以及所有生物的創造者。」

說到這兒，他的視線轉向全班同學。「亞當是所有人類的始祖。」他說。

我還是一頭霧水。回家後我問祖父，這些到底是怎麼回事？

他告訴我：「時間會告訴你真理。現在你年紀太小了，耐心等等吧，你會找到答案的。」

我不知道大人為什麼總是說我現在還太小。我迫不及待想長大，長得高高的、留著鬍鬚、額頭添上幾道皺紋、睡覺時會打呼並且無所不知。

聖戰士一旦控制了局勢，東西不但便宜，糧食也很充裕，因為聖戰士開放了政府經營的食品店，這個光景持續了數個月。人民能自由地到阿富汗任何地方，這可是多年來首次。旅行期間，不用擔心因為游擊戰士突然攻擊政府軍車輛或是俄國軍車而受困。

祖父非常樂觀。時值春天，大地甦醒，感覺整個世界彷彿重新開始。好幾次他邀請一些聖戰士來家裡作客，招待他們上好的飯菜，對待他們恍若摯友。父親一開始的感受和祖父一樣，可是過沒多久，他心生疑慮，不喜歡聖戰士治理國家的方式。

過沒幾週，在喀布爾一些地區，聖戰士派系之間爆發戰鬥，起初只是小規模的擦槍走火。有人說：「一定是有些誤會，一個家庭裡，難免會有拌嘴吵架的時候，他們會想辦法和好的。」

然而，這些小規模的擦槍走火演變成激烈衝突，混亂擴及到整個阿富汗。家裡略微有錢或有親屬在國外的，紛紛避走他國。而繼續留在阿富汗的，要嘛被毒打，要嘛被洗劫一空。我們聽說有些婦女被一些指揮官轄下的士兵姦淫，而那些指揮官正是幾個月前還在電視上大談伊斯蘭教對穆斯林以及阿富汗人的重要性呢。

父親想離開阿富汗去土耳其或俄羅斯，他當拳擊手時，在那裡結交了多位朋友，但祖父不讓他走。「邊境還沒有封鎖，」父親說：「趁現在還有機會應該趕快走。等國內情勢穩定後，我們再回來。」「現在阿富汗交到穩當的人手上，沒問題的。我們現在終於擺脫強權，可以決定自己要什麼。給他們一些時間吧。」祖父勸父親道。此外，祖父需要父親的幫忙，因為父親是祖父最依賴的兒子。

慢慢地，喀布爾被聖戰士派系所瓜分。一個派系控制了喀布爾一部分地區，另一個派系則控制了另一部分。一開始，他們先攻占自己族人較多的地區，然後再控制相鄰的區域。沒多久，每個派系都有了自己的地盤。時間由春轉夏，我們開始聽到「檢查哨」和「前線」這些字眼。各派系之間互相發射火箭砲，無辜的平民慘遭殺害，我們家這一區尤其慘，因為這裡碰巧是各派系的火箭砲在落地前可以飛行的最遠距離。

一開始，死亡人數是十多人，後來是上百人，接下來是上千人。如同森林裡發生大火，不管是乾的還是溼的，所有生物都無一倖免。

其中一個派系占領了普里查基（Pul-e-Charkhi）監獄，不僅釋放關押的政治犯，也把對平民百姓犯下十惡不赦罪行的重刑犯給放了。

某天，兩派系互相交火，火箭砲就在我們腦袋上飛來飛去，這時有人用力敲打院子的大門。我剛走出祖父的房間，他才要開始禱告，所以我跑去應門。

打開了門，看到一群男子荷槍實彈站在門口，背心口袋與特製的腰帶上塞了手槍、子彈與手榴彈，手榴彈的拉環還露在外面。

其中一人逕自走了進來，還把我推到牆邊。他臉上有道醜陋的刀疤，其他兩人跟在他身後。

「這家主人在哪裡？」他大聲問道。

「他在裡面禱告。」我告訴他。

「在哪兒？」他粗暴地問我。我指著祖父所在的房間，他一腳踢開房門，祖父跪坐在禱告專用的小地毯上，頭抵在地上。

「把你家地毯倉庫的鑰匙給我。」刀疤男衝著祖父吼道，但祖父不理他，繼續禱告。那傢伙又吼了一遍，並用槍抵著祖父的頭，見此，我大哭了出來。

祖父對他置之不理，一直到禱告結束，才安靜地站起來，將小地毯摺好，彷彿屋裡只有他一人。終於，他看了拿槍男子一眼，這傢伙從一進門就不停地吼來吼去。

「如果你以為我會被你的吼聲嚇到，那你就錯了。」祖父語氣平靜，彷彿在銀行跟一位顧客說話。

喊聲與吼聲引起父親與叔伯的注意，我聽到他們匆匆朝祖父房間跑來。他們邊跑邊大聲問發生了什麼事。歹徒守在房間各個角落，等父親和叔伯一進房，就用槍抵在他們的頸後，各個嚇得僵在原地不動。

我的堂兄弟也跑進通往祖父房間的長廊，他們的母親緊跟在後。當大家一看到歹徒和槍枝，立刻噤聲，現場安靜得可怕。

這時祖父輕聲說：「過來殺了我吧，這樣你們就能拿到鑰匙了。我這輩子掙得的一切都是靠這雙滿是老繭的手。我不會把家產白白送給一群怯懦的歹徒。」

現場帶頭指揮的就是刀疤臉，他對著祖父咧嘴笑了笑，說：「你這個蠢老頭，我才不會在你身上浪費任何一顆子彈。」說罷，喝令叔伯、堂兄弟、嬸嬸後退，大家乖乖照做。歹徒將手上的卡拉什尼科夫（Kalashnikov）衝鋒槍的槍托抵住腹部，用槍管對著我們，邊退到院子再步出大門。

他們一走，父親便鎖上大門。叔伯和父親一起走到祖父的房間，母親和嬸嬸們則在院子裡竊竊私語。堂兄弟圍著我，問我出了什麼事。我站在中央，講述剛才目睹的經過。他們仔細聽我說的每句話，就連之前和我處不好的堂兄弟也專注聆聽。現在，我變成重要的大人物，於是我對他們說：「你們必須等我解釋完，再回答你們的問題。」

片刻過後，我們聽到街上傳來三聲槍響，父親和兩個叔叔從祖父房間出來，跑向大門口，母親和嬸嬸們衝著他們喊，希望他們別出去，可是他們不聽。

祖父走出他的房間，追在他們後面。誰也不敢告訴他該怎麼做。他急匆匆跑向院子大門時，朝我點頭要我跟他一起去。祖父一直希望我親炙生命，眼見為真，而非躲起來。我跟在他身後，堂兄弟則跟著我。在院門外面，我們發現父親和兩個叔叔被戴上手銬，站在祖父倉庫的前面。街上歹徒更多了，其中兩人用槍抵在父親叔叔的頸後，倉庫的一道鎖已被歹徒開槍破壞。其中一個歹徒站在家門前的街角站崗把風，另一個站在更遠的一頭，還有一個站在我們倉庫前面道路的中央。

還有兩個歹徒努力撬開第二道鎖。當時天冷，地上已覆蓋著薄薄的一層白雪，但是豆大的汗珠從他們的下巴滴下。其中一人想用手榴彈炸開鎖，但被他的同伴喝止。

「不行！」他說：「他們會聽到的，那樣一來，我們就無法獨吞這些地毯，必須和指揮官互分。」

猛然之間，我明白這些拙劣的人是加入某個聖戰士派系的歹徒。真正的聖戰士會保衛自己的國家與信仰，不受入侵者與異端邪說所影響，所以這些傢伙並非真正的聖戰士。

那個本打算用手榴彈炸開門鎖的傢伙向後退了幾步，然後朝鎖開了三槍，第三槍炸碎了門鎖與倉庫門。站在街中央的歹徒叫兩端把風的士兵趕快過來，然後一起進入倉庫。

倉庫裡黑漆漆伸手不見五指。地毯層層堆疊，一直堆到屋頂。自祖父從銀行退休後，過去十六年來便和父親開始收集地毯，至今已累積了六千多張。一名歹徒拉開窗簾，陽光透窗湧入。

倉庫是一個寶庫。每張地毯以顏色與設計圖案訴說著自己的故事與個性，其中不少地毯非常陳舊。每張地毯都是祖父和父親精心挑選，但現在我們只能眼睜睜看著歹徒搶走這些寶貝，卻無能阻止。

歹徒動作快速利落，其中三人努力把地毯搬到他們開來的老舊俄羅斯吉普車上，能搬多少就搬多少。另外三人手按扳機，在外面守著，只要有人敢上前阻止，就朝誰開槍。父親會雇請工人每個月清潔一次他從各個村落帶回來的舊地毯，我看著一張我曾在院子裡幫忙清洗的地毯被他們搬上了車，那是我最喜歡的一張，可是我卻不能跟這夥歹徒求情，以阻止他們把它拿走。

歹徒花了兩天才搜括完全部的地毯。戰爭真的來到我們以及其他許多人的面前。被洗劫的不只我們這一家。我們在喀布爾居住的這一區幾乎全空了，多數鄰居遠走他鄉，一些人走得匆忙，什麼也沒帶。沒多久，他們的家就被搶得精光，半點都不剩。

婦女不再到自家窗前，用胳膊肘撐著窗台閒話家常。如今的畫面換成是飢腸轆轆的貓從窗台上跳下來，對著彼此生氣地發出嘶嘶聲。

風一吹過，空房子的門就砰砰作響，窗戶啪一聲關上，窗簾前後擺動。沒有火箭砲聲或槍聲的地方，則充滿了被主人丟棄、飢餓難耐的流浪狗的嚎叫。

只有瘋子才會在這時上街溜達。狙擊手在我們家後面的小山就好戰鬥位置，有時可能僅為了好玩而隨便開槍。兩座小山不再叫阿斯麥山（Koh-e-Asmai）或阿里阿巴德山（Koh-e-Aliabad），而改稱後來廣為人知的「狙擊手山」。

春天到來，氣候漸暖，連在院子走動都很危險。有些狙擊手甚至利用我們以前鬥風箏所在的公寓樓頂，向山那頭的狙擊手開槍，而盤據山頭的狙擊手也不甘示弱回擊。有時他們互相發射火箭砲，有幾枚落在我們家院子，剩下的落在四周街道、鄰居的房子、附近公園，裡面樹木被毀得一棵不剩。有些砲彈落在與我們家相鄰的學校，被炸成廢墟之前，那裡一直是我們小孩的快樂園地。

天氣更熱了，因為沒有人敢冒死到院子澆水，那裡的草地開始乾枯。到最後，因為太危險了，甚至連房間都不能待。我們只好搬到地下室一間大房間，希望在那裡可以比較安全。

地下室沒有接電，所以不論日夜，我們都必須點油燈與蠟燭。我們就在水泥地上打地鋪。大家一起吃飯時，五十多口人圍坐在鋪於地上的一塊桌布四周。每頓飯彷彿一個小型派對，只是那是個哀戚派對。沒有人說話，也沒有人哈哈笑。事實上，我們只能靜待火箭砲掉到頭上，把我們全部炸死。

所有叔伯都帶著附小耳機的收音機，整天收聽英國廣播公司國際頻道（BBC World Service）以及其他電台播放的達利語新聞。我想聽的是印度歌曲，心想，煩惱只會帶來更多煩惱，卻不能改變我的命運。

某週日晚上九點左右，叔伯要大家安靜。英國廣播公司宣布，翌日在我們家附近的科特桑吉區（Kot-e-Sangi）將停火，從早上八時起，持續十小時。這意味著我們可以走出家門。於是大家開始七嘴八舌，討論該做什麼？該去哪裡？誰可以幫我們？

那晚躺下睡覺時，我還能聽到火箭砲飛過頭上的嗖嗖聲，砲彈落地後，整個地板像搖籃般在晃動。

早上三、四點左右，我醒來想上廁所。地下室沒有廁所，所以我走到庭院，在一棵樹下小解。自從被迫離開自己的房間，這幾個晚上我都是在這裡小解。四周非常安靜，但是我聽到鐵鍬掘地的聲音，揉揉眼睛，看了一下四周。在花園的不同角落，所有的叔伯正在地上挖著又窄又深的洞。他們趁夜色挖洞，誰也不敢打燈籠，以免淪為狙擊手攻擊的目標。

我走到一個叔叔跟前，問他為什麼要在晚上這時候挖洞，他沒有搭理我。我又去找另一個叔叔，問相同的問題，但他同樣也沒有回答我。

我回到地下室想問父親怎麼回事，但他不在母親身邊。母親、姊妹們、小弟都睡得很熟。我安靜地走到院子的一角，那是我們這家人在大宅所住的地方。我看到父親在我們小孩喜歡攀爬的那棵桑樹下挖洞。

「爸爸，你在幹什麼？」我問。

他停下手邊的工作，看著我，然後厲聲道：「快去睡覺。」

「為什麼大家都在挖洞？」我窮追不捨地問。

「我說去睡覺。」他幾乎對我用吼的，但刻意壓低聲音，似乎不想讓其他人聽到。他的聲音令我害怕，害我不敢再問其他問題。但是我很生氣。

我沒有返回地下室，反而進到自己的房間，睡在自己的床上。在地下室硬邦邦的水泥地上睡了幾個星期，此刻能睡在自己的床上，感覺真是太好了。我不在乎是否被火箭砲炸死。幾分鐘後，我很快便進入夢鄉，渾然不知隔天早上我和家人就要開始陌生的新生活。

1 譯註：穆斯林只要一提到穆罕默德的名諱，便會在後面加上「願他得安詳」（peace be upon him）。

3 一山之隔是天堂

我拂曉前就醒了。父親和母親在房裡忙東忙西，將衣服裝在行李箱裡。小弟睡在角落堆疊的毯子上。三個姊妹從地下室爬上來，揉著惺忪的睡眼，伸著懶腰，打著呵欠。她們的頭髮打結。父親讓她們坐在我的床邊挨著我，然後蹲在我們面前，神色非常嚴肅。

「我們今天得離開這裡。這是我們僅有的機會。」他說。

僅用了半個小時，我們就打理好準備出發。我還是第一次見到家裡房間如此髒亂，我告訴母親，若她想整理一下，我可以幫忙。她點點頭，並開始收拾匆忙打包時散落一地的東西。父親厲聲對母親說：「你在幹什麼？在為誰收拾？竊賊還是搶匪？看在真主的分上，我們就要離開了。大家都到車上去！」

難道我們要把家當都留給竊賊和搶匪嗎？我的風箏和彈珠怎麼辦？因此我開始在口袋裡塞進我最好的彈珠，將口袋裝得滿滿的。

「凱斯！快上車！馬上！」父親道。從他的口吻，我知道不容爭辯。幾顆彈珠從我指縫滑落到地上，但我沒時間撿，快速跑出房門。

我們疾步穿過庭院來到車庫，我瞥了一眼父親昨晚在樹下挖洞的地方，但沒看到什麼洞，取而代之的是黃瓜藤，彷彿早就長在那兒似的。我想問父親到底是怎麼回事，但心裡又想想，他可能會像昨晚一樣衝著我大吼。

父親推開面向街道的車庫門，我們則坐進車裡。他剛發動引擎，一個叔叔從院子裡衝進車庫。

「你們要去哪裡？」他問。他只比父親小一歲。

「我昨晚就告訴你了，」父親回道：「去卡爾特帕爾旺（Kart-e-Parwan）我朋友家。」

「那我們其他人要去哪裡？」叔叔傷心地問道。

「你們還有幾個星期可以考慮。」父親道，聲音帶著一種悲痛。

「把我們的孩子與妻子也帶走吧；就跟你的妻兒一樣，他們也想活下來。」叔叔懇求道。

「這可是一輛小車，而非巴士或貨車。」父親道：「這車一次只能坐四人，我們已經六個人了，還外加一個嬰兒。」

「這事交給我辦，我可是打包高手。」

幾乎一分鐘不到，六個叔叔還有他們所有的小孩與妻子都出現在車庫，想辦法擠進車裡。兩個嬸嬸坐在前座，七個堂兄弟坐在後座，我們完全沒有位子。父親砰地關上駕駛座旁邊的車門，氣呼呼地說：

「我哪兒也不去了。」

叔叔們開始和父親爭執，他走到院子裡，繞著樹慢慢踱步。我從來沒看過他這個樣子，也從未見過他和兄弟們這樣說話。我不禁想起在印度電影裡兄弟失和的場景。

大家下了車，面面相覷，誰也不敢說話，現場一片死寂。

過了幾分鐘，父親走到母親旁邊，告訴她帶著三個姊妹與么弟坐到後排，然後命令四個堂兄弟也坐到後面，和他們擠在一起。他叫我和其他三個堂兄弟（包括瓦基爾在內）坐到後車廂放行李的地方。兩個嬸嬸和父親坐在前座。剩下的人等他稍後回來接他們。

他倒車出車庫，將車開到街上。因為嚴重超載，車子底盤被壓得都快擦到路面。父親駕車在我們的社區慢慢地穿過四個街口，然後開上大道。

當時在路上看到的情景，我這輩子都忘不了。數以千計的人像我們一樣趁著停火空檔，從我們家所在的這一市區逃離。成千上百的人幾乎無聲無息地走著。就算說話，也是低聲細語，彷彿有人不准他們以正常音量說話。道路兩側的人群排成一長列，就像成群結隊的螞蟻，每個人手上都拎著兩三包東西。

路上就只有我們這一輛車。人群一看到我們的車，立刻蜂擁而上，儘管他們發現我們的車已塞滿人與行李，仍請求我們載他們一程。人群將我們的車團團圍住，父親根本無法將車往前開，簡直寸步難行。有些人試圖把我和堂兄弟拉下後車廂，以便霸占我們的位置。父親朝後喊道：「大家緊緊拽著，手指緊扣在一起。」

我們照他的吩咐去做。父親搖上車窗，按著喇叭，打開車燈，讓車子慢慢前行，接著愈開愈快，直到行人一個接一個放手讓我們走。

自從戰事兩個月前開打以來，我們這家人首次親睹戰亂造成的破壞力，很多以前聽到的事，因為沒有親眼目睹，選擇不願相信，可是現在事實盡在眼前。

形似汽缸的八層樓黃色穀倉是俄國人所建，外壁布滿被火箭砲攻擊留下的彈孔，小麥從這些彈孔流瀉出來，如小山般堆在穀倉底部。

這條路本來是喀布爾最好的一條道路，現在鋪滿被火箭砲擊中而留下的彈坑。還有很多未完全爆炸的火箭砲卡在道路中央，就像釘子其中一半被敲進木板裡，另一半露在外面。

數以百計的屍體橫七豎八地躺在人行道、路邊、公園裡、馬路中央。有些似乎已躺在那裡好一陣子，整身的衣服沾滿了血污。絕大多數屍體橫陳在大馬路上，也許他們是在試圖穿過馬路時，被火箭砲擊中。不過其中有許多是被流彈擊中頭部、胸部或者後背，這都是狙擊手的傑作。我簡直不敢相信自己的眼睛，尤其是看到屍體的殘肢，包括胳膊、雙腿、甚至腦袋等等，孤零零地躺在那裡，我還以為自己正在看一齣美國的恐怖電影。

父親沒得選擇，只能輾過擋在我們車道上的屍體。有些屍體仰面躺在地上，彷彿睡著一般。當他們被我們的車子輾過時，車的速度使得他們的臉翻了一圈朝下貼在地上，而車子則騰起離開了地面。

為了避開朝我們跑來的一個路人，父親在理工學院前面的圓環走錯了路，然後加大油門駛上通往洲際飯店的小丘。

站在小丘山頂往下望去，景象全都變了。剛才難以想像的恐怖畫面猛然消失，取而代之的是真正的生活樣貌。

民眾在麵包店購買早餐吃的麵包，小孩牽著父母的手走路上學。這裡的狗不會狂吠，馬路也不會空蕩蕩，家家戶戶的門窗更沒有砰砰作響。這裡沒有戰爭。完全沒有。

我看到人們臉上掛著微笑，沒有任何擔憂的跡象。但是他們盯著我們看，想必從未見過一輛車竟載了這麼多人。難民潮才剛開始出現在這一區，這裡的民眾還不清楚將會再有成千上萬的難民湧入此地。矗立在我們家和這一區之間的那座小山，保護了這些人免於戰爭，就連狙擊手也沒有出現在小山的這一頭，儘管他們要來也不是不可能，但兩個敵對派系正在搶奪我們家所在的鄰近區域。我們在這裡見到的人，儘管他們想必也聽到了火箭砲的隆隆聲與槍擊聲，但他們似乎不曉得在相隔不到三公里的地方正在發生一場邪惡的戰鬥。

我們從洲際飯店開下山，進入到卡爾特帕爾旺區。街上只有幾輛車，但行人不少。多數是赤著腳到廟裡朝聖的印度人，他們手上捧著盛滿了牛奶的銅碗。男子身穿白色或橘色衣服，女子披上鮮豔的紗麗，小孩跟在大人身後。男孩的頭髮全剃光，只留一條辮子。有些男子在前額塗上條紋。

我的堂兄瓦基爾緊挨著我坐在後車廂，嘲笑光著頭的男孩，但嘟囔表示，希望像他們一樣有一碗牛奶就好了。

到了山腳，我們的車猛地左轉了幾次，駛進一個我從未見過的美麗小公園，裡面所有的花都經過精心修剪打理。

我們駛過一棟被高牆保護的大型白色建築。精緻華麗的閘門前，幾名守衛穿著奇怪制服荷槍而立，他們像尊雕像般站著，身旁蹲著俄國進口的大狗。門口掛著牌子，上面用大大的外國字母寫著我看不懂的字，下面則是達利語，意思是「英國大使館」。

我們沿著牆邊一條泥路（這是喀布爾最顛簸的路）往前開了兩百公尺，然後駛進一個很陡的峽谷，接著又往上爬，駛上石子路，聽到碎石子打在輪胎的聲音。每次顛簸，都害我和瓦基爾的頭撞上後車廂蓋。車子揚起的塵土蜂擁進來，令人窒息，我們的眉毛與眼睫毛都沾上了灰塵，看上去活像以前教師節在學校舞台表演的小丑。

在高聳的泥牆邊，父親把車停在一扇鏽跡斑斑的金屬大門前。他按了幾聲喇叭，終於有一位上了年紀的守衛（chowkidar）嘎地一聲打開大門旁邊的小門，見來人是我父親，這才敞開大門。父親將車開了進去，守衛揉揉眼睛，生怕自己是在做夢。他關上大門，忙不迭地奔過來幫我們下車。他喃喃低聲自語道：「我以前從沒見過一輛伏爾加可以載這麼多人。」

「我打賭你肯定沒見過。」我露齒一笑回道。

他一聽，臉立刻紅了，沒想到自己的話會被人聽到，並極力掩飾自己的尷尬。「我無意失禮，只是被嚇著了。」

我們下了車，幾個嬸嬸必須被人從車裡拉出來。孩子們則快速跳下車，站定後開始打量四周，這裡距我們剛離開的戰區不到六點四公里。

我們前面有一道比兩層樓還高的巨大圍牆，暗褐色的遼闊牆面上有個小開口，嵌了一扇沒有刷油漆的厚實木門，木門上布滿粗厚的釘子。圍牆的遠端有一個八角形高塔，聳立於高牆和一些非常粗壯的巨木之上。我們看到大門外也有一座類似的高塔，只不過塌了一半。

片刻之後，聽到金屬互相碰撞的噹啷聲，接著厚實木門被打開，顯見門後應該有一道粗厚的鎖鏈。有人走出來，我認出是父親的生意伙伴，他身後還跟著兩個僕人。在他的地毯店裡，我見過這個人許多次。他的穿著一直很得體，毫無瑕疵，打著絲質領帶，套上量身訂造的西裝，明亮的雙眼向他的顧客露出善意。可是今天早上他只穿了一件睡衣，一手端著一杯茶，一副睡眼惺忪的樣子。他向父親寒暄，然後向其他大人打招呼，歡迎我們所有人。

他叫哈吉．努爾．謝爾（Haji Noor Sher）。每次父親帶瓦基爾、姊姊和我去店裡，哈吉．努爾．謝爾會給我們糖吃，還把幾張皺巴巴的鈔票塞進我們的口袋。他的地毯店一直有外國顧客，但是我們一到他店裡，他就會把生意晾在一邊，全副心思來招待我們。他從不叫我們的本名，而是叫我們「侄子」，並要我們叫他「叔叔」。

若說那天一大早他見到我們非常吃驚，他也沒有顯露出來。我們之前無法捎訊息給他，告訴他我們要來投奔。但他和父親是非常要好的朋友，好朋友就要在困難時互相幫忙。

父親把他叫到一旁，兩人低聲談了一會兒。哈吉．努爾．謝爾對一直站在他身後像衛兵似的僕人說了幾句話。那位僕人轉身跑到屋裡，為我們端來熱茶與一些吃的。哈吉．努爾．謝爾的表現，好像他已習慣每天在這時候接待像我們這樣的不速之客，對僕人說的那些吩咐也倒背如流。

「嘿，歡迎大家光臨寒舍，你們喜歡這裡嗎？」

其實除了高牆與巨塔之外，我們還來不及欣賞別的，但聽他一問，我們立刻點頭，因為我們終於遠離了戰火而鬆了一口氣。

「這個地方叫作諾伯亞堡（Qala-e-Noborja），你們聽過嗎？」他的表情與動作彷彿自己是一位家喻戶曉的大明星，但叔叔與嬸嬸從未與他謀過面。「我們稱這裡為『九塔堡』（Fort of Nine Towers），因為這裡曾有九個塔。這個有百年歷史的建築物像我一樣，是個老古董了。」說罷，臉上露出具有感染力的大笑，於是我們大家也都笑了。

我打斷他說：「努爾．謝爾叔叔，可是我只看到一個塔啊。」一邊說邊指著那個完整的高塔，無視門外只剩殘垣的另一座塔。

他對我父親使了個眼色，然後說道：「嗯，這孩子很聰明。」我喜歡聽他這麼說，尤其在我堂兄弟面前。「至於其他的塔，」他雙眼閃閃發光接著道，「是看不見的。但是僅僅因為我們看不見，不代表那東西不存在。」

即便諾伯亞堡只剩一座塔，也令我感到安全，尤其是它已有一百多年的歷史，所以在這兒，火箭砲也許傷不到我們。

他把手上的茶杯遞給另一個僕人，帶著我們離開門口，走進一條很陡但兩側種滿玫瑰的小徑，小徑介於古堡與一棟平房之間。走著走著，來到位於房子下面斜坡上的平台。他和父親走在前面，堂兄弟和我跟隨在後，母親與嬸嬸們在最後面。平台上方有葡萄藤架罩著，蜜蜂嗡嗡嗡地忙著採蜜。

天已大亮，天空完全放晴，太陽高掛在湛藍的天上，陽光穿透葉隙，傾灑在萬物上。微風不停地吹拂樹葉，葉子沙沙作響。我很想知道，在山的另一頭，戰火是否仍未歇息？所有事物是否都變了？

我轉身往後看，看到古堡剩下的最後一座高塔矗立在眼前。我們所在的平台位於它的下方，因此塔看起來更高了。我頗好奇那些高牆後面的一切，但是眼睛忙著瀏覽這個大花園裡的一切新東西，無暇分神。陡坡上一共蓋了四個平台，每個平台都整齊地栽種了玫瑰花叢與蔬菜。

其中一個平台還蓋了一座噴泉，向空中噴著水。噴泉附近有兩棵參天大樹，兩個堂兄弟和我設法手牽手環抱著樹幹，丈量樹幹有多粗，但三人的手指幾乎碰不到一塊。

又往下走一層，來到花園裡地勢最低處，這裡地勢平坦，並有一條小溪流過。哈吉．努爾．謝爾帶我們到溪邊，告訴我們，冰冷的溪水源於九十六公里外的興都庫什山，水流進一個鑿穿岩石而建的水潭裡，十多種顏色鮮豔的魚在水裡悠哉游著。

水潭附近的籠子裡，關著鸚鵡、金絲雀、老鷹，咕咕叫的鴿子也有自己的容身之所。

在隔開了花園與街道的高牆旁擺了一個籠子，有隻雙眼充血的大狗在裡面靜靜地踱著步。在籠子一角，散落著幾根骨頭，牠是一隻庫奇種牧羊犬（Kuchi）。阿富汗遊牧部族庫奇人會用牠來保護牛群，避免牛群遭到野狼襲擊。在緊挨著的其他籠子裡，兩隻俄羅斯狼犬虎視眈眈盯著我們。

我們一靠近籠子，幾隻大狗就朝我們狂吠，並猛撲籠子的鐵網，試圖破籠而出把我們撕成兩半。這幾條狗都是鬥犬，我們趕緊跑開。

在高塔底座還有一個非常大的籠子。一開始我們沒看見有東西，心想籠子準是空的，稍後通往高塔底部的小小通道上，某個陰影處似乎有東西在動。慢慢地，影子朝我們移動，體積非常龐大，姊姊和幾個堂姊妹不由得往後退了一步。

當一隻豹子優雅地走到大太陽底下看著我們時，大家都默不作聲。這是一隻有著褐色斑點的黃毛豹子。我們曾經在喀布爾動物園見過，聽大人說過，豹子是非常危險的猛獸。我們誰也不敢出聲，臉上血色漸失。我納悶不已，心想這是什麼地方啊，花園裡居然還有豹子。

這隻豹子根本不理會我們的恐懼。牠在陽光傾瀉的地方躺了下來，開始舔自己身上的毛，我們全都踮著腳悄悄後退。對我來說，這個花園就是天堂，甚至比我姊姊所形容的更引人入勝。

僕人出現了，用著亮閃閃的托盤端出豐盛的早餐；包括多種果汁、蘋果、葡萄、牛奶、茶、奶油、起司、優格、水煮蛋和剛烤好的麵包。在靠近噴泉的平台上，他們攤開幾塊大紅與鮮綠的餐布（sofrah），把早餐擺放到餐布上。哈吉．努爾．謝爾邀請我們吃些東西，他則起身回到古堡院子裡自己的房間。

我們不知道應該先吃什麼。幾個星期以來，我們沒有吃過像樣的一頓，大家都忘了餐桌禮儀，忙不迭地往自己盤子猛堆食物。這時父親說：「慢點，慢點，食物不會跑掉。」聽他這麼說，瓦基爾笑了，其他人則只顧著吃東西。

除了刀叉的鏗鏘作響，我們還聽到鳥兒在大樹間穿梭鳴唱，在科特桑吉，我們已有好幾個月聽不到鳥鳴。而今在這個花園裡，十二隻小鹿崽在我們四周安靜地吃著草，偶爾抬頭打量一下我們。

我們吃完了早餐，哈吉．努爾．謝爾也走出他的房間，沿著我們所坐的平台側邊的台階拾級而下。他換上寬鬆的紗爾瓦長褲與克米茲罩衫，外披阿富汗傳統白色絲製長袍（chapan），頭戴一頂卡拉庫爾（karakul）羊絨帽，腳穿皮製拖鞋。兩個家僕跟在他身後，個頭比他高很多。

哈吉．努爾．謝爾身材又矮又胖，就快成一個圓球了。堂哥瓦基爾悄悄對我說，哈吉．努爾．謝爾就像我們玩的那種大彈珠，父親聽到堂哥開的玩笑話，瞪了他一眼。瓦基爾不好意思地低下頭，但我們其他人忍不住壓低聲音笑了出來。哈吉．努爾．謝爾人雖矮，但是存在感不容小覷。除了在電視上，我從未見過國王，但對我而言，哈吉．努爾．謝爾就像個國王。

「你們喜歡我的花園嗎？」他問我們。我們大家全對花園稱讚了一番，聽我們這麼說，他臉上浮現開心的笑容。

「跟我來，我帶你們去我的院子看看。」現在我們能看到九塔堡（其實僅剩一座高塔）高聳泥牆內的世界了。他拐了個彎，沿著坡道拾級而上。剛剛坐下吃飯時大家都把鞋給脫了，所以我們匆忙地尋找各自的鞋子。我套上自己的一隻鞋，誤把瓦基爾的一隻鞋穿在另一腳上。瓦基爾對我大吼，我得跑回去，把他的鞋子還給他。

哈吉．努爾．謝爾推開一扇沉甸甸的木門，這門是從花園走進庭院的必經之路。我們總算看到門後有很粗的鎖鏈，每次門一移動，就會發出噹啷聲。第一道門後面還有另一扇門，可是兩道門成直角，因此任何人想要硬闖入堡內，都會被困在這個通道，無法長驅直入。

門後有一個相當於半個足球場大的庭院，庭院四周是兩層高的房屋，每個房間都有窗戶，並裝了木造窗框。院子一側，有一間三面採光的房間對著花園。在庭院的另一側，二樓的房間全部內縮，因此前面多了寬敞的陽台，我心裡這麼想，這是放風箏的理想地點。

庭院種了多種果樹和玫瑰，還有各色花草，這些花草我以前沒見過，也叫不出名字。遠處角落有一個由葡萄藤蔓覆蓋的亭子，在我們這邊的遠處，一株高大的相思樹傲然而立，與相思樹遙望的另一端，一株非常古老的紫荊樹（arghawan）一枝獨秀。兩樹之間種了桃子、石榴以及兩大叢濃密的丁香。哈吉．努爾．謝爾特地指著丁香給我們看，這些丁香樹是國王送給他父親的禮物。他說，從王室手中得到這座城堡後，他父親年年把當季最早盛開的丁香花獻給國王，一大捧的鮮花散發濃郁花香。

經過仔細修剪的玫瑰花叢，環繞著鮮豔欲滴的天竺葵和百合花花壇。最令哈吉．努爾．謝爾自豪的是一株黑玫瑰，他提醒我們不能告訴任何人。他說黑玫瑰非常稀有，擔心有人會闖入偷竊。牽牛花和忍冬爬滿了位於庭院遠端的牆上，牆上挖了一扇小門通往土耳其式蒸氣浴室（hammam）。

浴室前面是一道高大圍牆，裡面養了幾隻鹿，這幾隻鹿看起來好像是在花園裡見到的那隻小鹿的雙親。兩隻開屏孔雀，站在那裡盯著我們看。哈吉．努爾．謝爾吹了一聲奇怪的口哨，孔雀立刻朝他跑過來。他輕拍著牠們，我們看了也想照著做，但是當我們伸手嘗試時，孔雀立刻跑開，並發出刺耳的「嗷！嗷！」一聲。我們不久便明白了，在孔雀的語言裡，「嗷」是最常用的詞，只要發出「嗷」聲，一定十分響亮。

我們穿過庭院時，我發現一根細小的孔雀羽毛，趕緊拾起來，吻了一下，因為大人告訴我們，孔雀是神聖的動物。這麼多年來，我依舊用那根羽毛作為我那本可蘭經的書籤。

父親挨著哈吉．努爾．謝爾走，他的個子高出哈吉．努爾．謝爾甚多，我則站在父親身旁。其他家人跟在我們身後，僕人走在最後面。

哈吉．努爾．謝爾指著五間面對庭院的房間，說我們可以隨意使用。他獨自一人住在古堡裡往庭院通道上的房間。聖戰士派系一開打，他就把家人送去印度，希望一家人平安。現在，他往返於印度德里和喀布爾之間，每兩三個月就出境一次。他在兩地都開了數間店鋪。在父親的協助下，他在喀布爾收購舊地毯，在德里出售。

房間的地上鋪了好幾層地毯。牆的四周放了低矮的床墊，上面覆著狹長的毛毯。每間房內的角落都堆放著被子和枕頭。因為地毯的關係，房間看上去彷彿把花園從外面搬進了屋裡。

一走出房間，哈吉．努爾．謝爾吩咐家僕再幫我們添茶。家人全都來到葡萄藤罩著的陰涼亭子裡坐著，幾個月來第一次放鬆身心。

我完全把戰爭拋諸腦後，也忘了路上目睹的那些死屍，甚至沒想到還留守在家裡的祖父、叔伯、尚未出閣的姑姑們，直到聽到一記火箭砲聲才回到現實。

火箭砲發射的聲音，從幾公里遠的地方也能聽得見。聲音不是很大，但也足以讓大家立即停止交談。一開始聽到了「轟」一記發射聲，然後大家安靜地等著。繼而聽到爆炸聲，伴隨著民房被炸毀或學校建物轟然倒塌。接著大家慢慢恢復交談，有時是磕磕巴巴地禱告祈福。

不知為了什麼理由，停火時間突然縮短了幾個小時。父親從座位上跳起來，一副驚惶失措的樣子。他原本慶幸能花個幾分鐘在這裡享受難得的平靜，再趕回家接其他人。但倘若戰火再起，他就沒辦法回家了。

這裡距離我們的大宅僅六點四公里，但倘若狙擊手再次砲火相向，六點四公里也彷彿是到不了的遠方。這裡因為有著雙峰的小山把我們和戰爭隔開了，所以聽不到戰鬥的聲音，但我們的內心卻清清楚楚「看見」正在上演的一切。

接下來的幾天，我們雖然在新房子裡安頓下來，卻牽掛著祖父與其他人的安危。我們可以聽見火箭砲的聲音，但戰火似乎離我們非常遙遠。堂兄弟在偌大的花園裡玩著躲貓貓，或是從水潭裡汲水互潑彼此，藉此打發時間。大人們表示，我們不會在這裡待太久，宣稱戰爭不久就會結束，屆時我們就可以回家了。

到了第四天，我們再次從英國廣播公司的節目中獲悉，在我們家科特桑吉區交火的兩大派系翌日將停火一天。

隔天一大早，父親叫醒了我，然後又叫醒了姊妹，在短短五分鐘之內，我們全都醒了，等著聽父親說話。

父親先吻了母親，然後走向我，我還坐在自己的床上，伸著懶腰。他蹲在我面前，對我說：「我現在要去接你的祖父和其他人，倘若我有什麼不測，無法回到這裡，你必須忘記自己曾有個父親。今後凡事都必須自己作主，當母親的好兒子，當手足的好兄長。我要你承擔身為一家之主的責任，必須學會如何照顧手足與母親，了解嗎？」

我不知道該說什麼。當時我才十歲，不過我說：「好的。」

他接著走向姊姊，蹲在姊姊的床前說：「你是大姊，是家裡最漂亮也最聰明的孩子，但你務必學會如何幫助他人，若我不在身邊，不要覺得孤單。你必須教導妹妹們，並幫助母親，不要等著別人告訴你該怎麼做。倘若我有什麼不測，你必須負責照顧妹妹，敦促她們勤奮向上，每天學一樣新東西。記得照顧小弟，讓你母親開心，明白嗎？」

大姊直直地瞅著父親，雙眼泛淚，父親摟著她，然後輕撫她的後背，叫她要勇敢。我沒有跟著她一起難過，以前瓦基爾和我叫她「水龍頭眼」，因為她要不是在講什麼白癡笑話，就是說哭就哭。

父親走到兩個妹妹面前，這些天，她們兩人睡在同一張床上，因為她們被火箭砲的聲音嚇到了。父親問她們：「你們昨晚做了好夢嗎？」

大妹說：「做了。」小妹說：「沒有。」才說完又改變主意。「做了，我昨晚做了個好夢。」兩人都爭著要講，因此拉高分貝想吸引父親的注意。

「停、停、停！一個一個來！誰昨晚做了好夢，請舉手。」父親說。

兩人馬上舉了手。

他指著小妹說：「你先說吧。」

她想了一秒鐘後道：「我昨晚沒有做夢，我今晚會想辦法做個好夢，明天早上再告訴你。」

父親笑笑，揉著她的頭髮。「你這頑皮的小鬼。」然後他轉向大妹，要她把夢講一講。

她清清嗓子，但將近一分鐘都沒開口。父親等著聽她講話，她再次清清嗓子，但還是沒開口。

「快說啊！講講你夢到什麼。」父親說。

「你幹嘛這麼急？你要去哪兒嗎？」她問父親。

「我可不想等到晚上還一直聽你清嗓子。」父親道。

她第三次清嗓子，然後說：「這得花上七小時才講得完，因為昨晚我睡了七小時。現在你坐好，不然蹲久了會累。」

父親要兩個妹妹靠過來，然後摟緊她們，親吻她們的頭髮、額頭、臉頰，然後說：「我去買牛奶給你們當早餐，回來之後，再聽你們講夢到的故事好嗎？」

她們兩個點點頭，對著父親露出笑臉。小妹拉開蓋在身上的毯子，從床上站起來，大妹感到一陣寒意襲身，衝著小妹大吼。小妹也不甘示弱回吼，叫她起床刷牙。之後，她們又像往常一樣吵來吵去。

母親從頭到尾兩臂交叉在胸前，倚著房間一角的牆壁，腦袋斜靠在右肩上，看著父親的一舉一動。這時，父親站起身，走向她，站在她面前道：「我得動身了，要晚一點才會回來。」

她的神情非常哀傷。「小心些。」她又說了些話，但聲音哽咽。我們的目光全聚在她身上。「我們等你回來。」她輕聲說道。

從母親的神情我知道她心裡有一堆話想一吐為快，可是嘴巴、雙唇和喉嚨不聽她使喚。

父親吻了母親的前額並緊抱她，隔著母親的肩膀他朝我眨眨眼，露出燦爛的笑容，我也對他回以一笑。

他站在門口，握著門把，花了點時間好好注視著我們每個人，說道：「我很快就會回來。」他的目光落在姊姊和我身上，說：「你們別忘了我說的話。」說罷，轉身走出門外，母親也跟了出去。

大家開始摺疊各自的被單。小妹跑到門外，但父親已經走遠。她回來跟母親說：「父親不用去買牛奶啊，這裡的僕人每天都為我們準備豐盛的早餐，裡面就有牛奶啦。」

「沒錯，你說得對。我忘了告訴他這件事。」母親的聲音努力裝出驚訝狀。「不過別擔心，他睡覺前仍要喝牛奶。」

「我也要喝牛奶。」她說。

「嗯，當然啦。他喝牛奶時怎麼會撇下你呢。」母親說。

稍後我發現瓦基爾和父親一起離開，頓時覺得孤單。父親去接祖父為什麼不帶我而帶瓦基爾呢？也許他回來時，會把我們的風箏和彈珠帶過來。

4 城堡生活

父親原本預計當天就會回來，可是他食言了。我們不清楚發生了什麼事，小妹不停地問母親：「爸爸去買牛奶怎麼這麼久還不回來？」

母親一遍又一遍地解釋道：「也許在這一區不容易買到牛奶。」母親設法讓自己忙個不停，盡做些沒必要的事，藉此分散注意力。

自從內戰開打，我目睹母親哭了許多次，儘管她竭力不讓我們看到她流淚。父親離開之後，每天晚上她都在流淚。多數時候，她會在庭院低泣。有時坐在我們房間外樓梯的底端，淚水就湧了出來。有一天晚上，小妹撞見她在哭，隔天她灑些水在雙眼下面，模仿母親泛淚的樣子，假裝自己是個小母親。

第三天，父親帶著叔叔、嬸嬸、他們的孩子、未出閣的姑姑們一起回來。和我們一樣，大家全都擠進那輛伏爾加，十二個小孩則縮在後車廂裡。他們渾身髒兮兮，於是我們拿他們開玩笑，逗得他們笑個不停。然後我們帶他們去洗澡，以便洗去髒污。

唯一留守在家裡的人只剩祖父和瓦基爾——我最好的兩個朋友，也是我最在乎的兩個人。祖父拒絕把家留給竊賊和軍閥，但他有什麼辦法保護家園？

父親告訴我們，他剛到家的當天，四枚火箭砲落在祖父的庭院裡。翌日又有兩枚火箭砲毀了一些祖父種的麥金塔蘋果樹，以及大多數的花朵。祖父的心都碎了。以前他可是很看好聖戰士的。

「手傷了還能幹活，可是一顆破碎的心如何修得好？」這句話是有一天我和父母鬧翻，祖父對我說的。因為我在學校數學考壞了，父親對我暴跳如雷。

晚上，我思念著仍在山另一頭的祖父。地毯被搶走了，就連心愛的樹和花，現在也只剩殘幹和斷枝。

一週後，在週五的清晨，天色還未亮，我聽到前門傳來很大的敲門聲，這聲音持續了將近十分鐘，但沒有人去應門。

門房是個老人，當他睡著時就像死了一樣，除非有人往他臉上潑冷水，才能把他叫醒。敲門聲持續不斷，緊接著爭吵愈來愈大聲，慢慢地，我認出了聲音的主人。

我叫醒父親，他急忙穿上衣服，跑出房門，我也跟了出去。片刻後，我們看到原來是祖父與瓦基爾在和門房理論，可是現在他們正在大叫大嚷。門房不放他們進來，一個勁地說：「如果你們要食物，兩個小時以後再來，現在大家都在睡覺，走吧、走吧……」

門房把祖父和瓦基爾當成窮途末路討住、討吃的乞丐。門房耳朵已半聾，祖父他們不知道應該貼著他耳朵說話，否則就算喊破喉嚨也無濟於事。

哈吉．努爾．謝爾恰好不在家，他去印度探視家人，順便視察他開在德里的店鋪。他不在家，門房絕不會讓任何陌生人進入。他是個老實規矩、一絲不苟的人。

父親飛奔過去，抱著祖父和瓦基爾，門房隨即停止碎碎念。父親貼近門房左耳，大聲地解釋原委，這倒起了些微作用。「這是我父親和我侄子。」門房聽罷，連忙道歉，拎著手杖蹣跚地走開。

父親帶我們回到房間，家裡其他人也都在這個房裡，睡在地上好幾排的墊子上。他打開電燈，叫醒大家，要大家向祖父問安。祖父和瓦基爾風塵僕僕，衣服非常骯髒，好似幾個月都沒換洗。大家把他倆圍在中間，等著他們說些話。

我從祖父臉上讀到傷心欲絕四個字，以前從未見過他神情如此哀傷、身上如此骯髒。他向來是一身昂貴西裝，搭配真絲領帶，鞋子擦得光可鑑人。但是那天他從頭到腳，甚至連睫毛都布滿了沙塵。他什麼也沒說，只是向母親要了條毯子，母親遞給他之後，他既沒梳洗，也沒吭聲，便躺在地上，用毯子將自己從頭蓋到腳，過了五分鐘，便開始打呼。

我們全部踮著腳尖悄悄地離開房間，讓他安心地睡一覺。然後領著瓦基爾到隔壁的房間，要他告訴大家，究竟是怎麼到達這裡。他又累又餓又渴，一點也不想開口，不過在我們堅持與央求下，他喝了杯水，深吸一口氣後，開始娓娓道來。

「我們凌晨一點左右離家，躲在建築物的陰影裡，一步步前進，以免被山上的狙擊手發現。走到大路之後，在兩個地方被攔了下來。」說到這兒他從玻璃杯喝了口水。「在第一個地方，有幾個蒙面的傢伙，操著哈札拉人口音，他們全都佩戴槍枝，胸膛、背上甚至腿部都掛著其他武器。」

瓦基爾的聲音低沉，和祖父一樣，語氣冷靜。他講話一向條理分明，就連大人都願意聽他說話。他字斟句酌，臉上表情彷彿變化快速的天空，儘管話尚未出口，想法已搶先露餡。他的眼睛一會兒睜很大，一會兒瞇成縫。隨著情緒起伏，他的嘴形不斷改變。

「他們帶我們到一個沒有窗子的房間。他們在房外說話，我們聽得不是很清楚，但我想他們可能擔心我們屬於另一個派系，被派來當奸細。過了大約半小時，他們回到房內，彼此低聲交談了約一分鐘，什麼也沒問就放我們走了。」

「那裡靠近穀倉。然後我們朝理工學院走，但潘傑希爾人（Panjshiris）在那裡設了崗哨，只不過天黑我們沒看到。」

我們從英國廣播電台聽過有關崗哨的事，但這是第一次有崗哨直接進到我們的生活。

「有個傢伙衝著我們喊，『**站住！站住！**』祖父叫我繼續走別停，但那人對空鳴槍，再次叫我們，『**站住！站住！站住！**』

「他身穿軍服，把我們從頭到腳搜查了一遍。他和同夥將槍抵著我和祖父的後腦勺，命令我們往前走，把我們帶到一個小房間。另一個傢伙坐在鋪著髒兮兮床單的床上。

「他問了祖父幾個問題，包括我們為什麼會朝這個方向走？我們是為誰工作？但祖父沒有回答他。

他告訴那個指揮官：『你們這些人自稱聖戰士，但你們不過是劊子手和竊賊罷了。』

「指揮官對著祖父笑笑，說道：『安分點！』」

「祖父不再說話，只是瞪著指揮官，指揮官也瞪著他。過了幾分鐘，指揮官命令其中一個手下搜我們的包包。但是袋子裡全是祖父的書，因此他們放我們走了。」

我瞥了一眼在我腳邊的那個大型棉布包，瞧見由米爾．古拉姆．穆罕默德．戈巴爾所著的上下兩冊《阿富汗在歷史的進程》。祖父被迫離開家園，可是他丟不下心愛的書，一定要帶在身邊。

瓦基爾講完，要了一條毯子，回到祖父睡覺的房間。一分鐘後，他也睡著了。

幾個月過去。我們住在哈吉．努爾．謝爾的家裡，吃著僕人烹煮的可口飯菜，享用摘自花園的新鮮水果，與小狗玩耍嬉戲。這時所有的狗都和我們混熟了，所以相當友善。但是那隻豹子依舊敵視我們，我們對牠也就敬而遠之。

每晚我們都收聽英國廣播電台以及其他電台節目，但一直沒有聽到好消息。隨著每個小時過去，我們國家也被摧毀得更嚴重。那些派系頭目在白天屠戮數以千計的平民，在晚上自己的廣播節目裡竟然高談闊論，彷彿自己是個聖人。他們稱自己是聖戰士，說他們在對抗魔鬼。在白天，他們是劊子手；在晚上，搖身一變成了大說謊家。

我開始痛恨廣播電台。這麼多電台，竟然沒有一家能為我們帶來好消息。內容千篇一律，讓祖父、叔伯、父親悶悶不樂，看到大人如此，我們小孩也很難過，我決定弄壞所有收音機。後來心想，這可能令他們更難過。收聽英國廣播電台的節目，是那些日子裡唯一讓他們每天引頸期盼的事。

而今，父親和叔伯總算就離開阿富汗首次進行了嚴肅討論，這次祖父一語未發。有時在深夜，大家以為我睡著後，我會聽到父親對母親透露男人們討論的事情。

父親再次提及想去俄羅斯，就像前一年我們還住在自家時，他對大家的提議。他已和以前打拳擊時在那裡結交的朋友取得聯繫，他們答應一旦我們抵達俄國，就會幫我們落腳。但是今昔有別，現在邊界已經封鎖，檢查滴水不漏，因此我們需要拿出一大筆錢給走私客，幫助我們越境。

那段日子，父親唯一的收入是內戰開打前從各個村莊收集而來的地毯，寄放在哈吉．努爾．謝爾於印度的店鋪出售。

他已經好幾個月沒領到在哈比比亞高中擔任物理老師的薪資。儘管學校因為戰火，也由於被火箭砲擊中而關門，但按理政府應該繼續支付他薪水。

有次派系停火時間突然提前結束，一群庫奇遊牧民族受困於學校一棟建物裡。他們從巴米揚附近群山之間的夏季牧場，打算前往冬季據點——賈拉拉巴德（Jalalabad）附近的低地，因而途經喀布爾。他們不得不將羊、驢、駱駝、牛、馬等牲畜藏在學校地下室。一些軍閥發現了他們，便將羊搶走，祭士兵的五臟廟。這些庫奇遊牧民族離開後，整個學校臭氣薰天，幾個月都散不掉。

每天早晨我醒來，總會愣個片刻，直到環顧四周，看到家人睡在附近的地板上，才記起我們身在何處。可是從其他方面來看，我們的生活也慢慢步入正軌。

叔伯們仍保留在喀布爾的工作，只要戰火稍歇，他們就會去上班。有時戰事突然叫停，市內會平靜個幾週。然後不知道什麼原因，戰火又會像以前一樣猛烈。

我們搬到諾伯亞堡後，母親一直沒去銀行上班。她覺得經喀布爾市區去上班並不安全。其實她比以前更忙，去市集買吃的花了她不少時間，但有時有錢也買不到東西。市集裡基本上只賣米和蔬菜，後者都是農民有什麼就拿出來賣以求換點錢。市集買不到阿富汗人愛吃的肉。在以前的家裡，母親有很多幫手，包括嬸嬸、未出閣的姑姑，甚至我姊姊、堂姊妹等也能出點力。但是在諾伯亞堡，儘管以祖父為首的一大家子還住在一起，但是為了過日子，我們已經分成若干小單位。

儘管哈吉．努爾．謝爾的家在德里，在喀布爾與德里都有店鋪，但他喜歡留在喀布爾。在德里，他為家人在拉吉巴奈加爾區（Lajpat Nagar）租了間公寓，但他告訴我們，他討厭住在那裡。他從小住慣大房子，房子都附有偌大的花園，德里的公寓對他而言彷彿囚室。更糟的是，他在德里認識的人不多，覺得非常孤單。

他留在喀布爾期間，他的妻子經常從德里打電話給他，求他回去。他能拖就拖，直到戰事白熱化才離開。只要一聽到喀布爾停火，又馬上回來與我們一起待在城堡裡。

每次他回來，他的朋友也會在同一天陸續出現在諾伯亞，他們總是有方法知道他要回來的消息。儘管這裡偶爾還是會聽到火箭砲、炸彈、槍聲從山的另一側傳來，但大家苦中作樂，開心享受相聚的時光，父親也是其中一分子。聽到他們的笑聲，我們覺得生活又有了希望。

哈吉．努爾．謝爾經常會叫他的廚師準備特別的飯菜，諸如烤肉抓飯（qabili palau），堆得像山高的米飯撒上紅蘿蔔絲、葡萄乾、堅果，然後再鋪上大塊的肉。或是端上烤羊肉串、羊肉湯。他請我母親準備她拿手的玉米麵包作為飯後點心。只要他在諾伯亞，每天都像在過節。

我早上一覺醒來，胡亂擦了把臉後，就跑到他的房間，裡面有他認識多年的穆拉1用著抑揚頓挫的聲音誦念可蘭經。我坐在角落聽著，或是拿本可蘭經在心裡跟著默念穆拉誦念的句子。

吃完早餐，穆拉便離開，改換樂師登場，在鼓、西塔琴、塔布拉鼓、小風琴等樂器輕聲伴奏下，唱起甜美的加札爾（ghazal）抒情詩。樂音一直持續到中午，這時大家有一小時午休時間。然後，換另一批人進場，他們是我聽過最棒的說書人，能把發生的一切說成故事。

哈吉．努爾．謝爾像國王般坐在他的「寶座」上，客人則坐在房間地板上擺放的托沙克（toshak）座墊上。他閉著眼睛，手捻著一串念珠，輕輕搖晃腦袋，彷彿在昏睡。若說書人講到一半時僕人敲門，他便睜開眼睛喊「停」。

說書人馬上停下來。

他說：「進來。」

僕人端著一壺剛泡好的茶走進來。哈吉·努爾·謝爾瞥了一眼在地上的杯子，示意僕人將杯子斟滿。僕人輕手輕腳地一一將杯子倒滿茶水，然後將冒著熱氣的茶壺放在房間中央的地板，再無聲地退出去。哈吉·努爾·謝爾轉個頭對說書人說：「繼續吧。」

到了晚上，他打開自家的發電機，我們小孩就能在他房間和他一起觀賞印度電影，他常常看到一半就睡著了，半個身子坐著，另一半身子則躺在床上。電影結束，我們拉了條毯子蓋在他身上，關掉電燈，踮著腳退出他的房間，再關掉發電機，各自回房睡覺。

某天，瓦基爾和我站在屋頂放風箏，發現樓下庭院裡，負責伺候起居與三餐的僕人，連同照顧花園和牲畜的其他僕人，忙著一些奇怪的事情。

他們幫鹿洗了香噴噴的澡，然後在茸角上繫上漂亮的絲帶。接著僕人在庭院高牆的頂端掛上彩燈，在丁香樹叢彎垂的花枝上繫上紙燈籠。做完這些後，又從二樓陽台垂掛一大塊顏色鮮豔的方形台布，台布垂到與一樓房間窗戶上沿齊平時，其他僕人用桿子撐起台布的下緣，形成一個棚子，然後在棚子下方搭了一個低矮的舞台。

僕人連午餐都沒吃，一直忙著做事，沖洗庭院的方形鋪路石。哈吉·努爾·謝爾說，這些鋪路石是砌佛塔用的，佛塔早在國王阿巴杜·拉赫曼[2]為他最倚重的大臣（wazir）修建諾伯亞堡之前，就已在這裡矗立了幾百年。

傍晚左右，庭院更忙了。哈吉．努爾．謝爾吩咐僕人做這做那。防風燭燈懸掛在庭院小徑的兩側，緊挨著的是栽種在花盆裡盛開的鮮花。有些花鮮紅挺立，有些像攀牆而上的藤蔓般捲起，有些金色，有些橙色。

瓦基爾和我一整天沒再放風箏，而是看著大家忙東忙西，納悶僕人接下來又會做什麼。

父親出現在庭院，站在哈吉．努爾．謝爾身邊，與他商討事情。之後哈吉．努爾．謝爾上樓去他房間，我從房頂跑下樓，問父親發生了什麼事。他說，哈吉．努爾．謝爾邀請一些外國賓客來晚餐，那些賓客是為聯合國工作的。聽罷，我又跑上房頂，去告訴瓦基爾。

哈吉．努爾．謝爾非常好客，尤其是還能藉此炫耀他的花園、財富以及眾多僕人。

父親進了我們家的房間沖洗身體，母親幫忙熨燙他最好的紗爾瓦長褲與克米茲罩衫。瓦基爾和我從房頂下樓，到庭院幫僕人幹活。

兩個僕人端著擺放茶與玻璃杯的亮鋥鋥銀製托盤走進庭院，請我們把托盤端上樓，送到哈吉．努爾．謝爾的房間。我端的盤子上放著兩壺茶，我能嗅到從壺嘴冒出的陣陣濃郁的小豆蔻香氣。瓦基爾端的托盤上放著玻璃杯，走在我前面，我們爬上樓梯，來到哈吉．努爾．謝爾住的房間。

上了樓，瓦基爾用腳小心翼翼地把門推開，沒有敲門就走了進去。這時哈吉．努爾．謝爾剛洗完澡，站在房間中央，用著一條藍色小毛巾擦拭頭髮，全身赤裸裸。

他看到我們時，倒抽了一口氣，急著找東西遮住身體。我被眼前的這一幕給嚇呆了。在別人面前暴露自己的身體是非常難為情的事，而看著別人的裸體更是難堪。我趕忙把托盤放在房門前的地上，轉身跑下樓。瓦基爾隨我往樓下跑，邊跑還邊笑，因為衝速過快，差點把我撞倒。我也忍不住大笑。

哈吉·努爾·謝爾對我倆大吼。我們聽不清楚他說了什麼，但很明白他對我們沒有敲門便擅自闖入非常生氣。可是我們能怎麼辦？我們又沒有閒手可以敲門。

瓦基爾和我一口氣跑到門外，穿過庭院，回到樓頂，接著難為情地捧腹大笑。瓦基爾問我：「你看到那些了嗎？」

「什麼？」我問道，還在咯咯笑。

「你看到他有五個睪丸嗎？」瓦基爾問我。

「五個？」我難以置信地反問他。「他怎麼會有五個？」

「我非常仔細地數過了。」瓦基爾表情嚴肅地說，然後爆笑不止，笑到身體蜷縮成一團。每次笑聲漸歇，我們就瞅著彼此，然後瓦基爾會說「五個」，於是兩人又忍不住笑得比先前更張狂。瓦基爾大笑時，雙眼綻放光芒，並露出潔白的牙齒。

幾分鐘後，我們看見哈吉·努爾·謝爾盛裝下樓走到庭院，我們躲在角落一道矮牆後面探頭探腦。

哈吉·努爾·謝爾站在庭院中央，身穿白色紗爾瓦長褲與克米茲衫，外罩黑色背心，頭戴垂下流蘇的紅色小圓帽。他吩咐僕人在庭院四周的小徑上鋪上地毯，然後把在花園的孔雀牽過來。

樂師們穿過低矮院門走進庭院，然後恭敬地問候哈吉．努爾．謝爾，彷彿他是個親王似的。他示意樂師坐在庭院中央的舞台上，舞台已鋪了塊老舊的布哈拉紅毯（Bukhara rug），紅毯因為使用多年，色澤光亮、質地柔軟。

樂師們盛裝出席，外罩繡上珠子的黑色背心，頭戴鮮豔的頭巾。一名撥奏二十二弦拉巴布琴（rabab）的樂師，進行試音與調音。另外一位樂師對著像笛子一樣的奈伊笛（ney）吹氣，把笛子內的塵埃吹掉。年紀最大的樂師將坦布爾琴（tanbur）架在大腿上，手指在長長的琴頸上下滑動，奏出他自己才聽得到的旋律。第四個樂師攜帶一組擦得亮鋥鋥的銅塔布拉鼓，他用一支小鼓槌敲著鼓身進行調音，為樂音加入了敲打聲。過了幾分鐘，準備工夫告一段落，庭院隨即充滿輕柔甜美的音樂。

當未出嫁的姑姑和其他堂兄弟聽到音樂，跟著我們爬上樓頂在那裡觀看一切。由於天色已黑，沒有人會發現我們。

哈吉．努爾．謝爾離開庭院幾分鐘，回來時身邊多了四位外國男子。四個人都長得高頭大馬，留著一頭黃色長髮，眼睛湛藍，還有異常白皙的皮膚。站在他們身邊，哈吉．努爾．謝爾彷彿小矮人。

哈吉．努爾．謝爾用一種陌生的語言和他們交談，指著小徑上的地毯和他們交換意見，四位客人也用陌生的語言來問他事情。

我問一位姑姑，他們說的是什麼話，她說：「英語。」我喜歡這種語言的聲音，聽起來與達利語非常相似。但是不管我再怎麼仔細聽，還是一個字也聽不懂。

哈吉·努爾·謝爾不時地叫僕人拿起毯子讓其中一位客人細看。他把地毯翻個面，讓客人看清背面的打結密度，然後手輕輕滑過毯面，彷彿撫摸自己的愛貓。

我霍地明白這是怎麼回事。我曾多次在他的店裡見過他做同樣的事。原來他正在向這些外國人兜售地毯。現在喀布爾的戰火愈來愈猛烈，哈吉·努爾·謝爾的外國顧客已不敢冒險來阿富汗，他只能把地毯寄給從柏林或倫敦打電話下單的顧客，或是把地毯帶到印度出售。在喀布爾，他已經很久沒賣出一條地毯了。

賣地毯賺到的利潤由父親和哈吉·努爾·謝爾互分，晚上他會和母親聊到這些事。如今喀布爾的外國人只剩救助工作人員，若這些外國人能買一些地毯，也許我們就有足夠的錢支付走私客，帶我們離開阿富汗。

父親從我們住的房間走出來，和來訪者握手寒暄，用他們的語言和他們交談。這讓我對他刮目相看，我以前可不知道他會說英語。

僕人們用托盤端來石榴汁，果汁旁擺放了盛滿堅果和水果乾的碟子。樂師繼續彈奏輕柔的音樂。我們在樓頂看著這一幕恍若電影的場景。哈吉·努爾·謝爾吩咐僕人從屋裡搬出幾條非常老舊的地毯，將地毯鋪蓋在精心修剪的草坪上。這些地毯是非常貴重的精品，是我父親到各個村落挨家挨戶收購的。其中一位訪客屈膝蹲下身子欣賞著這些好貨。想必在吃過晚飯後，他們就會開始討價還價。和其他老到的地毯商人一樣，哈吉．努爾．謝爾會努力提升顧客對一條地毯的熱情，直到客人依依不捨、非得要把它買走不可為止。

哈吉．努爾．謝爾帶著賓客到遮棚下，僕人已在棚下擺放了大座墊並鋪上幾層地毯，讓他們能舒舒服服地坐著用餐。有的客人像阿富汗人一樣，能輕鬆盤坐。不過有個賓客不停地變換坐姿，努力讓自己坐得舒服些。一個僕人端來一壺水和一個碗，小心翼翼地在賓客間穿梭，把溫水倒在客人手上，然後用碗承接洗手水。另一個僕人尾隨在後，遞出小毛巾讓客人擦手。

過了一會兒開始上菜。穿得比平日更為考究的僕人捧著大淺盤，盤子盛滿了抓飯，抓飯頂端撒了葡萄乾和紅蘿蔔絲。僕人將盤子放在攤開的餐布上，哈吉．努爾．謝爾、我父親與賓客們則圍坐在餐布前。一個平常幫哈吉．努爾．謝爾打理店鋪的烏茲別克人，一直在庭院外面的花園裡烤羊肉串。燒烤冒出的煙裊裊升到樓頂，讓待在那裡的我們感到飢腸轆轆。幾分鐘後，這位烏茲別克人急匆匆地跑進庭院棚子那邊，把插著烤肉的長串叉放在賓客面前。其他僕人端來烤茄子、烤菠菜。除了這些之外，餐布上還擺了各種沙拉、優格，至於剛出爐的烤餅則在大籃子裡堆疊得高高的，我們在樓頂都能聞到熱烘烘的烤餅冒著的香味。其他僕人端來各種飲料。

一共只有四位賓客，再加上哈吉．努爾．謝爾和我父親，可是這些食物足以餵飽諾伯亞堡的每個人。我們對這點感到開心，因為知道賓客離開之後，剩下的美食就輪到我們大快朵頤了。

賓客都吃撐了，但哈吉·努爾·謝爾還是一個勁兒地要他們多吃些，看到他們拍拍自己鼓起的肚子，哈吉·努爾·謝爾假裝不高興，嫌他們吃得太少。僕人接著拿出水煙（chillum），小心翼翼地用燒紅的木炭點燃蘋果口味的菸絲。

其中一位外國人從刻了花紋的煙管吸了一大口煙，玻璃壺裡的水咕嚕咕嚕冒著泡泡。不過，他沒能成功吐出煙，無法像我父親一樣，呼出藍色的煙霧。瓦基爾見狀，笑出聲音，這位老外聽到他的笑聲，抬頭望著我們。哈吉·努爾·謝爾也抬起頭來，其他外國人也跟著朝我們這邊看。

瓦基爾小聲對我們說：「下面有個人長了五個睪丸。」在一頭亂髮襯托下，他的一雙黑眸閃閃發亮。我禁不住哈哈大笑，瓦基爾也笑得合不攏嘴，和我們一起藏身在樓頂出入口的其他堂兄弟雖不明就裡，但也跟著一起大笑。那些外國人隨後加入大笑陣容。樂師停止演奏，發出呵呵笑聲。哈吉·努爾·謝爾雙眼冒火，盯了我們片刻，但是看到所有賓客都笑得前翻後仰，緊蹙的眉頭慢慢鬆開，並露出笑容，繼而發出洪亮的笑聲。

「五個，」瓦基爾重複說道，十足肯定地點頭強調。

稍後，在我們北方的某處，火箭砲的爆炸聲第一次響起。也許這枚火箭砲擊中八公里外潘傑希爾區的凱爾卡納（Khair Khana）。也許這枚火箭砲是古爾布丁·赫克馬提亞[3]派系發射的；也許是薩亞夫[4]一派幹的。到底是誰，其實無所謂。聽到火箭砲的爆炸聲，賓客們馬上從座墊上站起來，向哈吉·努爾·謝爾道謝，向我父親道晚安，並對草坪上的地毯投以戀戀不捨的目光，小心地繞過地毯從旁邊走出去，在安全隨扈的催促下，他們匆匆上車，因此一條地毯也沒買成。

父親和哈吉．努爾．謝爾笑著送客人離開，若說他們因為沒做成買賣而感到沮喪，那麼他們基於禮貌也完全沒有顯露出來。

那是哈吉．努爾．謝爾在諾伯亞堡庭院舉辦的最後一次派對。幾週之後，一枚火箭砲就落在他店鋪的門前。他看到祖父的遭遇，不願意自己心愛的地毯也被洗劫一空，身為還在喀布爾開店的最後一位地毯經銷商，他明白現在該是離開的時候。翌日，他關了店鋪，將上好的地毯打包運到德里，而他也將搬到德里和家人團聚，住在他討厭的公寓裡。

隔了一週的星期五早上，我們還在吃早飯時，就接到通知說有人會過來把豹子帶走，給牠換個新家。所有孩子都想去看個究竟，但哈吉．努爾．謝爾已吩咐僕人把通往庭院的門用鏈子鎖好，以免豹子萬一破籠而出亂竄傷了我們。哈吉．努爾．謝爾安全地待在他的房裡，監督這一切過程。他的房間位於邊間，可以從一側的窗戶俯視花園，從另一側的窗戶監視庭院。

他事後告訴我們搬運的過程。工人把一個附了輪子的小籠子放在尚存的一座高塔底座，也就是豹子窩的前面。身為貓科動物，豹子的本能是先搞清楚這個帶輪子的籠子是什麼東西，牠足足嗅聞了一分鐘才走進籠子，然後坐下來，開始舔自己的毛，這時籠門迅速由上而下關緊鎖上。豹子被緩緩推下坡道，離開了那道很少使用的門，穿過高牆，進入緊臨高牆的小路。

一切結束後，哈吉．努爾．謝爾從俯瞰庭院的那側窗戶探出頭，對著瓦基爾、我和其他堂兄弟喊道：「你們現在可以去花園玩了。」我們飛也似地跑出高牆內呈直角的通道，彷彿我們也是剛被人從籠子裡放出去。我們彼此摩肩接踵地擠過厚重的木門，鎖鏈禁不起衝撞，發出金屬相撞的噹啷聲。接著跑下坡，來到豹子的籠前。現在籠子裡躺著一隻大狗，有人告訴我們這籠子原來一直是牠的，直到豹子來了，才不得不換個窩，也許牠很開心能回到老窩。我們瞧著大狗，然後看看彼此，我們不懂自己幹嘛這麼迫不及待想去看已「豹去籠空」的場景。

接下來的幾天，哈吉．努爾．謝爾把鴿子以外所有的鳥都分送朋友。鴿子無法送人，因為不管飛到天涯海角，鴿子都會飛回位於庭院遠端一角的老巢。孔雀被送走之前，哈吉．努爾．謝爾不捨地對孔雀發出最後一次奇怪的哨音。

至於鹿，幾週前局勢愈來愈糟糕，就把鹿殺了來祭我們的五臟廟，還把鹿骨頭扔給狗兒吃。

終於到了哈吉．努爾．謝爾離開的日子。我的父親、祖父、叔叔們在院門外列隊送別，感謝他伸手相救，挪出自己的房子讓我們棲身。他們一一與哈吉．努爾．謝爾握手、相擁。所有堂親都站在四周，默不作聲地看著。

哈吉．努爾．謝爾凝視著那座尚存的唯一高塔，接著交代父親好好照顧諾伯亞堡，然後便一頭鑽進車子，司機隨即開動，他揮手向我們這些孩子道別。

他家裡的兩個僕人目送他驅車駛離大門，前往機場，不清楚接下來該如何是好。

1 穆拉（Mullah）：伊斯蘭教的一種尊稱，指先生或老師，一般是指受過伊斯蘭神學與伊斯蘭教法教育的人。
2 阿巴杜．拉赫曼（Abdur Rahman，一八四四－一九〇一）：阿富汗一八二六年建立之巴拉克查依（Barakzai）王朝的在位君主之一。
3 古爾布丁．赫克馬提亞（Gulbuddin Hekmatyar，一九四七－）：阿富汗前總理（一九九三－九四），被美國視為頭號恐怖分子。
4 阿卜杜爾．拉蘇爾．薩亞夫（Abdul Rasul Sayyaf，一九四九－）：阿富汗前聖戰士領袖。

5 漫長回家路

每天太陽升起之前，我都會被房間隔壁盥洗室的嘩嘩水聲吵醒。那是祖父在淨身，禱告前他都會先淨身。

嘩嘩水聲一停，我知道他淨身完畢，換我進盥洗室淨身，然後到祖父房間，他已開始禱告，我拿出禱告用的小墊子坐在他旁邊。在我準備禱告之前，我抬頭看著他，他臉帶微笑，很快我也受到感染，跟著開心起來；但他沒看我，繼續禱告，而我也開始專心禱告，感覺他的笑容無所不在。

祖父禱告完畢，雙腿盤坐在禱告墊上，雙眼繼續緊閉，手上捻著禱告念珠，低聲念誦可蘭經的經文。至今我猶記得他甜美的呢喃，每次一想起這情景，彷彿祖父就在身邊。

我結束禱告，和祖父一樣，盤腿坐在禱告墊，緊閉雙眼，手捻著禱告念珠，大聲念著已牢記在心的可蘭經經文。

有時看著祖父，納悶他冥想時不知在想什麼。他曾兩度去麥加朝聖，凡是到過麥加朝聖的信徒都被叫作「哈吉」（Haji），祖父也不例外。但他自己的孩子則稱他「阿格哈」（Agha，父親的意思），我們這些孫子則叫他巴爸（Baba，祖父之意）。

用罷早餐，祖父通常會帶本書走到庭院外的大花園。哈吉．努爾．謝爾有豐富的藏書，樂見祖父翻閱。祖父坐在葡萄藤架下，卻無法像往前一樣全神貫注於書本上。過沒多久，他把書放在一邊，在樹下來回踱步，竟把高塔下一個綠草如茵的長形露台踏出一條小徑。在我看來，他彷彿之前那頭被關在籠子裡的豹子，焦躁不安。我看了很難過。

有時我會陪他。他看我走近，會對我一笑，但我看得出他笑得很勉強。我和他在樹下來回踱步，彼此不發一語。我們只聽得見枯葉被踩在腳下的沙沙聲。

我三不五時抬頭看他，見他臉上掛著沉痛。他的臉就像一面鏡子，一五一十照出他的所思所想。

偶爾他和我談起他的生意，他一輩子怎麼艱苦經營許多想要成就的事；有時候說起未竟之事而懊悔不已；有時候則是提到靈魂、人心、真諦或心靈等等。但是多數時候他談的還是被搶走的地毯，已淪為廢墟的家園，已被砍斷的麥金塔蘋果樹以及玫瑰花叢，還有他不再平靜的內心。

祖父痛恨怠惰。如今在諾伯亞堡待了三個月，卻每天無所事事。終於他決定有所行動，不再坐以待斃。他的家就是他的命，他必須回家看看，他要我最小的叔叔陪他一起回去。

「我說這話並非不敬，不，我不想去，您也別去了。房子就在那兒，誰也拿不走。那些掠奪者也許把剩下的東西都搶光了，可能連窗戶和房梁都不放過，甚至把樹砍了當柴燒。但是那塊地永遠都會在那兒。」我叔叔說。

「我把你養這麼大，難道就是為了這一天聽你對我說『不』嗎？嗯？嗯？」祖父質問叔叔，同時盯著他看。

「您知道，我這一生從未對您說過『不』字，父親大人。拜託您老人家至少聽我這一次，今天就不要回去了。」叔叔必恭必敬地說道。

「如果你不想去，只消說你是個懦夫。」祖父反駁道。

叔叔笑笑掩飾尷尬。「我不是懦夫，但我擔心被懦夫害死。那些靠殺害眾多無辜百姓發財的人才是懦夫。如果我們回去，雖然您失去了一切，但他們仍是會嗅到我們身上的錢味。我們還有一點錢夠活一段日子，誰知道接下來會發生什麼事。他們已經打了好幾個月，不會撐太久的。我們就不要為了埋在那裡的東西而冒險吧！」

我不清楚他說這話的意思，在那兒埋了什麼東西？但我明白這事不能問。

祖父轉頭不看叔叔，然後打量我片刻，一句話也沒說。之後，他冷靜地對我說：「你準備一下，我們十分鐘後動身。」

我瞥了一眼父親，從他的表情我看得出他不太高興。祖父瞅著父親，我望著祖父，而父親看著我。

「照你祖父吩咐的去做吧。」父親低聲說。母親臉色蒼白，可是在家裡，她無力挑戰祖父的地位與分量。

從父親的語氣，我知道他並不贊同祖父的想法，但是他非常尊敬祖父，無法開口說「不」。

「你會像你叔叔那樣是個懦夫嗎？」祖父問我。

我瞥了一眼叔叔，他只比瓦基爾大幾歲。因為被自己父親斥責為懦夫，露出一臉受傷的表情。

「我會照父親和您說的做。」我輕聲答道。雖然我並不想走。

聽我這麼說，祖父滿意地笑了，但是哀傷地說：「你是個好孩子。」

我們在中午前離開諾伯亞堡，搭上一輛巴士但只能到達中途，巴士在潘傑希爾與哈札拉之間的前線停了下來。這個所謂的前線是浮動的，端視哪個派系暫時居上風而定。從來沒有人確切知道前線是在哪裡。

我們下了巴士，開始步行，一路上不見人煙。我們逃離自己家園的那天早上，同一條路卻擠滿了難民。在喀布爾，就屬這條路最寬，大到可以在路中間闢個公園，栽植大樹成蔭。戰火爆發之前，年輕男女會在樹下約會，有時我們看到他們接吻，還取笑他們。瓦基爾戲稱他們是鴿子。

如今人行道全被破壞。隨處可見火箭砲炸出的坑洞，有些洞大如隕石坑，這是派系從飛機空投炸彈所致。有的洞很深，被湧上來的地下水填滿。放眼四周淨是扭曲變形的金屬，整條路非常安靜，連蜜蜂嗡嗡的叫聲都聽得見。

走在路上，祖父問我是否喜歡過什麼人，聽他這麼一問，我不太好意思說「有」，於是回答說「沒有」。其實我巴不得能對他說：「我喜歡我們班上的同學雅爾妲。」但是我才十歲，這個年齡的男孩子不該有女朋友。

祖父看著我的眼睛，他的聲音異於平常地溫和。他說：「一生中沒愛過的人，生活會空虛沒意義。我肯定你戀愛了，只是不想告訴我罷了。」

我從未隱瞞祖父什麼事。凡是我遇到重要的事，他都會給些忠言。每次向他傾吐心中的祕密後，都會覺得非常輕鬆開心。

「我喜歡以前學校裡的一個女孩。」我對他坦承。「她和我同齡，名字叫雅爾妲，長得非常漂亮。」

祖父開心地哈哈大笑。

「女人能像酒一樣暖透你的心，亦能像冰一樣冷漠。耐心點，小夥子。沒有耐心的人就像沒有蠟的蠟燭。有時愛會讓人急躁，好好控制你的情緒。」

我琢磨他說的話，一時半刻之間，兩人沒再說什麼。我想到雅爾妲。派系鬥爭開戰以來，我沒再見過她。我想知道她在哪，是否平安。她家人是否及時離開了？抑或等太久而來不及走避？有時我在日記裡寫下與雅爾妲有關的詩，並記下祖父告誡我的所有要事。

我們沿道路中央而行，腳步聲出奇響亮。除了偶爾有幾隻麻雀飛過，發出啾啾的叫聲外，四周空無一物。天空一片湛藍，要不是周圍滿目瘡痍，我們祖孫兩人這樣子彷彿要去野餐。

「你也是因為太心急才娶祖母的嗎？」我問。

「我愛她。我很幸運能擁有像她那樣的妻子，但是直到多年後我才明白，婚姻分為三階段。」他抬頭凝望那座有雙峰的小山，嘆息道。光禿禿的岩石高聳於俄羅斯人興建的黃色大穀倉後面。「第一階段是你說話，妻子傾聽。第二階段是她說話，你傾聽。至於第三個階段，夫妻兩人都大聲說話，換成街坊鄰居傾聽。」說這話時，祖父嘴角微揚，後來變成咧嘴放聲大笑。「第一階段最好。」他說。祖父已好幾個月沒講笑話了，我從他的聲音裡聽到了快樂，於是也跟著大笑。

但是祖父這番話另有深意。他的曾祖父哈賈．努爾．穆罕默德（Khaja Noor Mohammad）生於阿富汗西部赫拉特（Herat）附近一個村落，後來定居在距離喀布爾大約四十八公里的邁丹谷地（Maidan Valley）。在那裡，他蓋了一座很大的泥磚城堡，城堡四周圍了高牆，這類城堡在阿富汗相當普遍。儘管城堡大得足以容納一大家子，但還是比諾伯亞堡小了很多。

以邁丹堡為根據地，高祖父的後人代代靠放牧為生。他們飼養羊、駱駝，剪下的毛賣給地毯織工和裁縫師。

曾祖父在六個兄弟中排行第四，卻比兄長早死，所以祖父四歲便沒了父親。曾祖父過世兩個月之後，他排行老五的弟弟才出世。

兩年後，祖父的母親改嫁。她沒按照習俗嫁給祖父的叔叔，而是嫁給了和她年紀相仿的祖父堂兄弟。雖然身分上，他成了祖父的繼父，但祖父依舊和以前一樣，叫這位堂兄「拉拉」，即大哥的意思。

除了幾頭牲畜、一小塊地和部分城堡之外，祖父的繼父並未留給他和弟弟多少財產。祖父希望做些比養綿羊與山羊更好的事。他自己的祖父穆拉阿巴杜．加佛爾（Mullah Abdul Ghafor）是一位非常受人愛戴的神職人員。他的大伯曾在坎達哈擔任省長數年，在當地富甲一方，並備受敬重。

祖父希望能有他祖父一樣的名聲，以及像大伯那樣的財富。他憑自己的努力學會了閱讀和寫字，並告訴我們他一直是書不離手，他下定決心要自學。十二歲時，他決定到喀布爾，但是初來乍到，無處可棲身。他在清真寺和廟宇睡了幾天，才在交通部一個名為「因希薩拉特」（Inhisarat）的分支謀到一職，擔任辦事員。因希薩拉特負責將木材和政府物資運往國外。

儘管祖父從未正式上過一天學，然而這工作成了他的學校。他仔細而認真地揣摩分析周遭人士，學習他們所做的事。他學會如何穿著才得體，從不敢忘記他母親教導他的實用生活知識。很快地，他獲得拔擢，轉移陣地在辦公室裡工作，成為一名會計。

他在阿富汗國家銀行找到一份辦事員的工作，在那裡努力地持續自學。他研讀法律，了解法院如何運作。他學習如何管理他人的錢財，學習如何必恭必敬對客戶講話。

他告訴我們，雖然事業有成，他卻感到前所未有的孤單，儘管多年來他也都是孑然一身。他一直希望能找到另一半，為精心努力經營的人生增加一些色彩。

某年春天，他吃罷午餐從餐廳出來，發現一列庫奇人的大篷車穿過喀布爾街道。庫奇族是過著遊牧生活的普什圖人，其實「庫奇」在普什圖語就是「遊牧人」的意思。他們離開了賈拉拉巴德附近的過冬營地，朝著巴米揚附近的阿富汗高山區的夏季牧場前進。祖父在隊伍中看見一位美麗的姑娘，跟在駱駝旁邊前進。

祖父認出了她，因為許多年前他見過她很多次。當時他還年輕，這群遊牧民在初春期間曾在邁丹待了幾個星期。祖父告訴我們，他對她一見鍾情。那天下午，他們兩人的眼神短暫交流，這個短短一瞥，成了串連兩人接下來五十年人生的第一道環節。

他回到銀行，向上司解釋需要請假幾週，然後他一路跟隨這群庫奇人沿著例行路線前往邁丹，在那裡停留一個月，讓牲畜好好吃草。躊躇擔心了兩週後，祖父終於鼓起勇氣去找那位姑娘的叔叔，他是這個遊牧隊伍的頭兒。祖父向他表達了對其侄女的愛意，但頭兒威脅要宰了祖父，因為庫奇人只允許同族通婚。

祖父嚇壞了，幾乎想打退堂鼓返回喀布爾，但是經過幾天長考，衡量了自己的條件與處境後，他決定請母親出馬協助成全這門婚事。

他的母親是個非常勇敢的女子，她向女方的叔叔解釋，表示我們的家族背景與他們很類似，也是數代以放牧為生。她說，我們家族是一千多年前來到阿富汗的阿拉伯人後裔，祖上與先知穆罕默德（願他得安詳）家族有親戚關係。她一口氣背出先知家族以降到他兒子哈賈・古蘭・賈拉尼（Khaja Ghulam Jallani），共二十九代人的名諱。

女方的叔叔聽著，但未發一語。曾祖母對他的沉默感到竊喜，因為這代表「默許」。這次女方家屬沒有任何威脅。祖父這下明白，他可以放心和心愛的人訂婚了，只不過在婚前，兩人不能再見面。

過沒多久，這群遊牧人離開了邁丹，前往巴米揚的夏季牧場，到了初秋再返回邁丹。祖父已為婚禮做好各種準備，等著他們回來。

祖父在邁丹山谷舉辦了最盛大的婚禮，婚禮一連進行了數天。婚禮結束後，遊牧隊伍便離開了邁丹，回到在賈拉拉巴德的過冬據點，他們的女兒則留下來，與祖父和曾祖母一起生活。

祖父回到喀布爾的銀行繼續上班，並開始在他購於科特桑吉區的土地上興建房子，其實這塊地不在科特桑吉區，而是位於德赫諾德赫波里區（Dehnaw Dehbori）。祖父花了整整十年才蓋好房子，才讓庭院花木扶疏。與此同時，祖母為他生兒育女，最後共生了十六個孩子，雖然其中兩對雙胞胎未滿六個月即夭折。

祖父在銀行得到一次又一次的晉升，最後擔任帳目審查部門的主管，職責是核對銀行每一筆交易的文件。同事都很尊敬他，幾年後，開始以「總裁」稱呼他。其實那並非他的頭銜，但只要銀行總裁與他的助手出國，他就得代為管理銀行。

由於祖父嫻熟銀行與運輸業務，因而受雇擔任商務部海關署的財會主任。他任職數年後，揭露一位同事監守自盜的嚴重詐欺行為，祖父向商務部長呈報此事，但部長卻包庇這位中飽私囊的官員，祖父當天就離開商務部，自此不再在政府部門任職。

接下來幾週，多位高層官員先後來找祖父，向他致歉，拜託他打消辭意，但祖父不曾點頭，他對政府失去了信心。

為了賺錢，他開始經營地毯買賣。自小他就和父親四處遷徙，認識了一些地毯織工，賣羊毛給他們，並向他們收購地毯。

多年下來，他經手買賣的地毯超過數千。每年春天與夏天，祖父會親赴各地村落，通常帶著父親同行，一如當年曾祖父帶著祖父跟著牲畜一起遷徙。這是祖父重溫祖先遊牧生活的方式。

他們兩人挨家挨戶收購地毯，祖父訓練父親分辨精心編織的舊地毯與奇林毯（kilim）之別，後者是平織毯，沒有任何圈絨，而且是天然染色毯。祖父也教導父親如何討價還價，不談到最合適的價格絕不成交。他們會花個幾小時，坐著和主人喝茶講笑話，並熟記主人家所有兒子的名字。

我出生之後，祖父已漸漸減少到外地收購地毯，改派我父親代勞，而他自己則留在喀布爾，精挑最佳的買賣時間，不動聲色地累積一筆財富，也收集了不少價值不菲的地毯。至於他怎麼辦到的，沒有人知道。可惜他後來眼睜睜看著這些地毯被那些妄稱「聖戰士」的分子洗劫一空。

一群流浪狗朝我們的方向靠近，先是停了下來，繼而跑得遠遠的。我們轉進通向我們家的那條街道，幾分鐘之後，看到位於庭院一端的黃色房子，比周圍只有一層樓的平房都要高。至少那部分的房子還在，沒有被砲彈摧毀。祖父見狀駐足片刻。

「人生是一場賭博。」他說，彷彿在自言自語。「要嘛輸得精光，要嘛贏得一切。若你探究它的意義，卻找不到答案，這代表你輸了；但你也可能悟到真義，那你就贏了。」

他看著四周戰爭留下的悲慘印記。這條街上幾乎每棟房子都毀了，只剩斷垣殘壁。

我們往前走近自己的家，這時祖父開始低聲哼著什麼，以前他修剪玫瑰時也常這樣。即使四周盡是戰火破壞的痕跡，但祖父返回我們自己的鄰里時還是很開心。就在這時，一串陌生的聲音在我們身後喝道：「**站住！站住！站住！**」

我們轉過身，看到兩個男子用卡拉什尼科夫衝鋒槍瞄準我們，他們的臉都用印花大方巾罩著，只露出兩隻眼睛，看起來就像裂開的小麥粒。他們走到我們面前，其中一個問祖父：「你們在這裡幹什麼？」

「來看我的房子。」祖父說

「哪間是你的房子？」他問。

祖父用右手指了指。

「住這麼大的房子，你準是個有錢的老頭兒！」其中一人道。他個子高瘦，聲音沙啞。「我們聊聊。」

他說完用槍指著鄰居家的房子。

這兩人是哈札拉人，年紀快三十，所屬派系想要拿下喀布爾該區的控制權。他們身穿黑色的紗爾瓦長褲與克米茲罩衫，腰帶上掛著手榴彈，右腿緊緊綁著一把刀。

「我先去看一下我的房子，然後再和你們談。」祖父說。

「照我說的去做。」高個兒大聲喝道。他用槍在祖父胸前戳了一下。我能聽出他口氣裡暗藏的邪惡。

我們沒有選擇的餘地，只能跟著他們一起走到鄰居的房子。這家主人是個成功的貿易進口商，他蓋的房子是我們這條街上最漂亮的房子之一。兩個槍手推開庭院大門時，我嗅到跟屠宰場一樣的血腥味，而且還有一股東西腐爛多日的惡臭味。

第一道門連著六公尺長的走道，走道盡頭又有一道門，可通往庭院。我記得兩年前跟著父親來過這兒，參加一場訂婚宴。那天晚上，院子草坪被修剪得整整齊齊，像是鋪上了一塊綠色地毯，到處是盛開鬥豔的玫瑰花。庭院中央有幾株祖父贈送的麥金塔蘋果樹，細瘦樹枝上結著纍纍大果實。另外還有梨樹、杏桃樹、松樹等等。庭院四周的小徑兩旁都擺了盆栽，周圍房間裡美麗的彩燈，把房裡精美的家具映照得金碧輝煌。這家主人常去倫敦以及其他國家，帶回一些別人家沒有的精緻物品。

樂師在鋪著深紅色阿富汗地毯的低矮台子上演奏，男人和女人圍坐在院子裡聊天，有的坐在小圓桌四周的椅子上，有的坐在草坪上的墊子。他們端著飲料閒話家常，開懷大笑。主人的兒子剛從哈佛大學回來，與父母為他挑選的新娘見面。

父親和我一直待到凌晨一點。我們離開時，還有一些賓客意猶未盡，盤桓再三，一邊聽著輕柔的音樂，一邊聊著彼此的人生、生意、家庭與未來。

那段日子，大人在一起談論的都是這些事情。儘管俄羅斯士兵已撤出阿富汗，但阿富汗共產黨仍是掌權者，只不過在許多地方，受到聖戰士激烈的對抗。我出於好奇聽著他們的談話，但從不明白何以他們的語氣如此擔憂。他們唯一有把握的事就是未來充滿變數，誰也不知道局勢會怎麼發展。

此時此刻，我又站在這個地方，也終於明白他們當初所說的是什麼意思。這些曾經美輪美奐的房間，窗戶已沒玻璃，看上去彷彿已有幾個世紀沒人住了。昔日的庭院綠樹成蔭，而今連個樹影都不見，因為全被砍了當柴燒。

在庭院中央，之前搭舞台讓樂師表演的所在，現在挖了個大坑，埋了男人和女人的頭顱，共有數十個之多。我看了他們一眼，死者雙目圓睜，彷彿在瞪我，蓬頭亂髮沾滿了污血。我忍不住作嘔，但是強忍著。

我不知道他們是誰，也不知道他們的人生怎麼會在這個地方畫下句點，儘管我已嘗試許多次，但是始終忘不了他們慘死的模樣。

兩個槍手推著祖父和我沿著玫瑰花叢中的一條小徑向前走。玫瑰花叢已是雜草叢生，需要好好修剪打理，走著走著，我的袖子不時被玫瑰刺鉤到。我記得有一次摘了一朵玫瑰，結果這家的主人告訴我：「花留在灌木上看起來最幸福，因為那才是屬於它的地方。」自那之後，我再也不曾摘過花，因為他的話是對的。可是我無法想像竟然有人會把這些男女的頭顱砍下來。我想，那應該是屬於他們身體的一部分啊。

高溫以及惡臭味讓人難以忍受，我連一分鐘都不想待在這裡，感覺眼淚就要奪眶而出，鎖緊的喉嚨更令我窒息。即使閉上雙眼，成堆的頭顱、殘腿、沒有手指的手仍浮現眼前，在腦海裡揮之不去。

我瞥了一眼那兩個槍手，他們用方巾遮住了臉。在我看來，最膽小的懦夫就是這些持槍士兵，因為少了槍，他們便無法保護自己。

我沒有槍可以擊斃他們，也沒有鏟子可以讓那些亡靈入土為安。我對這一切完全無能為力。

這兩個槍手把我們推進位於庭院盡頭的一間屋子，然後鎖上門離開。屋子裡面不但潮溼，還瀰漫一股血腥味。牆上有粉筆和木炭寫的一些字。有人留言道：「一旦進到這間屋子，就休想活著走出去。這是我兄弟的宿命，看來也會是我的結局。」

一面牆上寫著：「別懼怕死亡，生死自有時。」

另一個人寫著：「不論你多麼未雨綢繆，都不能保證未來有好結果。」我閉上眼睛，不想再看到牆上任何留言。

一種陰森可怕的感覺愈來愈強烈。我真想放聲尖叫：「你們若殺了我，我也會成為這些斷頭屍之一。但是讓我看到成千上百素昧平生的無辜百姓屍首，實在太殘酷了。」因為太害怕，我沒敢叫出聲。我的吶喊藏在心底，連一個字也不敢吐露。

我緊閉雙眼，強迫自己把所目睹的從心底抹去。房間裡沒有半點聲音，直到祖父用一種陌生的口氣對我說話。

「你必須找到可以活下來的辦法，而活下來的祕訣就是睜開雙眼，緊閉雙眼絕對看不到出路。」我慢慢睜開眼睛，看見祖父在我面前跪下一腳，他的臉正好和我平視，看起來十分頹喪。「若他們殺了我，而留你活口，你必須向我保證，一定要想辦法回家。」

「為什麼他們要留下我而殺了你呢？你為什麼要說這些事？沒有你，我哪兒也不去。」我不依地說。

「我老了，他們不需要我。可是他們需要你為他們幹活，或是滿足他們的性趣。」祖父說。

他看出我眼神流露的困惑。「我不必跟你說得太白，到時候你自然會知道。他們也許會利用你一陣子，但是你必須找機會脫逃，我確信你做得到。不要在他們面前顯露聰明，要永遠裝傻。」

「不，別說了。不要對我說你不會和我一起走。拜託別再說了。」我說。我從不愛哭，但是眼淚恐怕是關不住了。我不希望祖父看到我流淚的樣子，因為他也許會叫我「水龍頭眼」，就像我嘲弄大姊時一樣，而她也不甘示弱地用這詞來回嗆。

「聽我說。我們也許再沒機會說話了。若這些人讓你非常難受，你可能會認為自殺是擺脫所有悲傷最好的辦法，但是你要相信我，那絕對行不通。」祖父語氣嚴厲而果斷，這是我第一次聽他這樣說話。

「你必須當個勇敢的孩子，若他們真的要殺你，張開雙臂擁抱死亡，絕對不要乞憐求生，因為到頭來，死亡終究會找上我們。」

「他們殺掉我之前，我想再見見家人，向他們道別，告訴他們我愛他們。」我哽咽道。

這時我開始回憶父親講過的笑話、母親的笑容、姊妹們無邪的臉龐。我也想起和父母姊妹們圍坐一圈一起吃著早餐、有說有笑的情景。

祖父盯著我的眼睛，片刻後說道：「過去的事如覆水難收，就放手讓它過去吧。人要往前看，你不會有損失的。記得我所有跟你說的話，好嗎？」

「是，我會記住。」我盯著祖父的眼睛，看見他眼眶溼潤。他說完，別過臉拿出手帕擤擤鼻子。他望著牆面，開始讀上面的留言。他說：「我們也應該在上面留言。」他拾起地上一支炭筆，把它遞給我，說道：「就寫『死亡只能打破籠子，但是傷不到鳥兒。』」

聽到祖父深具智慧而非令人消沉喪志的話，著實是一大寬慰。我想擁抱他，但他把臉埋在手帕裡。

瘦高男子打開門鎖，走進來，用右手指著祖父說：「回去拿四十萬阿富汗幣給我，我就放你們走。但這孩子要留下，等你拿錢來，他才能離開。」

「我會帶四十萬阿富汗幣回來，但你們不能傷害我孫子，否則你們一毛錢也拿不到！」祖父說。

「只要你信守承諾，我們就不會傷害這孩子。」他說完後，出去和朋友交換意見，身後的門沒有關上。

「你去哪兒張羅這筆錢啊？」我問祖父。

「別擔心錢的事情。這不是問題，我們必須逃出這裡。」祖父說。

「在這情況下，如果我們是有錢人該有多好啊。」我喃喃道。

「我們以前是有錢人，這就是為什麼我們會淪落在這兒。從現在開始，當個富人無異是自找苦吃。彷彿煮了羊然後邀請一群飢腸轆轆、張牙舞爪的野狼共進晚餐。可是一隻羊哪夠狼群吃，結果牠們把主人也吃了。」祖父擔心地說。「現在最重要的是讓他們繼續交談，聽聽他們說了什麼。」

高瘦個子又回到屋內，指著祖父說：「你是遜尼派還是什葉派？」

「遜尼派和什葉派是伊斯蘭教的一體兩翼，卻是彼此的眼中釘。他們都是主和穆罕默德（願他得安詳）的信徒。」祖父說，聲音奇怪地輕鬆。遜尼派和什葉派分家，肇因於先知穆罕默德（願他得安詳）最親近的門徒為了祂死後該由誰繼承領導伊斯蘭教爭執不下，其實遜尼派和什葉派的教義與宗教信條是一致的。

突然間這傢伙對自己提出的問題顯露出一副難為情的樣子，轉身走出屋子，不確定接下來該說什麼。

另一個傢伙走了進來，直到現在他都沒有開口。他抓住祖父的衣領，用力扯了一下。「我要和你做筆交易，你現在能拿出多少錢來？」語畢便一巴掌打在祖父臉上。見此，我起身保護祖父，但那傢伙朝我胸膛一推，害我往後一退。他捲起袖子，準備狠摑祖父。

祖父用阿拉伯語誦念先知穆罕默德（願他得安詳）的一則聖訓（Hadith）：「主的使者穆罕默德說：『誰不憐憫我們的幼小，或不知尊重年長者的，誰就不屬於我們的一分子。』」

那傢伙狠狠瞪了祖父一眼，猶豫了一下，然後一語不發離開屋子。他那位高瘦的同夥鎖上了門，再次撇下我和祖父。

我看著祖父，他臉脹得通紅，左臉頰上有四個指印。要是父親當時在場，鐵定狠揍那兩個傢伙，打得他們五官挪位。

祖父對我一笑。「這不過是一場冒險。」說罷，他開始踱步，從房間的一個角落走到另一個角落。我想到自己死後的事。家人見到我缺了頭的屍體會怎樣呢？他們會把我的無頭屍入土下葬嗎？墓穴裡有什麼呢？身下只有黃土，身上則壓了大石頭。家人會在我身上蓋一塊白布。我想到一個人在墓裡會多麼孤單啊，這感覺甚至比看到大坑裡那些頭顱和殘肢還要恐怖。至少這些頭顱還可以彼此相伴。儘管他們不會一起吃飯聊天，但畢竟他們不是孤零零一個。

忽然間，我恨不得自己忘卻一切，從此長眠。我寧願喝下毒杯，好驅走腦海中那些頭顱的畫面，讓我一睡不醒。

我聽到院子傳來腳步聲，瞧見第三個哈札拉人從我們這屋子破掉的窗戶前走過。他沒用方巾遮臉，也沒有衝鋒槍，只在腰帶上掛了一把手槍。他的年齡要比剛剛那兩個傢伙大兩三歲，不過大概也才三十歲出頭而已，身體非常壯碩。他正在用小指摳鼻孔。

那高個子傢伙打開門，衝我們喝道：「出來，與我們指揮官談談。」

我們走出屋子。那位指揮官站在大坑邊緣，凝視著被砍下的人頭，似乎一點也不介意難聞的屍臭味。近五分鐘之久，他沒搭理我們，還繼續挖著鼻孔，然後在背心上抹了抹手指。他的背心有一些小口袋和隔層，用來裝子彈與手榴彈。所有手榴彈的引線都露在外面。我想了一下，真想拉扯其中一條引線，然後把他推進坑裡。

他乾咳一聲，清了清嗓子，目光依舊沒離開大坑。他問祖父：「你知道我為什麼把這些頭顱留在這兒嗎？」

「不知道。」祖父說。

「你想知道原因嗎？」指揮官問。

「你想告訴我嗎？」祖父答道。

「你想知道嗎，年輕人？」指揮官問我。

「不想，因為看也知道你是個劊子手。」我悲傷地說道。

指揮官第一次正眼看著我們，用那雙死魚眼盯著我。

祖父捏捏我的肩膀，連忙說：「他只是個孩子，不知道自己在說什麼。」

「小孩最誠實，他們當然知道自己在說什麼，我喜歡和坦誠的人交談。我也喜歡蒐集人頭，有時在頭顱裡種花，看上去真美。你希望自己的腦袋瓜變成種著玫瑰的漂亮花盆嗎？」

祖父沒說話。

「不管怎樣，你的腦袋瓜不久會化為泥土，何不把它派上用場呢？」指揮官面帶微笑地說。他的小指還在進進出出地挖鼻孔，好像在找什麼。「一個人若能變成花應該覺得開心。」

祖父看著指揮官，指揮官則開心地欣賞砍掉的頭顱，另外兩個人在花園一側盯著我們。

「你知道腐爛的人肉適合用來做什麼嗎？」指揮官問。

「說來聽聽。」祖父說。

「最適合做肥料了，難道你不知道嗎？」

「不，我不清楚。」祖父說，語氣顯示他似乎對這話題有些興趣了，不過我可以感覺到他是害怕的。

「哦，我本來也不知道。就在幾個月前，我把腐爛的人肉放進一個頭殼花盆裡，花盆裡種的玫瑰發瘋似地猛開花，到現在都還沒謝呢。有沒有興趣看看？」他說話時，臉上掛著微笑，第一次正眼直視祖父。他接著再次清清嗓子。「其實，你何不自己挑株想在你腦殼裡栽種的玫瑰呢？」

「悉聽尊便。」祖父輕聲地道。「不過能否讓我到對街的房子，看自己的家最後一眼？」

指揮官聞言大笑，而且笑得很大聲，我抬眼看他，納悶他到底發現什麼好笑的事。「那才不是你的家。」指揮官說。

「確實是我的家。」祖父答道，彷彿在向顧客陳述一個重點。「房子是我蓋的，我也住在那裡，等你們全都回到你們原來的地方，回我自己的家便是我的希望。」

指揮官瞇著眼睛，嫌惡地看著祖父。「我說過，我喜歡講真話的人。我認識那幢房子的主人，那人不是你，他是我的老師，我的教練。我每天都去他的健身房練拳，」他邊說邊拔出手槍。「你這人不誠實，和眼前這些有錢人一樣。」

「你說的是阿巴杜．巴希爾？」祖父平靜地問。

「沒錯，就是他！阿巴杜．巴希爾德高望重受人敬仰。」

「當然，我知道。」祖父說。

「那是他家，不是你的！」指揮官拉高嗓門幾乎是用吼的。

「阿巴杜．巴希爾是我兒子。」祖父說。

「別想唬弄我。」聽到這兒，指揮官再次瞇著眼睛。

「他是我父親。」我強調道。「如果他在這兒，看見你這樣和我祖父說話，會立刻打斷你的鼻子。」

指揮官盯著我。「這孩子長得不像阿巴杜．巴希爾。他看起來像我們這些哈札拉人。」指揮官對祖父道。

「他母親是哈札拉人。」祖父答道。我心想這是真的嗎？因為以前我從未聽家人講過。

「現在講講你兒子吧。他在哪兒任教？」指揮官問道。

「在哈比比亞中學。他還擔任拳擊教練，在學校有個健身房，在我們家也有一個，就在角落那兒。他以前在學校每天都要訓練兩百人，在家裡也要指導五十人。他參加過多次國際拳擊比賽，並多次贏得比賽。」祖父說。「除了這些之外，你還想知道他什麼事？他早餐吃什麼嗎？他喜歡穿什麼顏色的衣服？還是他喜歡騎哪種摩托車？」祖父的語氣裡透著輕蔑。

「說說他騎什麼摩托車吧。」指揮官不耐煩地說。

「四汽缸英國製摩托車，一千五百CC，這款摩托車噪音大，體積也大。兩年前他把車子賣給一位到喀布爾旅遊的丹麥人，然後用這筆錢買了一輛俄國製的伏爾加。」

指揮官臉色一變。過去生活的一小片段似乎浮現在他眼前，但僅是一點點而已。「你說得沒錯。」

他低聲道，全身放鬆。然後他拉起祖父的右手親了起來，並用眼睛碰觸好幾下，這是我們從小被教導親吻可蘭經與聖人手背的方式，以示敬意與禮貌。

我不確定這下是要鬆一口氣還是要更提心弔膽，剛剛發生的一切實在太詭異了。現在，光憑他說出父親名字這事，就讓我覺得更奇怪。

指揮官帶我們走出庭院，似乎非常不好意思。他那兩個同伴也跟在後面。走出庭院後，他問祖父，剛剛那兩人是否對我們非常不禮貌。指揮官的舉止與語氣完全變了，不再是欺負人的惡霸，而是對國王必恭必敬的奴僕。

「你自己問他們。」祖父說。

「你們有欺負他們嗎？」他厲聲地問那兩個傢伙。他們站在他身後，低頭看著腳。他又問了一遍，但這次語氣非常平靜。他們依舊默不作聲。他狠抽其中一個人的臉頰，因為用力過猛，把那人的鼻涕都打出來，濺得指揮官左手都溼了。

那傢伙開始揩鼻涕，指揮官繼續用拳頭狠揍那人的背，邊捶邊罵：「你這個愛流鼻涕的混帳，你知道他們是誰嗎？這位聖人是我老師的父親，他兒子對我非常好。他贏得的拳擊比賽比你腦袋瓜上的頭髮還多！」他繼續毫不留情地揍他，打得他跪在地上哭饒。這指揮官以前一定是個拳擊好手。

祖父叫他別打了。

指揮官又踢了一腳他的手下，然後叫另一人泡茶給我們喝。他問祖父喝什麼茶。

「我想先回家看看，茶下次再喝吧。」祖父答道。

「對不起，你今天不能回家。」他說話的語氣比剛剛平和多了。「上週你家成了前線，我們在庭院四周埋了地雷。」祖父聽完，臉一沉。「其他人現在在巴米揚作戰，過不了幾天就會回來。我保證，下週你家院子的地雷就會完全清乾淨。」指揮官說。

祖父才剛與死神擦肩而過，但現在自己的家就在眼前卻不得而入，這讓他比剛才還要絕望。我們走回街上，駐足看著家園，一時無語。

這街上曾經充滿歡笑。我看到兩隻流浪犬走進幾分鐘前囚禁我們的屋子，其中一隻狗出來時叼著一隻手臂。我們家這一區儼然成了流浪狗的速食餐廳。

指揮官堅持要我們和他一起午餐，但祖父想盡快離開。

「你似乎是個善良的人，真是你殺了那些人，還把他們的腦袋丟在亂葬坑裡嗎？」祖父的語氣非常平和，就像和自己的兒子說話。

「大叔，我不再是好人了。我成了殺人狂，我曾經是個好人，但那好像是很久以前的事了。」

「怎麼回事？」祖父問。

「以前我也就讀哈比比亞中學。我在班上的成績一直名列前茅，畢業後準備進大學深造，這事你可以問我的老師，也就是你兒子馬勒姆．阿巴杜．巴希爾。我也是學校最棒的拳擊手之一。可是這場戰爭摧毀我生活中所有美好的東西，奪走我的一切。」他長嘆一聲，看著遠方的高山。

「不光是你遭遇不幸。」祖父道。「每個阿富汗人都慘遭不幸。」

「不，不是這樣。我們哈札拉人幾百年來在這個國家都被當作奴隸對待。普什圖人和其他部族始終把我們當成外人，對待我們就像對狗一樣，呼來喝去。幾個月前，我一位堂兄弟被抓，俘虜他的人在他屁股插了一根打氣管，就像你們替輪胎打氣的那種管子，然後朝管子打氣，直到他身體爆裂為止。你知道這是誰幹的嗎？是赫克馬提亞，而他是誰？一個憎恨哈札拉人的普什圖人。在這之後，我有個弟弟的腦袋被馬蘇德[1]手下一個指揮官用榔頭釘了釘子。他痛得放聲尖叫時，他們卻哈哈大笑。你知道誰是馬蘇德？他是憎恨哈札拉人的潘傑希爾人。這個國家的每個人都瞧不起我們。我們對這個國家做了什麼，要被如此惡待？告訴我有哪個哈札拉人在政府裡擔任要職？我跟你保證，沒有一個。」他的臉因為憤怒而脹紅。

「但是你的所作所為也沒有什麼兩樣。你不能血債血還、以牙還牙。」祖父說。

「我想復仇。」他說這幾個字時刻意放慢速度。他的嗓門愈來愈激動，聲音愈來愈大。「我想復仇！我的家人全被古爾布丁、馬蘇德、薩亞夫殺死了。他們手下的指揮官在殺害我母親和姊妹之前，先姦污了她們。您想知道我是怎麼知道這事的嗎？他們讓我在一旁目睹整個過程！其中一個妹妹才七歲啊。我是家裡唯一倖存者，但我知道自己遲早也會被殺。不過在我死之前，我要盡可能多殺一些他們的人。我會洗劫他們的財產、姦淫他們的姊妹、殺光他們。」他的聲音更大了。

「這並非解決問題的明智方式。」祖父說。

「我認為這方式最明智。其他族人應該將哈札拉人看成自己人，當成阿富汗的一分子。如果他們認為可以對我們為所欲為，現在也應該學到一課，知道我們也會對他們壞事做絕。我們已經吞忍了太多的苦，也忍了幾百年之久。現在我們已經忍無可忍了。」

祖父不再說什麼，指揮官也陷入沉默。他望著遠處高山，祖父則盯著他自己的家園。指揮官打破沉默道：「你今天不能回自己的家，我很抱歉。」

「謝謝你。」祖父說。

我們在街角走了一圈，我不自覺地瞥了一眼好朋友穆罕默德．阿里（Muhammad Ali）的家，以前每當走到街角時，總要望一眼。他住在我家對街的那幢漂亮的房子裡，可是現在卻人去樓空。他和瓦基爾同齡，在學校是形影不離的朋友，他也是我們認識的幾個哈札拉人鄰居之一。他曾教我騎腳踏車，而且非常擅長放風箏。不知道他現在人在哪兒。他許多親戚都去了德國。他安全抵達那兒與他們會合了嗎？或者憎恨哈札拉人的軍閥對他和他的家人做了什麼可怕的事情了嗎？

「我可以開車載你們到半途，讓你們循原路回去。」指揮官提議道。

祖父點點頭。指揮官走在我們前面，我們跟著他走近一輛停在路邊的蘇聯製吉普車。他爬進車子裡，我們也跟在後面上了車。等我們坐定後，他驅車載我們駛過那個黃色穀倉，我們一小時前剛從那裡經過，真是恍如隔世。他把車停在公車站附近，自軍閥派系開打以來，這裡的公車就停駛了。他下了車，對我們說：「我只能送你們到這兒了。這裡是哈札拉人和潘傑希爾人之間的前線。如果我越過這條線，他們會殺了我。」

我們爬出吉普車，他也下了車，繞過車頭走到我們這一邊，彎腰吻了我的臉頰，叮嚀我別忘了代他問候我的父親，並告訴我們他的名字。他有嚴重口臭，害我差點又要吐了。他再次親吻祖父的手背。當我們都走遠了，他還站在原地目送我們。

我們回到諾伯亞堡時，母親正在做晚飯。她一見到我，馬上跑過來親吻我的臉頰。她的手有洋蔥味，對我而言，這味道代表世間一切美好的事物。

她一個勁地問我家裡的房子怎麼樣了，但我說不出話來。我腦海裡浮現的是成堆的人頭以及叼著殘肢的流浪狗。祖父一語未發，進了自己的房間。叔叔與嬸嬸們紛紛湊了過來，打聽祖父回家後究竟看到了什麼。堂兄弟們站在門外盯著我看，大家都沒說話，靜靜地等著我開口。

母親堅持我必須告訴她回家後看到了什麼，我沒說話，反而開始哭個不停，控制不住地抽噎。母親見狀也哭了，可是不知道我究竟怎麼了。妹妹們也輕聲哭了，只有大姊沒哭，雙眸流露出不懷好意的神色。

母親一下子搖著我的肩膀，一下子將我攬入懷裡。「你到底怎麼了？」她語氣堅定地問。而我哭得更大聲，以宣泄心中的悲痛。

我不記得自己何時止住哭聲，但記得母親拍著我的背，我躺在母親的懷裡不知不覺地睡著了。進入夢鄉前，看到大姊衝著我笑，我知道她為什麼笑，她打算在我有生之年都用「水龍頭眼」來取笑我。

翌日醒來後，對自己在眾人面前放聲大哭覺得羞愧難當，真不想見任何人。我努力避免接觸他們的眼神，可是大家都非常和善，連姊姊也不例外。想必他們已經知道我們到底發生了什麼事。

我來到祖父的房間，他正在看書。他衝我一笑，繼續埋頭閱讀。我走到他跟前，坐在他伸直的腳前面，自己選了一本書閱讀。我眼睛看著書，但是久久無法專心。

過了一會兒，祖父從身旁的盤子裡拿起一個蘋果，邊用刀削皮，邊講些小笑話。他切了幾片蘋果遞給我，說了幾件無關緊要的事兒，絕口不提昨天的一切。我們吃了兩個蘋果後，他才開口道：「好吧，戈巴契夫，你該出去玩了，我要寫些東西。」

「戈巴契夫」是他給我起的綽號，儘管我從來不清楚原委。

我走出祖父房間，姊姊朝我跑來，將我抱入懷裡，雙臂摟著我好幾分鐘，然後盯著我看，她的雙眼蓄滿淚水，親了我好幾下，然後牽著我的手道：「你知道我非常愛你吧。」我點頭，但說不出半個字。

我爬上屋頂，瓦基爾已經在上面放風箏，「傻B」緊握著線軸。瓦基爾一見到我，立刻從「傻B」手裡搶過線軸轉交給我，告訴我要好好表現，因為他與別人正在比賽。

周遭被愛我的人包圍，我感到前一天折騰我的痛苦慢慢淡化，至少暫時得到了緩解。

1 馬蘇德（Ahmad Shah Masoud，一九五三—二〇〇一）：阿富汗軍事領導人，綽號「潘傑希爾之獅」。二〇〇一年被基地組織派遣的刺客以自殺性爆炸暗殺而去世。

6 黑暗地洞

至此一切都變了。至此，我們清楚有家歸不得。至此，我們明白戰爭不會太快結束。至此，父親和叔叔們更公開地討論如何離開阿富汗。祖父聽他們七嘴八舌地商議，但不置一詞。

掐指一算，我們住在諾伯亞堡已整整半年，超過當初所有人的預期。哈吉．努爾．謝爾離開後，其他人也躲進城堡，這些人包括哈吉．努爾．謝爾的遠房親戚以及他要好的朋友。外人的加入讓我們更清楚這裡並不是自己的家園。儘管諾伯亞堡有許多房間可供我們使用，但沒有一個阿富汗人喜歡寄人籬下。

諾伯亞堡附近的學校在夏末開學，但兩週後又關閉，因為校長聽到英國廣播公司的新聞報導，宣稱聖戰士的一個派系威脅當天下午要對學校所在的區域發動攻擊，所以我們被打發回家。

校長告誡我們要收聽廣播，「一旦廣播電台宣布學校復課，你們必須回來上課。」一些同學非常開心，因為他們不喜歡上學。我對此感到非常奇怪，我在之前的學校可是度過了非常愉快的時光。我問自己，這些新同學到底喜歡什麼？

本來以為學校只會停課幾天，但我們再回學校已是兩年後的事了。由於無法上學，只好由父母代勞擔起教職。不過在家自學可不好玩，不僅少了競爭對手，也永遠趕不上姊姊。她高我兩個年級，我要學的課程她都學過了。

經常是由父親教我們課程。他非常嚴厲，以前在學校，我們學生會趁老師在黑板上寫字時，在底下笑鬧，這種事現在不可能出現了。我漸漸對所有學科喪失興趣，除了以前學校沒教的天文學例外，因此我把天文學的課本從頭到尾讀了好幾遍。晚上，我在庭院仰望星空，一看就是幾個鐘頭，滿腦子奇思怪想。但是父親更看重數學，他愈給我壓力，我對數學愈是覺得無趣。

瓦基爾和其他年級較高的堂兄們經常看小說和雜誌，或是閱讀他們感興趣的書籍。我嫉妒他們，因為沒有人逼他們學習學校那些令人討厭的科目。瓦基爾埋頭讀詩，一讀就是好幾小時，能一字不漏地背出哈菲茲的詩文。哈菲茲是他最喜愛的詩人。

我們小孩有屬於我們自己的世界。每天吃完早飯，我們就去花園，逗逗還留在花園的動物，或是抓著樹枝盪鞦韆，並認識附近一些小孩和他們結為朋友。

吃完午餐，我們就一起放風箏。城堡的屋頂比我們家的屋頂還高，只要風箏線夠長，我們就有辦法讓風箏飛得很高，甚至高過那座隔開我們家和諾伯亞堡的雙峰小山。瓦基爾把附近其他小孩的風箏線全「割」了，可是街坊誰也不知道是他幹的。不知怎地，他們以為那人是我，不久我的大名傳遍鄰里，大家都叫我「風箏斷線手凱斯」。

瓦基爾聽到大家這麼叫我，只是衝著我笑，這讓我覺得自己有點渺小。但我從未告訴任何人，割斷他們風箏線的是瓦基爾。瓦基爾是我最親的朋友，但是一涉及風箏，我們兩人可是互不相讓的競爭對手。

不久我的風箏開始發生一些怪事。我會讓風箏飛得很高，讓別人來割線。通常某個小孩的風箏一旦飛得很高，很快地，其他小孩的風箏就會跟上，準備較勁纏鬥。但怪的是，不等其他風箏飛到高空一顯身手，我的風箏便如脫韁野馬飛得老遠。瓦基爾跑過來看個究竟。

「是你割斷自己的風箏線嗎？」他問道，同時笑得樂不可支。

我不知道該對他說什麼，只能聳聳肩。

約莫過了兩天，這事又發生了。我心想，也許高空風力太強，攔腰吹斷風箏線。這事以前從未發生過，我一心想找出答案。

我的風箏線已用了兩年，是我和瓦基爾花了幾週時間，費心張羅準備的。首先，我們得收集壞掉的舊燈泡，把燈泡搗碎成粉狀。將粉碎的玻璃放入事先做好的米糊裡攪拌，然後把玻璃粉與米糊搓進線裡；因此這些線到了高空，鋒利程度不輸刮鬍刀。我的風箏線打敗天下好手，只有對戰瓦基爾時屢戰屢敗。而今我的線竟「了斷」自己的風箏。

更糟的是，斷了線的風箏會飄到舊英國大使館的館區裡。自從俄羅斯人來了之後，大使館便關門了，四周高牆頂端都裝上了鐵絲網，所以我根本無法攀牆進入館區，拿回掉在館區裡的風箏。

隔了一週，同樣的事情再次發生。之後又發生了五次，讓我覺得非常蹊蹺。我也因此被其他小孩嘲笑，叫我「砍斷自己風箏的凱斯」。

在諾伯亞堡，我們不像住在原先老家那樣經常在一起吃飯，因為這裡沒有那麼大的空間可以容納所有人。有時，我們還是會擠在兩房打通的屋子裡，尤其是母親做了一頓特別的飯菜時，便邀請祖父和叔叔們帶著各自的家人和我們聚餐。

聚在一起吃飯時，大人圍坐在桌布的前端，我們小孩則坐在桌布的尾端。堂兄弟們和我會互擲骨頭，或者在麵包上抹辣椒，等著不知情的人拿起來吃。大人吃飯時多半默不作聲，一副不開心的模樣。只要有人開口，談的都是如何離開阿富汗。

父親和叔叔每天都出去接洽走私客，希望他們能帶我們越過邊界，到相鄰的中亞國家。當時走私客多半帶著客戶逃到伊朗與土耳其，因為土、伊邊境比較容易偷渡成功，但要價很高，畢竟這段路不但漫長而且危險。只不過我們根本付不起這筆費用。

某天晚上，父親高興地回到家。他一邊把夾克脫下來，一邊開了幾個玩笑。幾分鐘後，我們全都圍坐在地上。堂兄弟們和我互擲骨頭，坐在桌布前端的父親也加入丟骨行列。我們都盯著他看，納悶他怎麼了。他又開了幾個玩笑，逗得大家捧腹大笑。這是幾個月來，首次看到大家如此開懷。

晚飯後，大家喝茶聊天時，父親宣布他已找到願意帶我們一大家族偷渡到俄羅斯，最後落腳於德國的走私客。這人要價不菲，我們一時拿不出足夠的錢給他，但是這人願意等我們湊足錢。他知道父親曾是知名拳擊手，願意助他一臂之力。

稍後，大人們針對「花園」低聲地交換意見，母親緊蹙眉頭，斷然表示：「不行，不准你們去那兒。」他們回房後，繼續低聲討論這事兒。

一晃眼，一個月過去了。父親試了幾次給在印度的哈吉．努爾．謝爾打電話，想向他借筆錢好付給走私客，但阿富汗的電話系統完全毀了。

然後我們從英國廣播公司新聞中得知，那些爭奪喀布爾控制權的敵對派系同意停火一週。

當晚，父親宣布隔天他要回家看看。祖父試圖阻止他，但父親是幾個兒子當中最倔強的一個，一旦決定做什麼事，誰也無法攔阻他。隔天早上，他要我準備準備，和他一起回家。

「我不去。你根本不知道我上次在那兒見到了什麼，我不想再經歷一次。」我的語氣盡可能堅定。我說這話時，祖父臉上露出痛苦的表情，並低頭看著自己的雙手。

「你和我一起去。」父親態度執著，毫不讓步。「我希望你聽我的話。」

最後，我還是去了。我快滿十一歲，覺得自己幾乎是個大人了。根據普什圖人的傳統，兒子必須服從父親，不管這兒子年紀多大。父親的語氣緩和了一些，稱有我在身邊比他自己一個人前往，較不會引人注意。

我們從卡爾特帕爾旺搭乘公共汽車到理工學院，潘傑希爾人不再對那一帶進行管制。我們下車，走在空曠的大街，前往靠近我們家那一側的市鎮。儘管現在停火，但潘傑希爾士兵依舊對從前線另一端過來朝他們靠近的路人搜身。我穿了一條牛仔褲，上身是白色襯衫與藍色毛衣。父親身穿白色紗爾瓦克米茲，拎著的布袋裡放了一把鏟子。他沒解釋為何要帶著鏟子。

我緊挨著父親，兩人環視四周，誰也沒說話。公園裡的樹葉已長到街道的中央，並已泛黃，和我們經過的那個俄羅斯人興建的穀倉一樣是黃色。一陣風颳來，將塵土從一個地方吹到另一個地方。除了幾條肥壯的狗跑來跑去，街上看不到其他人。

我們拐進通向我們家的那條狹窄街道。此時，我們已經走了半個小時，除了一隻狗叫了幾聲，附近鴉雀無聲。喀布爾這時節秋高氣爽，天空無雲，開始染上秋天的顏色。

終於看到我們家那道黃色的高牆。所有窗戶破的破、碎的碎，牆上還留下許多彈孔，兩個月前祖父和我回來時，還沒有這些彈孔。有的窗戶還掛著窗簾，但是髒兮兮的，有的被砲火炸得殘破不堪。通往院子的厚重木門也千瘡百孔，看來這門被當成靶子了。父親輕輕推開門，彷彿盡力避免它再受更多的傷，堅硬的木門應聲而開。

一踏進庭院，就聽到街道盡頭傳來一聲槍響。我們看了一下四周，有兩個傢伙從街道一端朝我們家這個方向走過來，另外四個人從街的另一端過來。其中一人走近時舉槍瞄準我們。

「又來了！」我心想。雖然我想跑進院子裡，但身體卻僵住不動。父親裝出一副認識他們的樣子。

當父親告訴他們停火的事時，他們並未理會。其中一個人上前，不由分說用手銬銬住我們。

「各位先生，你們認為我們犯罪了嗎？」父親客氣地問道。他們沒有回答，而是踢了父親背部一腳。

手銬的銬環對我而言太大，圈不住我細瘦的手腕，轉動了幾次便順利掙脫，但我沒讓那些有槍的傢伙看到這一幕。其實，我用手托住鏈子，以免它們脫落。

我們被帶到街上，往回一直走到黃色的穀倉。父親和我走在前面，抓住我們的那幾個傢伙拖拖拉拉地跟在後頭。和先前威脅我們祖孫倆的那群人一樣，他們也是哈札拉人，但不是同一夥。我環顧四周，看看能否找到父親的那位學生。目前哈札拉人繼續管控喀布爾這一側。但那人不在。

這些哈札拉人身穿西式服裝，靴子的鞋帶緊緊繫到腳踝以上。其中一個寬肩傢伙頭上繫著一條紅色頭巾，表明他赴死的決心。他們的頭髮梳理得很整齊，整個人乾乾淨淨。倘若沒有發生戰爭，想必他們會開店做生意或者從事鐵工，這也是哈札拉人擅長的行業。這些人看起來不像壞人，更像是被訓練成不得不做壞事的人。

我們到了高聳的黃色俄製穀倉前的院子，他們命令我們屈膝蹲在地上一個洞前，從洞口看到有一條陡峭的階梯通到下面。戴紅色頭巾的那人打開父親手銬，我讓自己的手滑出手銬，把手銬一併遞給他。他見我自己解開手銬，笑了出來。然後他踢了父親一腳，命令父親沿著滿是泥巴的階梯下到洞裡，接著換我下去。結果我是用滾的，最後跌坐在父親胸前。父親大口喘氣。他臉上多了幾道傷口，但都不是很深。他的衣服被灰塵留下一條條污痕。

從我們落下的地方，能看到我們正好站在一個地道的入口。我們聽到從地道裡面傳出朝我們走來的腳步聲，不一會兒，一名男子手裡拎著一盞燈，站在我們面前。我趕忙用衛生紙止住父親頭上流下的鮮血。我們每次外出，母親就叮囑我們一定要帶著衛生紙。

「站起來！跟我走。」那人說。

我扶著父親站起來，然後跟著那人往前走。地道裡面黑漆漆的，伸手不見五指。因為天花板太低，父親不得不彎著腰。我們走了幾分鐘，每走一步，空氣便愈發窒悶潮溼。

我們走到地道盡頭，靠著微弱燈光看見幾名男女倚牆而坐。那人吩咐父親和我挨著那些人坐下來。之後，他用繩子把我們的手和腳與其他人綁在一起，就像對待奴隸那樣。我們當中誰挪身的話，其他人也得跟著移動。拎著燈把我們帶進來的那個傢伙坐在我們前面的椅子上，舉槍對著我們，手指搭在扳機上。

幾分鐘後，其他兩個衣衫襤褸的哈札拉人進來巡視，他們手中拿著槍，腰帶上掛著手榴彈。他們的衣衫破破爛爛，不同於剛剛俘虜我們的那些人。他們數了數我們有幾個人，總共十八個，包括五名婦女，其中一個懷孕，約莫二十五歲。其他四名是中年婦人。

衛兵彼此交談了幾句，然後在我們前面的地上放了一盞燈，隨即離開。

我們這些俘虜沒有一人出聲。有的盯著自己的腳，有的看著地道的牆。我們心裡都在琢磨如何能逃出去。女人的臉上充滿恨意，男人的臉上滿是憤怒。這裡安靜得令人窒息。突然間，那位孕婦開始尖叫，雙手捧著自己的肚子，高喊救命，哭道：「我親愛的母親，快來救我啊！」然後她一個勁兒地重複「阿莫」（Ahmad）這個名字。

我問父親：「她怎麼了？」

「分娩前子宮收縮。」他說。我不知道什麼是子宮收縮。

她痛苦地哀號、哼哼唧唧，偶爾聲音非常尖厲，我們都盯著她看。那種撕心裂肺的嚎叫，因為地道牆壁產生回音，聽起來更加淒厲。

一名婦女用一塊石頭割斷捆綁另一名女子的繩子，接著由她幫其他婦女解開繩結。這四名婦女立刻在孕婦四周圍成一圈，然後她們叫喊男人過來幫忙。其中兩名婦女解開捆綁我們手腳的繩子，一名婦女對其他男人說：「我們需要熱水。她快要生了。」

父親在一排人的最末端，所以先被解開了繩套，然後他再替我打開繩結。他拍拍我的頭，說道：「我去找一個士兵來，請他送這位孕婦去醫院。待著別動，等我回來。」說著像瘸子一樣，弓著背消失在長而窄的地道深處。

足足過了十分鐘，父親才返回。他身後跟著指揮官，指揮官把槍抵在父親的後腦勺，再次將父親雙手反綁。這傢伙狠狠推著父親，讓他胸口抵在牆上，說：「不准動，否則一槍斃了你，明白嗎？」

父親點點頭。

他按了一下無線對講機的按鈕，道：「嘿，各位傢伙，下來這裡，我們有免費的電影可看了。」

幾分鐘後，另外五名士兵像瘋狗一樣衝進地道，朝我們跑來。他們一把抓住那四名幫著孕婦的中年女人，用力把她們推得老遠。

孕婦身上的紗爾瓦褲已經被脫掉，正在高喊救命。一名婦女說：「看在主的分上，她得立刻送醫，她需要醫生。」

「我就是醫生。你沒看到我手上這把卡拉什尼科夫衝鋒槍嗎？」其中一人舉起他那把也許經過十次買賣換手才落到他手上的破槍，一邊呵呵大笑。「我用這個來做手術。」此人約莫二十五歲，瘦得像竹竿。他把槍背掛在右肩上，槍的重量壓得他的肩膀往下垂。其他一夥人也跟著狂笑。

他們全都站在孕婦四周，其中一個傢伙邀我過去圍觀。父親狠狠地瞪著我，小聲說：「別去。」

「不用了，謝謝。我在這兒就好。」我說。

「這是命令！過來，否則我就開槍斃了你。」他吼道。

我又瞥了父親一眼，他點頭示意我過去。我挨著那些傢伙站著，緊閉雙眼。

我旁邊的傢伙重重拍了一下我的腦袋，說：「睜開眼睛看著。」

我睜開雙眼，見到那名孕婦原本親切美麗的臉龐此時因為痛苦而扭曲。她的鼻翼向外張開，聲音顫抖地呼喊救命。她躺在那兒，兩腿間流出了鮮血。

她持續深呼吸，每次吸氣，整個身體都在抖動，臉色更加通紅。我知道自己不該袖手旁觀，但不知該怎麼辦。

她不停地尖叫，過了快一小時，在生下嬰兒後才止住尖叫，隨即昏了過去。這時一名婦女從被士兵攔阻的地方衝出來，一把抱起嬰兒，讓嬰兒頭下腳上倒吊著，隨著嬰兒啼哭，這位婦女告訴產婦：「是個男孩。」

荷槍的士兵歡呼道：「是個男孩！是個男孩！」彷彿新生兒是他們的侄子。然後其中一個道：「我們走吧，電影結束了。」說罷，大家都離開地道。

其他婦女又圍在產婦四周，做些她們能做的事。男人們肩並肩坐著，尷尬得要命。

過了半個鐘頭，這個年輕媽媽醒來，她一睜開眼睛又開始呼喚：「阿莫！阿莫！」

我們不知道阿莫是誰，大家面面相覷，看看我們之中有沒有誰叫阿莫，可是沒有。一名婦女將她的頭巾撕成兩半，一半拿來包覆嬰兒，另一半纏在剛當媽的婦女頭上，以免她因為沒遮臉而感到害羞。婦女輕聲問產婦：「阿莫是誰？」

「阿莫是我丈夫。你是什麼人？我為什麼在這兒？這兒怎麼這麼黑？」她的聲音聽起來很困惑，好像記不得自己發生了什麼事。她幾乎一口氣問完所有問題。

在場的男女全都面面相覷，不知道該說什麼。

她又重複道：「我為什麼在這兒？我丈夫在哪兒？誰用這塊布包住我的頭？啊，我覺得天旋地轉。出了什麼事？為什麼大家都盯著我看？」

「冷靜點，冷靜點，妹子！你才剛生下孩子，是個男孩。我們之所以在這兒，是因為我們成了那些軍閥的俘虜，我們也不清楚接下來會發生什麼事。你什麼都不記得了嗎？」

這位新媽媽摸了一下自己的肚皮，然後抬眼望著身邊這位婦人，似乎未確切明白她剛聽到的話。她從那位婦人手上接過孩子，開始親吻孩子還帶著胎血的小臉。稍後，她又打量一番眼前的這位婦人，問道：「我是當著你們大家的面生下孩子的嗎？」說完，她一一打量所有人的目光，希望聽到答案，然後她昏了過去。緊挨著她的婦人在孩子快掉到地上前，一把接住孩子。由於受到震動，孩子哇哇大哭。

在場男女疲憊地互看一眼。這裡沒有水可以給她喝。

將自己的頭巾撕成兩半的那位婦人離開大家，消失在黑漆漆的地道中。十分鐘後，她回來了，拎著個水桶。她朝年輕媽媽臉上淋了些水，然後輕輕拍了幾下她的臉頰。那位媽媽慢慢恢復意識，喝了幾口婦人手掌捧著的水。

我們也從水桶裡舀水喝。我們沒吃午飯，水剛下肚，肚子便咕咕叫起來。

我們不知道已經幾點。衛兵將我們囚禁在地道之前，搜括了我們的表與身上的錢，也私吞婦女的耳環、項鍊、戒指和手鐲。但應該是過了幾小時吧，一個衛兵帶了十八個烤餅進到地道，分給每個人一個。不一會兒，烤餅就被火速吃光。先吃光的那些人瞪眼看著還在吃的人。有的人連早飯都沒吃。

其中一名婦女問幾點了，帶烤餅進來的傢伙說，晚上六點。我們大約中午進到地道，但是感覺好像在裡面很久了。

有的男子開始打起呵欠，準備睡覺，但是沒有墊子也沒有毯子。父親向其中一個穿得破破爛爛的男人要些能躺著睡覺的東西。

「要是有東西墊在身下，你可是數一數二的好運。」該軍閥說。

他轉身消失在地道中。半小時後回來，拎著五個墊子和五張毯子，供我們十八個人睡覺用。地道充滿難聞的汗臭味。

年輕媽媽因為空氣溼冷，直打哆嗦。她需要溫暖的地方與營養的食物。她的小孩需要睡在柔軟的床上才能保暖。其他婦女給了她一張墊子與兩條毯子，但她還是冷得直打哆嗦，哭著說些我們聽不太清楚的話。

我們現在弄清楚是怎麼回事了。原來那天早上，一枚火箭砲擊中她家房子，丈夫和她就此天人永隔。

「我最後一次見到丈夫是今天早上，當時他已奄奄一息。」她沉默了好一會兒才告訴我們這些。她聲音很輕，彷彿在自言自語。這是我第一次聽她像個正常人說話。「他說：『我活不了了，讓我一個人死在這裡吧。』」她的雙唇顫抖，淚水順著臉頰滑落。她深深嘆了口氣，然後難掩痛苦地繼續說道。

「我們剛一起吃完早飯。他說我們先去巴基斯坦避一避，他的父母住在那裡，然後再申請簽證到英國。

「我們在喀布爾大學社會法律系就讀時相識並訂婚。到了第四學期，他的父母逃出阿富汗，他們不得不走，因為他的父親捲入政治事件。我丈夫是他們的獨生子，不希望他回到阿富汗。但是我們兩人相愛，他受不了和我相隔兩地，兩年前他回國娶我。」

她說話非常小聲，緩慢地告訴我們她的遭遇，把我們當成她的家人，而她則是我們的姊妹，藉此緩和她當著我們的面生孩子的羞愧和恥辱感。「今天早上我們在餐廳吃早飯，他看著我說，能擁有我這樣的老婆實在幸運，然後他親了我。我到廚房的冰箱拿些奶油與果醬，這時聽到巨大聲響。接著我被天花板的大梁壓住，從屋頂掉下的土與稻草蓋滿我全身。我想站起來，但是動不了。不過我在廚房的角落，所以瓦礫比廚房中央掉下來的少。好不容易，我推開身上的房梁，直起身子，嘴巴和鼻孔塞滿塵土，周遭都是彈藥的煙味。我喊著阿莫來救我，但是他沒有回應。從屋頂掉下來的梁柱堵住了廚房門，我困在廚房裡，手裡還拿著已經碎了的果醬罐。我從窗戶爬出廚房，到了庭院。

「餐廳的屋頂完全塌了。我努力想搬開房梁，但是太重了，搬不動。我在院子找到一把鏟子，鏟掉從屋頂掉下的塵土，我的丈夫就埋在下面。

「我鏟土時，子宮收縮了幾次，我沒理會繼續鏟，然後我看到丈夫的腿。我認出他穿的牛仔褲。我只能看到他全身的這個部分，我差點兒暈過去，但我告訴自己勇敢點。

「辛苦鏟了一個小時，我把丈夫從瓦礫堆下挖了出來。他對我笑道：『你辦到了，我以你為榮。記住，我非常愛你，遠非言語可形容。我想我活不了了，告訴我父母我非常愛他們。告訴他們，他們是世上最偉大的父母。』然後他摸摸我的肚子說：『告訴我們的孩子，我想見他一面，可是真主不希望我們在這個世上相見。告訴他，我在那邊等著你們兩個。』

「然後他的腦袋靠著我的大腿，要我摸摸他的頭髮，我輕撫他的頭髮，忍不住哭了。他望著我說：『我不喜歡看你哭的樣子，不要為我而哭，這是我的命，我就要去一個更好的地方了。』然後他接著說：『笑一個，笑一個！』

「他的呼吸愈來愈沉，身體一陣猛烈顫抖後便不動了。他的嘴角還掛著微笑，但是眼睛彷彿嚇壞似地睜得老大。我闔上他的雙眼，然後將他留在原地。」說到這裡她開始哭泣，後來因為冷又加上失血過多，便又開始發抖。

一位婦人走到她面前，緊緊抱住她，努力幫她暖身子。大家都沒說話。我們對她承受的苦與痛感同身受。此時她本應該和家人在一起，可是身邊卻是一堆陌生人。

我也開始打哆嗦。

父親遞給我一張毯子，我把一半當成墊褥，一半蓋在身上，立刻進入夢鄉，想著阿莫，以及他永遠也見不到的兒子。

幾小時後我醒來。父親和其他人做著伏地挺身，保持身體的溫度。有的人冷得直發抖，鼻尖通紅。他們呼吸時，嘴裡冒出白色氣體。父親拍了拍我的頭，叫我繼續睡，所以我又睡著了。

三、四個小時之後，有人踢我的背，起初我以為自己在做夢，但其實不是，因為背很痛。我醒來後，發現一個塊頭很大的傢伙站在我前面，吼道：「起來，起來……」

父親懇求他不要傷害我。「他只是個孩子。」他說。

一分鐘後，我依舊有點睡眼惺忪，見到自己和其他人站在地道的盡頭，盡頭前堆了和牆一般高的塵土。每人手上都拿著一把鏟子。

我們被分成三組，大部分的成年男子負責挖地道，讓地道挖得更深。沒有人告訴我們地道會通往哪裡，以及挖地道是為了什麼。我們心裡有數，知道不該開口問。婦女負責把鏟下來的土裝進桶子裡。另外四個成年男子和我把裝滿土的桶子搬到地道入口，把土倒到外面。儘管陽光刺眼，但我還是想待在外面久一點。一個衛兵一直站在地道入口監視我們，嚴防我們逃走。每次誰拖拖拉拉返回地道，那傢伙就用粗棍揍他。

那位年輕媽媽抱著她的孩子，每次嬰兒一哭，她就給他餵奶。幾小時之後，她被釋放了，因為她什麼活兒也幹不了。

我們工作了兩、三個小時，然後每人領到一塊粗硬的黑麵包——那種黃色穀倉專為窮人所做的俄國麵包，以及一杯水，這些就是我們的早餐。早餐、午餐、晚餐都是一個樣，一塊麵包和一杯水。

第二天晚上，我們開始聊天，盡量對彼此多些了解。我們也開些玩笑，雖然每個人雙唇都像貼了封條似的，不敢咧嘴而笑。大夥兒開始聊自己的生活、孩子、妻子、丈夫，但沒有一個人談論政治，或者為什麼被囚禁在這裡，因為我們還得互相提防。

指揮官與四個手下扛著槍走進地道，其中一人背著一個袋子，因為袋子太重，壓得他幾乎寸步難行。

他把袋子放在我們跟前，然後打開它，裡面是一堆手銬。指揮官開始銬住男子的手和腳，然後用一條長鏈把每個緊挨的男子用沉重掛鎖綁在一起，形成人鏈。父親在正中央的位子，沒有人可以動得了，哪怕移動半寸，都可能連累其他人受傷。

指揮官也把其中三個婦女銬在一起，把她們和男子分開。只有我和一位女子的手腳沒被銬上。其他四個爪牙站在旁邊瞧著指揮官上手銬，看著他拉扯鏈子，確定鎖頭不會鬆脫。

然後他看著沒被銬上的婦人說：「你最好不要掙扎、喊叫或咒罵，而且最好現在就給我脫掉衣服。我們一個一個來，很快就會完事。我們辦事很快，你絕對想不到有多快。我們離開自己的家、自己的老婆，活在戰爭中，少了性的戰爭彷彿毒藥。」

她被他的話弄糊塗了。「你是為這個國家的和平而戰？還是為了這些為人不齒的事而戰？」她厲聲反問他，彷彿是個老師在教訓頑皮的學生。

「我看得出來，你會是個麻煩。」指揮官對她說。

指揮官開始用刀子劃破她的衣服。

父親試著站起來說些什麼，但是手腳被銬住，無法起身。然後一個爪牙用槍托敲他的頭。我想跑過去幫他，但指揮官扯住我的後領。

我叫道：「我要去看我父親。」結果他狠狠揍了我的頭，我一時眼冒金星，儘管地道黑漆漆一片。血從父親的頭頂流到下巴，沿著下巴往下滴。他向前仆倒，失去意識。緊挨著他的兩個男子設法喬出些空間，讓他保持坐姿。

不到幾分鐘，那名女子被扒光了衣服，她不斷咒罵、朝指揮官吐口水。他霸王硬上弓，我不得不閉上眼睛，為眼前這一切深以為恥。她淒慘地尖叫。指揮官完事後，用袖子揩掉臉上的唾沫，然後起身。

「別在我身上用盡力氣，後面還有其他人呢。」他嘿嘿嘿地笑道。他說話時，又有三個爪牙進到地道裡我們被俘虜的地方。他們也都嘿嘿嘿地笑著。

其他婦女低聲啜泣。她們知道明天晚上會有另一個面臨同樣的命運。她們本該待在家裡與家人共享天倫，然而這些似乎已遙不可及。被俘男子都閉上眼睛，可是他們仍然能聽到那位婦人的哭喊聲。

她繼續咒罵接下來的六個惡棍，聲音愈來愈沙啞，到第七個時，她已沒力氣罵了。

他們持續到深夜，等最後一個完事後，一個十八歲左右的少年拎著一桶水進來，放到那名婦女面前後轉身離開。她已昏了過去。

稍後，五個我以前沒見過的傢伙睡眼惺忪地進來，肩上扛著槍枝。其中一人拎起水桶潑向那名婦人。她深吸了一口氣，坐了起來，然後環顧四周，找東西遮住身體。可是眼前只有她被撕爛並且溼透的衣服。她盡可能遮住身體，頭靠在膝蓋上哭泣。

一名傢伙彎腰打開男俘虜的手銬，並解開長鏈上的掛鎖。另外四人槍口對著男女俘虜，手指扣在扳機上。鎖一打開，俘虜開始搓揉手腕與腳踝，我跑到父親跟前，他已恢復意識，但是傷得很重。

突然，一名俘虜朝彎腰撿拾手銬和長鏈的傢伙撲過去，跨騎在他身上，用右拳猛揍他的臉，並伸出左手努力奪下那人的槍。其他四個傢伙見狀，背靠在地道的牆上，舉槍對準我們說：「如果有人敢動，你們全都死定了。」

其中一人從軍用背心口袋裡掏出一枚手榴彈，說道：「足夠給你們好看的了。**不准動！**」

那位俘虜繼續和士兵纏鬥，但他身下的士兵成功地用槍抵住俘虜的胸膛，接著我們聽到轟一聲，俘虜的臉變得煞白，雙眼驚恐地大張著，眉宇間滲出汗珠。他的身體向上挺了一下，直直地看著我們，然後倒在士兵身上。

躺在地上的士兵掙扎著爬起來，其他四人趕忙過來扶他。他們把死者翻了個身，讓他仰躺，他胸口心臟的位置有個小洞，背上子彈的出口比前胸的入口要大一些。子彈的出口比入口來得大，這是喀布爾小孩都知道的常識。

我看了父親一眼，他用目光示意我：「別說話。」我們在地道的這段期間幾乎沒說什麼話，更沒有談過我們經歷的遭遇。我雖然還小，但已明白說話會招致危險。

屍體被他們半拖半抬地搬出地道。其中一個傢伙站在我們面前，用槍瞄準我們。誰也沒有開口說話，大家都盯著地上那攤血跡。

現在我們有十六個人。

接下來幾天，每天都是同樣的公式。每天晚上，指揮官和手下當著我們大家的面姦淫婦女，白天則強迫男俘虜勞動，把他們當奴隸使喚。指揮官每天都在，其他人來來去去，每晚都不一樣。一日三餐，每餐都是一塊麵包和一杯水，只有兩次吃到了米飯與羊肉。那些工作不賣力的俘虜會像驢子一樣被鞭子抽打。

我已分不清每天的日子是幾月幾號。我天天都覺得餓，身體非常虛弱。沒有足夠的水可以喝，幾乎走不動。

過了大約兩週，我身邊僅剩下七名男子與兩名婦女，其他男人都被指揮官擊斃，其中兩人因為拒絕幹活而被殺害，一人因為體虛又生病，也被殺死。一名婦女被放走，因為她整日整夜哀號不止，讓指揮官忍無可忍。另一名婦女在被姦淫後，被拖到外面，自此我們再也沒見過她。

某天，我們用桶子盛土時，一個高個兒哈札拉人進到地道，檢查指揮官的工作。在昏暗燈光下，我彎著腰，竭力裝出很賣力的樣子，沒有抬頭看來人是誰。

指揮官對高個兒非常恭敬，但高個兒並未仔細聽指揮官說些什麼，也不甚在意。高個兒用步伐丈量地道的長度，計算我們這些天開挖的進度。他看著指揮官，冷冷地說：「你們幾乎沒做什麼。」

我立刻辨識出他的聲音。

「嘿，比拉！」我喊了一聲。

他瞧著我問道：「你是誰？」

「我是凱斯啊。」我說。

他舉著火把，湊到我面前。

「**親愛的**凱斯（Qais *jan*），你怎麼會在這裡？」他的聲音難掩驚訝。他以 jan 來稱呼我，jan 既是敬意也代表了交情。

「我不是一個人來這兒的。父親和我都被抓來這裡，像奴隸似地幹活。親愛的比拉，我好渴，可是幹活時，我們不得喝水。」我說。「請你行行好，我能喝點水嗎？」

「是誰下的命令？」他問我，並在我面前蹲了下來。

「就是這個人。」我指著指揮官，小聲道。

「如果不給人足夠的水喝，怎能指望他們為你工作？你難道沒有買水嗎？」他說。

「不是的，長官。」指揮官道，像個做錯事的小孩低頭看著自己的腳。

「什麼叫『不是的，長官。』？馬上給我滾！看在真主分上，去弄些水來。」他吼道，指揮官聞言一溜煙地跑了。

比拉問我在這兒多久了？我說差不多兩個星期了，然後他問我這些天都吃些什麼。我據實以告，也把指揮官和手下當著我們的面姦淫婦女以及殺人的事情，一五一十地說了。

比拉用手摀住我的嘴，閉上眼睛說：「別說了，別說了，我知道了。」他沉默了半晌，然後大聲喊道：「大家別再幹活了，拜託！」他站起身，所有男子都停止鏟土，不解發生了什麼事。

「我不懂那個傢伙為什麼對你們這麼殘忍，我也不知道現在該對你們說些什麼。現在在打仗，你們清楚是怎麼回事。那些企圖殺害我們哈札拉人的人，全都人手一把美國人給的槍，這一點也許你們也清楚。而我們有的只是鏟子，不得不挖地道以自保。

「我告訴他，每天要換人挖地道，還吩咐他到街上去找人，給他們吃好的，只讓他們幹活一天，做完就打發他們回家。我要怎麼做才能為他的所作所為向你們表示歉意呢？」他問道，臉上露出痛苦的表情。

「你們回家吧，回去和等著你們的家人團聚吧。」他輕聲說道。我們放下鏟子與桶子，安靜地朝地道口走去。

這是第二次，我們因為過去的舊識而獲救。所幸我們相識於哈札拉人和普什圖人視彼此為世仇之前。當時喀布爾還是個小城市，像我祖父與父親一輩的人，大家彼此都認識。走在購物區時，許多人都直呼其名向他們打招呼：普什圖人、塔吉克人、烏茲別克人、猶太人、哈札拉人、錫克人、印度人——所有人。

我們出了地道，終於重見天日。在地道捱了這麼多天，男人很高興終於能挺直腰桿，兩個女人則對她們的樣子感到羞愧，極力想遮住自己的身子。

「等一下，」比拉喊了一聲，「在你們離開之前，有件事得先搞定。」我們一聽，嚇得僵住。我們心裡只想著趕快離開，可是現在還得先做完別的事。

比拉要我們跟著他到穀倉。他吩咐那個指揮官跟我們一起走，一路上還有兩個我們沒見過的哈札拉人同行。

那位之前對我們殘酷無比的指揮官手裡拿著一瓶可口可樂，喝了一口後，開始打嗝。

在黃色穀倉裡面，我們沿著樓梯爬到穀倉頂部。穀倉有七、八樓高，我們精疲力竭，幾乎爬不動。每往上一個台階，恐懼感就增加一分。我們不知道接下來會發生什麼。我知道比拉是我的朋友，但我不清楚他要做什麼，因此連我也不免害怕。

我們出了樓梯間，來到房頂。這裡風很大，輕而易舉就可把我們吹倒，因為我們已經體虛到弱不禁風。大家互相拽著，我緊拉著父親的手。房頂邊緣有護欄，但看起來不太牢靠。天空非常晴朗，我們極目遠眺，能看到很遠的地方。

比拉站在房頂的中央。他招呼我們過去，我們全都圍著他而站，他手下那名指揮官站在他旁邊，還在喝著可口可樂，也一直在打嗝。突然，比拉轉身朝指揮官的肚子一踢，他的身手非常快，就像中國功夫電影裡的高手。指揮官應聲倒下，像條蛇蜷縮著。

他大叫出聲：「為什麼啊？」一邊揉著肚子。比拉沒有理睬他，然後朝其他兩個人點頭示意。其中一人扛著指揮官，迅速走到房頂的邊緣，然後把他丟了下去。

我們太震驚了，不知道這到底是怎麼回事。我們聽到一聲長長的尖叫，接著是砰的重擊聲。大家都露出驚恐表情，心想比拉也會把我們一個一個丟下樓去，不過我不相信比拉會這麼做，儘管他比我上次見到時又高了些，身材也更壯碩、更強壯。

比拉拾起喝了一半的可口可樂瓶，朝房頂邊緣扔了下去。「現在，大家都開心了吧！」他說。但是沒有一個人開心得起來。就連俯視遠處地面的比拉也不見喜色，不知該說什麼好。

「這傢伙原本應該待在普里查基監獄等著被處死，但是聖戰士攻占監獄之後，他重獲自由。」比拉對我們說道。「打仗時，最缺的是人手，於是他被派到這裡。然而像他這樣的惡徒，讓我們哈札拉人和聖戰士蒙羞。有些釋囚以聖戰士之名報私仇。其中一些人加入來自巴基斯坦的派系，由那些將阿富汗當成競賽場地的外國勢力供應他們武器。這些人到處都是，他們都病了，唯有讓他們死才能治療病根。」

他轉身看著我們說：「請你們回去吧。我懇求你們能原諒這些天發生在你們身上的種種壞事。」

他走到我面前，跪坐下來，輕拍我的頭髮。「請代我問候並祝福你的祖父。」他平靜地說，然後親吻我的面頰，轉身離開。他的手下也跟著走了。

一位和兒子一起被俘虜到地道的老人率先朝樓梯走去，兒子緊跟在後。隨後是兩名婦女，接著是父親和我，其他人走在我們後面。在穀倉大門前面，我們彼此鄭重而冷靜地道別。我們心裡很清楚，要是彼此再見面的話，一定會覺得羞愧難當。於是大家各自朝不同的方向疾步離開。

父親和我趕回諾伯亞堡。父親身體非常虛弱，舉步維艱。我們一離開穀倉，他便說道：「殘忍的人壽命都不長。」返家路上，他沒再說一句話。

父親推開庭院門時，我們聽到所有女人都在哭。父親問我怎麼回事，他這副態度好像我知道是怎麼回事似的，彷彿過去兩週我一直在家，而不是跟他在一起。我直截了當告訴他：「我不知道。」

「你想是不是有人死了？」他疲憊地問我。

「我不知道。」我又說了一遍。

「可是他們為什麼哭呢？準是出事了。」我父親說。

「但願不是。」我道。因為我滿腦子想的都是吃的東西，以及洗掉身上的塵土。這些天下來，我們都快成了泥人。我的毛衣和牛仔褲已看不出原來的顏色。我只想好好睡上一整天，不想聽女人哭哭啼啼。

我們進到庭院，我聽到母親的哭聲從最遠端我們住的屋子裡傳來。她的哭聲伴隨著其他陌生的聲音，充滿哀傷的哭泣聲量愈來愈大。

從庭院中央的丁香樹叢與果樹之間，我看到叔叔與堂兄弟在寬敞的庭院一角準備午飯，大鍋下面竄出火苗，炊煙升起，包圍著他們。

庭院裡擠滿了男子。儘管隔著一個院子，我仍認得出大部分的人。他們都是我家的親戚。在一樓的一間房間裡，我還看到其他我認識的人。有一位正用好聽的聲音誦讀可蘭經，所有人都背對著我們，聽那個人誦讀。

我們走到那些大鍋前，父親隔著一層煙幕對其中一個弟弟問道：「發生什麼事了？誰死了？」我就緊挨在父親旁邊，盯著那些大鍋，想看清裡面放了什麼好料。有一口鍋子放滿了肉丸，我抓了一個就想往嘴裡塞，但因為太燙，沒能抓牢，丸子掉在地上，滾了一圈。不過誰也沒發現，大家都忙得不可開交。

我叔叔摸著父親的面頰。「我不是在做夢吧？是你嗎？」

「我又累又餓，能給我一點吃的嗎？」我問道。

叔叔沒有搭理我。他慢慢地往後退，邊後退邊打量我們，好像沒有聽到我說什麼。叔叔的舉止非常怪異，他看起來一副驚恐的樣子，不確定我們是人還是鬼。父親跟著他。

堂兄弟們把我團團圍住，但誰也不吭聲。我以為他們在尋我開心，可我現在沒力氣跟他們開玩笑。瓦基爾是當中個子最高的，臉色比平常還要蒼白。他用手碰了一下我的肩膀，又馬上縮了回去，彷彿我是一團烈火似的，說道：「是你嗎？還是你的鬼魂？」

「什麼？」我瞇起眼睛。

「我們以為你和你爸都死了。你媽已經哭了兩個禮拜。」

我聽不太懂他在說什麼。

「我們以為你們兩個都被殺害。祖父邀請所有的親戚到這裡，給你們辦喪事。這些人是為你們來的，因為你們死了。」

「拜託別再說傻話了。我快餓死了，只想吃東西。」

「我們並未開玩笑，凱斯。看到沒，這些都是為你們準備的。傻B站在瓦基爾旁邊，一個勁兒地點頭。「瞧，那兒是你們的棺材。我們吃完午飯後就開始喪禮的儀式。」他說。棺木是木頭做的，上面覆蓋著黑布，一口約一百八十公分長，另一口約一百二十公分。

「裡面裝了什麼？當然不是我了。」我說。

「線軸和幾只風箏。還有你平日收著卻從不拿出來玩的彈珠，以及你的校服、筆記本和日記等等。我們都放到裡面了。祖父交代我們這麼做。」瓦基爾道。

「你把我的線軸、風箏、彈珠、日記都放到裡面了？你到底在想什麼？」說罷，我跑到棺材前，打開那口較小的棺木，見到我心愛的東西都在裡面。瓦基爾想把東西拿出來，我大喝一聲制止他，「別碰任何東西！它們都是我的！」

「我不是要搶你的東西，只是想把東西拿出來給你。」他說。

「不要，就留在裡面吧。」我說。

瓦基爾不解地看著我道：「你想要我們把那些東西都埋了嗎？」

「不是，就留在那兒！」

一個堂兄說：「也許他想和那些東西埋在一起呢。」說完，其他人哈哈大笑起來。

我打開那口較大的棺材，裡面放著父親最喜歡的地毯。這條毯子平常用來鋪在他的床上，現在整齊地攤平在棺木裡。棺材的一角堆著他的物理學書籍，旁邊是他的拳擊手套。此外，還有他的西服、鞋襪、他最愛的馬克杯，馬克杯上有道裂縫。

「若是我父親看到這個棺木裡放著這些東西，準會把你們當成沙包狠揍一頓。」我說。堂兄弟們平日對父親就有些畏懼，聽我這麼一說，全都鴉雀無聲。

「這不是我們做的。」瓦基爾辯道。他的聲音聽起來非常驚恐。「是叔叔把這些東西放進去的，我們都忙著張羅你棺木裡的東西。」

另一個堂兄弟一副被激怒的樣子，說道：「我們只是想讓你風光下葬。」

我平日就不怎麼和他說話，所以沒有搭理他。

傻B走到我面前，一副很傷心的樣子。「我很抱歉在你風箏線上做了手腳。」我不明白他說的是什麼，何況我現在也不在乎了。「以前他們說你割斷自己的風箏線，其實是我幹的。我用一把剃刀在你風箏線上畫了一刀，這樣你放風箏時，線就會斷。」

原來如此，一股怒火湧上我心頭，這個可恨的笨蛋，這下飢餓與疲憊全被怒火取代。我向後轉動胳臂，準備揮拳揍他，但是身體太虛弱了，以致失去了平衡，往後跌倒。傻B伸手抱住我以免我摔倒，他正在哭泣，但我已完全失去重心，結果當他要擁抱我時，我把他也拉倒撲在我身上。我沒有力氣把他推開，一會兒我要好好揍他一頓。

「這兩個星期你們到底去哪兒了？」瓦基爾急切地問道。

「你身上怎麼這麼髒？」一位堂姊問道。

「拜託別說你是從墳墓裡出來的。」另一個堂兄弟說道。

儘管瓦基爾是我最要好的朋友，我也不想把我們的遭遇全盤向他托出。相反地，我四處張望找父親。姊妹們被外面的聲音吸引，跑出我們住的房間。姊姊用陌生的目光打量我，好像不敢確定眼前的人到底是不是我。她面帶恐懼，然後迅速把兩個妹妹拉到一邊，牽著她們的手轉身回屋子。

我看見母親忘情地吻著父親，一下抱住他，一下哭嚷著我聽不清的話。在我看來，此時的她，就像我以前在印度電影裡看到的瘋女人。她和父親被所有女性親戚包圍在中間。

我聽到她問別人我在哪兒。

「我在這兒，我很好。」我從站的地方向她招手。我們在地道飽受煎熬時，我多次想到她，想向她傾訴我們遭遇的種種磨難。有時我心想，自己會不會像阿莫那樣，他不能活著看到自己的兒子，而我也許再也見不到母親。這時她朝我這邊跑過來，大喊著。

「離那兩口棺材遠一點！」她抱住我，狂吻我不下一百次。我臉上沾滿她的唇印和淚水，也許還混著我的淚水吧。

母親拉著父親和我進屋，走到房間一角，讓我們坐下。母親像隻蝴蝶在我們身邊走來走去，拚命用衣袖拭眼淚、揩鼻水。她一古腦兒地給了父親三個枕頭，而不是一個。她不知道該笑還是該哭。我從未見過她如此模樣，簡直變了個人。

那些通常在婚宴上才見得到的親戚也跟著我們進了屋子，連牆邊都站滿了人。我最小的姑姑在父親耳畔低聲道：「讓嫂子挨著你坐吧。她已經哭了兩星期。要是你不幫她控制情緒，她會發瘋的。她現在還在受驚狀態，安慰一下她吧。」

父親呆呆地要母親挨著他坐。儘管平常有訪客在場時，男女是不該坐在一起的。母親只坐了幾秒鐘便跳了起來。「我得為你們父子倆準備午飯。」

「不用，不用，我們兩個不餓。我要你坐在我旁邊。」父親大聲說道。

「我想凱斯肯定餓了。你們兩個看起來又瘦又弱。」母親說。

「不，不，他很好。我們兩個今早吃了很多東西，現在還很飽。來，挨著我坐吧。」父親說。

我衝著她笑，假裝自己一點也不餓。

父親示意我騰出一些空間給母親，但她說：「不用，不用！」她將身子擠在我們兩人中間，一語不發地輕撫我的頭髮，一邊望著父親，彷彿已多年沒見到他了。

小孩在窗外偷偷往裡瞄，咯咯直笑。誰也不知道該說什麼，也許誰也不想說話，因為這是自開戰以來，我們享有最甜蜜的時刻。

還是母親率先打破沉默。她從我和父親之間忽地站起來，差一點嚇著我。她背對著大家，跪在父親面前，大聲喊道：「這真的是你嗎？還是我在做夢？請告訴我這是真的！」

父親雙膝跪地，傾身抱住她。「是的，真的是我，我就在你身邊。我以後哪兒也不去了。我很好，很好。一切沒事了，沒事了。」

父親和母親緊抱在一起，我聽到他們沉重的呼吸聲。父親拍拍母親的後背，母親沒有出聲，但身體抖個不停，她雙眼緊閉，可是眼淚流個不停，父親也忍不住淚流滿面。

房裡的男女都低聲輕笑，同時揩拭臉上的淚水。最後母親站起身來，要我和父親跟著她到旁邊另一個空房間。她這時似乎意識到大家都緊盯著我們三人，因此想和我們單獨相處。她轉身對其他人說：「我們很快就回來。」她吩咐叔叔為大家準備午餐。現在她又恢復成本來的模樣了。

在這個空房間裡，她一遍遍吻著父親和我，一點也不在意我們臉上的污垢，或許她根本視而不見，或許她不知道除了吻我們還能做什麼。她從不問過去兩個星期我和父親的遭遇，也許她不想知道吧。只要看到我們平安回家，她就開心了。

幾分鐘後，我們重新和大家聚在一起。大夥兒笑成一團，享受團聚的時光。喪事變成了喜事。我們一整天都在唱歌跳舞，叔叔們吹笛子、敲鼓。院子裡本來準備入土的兩口棺材成了賓客的座椅，我真有點擔心，要是棺材板的薄木蓋禁不住重量而斷了的話，我的風箏和線軸可就遭殃了。每當與傻B眼神交會，我都想朝他臉上狠揍一拳。「我不會放過他的。」我心裡暗暗說道。「他讓我像個傻蛋一樣。」

我的姊妹跟我分享她們剛讀過的幾本小說，還有剛看過的幾部電影。我的弟弟衝著我笑。堂兄弟講述過去兩個星期他們的冒險經歷，以及誰賭贏了鬥風箏的贏家。他們拿錢出來炫耀，好讓我嫉妒。他們不清楚我發生了什麼事，直到今天，我都沒有對他們或任何人提起過。

第二部

逃亡

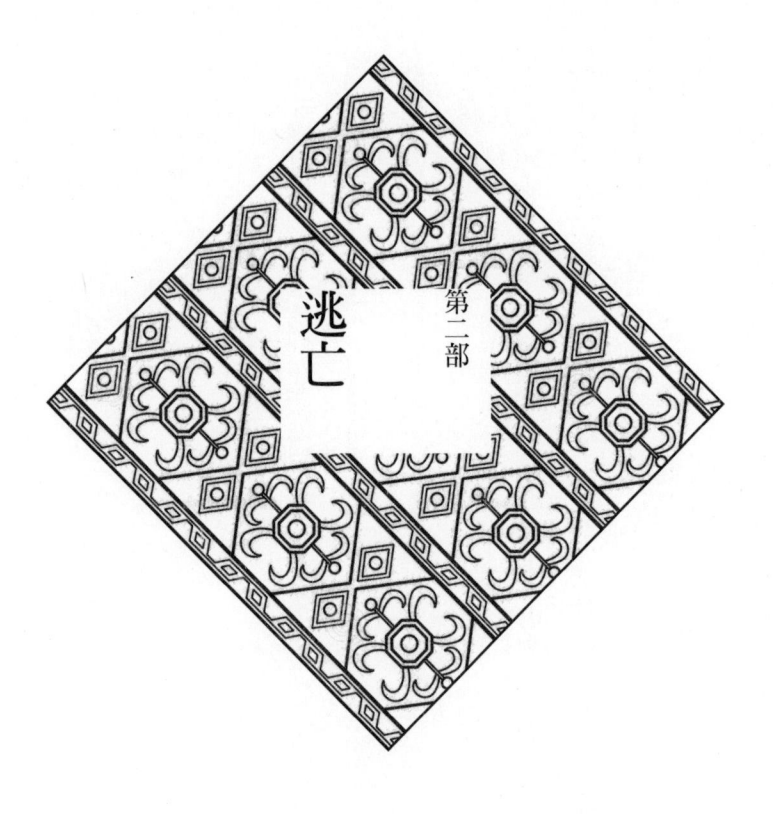

7 巨石、洪水與猛獸

到目前為止，我們在諾伯亞堡住了一年多，喀布爾的戰火在我們四周如影隨形。這段日子，前線的局勢詭譎多變。今天，潘傑希爾一派控制一個區域；明天這個區域就易主，落入哈札拉人手中；後天被薩亞夫派系占領；再過兩天，又是古爾布丁或杜斯塔姆[1]當家。火箭彈在我們頭頂飛來飛去，沒人管它落在什麼地方。

幾乎每天晚上，父親和叔叔談得最多的還是如何離開喀布爾。之前準備幫我們偷渡到俄國的走私客聽說有人為父親辦了喪禮，加上我們從未付他分文，因此轉而幫別人偷渡。他不知道我們死裡逃生，自此我們未再見過他。

某天早上吃早飯時，父親邊吃優格邊平靜地告訴我們小孩說：「我決定我們一家人去馬札爾（Mazar），到你們阿姨家住一陣子。」馬札爾位於北邊，在興都庫什山的另一側，內戰開打前，我們去過那裡多次，有一次還搭飛機前往。

我問父親，瓦基爾是否跟我們同行，父親說：「不行。」然後我問他，祖父是否跟我們一起走，他說：「不會。」得知我們竟要離開他們到北方，我非常吃驚。我走到另一個房間，把這事告訴瓦基爾。他以為我在開玩笑，然後跟我一起回到我們家房間。母親正在打包收拾，瓦基爾問父親，是否可以跟我們一起走。

「這次不行，瓦基爾。」父親和藹地說。「我們這次不是去野餐，是去馬札爾叨擾凱斯的阿姨一陣子。希望我們在那兒能找到帶領大家離開阿富汗的辦法，到時候我會回來接你們。」

「我能一起去嗎？」瓦基爾問道，彷彿未聽進去父親剛剛說的話。父親每次買什麼東西給我們，也會幫瓦基爾買一份；每次帶我們去哪裡，也會帶瓦基爾同行。因此他不明白何以父親這次要丟下他。

「不行，車子空間不夠，載不了所有人。」父親道。

「車子空間大得很。」瓦基爾固執地道。「從老家到這裡時，一車載了十五人外加一個嬰兒，你忘了嗎？」他看著我和姊姊，希望我們贊同他的說法。但是我們不敢吭聲，因為從父親的態度我們摸不清他是不是在生氣。我們點點頭，但不敢直視父親。

「那時距離近啊。」父親道。「現在我們要去阿富汗的另一頭，少說也要開十小時的車。」他的聲音變得有點嚴厲。

「沒關係，我們可以擠在後座。」我道。

「不要再說了。」父親大聲說道，害我們嚇了一跳。「我說了『不行』，此事就這麼說定，沒有商量餘地。」

瓦基爾的父親失蹤後，所有叔叔都盡全力呵護他，但他和我父親最親，我們全家做什麼，父親都會想到他，把他視為自己的兒子。我不懂父親這次怎能撇下他。

這是我第一次和瓦基爾真正地分開。自他父親失蹤後，種種不確定性導致生活扭曲脫離常軌，我們唯一能夠依賴的只有彼此。

大約一年前的某天，我到處找他，但是沒見到他的身影。我沿著梯子爬上諾伯亞堡的屋頂，到我們以前玩捉迷藏時總愛藏身的地方找他。他孤零零地坐在那兒，眺望天空，我拍了一下他的肩膀，他一副受到驚嚇的表情看著我。我問他在想什麼，他說，什麼也沒想。他的聲音聽起來哀傷，我問他是不是發生了什麼事，他說：「沒有。」

瓦基爾向來是個樂天派，我問自己：難道他有什麼事瞞著我？

我挨著他坐下，一語不發，抬眼望著他看得出神的地方。我們沉默不語，就這樣過了幾分鐘。他瞥了我好幾次，我則一直凝視天空。他在我眼前揮了揮手臂，我假裝沒注意到。他拍了拍我的肩膀，問我在看什麼，我說我在學他，他一聽就笑了。

他說：「你很幸運是凱斯，不是瓦基爾。」

「為什麼？」我問他。「我倒希望自己是瓦基爾。瓦基爾放得一手好風箏，擁有非常多的朋友，在學校極受歡迎，能爬樹；身為姊妹們的兄長，能吩咐她們替他擦鞋，幫他端茶倒水。這個世界誰不想當瓦基爾？

「看看我，」我繼續道。「我的朋友都是些小孩子，我的風箏放得不好，在學校人緣沒你好，不是所有堂兄姊、嬸嬸、叔叔們都像喜歡你那樣喜歡我。我不能對姊姊發號施令，叫她替我做這做那。她老是對我頤指氣使，世上有誰想當凱斯？」

「我想。」瓦基爾道。

「為什麼？」我問。對他的回答非常驚訝。

「因為你有爸爸，而我沒有。」他抖著聲音說。「每天早晨你起床，你父親都會親你的面頰；每天你和父親一起運動，他讓你出拳揍他；他還跟你一起玩，逗你開心；你生病時他坐在床邊照顧你；三更半夜你做噩夢或說夢話，他會起床看個究竟；你做錯事時，他會警告你，指出你的錯誤並糾正你；他希望你能出人頭地，爬得比別人高；他隨時在你身邊。你可以讓自己跌倒，因為你知道父親一定會在後面扶著你。」他連珠砲似地一氣呵成講完這些話。「當我跌倒時，誰會扶我一把？當我跌倒、摔得粉身碎骨時，沒有人把我拾起修補。我只能自求多福，靠自己的力量重新站起來。我想我的爸爸，多希望我跌跤時，他能扶我一把。」說到這兒，他的淚水奪眶而出，隨後他衝出藏身地，爬下梯子，途中不慎絆了一跤。

我不知道該怎麼辦。我應該跑過去給他一個擁抱嗎？不行。我心想，自己比他小，所以不能那麼做。

抱抱他替他打氣的人應該是他爸爸。

過了一小時，瓦基爾的臉上又恢復快樂的神采，說笑話逗大家哈哈大笑。突然間我懂了，原來這些年他講笑話是有意驅走心裡的陰影。

他告訴我：「只有爸爸可以填補爸爸的空缺，不是叔叔或祖父可以代勞，只有自己的爸爸做得到。」然後他念了一段他最愛的詩句，出自哈菲茲：「讓一個人開心勝過一千趟朝聖。」

有一次我們兩人席地坐在諾伯亞堡花園最低處靠池塘的附近，瓦基爾告訴我，他擔心若他的父親回來，不知會發生什麼事。他父親不知道要到哪兒找我們，他會去我們原來的家，可是那兒已經找不到我們。

「我想他還活著。」瓦基爾說。「如果他已經死了，他應該會傳個信息什麼的。」

「什麼樣的信息？」

「我不清楚，等我看到時才會知道。」

一個小時後，我們準備出發。我們沒有太多東西要帶，寥寥幾件衣服很快就裝進兩個行李箱，然後放到車子的後車廂。母親把房子裡能找到的食物全拿了來，裝進大麻袋裡。我們駛離諾伯亞堡時，祖父、叔叔、嬸嬸、堂兄妹們全都站在車子的四周和我們道別。

車子上路後瓦基爾在後追著跑，但汽車終究比較快，沿途掀起一片塵土。我把臉探出前座車窗，對他揮手，勉強擠出笑容。姊妹們在後座回頭看著窗外，對每個送行的人揮手道別。車子到了英國大使館拐個彎後，已看不到來時路，瓦基爾站在街道中央，一臉絕望，雙肩低垂，大口喘著氣，消失於沙塵裡。

我非常難過，很氣父親撇下瓦基爾。從喀布爾往北到凱爾卡納陡峭小山的路上，我都沒和他說話，還擺出一副臭臉。姊妹們也是這副表情。父親講了幾個笑話，儘管我們以前沒聽過，而且笑話也很好笑，但我笑不出來，姊妹們也沒心情笑。

「聽我說，我們本來是可以帶瓦基爾一起走，但是這麼一來，他媽媽怎麼辦？」父親直視前往，但我們明白這話是說給我們聽的。「她沒有別的親人了。再過兩個星期，我會回來接他，還有其他人。」說罷，他打開車上收音機，收聽英國廣播公司新聞。

姊妹們和我想聽阿富汗歌或印度歌，但父親只想收聽新聞，尤其是有關馬札爾的消息。我們沒有開口要求他轉台，因為我們決心和他生氣到底。

車子駛離喀布爾後，一直往北開，穿過夏馬里平原（Shamali Plain）。我望著窗外，發現到處是被棄置的蘇聯軍用卡車，有的傾斜，有的翻覆，多數車輛都已成廢鐵。幾乎每塊農地上都有一輛，農民只好繞過卡車耕種。一輛燒焦的坦克橫躺在河裡，湍急的水漫過車身，衣服溼透的小孩子坐在上頭，看著路上往來的車輛。坦克的外殼受到多年雨水沖刷，已是鏽跡斑斑，烤漆因為日曬與塵土而褪色。有的孩子轉動方向盤，馳騁在想像的世界裡。一輛俄製吉普車懸在陡峭崖壁的半空，彷彿有人用超自然力托住似的。

我開始數數兒，很快就數到一百，過了片刻，數數變得乏味，因而作罷。

我們的車沿著興都庫什山愈爬愈高，山的一側緊挨著湍急的河流，小村落沿著蜿蜒的河岸而建，盤據在峭壁上。接近山頂處，我們開進穿山而過的薩朗隧道（Salang Tunnel）。裡面許多燈泡都壞了，有些燈泡就算沒壞也嚴重泛黃，僅能發出微光。隧道充滿由其他車輛與大卡車排出的廢氣，我們關上車窗。為了避開路上坑洞，父親開得很慢。

由於路況很差，車子跑不快，一下子就花掉幾個小時。車子駛下興都庫什山北側時，出現另一條更寬的河。儘管已是早秋，但河兩岸的田地依舊是一片綠油油。不過遠在田的另一邊，高聳的峽谷兩側只剩光禿禿的石頭。我仔細打量這一切，因為我知道全家很快將進入另一個國家，眼前這番景象可能不再復見。

下午三點左右，我們經過一個美麗的山谷，蜿蜒於狹窄的石子路上，駛往位於兩山之間的高聳峽谷。經過峽谷時，姊妹們和我將頭探出窗外，看著鳥兒從懸崖上一個洞飛往另一個洞。湍急的河水猛地撞擊峽谷底端的岩石，發出的巨響迴盪在峭壁之間。

車子駛過峽谷，進入往北延伸直抵俄羅斯的廣袤平原，這時父親突然將車子停在路邊，下了車。他站在車子前面，深吸一口氣，看著湛藍的天空與環抱的群山。臉上露出笑容，彷彿有什麼未知的事只向他露出端倪。

「引擎出問題了嗎？」母親將頭探出窗外問。

父親沒轉身，大喊道：「這裡是塔什庫爾干（Tashkurghan）！」我們發現正前方有不少圍了牆的花園，再過去約一點六公里有個小鎮。小鎮和我們之間有個山丘，山丘頂屹立著一間宏偉的圓頂清真寺。父親步行穿過一塊農田，走向那條一直與我們平行的大河，湍急河水穿過狹窄峽谷後奔流到遠方。

我跳下車子，跟在他後頭。他大步往前走，邊走邊抬頭看著谷壁，一直走到河邊，屈身掬了一把水往臉潑，不在意水滴到衣服上。

「這幾個月來我一直夢到這個地方。我以前常和朋友來這裡露營，一待就是幾個星期。」他說。

「什麼時候？」我問。儘管我對他撇下瓦基爾依舊耿耿於懷，但此時我和他又成了朋友。我明白一件事，若我為了瓦基爾與祖父未能與我們同行公然和父親作對，大家心情都會很糟。所以我對父親和顏悅色，但未告訴他我內心真正糾結的痛苦。

「哦，那是很久以前的事了，那時我和你媽還沒結婚。」他長嘆一聲。「嗯，其實也不算太久，只是感覺似乎很久了，好像過了好多年。現在那些朋友都移居歐洲，而我還在這裡。」

他伸出溼漉漉的手撫摸我的頭髮。「算了，我們就在這裡露營幾天吧。」他走向車子，而我緊跟在後。

這真是太好了。以前我們曾在住家附近的卡哈湖畔（Qargha Lake）露營一夜，或是露宿在社區的花園，但從未在如此一望無際的地方宿營過。

這時大家都下了車，父親從後車廂拿出一塊很大的藍色塑膠布，塑膠布的四角都印著大大的「UN」（聯合國）字樣。「我們用它來當帳篷。」父親說。他帶頭往下走，經過幾處布滿石頭的地方，最後選中河旁邊一塊平地。河流一出峽谷，就離公路愈來愈遠。

我的姊姊與妹妹開始幫父親和我攤開塑膠布，掛在公路旁幾根筆直的樹枝上。母親沒出聲，父親看了她幾眼，想確定她是否贊成這個主意。見我們又恢復開朗的心情，她才露出愉快的表情。

一位村民騎著騾子走近我們。騾背上還馱著手工編織的袋子，袋內裝滿了胡蘿蔔。他一走近便問道：「你們在這兒做什麼？」

「我們在露營。」父親說。

「小心點，這地方有狼出沒，牠們晚上才出來。」他警告我們。

「我不怕狼，但是感謝你好心告誡。」父親說罷，那人騎著騾子繼續趕路。父親將車開離路邊，駛下緩坡進入田裡，停在帳篷附近。

時值秋天，有時風大，白天暖和，晚上偏涼。

每天我們吃完早飯就到河裡游泳，午後垂釣。晚上我們在帳篷前生起營火，聽父親講笑話，聽母親講民間故事，有時會被故事嚇到。某些夜晚我們仰望群星閃爍的夜空。

過去兩、三個月我在喀布爾經歷了許多糟糕的事，所以覺得這些天的露營生活是我這輩子最開心的時刻。我希望永遠待在那兒，遠離喀布爾、遠離戰爭。但是心裡不時想起祖父和瓦基爾，想知道我們在這裡與美麗的大自然開心為伍時，他們在做什麼。

過了一個星期，父親準備動身前往馬札爾的阿姨家，我們說服他在河畔再待一個星期。

我們繼續游泳、釣魚，有時也去爬山。

某天早上吃完早飯，天空烏雲密布，我們待在帳篷裡，研讀隨身帶來的教科書。一陣微風吹進帳篷，掀動書本的扉頁。風從北方灌進來，愈吹愈猛，天色也愈來愈黑。低矮的烏雲如大軍壓境，朝我們撲來。父親要我們聚在帳篷的一角，我想出去，感受強風的威力，但被他阻止。「留在這裡。」他用不容置疑的口吻道。風愈來愈大，雨愈下愈猛，大雨滂沱，強風怒吼，彷彿在咆哮，閃電偶爾隆隆劃過天空。我們在喀布爾幾乎沒碰過這樣的狂風暴雨，我覺得非常新鮮、刺激。

父親將兩個妹妹緊攬在懷裡，彷彿擔心她們被狂風颳走。母親緊抱著弟弟，彷彿世上沒有任何東西可讓他們分開。弟弟因為正在長牙，整天哭個不停，所以我們叫他「愛哭鬼」。其實我們大家都有綽號，我叫「昏頭」，因為想事情時，兩眼會有幾分鐘空洞無神，別人叫我也不理。我不知道這和昏頭有什麼關係，但大家就愛這麼叫我。

雨勢一波波朝帳篷滂沱而下，聲音之大，我們幾乎聽不見彼此講話。閃電的光破空而來，每次都更逼近我們。雷聲大作，好像就在耳邊，耳朵被震得生疼。這下一點也不好玩。帳篷搖搖欲墜，所在之處前不著村後不著店，沒有人可以求助。

雨勢嘎然而止，一如來時毫無徵兆。儘管還是上午，但天色變得更黑，和黑夜沒兩樣。

彷彿發生小地震般，大地突然開始搖晃。我們聽到峽谷傳來的巨大崩裂聲，比狂風怒吼的聲音還要響。我們從藍色塑膠布下面的縫隙往外瞧，發現一塊巨石以迅雷不及掩耳的速度滾落到身後的山下。父親大吼，要我們趕快離開帳篷，我們兵分三路衝出去，不知道自己會跑到哪裡。

過去一年，我在喀布爾兩次與死神擦肩而過，現在看來，我可能會葬身在這個天堂般的地方。我想到諾亞以及連下四十天的暴雨，心想他是怎麼活下來並成功救出其他人的。但是諾亞可沒碰到巨石從山上咆哮而下以及撼動大地的場面。

巨石壓垮帳篷，像輾斷稻草一般壓毀帳篷中央那根支柱，然後繼續滾到河裡。我們的食物和衣服都被壓進土裡，不知該怎麼辦才好，只好躲進車子裡，但仍餘悸猶存。

我們全都目瞪口呆，巨石可以輾過的地方多得是。姊姊說：「也許這石頭不喜歡我們的帳篷。」這是我第一次覺得她的話有道理。

半小時後，天空完全放晴，太陽像個橘紅色圓球高掛天上。風吹來沁人清香，鳥兒開始鳴唱，對大自然來說，好像什麼事都沒發生過，可是我們的帳篷以及帳篷內的所有東西都沒了。

剩下的一整天我們都待在車裡。天黑之前，父親和我在附近巡視，看看這裡是否可安全地再待一夜。他拎著一根粗重的棍子，我拎著一根小的。我們未發現狼或其他野獸的蹤跡，但是暴雨肆虐的痕跡隨處可見。我們發現一根樹枝可充當帳篷的支柱，但樹枝不太直就是了。

夜幕降臨。帳篷布被巨石蹂躪得千瘡百孔，透過這些破洞可看到烏雲迅速飄過半掩的月亮。我們吃著壓碎的桑葚與麵包果腹。「愛哭鬼」現在倒很安靜，半張著嘴，緊挨著母親睡得香甜，頭枕著我們僅有的枕頭。

父親打開車上收音機，收聽英國廣播公司新聞，新聞報導了兩個派系在馬札爾開戰，我問父親這是什麼意思，他告訴我有關杜斯塔姆這個傢伙的事情。我在電視上看過他，當時他坐在坦克上，褲管捲到膝蓋。但是我沒太留意他是怎樣的人。

我們在這裡又多待了七天，有點喪氣，不知道下一步該怎麼辦。白天陽光不似剛來時那麼燦爛，隨著白天漸短夜晚漸長，也愈來愈冷，我們可以感受到季節的變換。

一星期後，從英國廣播公司的新聞得知馬札爾又安全了。派系之間的戰鬥已經結束，至少目前暫時休兵。

吃早餐時，父親告訴母親午餐後就動身前往馬札爾。其實這些日子，我們所在的塔什庫爾干距離馬札爾僅一個小時車程，但是因為戰火道路中斷。這裡到了晚上，雨再次傾盆而下，我們都覺得有些溼冷，所以更願意離開這個我們逐漸喜歡的地方。此外，我們的食物已快吃完，早餐僅有的食物就是從營地四周野生蘋果樹摘下的果子。父親一大早在河岸抓到一些野鴨，用的是一根削尖的長棍子，但因為要離開了，所以沒有時間煮給我們吃。他年輕時學會打獵，當時喀布爾還是一片溼地。他打獵時，不讓我跟，因為他說他需要全神貫注，哪怕是一點兒聲音都會嚇到禽鳥，那樣我們就得挨餓了。

用完早餐後，我幫父親洗車，母親與姊妹們收拾帳篷裡的衣服。父親檢查引擎有無問題，這種事不需要我幫忙，他自己一個人就能搞定。

現在雨已停，我走到距離帳篷約一公里的河邊，一一道別我戀戀不捨的樹木、石頭和小鳥。我覺得群山似乎也在與我道別，除了輾過我們帳篷的那塊巨石，這裡的一草一木都和我成了好朋友。儘管那塊石頭現在就躺在附近的河裡，但我沒走近去看它。

然而這條河有些不對勁。河水是灰色的，河水與擋道的石頭交會時迸出水花。水面浮出一層塵土，魚兒好像被撞瞎了眼，無法在水裡泗游。有些魚已經死了，隨著升起的河面隨波逐流。

我不明白河水為什麼會這樣。我站在河邊，任水漫過我的腳趾，很快就蓋過我的腳踝，之後又到了膝蓋。我開始對灰濛濛的河水感到害怕，心想大河是否對我們就要離開感到憤怒。

我拾起一條魚，它盯著我瞧，身體在我手裡虛弱地掙扎。當我捧著魚，感謝大河賜給我們的一切時，河水突然升到我的大腿。水流力道之大，差點把我捲走，我趕忙爬到岸上，抬頭注視兩山之間的峽谷，發現水已攀上峽壁，朝我的方向快速撲來。

沒有什麼力量能止住大水。大水來勢洶洶，遠比河川壯大。我能看到大水隨心所欲地奔流，吞噬一切擋道之物。

它會沖到我們的帳篷和車子嗎？會不會捲走我的家人讓我再也看不到他們？這條河絕不會讓這事發生在我身上。它懂我，我這麼安慰自己。

我趕忙爬到河岸頂端，朝帳篷奔過去，對著父親喊道：「快叫大家離開帳篷，洪水來了。」我的心臟怦怦跳，就像受驚的小鹿，但我沒有停下腳步，也沒有停止喊叫。父親在帳篷前面，正要點火烤獵到的鴨子。他站起身，一臉疑惑。雨一小時前就停了，怎麼可能有洪水？顯然他心裡這麼問著。我摔倒了好幾次，衣服上都沾了泥污，但我繼續狂奔，上氣不接下氣地朝父親大喊，要他快去發動車子。終於，他看到原本平靜的河面高漲成一道水牆，我跑到停車的位子時，大家都已經上車。身後的河水與我相距八十公尺，來勢又快又猛，彷彿要吞沒我。狂奔的洪流漫過擋道的石頭與樹木時發出恐怖的巨吼。這時水不再是灰色，而是近乎黑色。

我最後一個上車，一腳剛踏進車裡，父親就踩下油門，車輪在泥濘地上打轉了一秒鐘，然後猛地往前衝，使勁爬上斜坡，彷彿也怕後面窮追不捨的洪水。

除了父親，每個人都往後車窗外瞧，只見洪水沖垮帳篷，就像一個惡毒的傢伙搗毀我們在祖父家用沙子堆起來的宮殿。洪水捲走我們所有的衣服以及留在帳篷裡的食物。

駛上公路之前，洪水就追上我們了。一開始淹過輪胎，然後升到車窗一半的高度，這時引擎開始發出快要熄火的聲音，車子也跟著減速。姊妹與小弟開始大哭。

父親也慌了，嘴裡喃喃地低聲禱告。母親說：「冷靜……冷靜……我們會沒事的。」我們不清楚她在對誰說話，但是大家也沒心情聽她說話就是了。

水已漫進車裡，快到我們的腳踝，姊妹們高舉雙腳至和座位等高。引擎持續發出快要熄火的喘氣聲，所幸車子最後還是蹣跚地駛上公路。車子一到高處，我們馬上打開車門，泥濁汙水傾瀉而出，比剛剛進水時快得多。

我們跳下車，回頭看看那片田地，現在已成一片汪洋。

我們再次逃出鬼門關，但也發現接下來無處可去。

英國廣播公司新聞播音員說：「北方兩位指揮官因為誤解，今早馬札里沙里夫再度開戰，雙方都傳出傷亡。兩個小孩以及一位老人結束購物返家途中遇害。」播音員報出罹難者的名字，並請他們的家人到馬札爾醫院認屍。

這下我們去不成馬札爾了，但是我們棲身的帳篷與果腹的糧食也都沒了。父親驅車朝鎮上開了大概一公里，然後把車停在路邊較寬的地方。此時大家仍驚魂未定。父親臉色蒼白，沒有血色。母親抱著愛哭鬼，搖著安撫他。其他人都不作聲，嚇到說不出話。

太陽慢慢下山，月亮冉冉升起。夜晚氣溫低，大家都飢腸轆轆。父母身上還有些錢，但是找不到商店買東西。

父親下了車，在路邊做晚禱。我們鎖上車門，每次車輛駛近，我都擔心他們會下車殺了我們，然後搶走車子。我甚至擔心騎著驢子緩緩靠近我們的人，儘管他們都是普通人，但我就是覺得他們很可怕。他們不常見到汽車，所以經過時會一個勁地盯著我們瞧，我斷定他們回家後一定會繼續談論我們。

父親結束晚禱後，從他坐的位置向我使眼色。我跟母親說我想去小解，她點點頭，於是我下了車，解完手之後，走到父親身邊。

他將手搭在我的右肩上，兩人緩步遠離車子，走向鎮上的邊緣，那裡有幾個圍了牆的花園。

「今晚你得去偷點什麼，你能為父親做這件事嗎？」父親睜大眼睛問我，等著我答覆。我停下腳步，他則繼續往前走。我因為害怕，趕緊跑步追上他。

「幾個月前我從你外套口袋偷了些錢，當時你不是對我說偷東西是大罪嗎？我向你坦承，我犯了大錯，你說這種錯僅此一次，下不為例。若我再犯，就真的不可原諒。你還記得嗎，爸？」我問他。這時他走過一個又一個圍了牆的花園。

「是的，我當然記得。但偶爾你必須犯錯，才能讓事情變得更好。」他以沉穩的口吻繼續說道。「若你去偷摘幾顆石榴，你的姊妹和弟弟就不會挨餓了。你和我可以空著肚子挨餓一夜，但是我擔心你母親，怕她沒有足夠的奶水餵你弟弟。她得吃東西啊。」他說。

說完他停下腳步，右手指著附近一個很大的花園說：「你得非常小心地溜進去，不會有人看到你的。當心你的四周，把這個袋子裝滿石榴。」他去市集時，衣服口袋裡一定有一個大塑膠袋，這時他把塑膠袋遞給我。「你帶著石榴回來時，就跟你母親說，你是跟別人買的。」他說。

我說：「好的。」然後壯起膽子走向花園。但是我思索了一下後，覺得非常傷心，心想為何父親單單選中我當小偷而非姊姊或妹妹。

我記得祖父對我說過：「要避免三惡：說謊、偷竊、嚼舌根。」即使祖父不在身邊，我仍清楚記得這些話，比父親的話更有分量。我回頭走向車子，見父親慢慢朝我走來，便停下腳步。

「怎麼了？為什麼兩手空空就回來了？」他問。

「大家都會叫我小偷！」我說。

「誰是大家？你是為你父親做這件事。你明白這點，是為了我。我不會叫你小偷的。」他說。

「你為何不叫姊姊或妹妹去偷？難道因為我這輩子偷了一次你的錢，你就認為我擅長偷東西？從那次偷錢之後，大家都叫我小偷，連叫了幾個星期。」我感覺自己快要哭出來了。

我們站著的地方有一塊大圓石，父親一屁股坐在上面。周圍到處是幾年前洪患褪去後留下的白色小石。他要我挨著他坐下。

「我尊重你的感受，但你得試著了解現在的處境。我們買不到晚餐可吃的東西，我們連午餐都沒吃呢。我們沒有別的地方可去，這個村子沒有人會接納我們。現在正在打仗，大家都害怕別人對自己不利。整村的人都怕我們，正如我們也怕他們。

「至少要一個星期我才能與村民交上朋友，這樣他們才會信任我。現在你去那個園子偷摘些石榴吧，我會想辦法和那個園子的主人交朋友，以後我會向他和盤托出今晚的事，我肯定他會原諒我們兩個。

我要你做這件事而非我自己上場，是因為你很聰明，而且身材嬌小不會太醒目。要是他們逮到你，不會殺了你。倘若他們逮到我，會把我當成危險分子。你明白了嗎？」他問道。

我把父親說的話想了一遍，同意他說的每件事都對。

「那好吧！」我道。我朝花園走去，邊在心裡和祖父對話，告訴他我很抱歉，必須違背他厲聲禁止我偷東西的戒律。我也告訴他，做這事是為了父親，該受責備的人是他，而不是我。

我走到牆邊，模仿電影裡男主角的動作，小心翼翼溜進去。也許將來有人會拍一部有關我偷東西的電影，這會讓事情多了些趣味。

這時颳起一陣風，吹得樹葉沙沙作響，聽起來就像腳步聲。我按父親告誡觀察四周，發現除了又重又大的石榴垂掛在幾乎要被它們壓垮的細枝上，什麼也沒有。我摘了五顆特大的石榴，塑膠袋頓時變得又滿又重。

我心想，五顆並不夠吃，還想再摘。但是塑膠袋已無空間，就連一顆小石榴也裝不下。若我把這袋子交給父親，他會發火地怒問：「你怎麼不摘小顆的呢？」但是轉念一想，我沒有為這些石榴付出分文，任誰也不該抱怨不用花錢的東西。

首先，我把塑膠袋扔到牆外，剛要爬上牆準備跳出去時，便聽到狗叫聲，叫聲非常近。我以為狗在牆外，因為看到塑膠袋，而上前爭搶。

我等了片刻，想確認聲音來自哪裡。猛然間，看到兩隻大狗朝我撲來。牠們在園子裡而非牆外，藉著樹枝間隙透進來的月光，我看到牠們奔跑時緊繃的肌肉。

我僵在原地，不知如何是好。我思索了一下，問自己：「我該站在這兒任狗撕咬懲罰我偷東西的罪嗎？」我想這是祖父在懲罰我。但是祖父也一再對我說：「不要害怕任何事，應該讓別人怕你。」不過這兩隻狗比我見過的狗都來得大，甚至比諾伯亞堡哈吉．努爾．謝爾花園裡養的狗還大，所以我知道，還是逃命要緊。牠們狂吠時，口水順著嘴角流下來。牠們眼睛通紅，彷彿沾滿了血。我努力地擺出無畏的樣子。

牠們現在已近在眼前，近到我能伸手拍拍牠們以示友好，但牠們可不是那種能讓人摸摸的寵物狗。我心裡感到一陣恐慌，而狗一旦看出我怕牠們，會立刻撲過來咬我。牠們的牙齒又長又利，但我重新鼓起勇氣，繼續盯著牠們的眼睛，像木雕一樣動也不動。狗開始後退，每隻狗的個頭是我的兩倍大。

園子另一端有人在叫喚牠們，是一位老男人的聲音。其中一隻狗循著喊聲方向掉頭跑走，但是跑到一半又折回來朝我叫了幾聲。另外一隻狗露出牠的利牙，但停在原地，並未撲向我。老先生繼續喚著狗並發出哨音。

有人開始朝園子的遠端扔石頭，弄得樹葉沙沙作響。眼前的狗停止對我吠叫，改而盯著樹瞧。丟進來的是大石子，肯定不是小孩丟的。於是狗跑過去看看到底是什麼東西從天而降。

我聽到父親在牆外低聲地催我快點爬到外面。

我爬到一半，狗撲了過來，咬住我的腿，我幾乎能分辨出是哪些牙齒在撕咬我的肉。父親看見我臉上的表情，立刻猜出發生了什麼事。

「別出聲！勇敢點！」父親啞著聲音說。

他伸手搆到我，用力把我拉向他，又厚又硬的泥磚牆刮破了我的肚皮，狗鬆開了口，又開始狂吠。

我從牆上跳下來，被咬傷的腿先著地，痛得我直叫，父親連忙用手摀住我的嘴。

我的腿在流血，我看不見自己傷得有多嚴重，父親撕開他總是斜披在肩上用於禱告的方巾，緊緊纏在傷口上。牆內的狗狂吠不止。

我想看看傷勢，但是父親不讓我看。

「沒什麼大礙，只是一點小刮傷，你會沒事的。」父親說。

我不相信他說的話。他的聲音透露恐懼，我從未聽過他像這樣抖著聲音說話。走路時，我把全身的重量都放在右腳，像個瘸子一拐一拐地前進，肚子也好像被刮掉了一層皮。

好不容易回到車上，爬到前面的座位。母親在後座拍著弟弟的背，唱著搖籃曲哄他睡覺。

她沒注意到我的腿，但是看到我臉上的疲憊。她停止哼唱搖籃曲，把弟弟交給緊依偎著她的姊姊。

「你沒事吧？你的樣子糟透了。」

我什麼也沒說，她瞥了一眼在車外的父親，他也一語不發。「我很好。」我告訴母親。「我們只是被狗攻擊，其中一隻咬了我的左腿，傷口有點疼。」

「什麼樣的狗？我們沒聽到狗叫聲啊。」她說。

「因為你們關上了車窗。」我答道，極力不讓她聽出我聲音裡的痛苦。

「我看看。」她平靜地說。我轉身讓她檢查傷口，她邊看邊搖頭，開始用手帕為我清理傷口。傷口還在流血，滴到母親的腿上。

她搖下車窗，衝著父親喊道：「你為什麼讓這種事發生？你眼睜睜看著狗咬他的腿，自己在旁邊袖手旁觀嗎？」

父親什麼也沒說。這時小弟醒了，母親朝姊姊大吼，要她把「愛哭鬼」抱到車外。

母親叫父親從後車廂取來一瓶水，幫我清洗傷口，然後在上面塗了酒精，我感到一股刺痛。然後她坐在我旁邊的駕駛座上，父親則抱著小弟在路邊來回踱步，呼吸新鮮的冷空氣。

「這些石榴不是你買的，對吧？我知道附近並沒有商店。」她緊盯著我的雙眼不放。「告訴我是怎麼回事，不要讓我問你兩次，不要說謊讓我失望。」她嚴厲地說。

她的目光一直盯著我的嘴，直到我一五一十地說完。

「我一看不到你就會擔心，不要再做這種事了。」她說完將我摟在懷裡。

「好的！」我說，忍不住想哭。我還記得在我們老家的庭院裡，幫祖父除草，坐在一塊長布上吃飯，與堂兄弟、姑嬸們互開玩笑，一起看電視。那些似乎已是很久以前的事了。為了減輕疼痛，我嘆了好幾次氣。

「怎麼了，凱斯？」母親問。她攬著我的頭靠在她胸口，拍拍我的背。我說不出話來，耳朵有輕微的耳鳴聲。我想找個地方躲起來。

「還疼嗎？」她問。

「是的，媽媽。」我說。

「你還有什麼事沒告訴我嗎？」她問。

「沒有，沒有其他的事了。只是傷口疼而且會癢。我覺得好累。」我說。

「好吧，盡量睡吧。」她輕拍我的背，彷彿我是個嬰兒。我在她臂彎裡睡著了。但我知道我是個小偷，我的罪不可饒恕。

1 阿布都·拉希德·杜斯塔姆（Abdul Rashid Dostum，一九五四—），阿富汗烏茲別克族軍閥。

8 哈姆札父親的花園

我醒來時發現自己一個在車裡，父母、姊妹、小弟都坐在車外的地上吃早餐。他們的早餐很豐盛，有乳酪、奶油、牛奶、優格、自製果醬、熱呼呼的烤餅、剛泡好的茶。我揉揉眼睛，確信自己不是在做夢，眼前景象的確是真的。每個人嘴裡都塞滿了食物，我的肚子也餓得咕嚕咕嚕叫。我打開車門想加入大家，左腳一落地，肉恍若被滾燙利刃割刺的劇痛感向我襲來，父親見狀趕忙來幫我。我沒問食物是打哪兒來的，畢竟歷經兩個星期後，能看到奶油、果醬、牛奶，連開心都來不及了。

「一位村民邀請我們去他家。」母親說。

「一位村民？他是誰？」我問。

「我想你認識他。」她回道。

「我認識他？怎麼可能？」我說。

「因為昨晚你聽到他喚他的狗。」她說。

我整個人因為害怕與羞愧而僵住不動。「我偷石榴的那家主人？」我問。姊妹們嚴厲地瞪著我，異口同聲地問：「你偷石榴？你是小偷？」然後她們開始小聲地噓我：「小偷，小偷，小偷。」

「不許再說了！」我說。

「閉嘴，姑娘們！他是為了我才這麼做的，是我叫他去的，要是誰再說『小偷』，我就扁她屁股！」父親道。

「他的兒子今早敲了我們的車窗。」母親道。「當時我們還在睡覺，他把這些衣服以及食物放在這裡。他說，他的父親以為我們是開著車四處流浪的現代遊牧人。」

我們一聽到「現代遊牧人」都哈哈大笑。

「他們知道我昨晚溜進他們家花園偷石榴嗎？」我問。

「知道，他兒子看到你了。」母親說。

「他們準會叫我小偷。」我的心裡升起一股羞愧感。

「我想這家主人不會叫客人小偷的。」她說。

「他可能會稱呼你『小偷先生』。」姊姊對我說，兩個妹妹遮著臉偷笑。我嘆口氣，坐下來吃早餐。

一家人吃完早餐，一個年齡和我差不多大的男孩越過馬路，對我們打招呼，然後開始收拾碗碟，將盤子一個個往上疊。收拾完他站起身，要我們一起去他家。

「我們家人都在等你們。」他溫和地說道。

男孩領著我們來到種滿石榴樹的花園，打開了大門，園子非常大，蓋了兩間小平房，一間倚著北牆而建，一間靠著南牆。兩屋中間搭了一個長長的棚子，棚頂是純黑的布，用幾根柱子支撐，可遮陽擋雨。一位老人從其中一間屋子走出來，迎接我們。他和父親握手，向母親致意，對我們行額手禮（salaam），然後問我的腿怎麼了。

「你家的狗昨晚餓壞了，所以我讓牠咬我的腿一口。」我盡量以玩笑的口吻遮掩偷東西的慚愧感。

他笑道：「你應該直接敲我的門，我會給你不止五顆石榴的。」

父親對老人家說：「都是我的錯，我擔心這村子沒有人會歡迎我們這樣的不速之客，尤其是晚上。畢竟現在是在打仗，人人自危，誰也不相信誰。」

「這倒是真的，但是現在我們認識了，不再是陌生人，而是一家人了。」老人說。

狗又開始叫，我跳了起來，但沒看見牠們。

老人繼續道：「你們可以放心待在我家，愛住多久就住多久。那邊的房間是為客人準備的。」他手指著靠著花園南牆的房子。「屋子裡有水、電、電視和收音機。我會拿幾條毯子過來，房間裡已經有床墊與枕頭。若你們想和我們一起吃飯，我們非常歡迎。」

「你真是太慷慨了。」母親道。「但我們是不速之客，不該打擾你們。」她微笑道，老人也微笑以對。

「你說得沒錯！你們是不速之客，但不速之客是真主賜給我們的禮物。我們家的大門永遠為他們敞開，他們讓我們感受什麼是真主的慈悲。」老人接著道：「我會拿些碗碟過來給你們，這樣你們就能自己做飯。園子裡的香草、蔬菜與水果由你們隨便摘。」

「你真的太好心了。」父親道。

「這園子不是我的，是真主的。」老人答道。「真主賜給我園子是為那些需要這園子的人而準備。事實上，真主才是萬物之主，不論祂賜給我們什麼，我們僅能享用幾天而已。」

他的家人也來迎接我們。他有四個女兒和三個兒子。他們之中，有一個女子比他年輕甚多，幾乎跟他大女兒年紀相仿，長得非常漂亮。

「她是你的妻子嗎？」母親問。

「是的。她是我第二個妻子，我們五年前結的婚。」老人說。他的妻子非常害羞，邀請我們到園子遠端她住的房子作客，我們跟著她走到她屋子。父親和老人及他的兒子邊走邊談論政治。幾分鐘後，他和我們會合，小聲對母親說，這家主人很了不起。

接著，我們洗了一個離開喀布爾後第一次的熱水澡，然後和他們全家一起在戶外杏樹環繞的樹蔭下吃了頓豐盛的午餐。大家談笑風生，彷彿熟識多年。老人要我們叫他伯伯，稱他妻子為伯母。我們談到我們的生活，父親告訴對方，他和祖父損失了六千張地毯，現在除了家人和那輛車，他已一無所有。

「真主能賜給你們東西，也會把東西從你們那兒拿走。」老人說。

「我是個拳擊手，我能打倒任何人。阿富汗派我到俄羅斯和所有中亞國家參加比賽，但是我要如何對抗這瘋狂的世界呢？」父親重重地嘆了口氣說。我看得出他腦裡想的準是在塔吉克、烏茲別克、土庫曼參賽奪冠的事。

「盛世和亂世都一樣，就像四季更迭，沒有什麼能永遠存在。」老人臉上掛著敦厚的笑容，但說話時表情非常嚴肅。「我們國家的問題在於地理位置，在於周圍強鄰環伺。愚蠢的政客放任他們干涉我們國家的內政。」

吃罷午餐，他帶我們到客房，經過園子中央的長棚時，兩隻大狗跳出來，嚇了我們一跳。妹妹怕得躲在母親身後。兩隻狗的脖子上戴著又厚又重的項圈，並拴著很粗的鏈子，可是牠們跳起來的力氣很大，我真擔心牠們會掙脫鎖鏈。

「這些狗可以當看門狗，尤其是在夜間。有人敢擅闖的話，牠們會把來人撕成碎片。」老人說。

「牠們有名字嗎？」父親問。

「有的。白的叫希爾（Shir，獅子的意思），黑的叫帕朗（Palang，老虎的意思）。希爾不會傷害任何人，除非有人攻擊牠或是試圖傷害牠。牠是一隻鬥犬，從沒輸過比賽。但帕朗非常兇狠，牠喜歡咬人。」

「就是帕朗咬傷我的腿。」我說。

「別擔心，孩子，牠很快就會成為你最好的朋友。」老人說。然後他轉身叫兒子去拿些午餐吃剩的菜飯，他把殘羹剩飯遞給我，讓我餵狗。我把菜飯丟給牠們，一開始，牠們還想撲倒我，但沒多久就忙著吃東西。

客房裝飾得很雅致。最大的房間中央鋪了一張漂亮的紅地毯，上面有大圖案。墊子沿著牆邊擺放，並覆蓋了長條毯子。房間一角有一台小電視機與錄放影機。

「或許可以讓我長子帶你們的孩子到處走走看看，」老人提議道。我們聽到身後傳來巨大引擎發動的聲音。老人的長子與瓦基爾年齡相仿，正坐在一輛大型農耕機的駕駛座上，邀請我們跟他出去繞繞。

「你覺得我的飛機怎麼樣？它是不是很大聲？」我們爬上駕駛座後面的平台時他這麼說，一隻腳踩在農耕機的油門上。

「對啊，而且它的輪胎比其他飛機的都來得大。」我說。

「你喜歡這地方嗎？」他湊到我耳邊大聲道，農耕機的引擎聲蓋過了說話聲。

「我還不知道，你得先帶我四處看看，然後我才知道。」我說道，農耕機駛出花園，開上大路。

天空的白雲與烏雲交錯，太陽躲在雲後，似乎下一刻就會像石頭一樣從天而降。麥浪隨風擺盪。

極目望去，道路兩側的麥田一片金黃，看來已到了收割的季節。農民揮舞鐮刀，一手抓著麥稈，一手利落地揮刀割下麥穗。其他人將摘下的石榴和杏仁裝進扛在後背上的麻袋裡。他們雙手嫻熟地在樹枝間進進出出。

我問老人的兒子，是否曾離開家鄉到外面闖蕩。

「沒有，我不想出去。我愛這個村莊，在這裡，我要的應有盡有。大家都尊敬我的父親和我，因為我是他的長子。」他說。

他靠邊停下農耕機，吩咐他妹妹帶我妹妹去河邊玩，介紹她們認識村裡的其他姑娘。這條河是我們之前搭帳篷露宿岸邊那條河的支流，但現在完全看不出它前一天曾發威，幾乎將我們捲走的跡象。

「村裡所有姑娘每天下午都到這裡取水，準備做晚飯用。而村裡的男孩則聚集在清真寺。」老人的兒子說。

「我們也能到河邊嗎？」我問。「我想游泳。」

他哈哈大笑。「千萬別在這時候去河邊，要是被人看見，有人會開槍斃了你。姑娘們有時會在那兒洗澡。」

「姑娘會帶槍啊？」我問。

「不是，不是。是她們的父親或兄長會對你開槍。」

「這裡像喀布爾一樣有狙擊手嗎？」

「沒有，但我們有獵人，他們無所不在。若他們當中有人看到小男生或成年男子在這時間到河邊去的話，就會開槍。」

「那麼陌生人呢？他們並不知道有這麼一條規矩啊。」我說。

「你不再是陌生人了。我父親今早在清真寺當眾宣布，你們想待多久，他就招待你們多久。」

「你的意思是，所有村民都知道我昨晚做了什麼？」我問他，已克服的羞恥感再度浮上心頭。

「這就是為什麼所有村民同意幫忙你們。他們說，你們一家人沒有吃的，也沒有地方可去。」老人的兒子道。

「他們會叫我小偷。」我沮喪地說。

「不會！他們不會愚蠢與無禮到叫客人小偷的地步。」我母親也這麼說，這下我如釋重負。

他指給我看附近他打獵的地方。他自己挖了一個水塘，裡面放了幾隻木製鴨子。池子緊臨隆起的山，山泉順著小溪流入水塘，每次風拂過水面，掀起陣陣漣漪，木鴨也跟著上下擺動，和真的鴨子一樣。

「鳥飛過我們村莊上空，看到水塘裡的木鴨，以為這裡是安全的著陸點。牠們一落地，到池裡喝水或戲水，我就逮住牠們。我會教你怎麼開槍。」他應允道。

「你去過喀布爾嗎？」我問。

「沒有，也不想去。那是個可怕的地方，所有爭端都從那裡開始，然後擴及整個阿富汗，我希望喀布爾不存在。我屬於這裡，這裡的一切讓我開心。」

他開始朗誦一首古詩。

「我的心房全被村裡姑娘們美麗的臉龐占據了，再無餘地。你需要知道，你將會看到太陽把她的臉照亮，她的雙眸閃耀著月亮的光芒。懷著希望，等著在朦朧的黑夜看見她的臉，但一切只是妄想與做夢。」

他停下來對我笑笑。「我說的是我女朋友。我會把她介紹給你認識，但你得承諾不會愛上她，因為她是我的，好嗎？」

「沒問題。」我說。

「倘若她的美麗擄獲了哪個男人的心，我會把那顆心撕裂。」儘管他用字充滿詩意，但他的口吻突然嚴肅甚至兇狠了起來。「要當心，好嗎？」他對我說。我點點頭，但是現在心裡有點怕他。

我們跳下農耕機，步行了約十分鐘，誰也沒說話。他帶我到村子的一端，那兒有個非常大的庭院，沿著山腳一直延伸到視力所及的盡頭，消失在塔什庫爾干後面隆起的小山。

「那就是她的家。」他說。他的聲音恢復輕柔，我的心情也跟著放鬆。「我們彼此相愛，除了我母親，其他人都不知道。拜託你也別跟其他人說。」

「我會保密。」我說。

「現在我要拿你當藉口到她家去一趟，順便見見她。」他口氣充滿興奮。

「怎麼做？」我問。

「我去敲門，她或她的哥哥會來應門，我就說你是我家的客人，想看看她家的花園。若是她來應門，她會了然一切，但她的父母並不知情。你的任務就是告訴他們，你是從喀布爾來看我們的表親，想到花園看看。其他的事就交給我，你明白了嗎？」

「明白。」感覺像一趟冒險，而我喜歡冒險。

他敲了門，一位年輕女孩來應門，她長得非常美麗。

她馬上垂下眼簾，急忙說：「你好。」

「我昨晚夢到你，現在想在這兒吻你。」老人的兒子調侃道。

「快走！我父母在家，哥哥們在花園澆水。」她驚慌地道。

「今天我要當著你父母的面，請他們答應把你嫁給我，讓你做我的新娘，與我共度此生。」老人的兒子情意綿綿地說，臉上的笑容和他父親一樣溫和。

「別在這兒出洋相了。若被我哥哥們聽到，準會打死你。趁著沒人看到，趕快走吧。」她低聲道，並回頭張望。

她一位長兄突然從她身後冒出來，彷彿下雨過後突地長出的蕈菇。

「是誰？」他問。

「哦，是我。這是我的客人，凱斯。其實，他是我表親，和家人一起從喀布爾來的。我帶他到處看看，他問我能否參觀這個花園。我告訴他，這是我父親一位朋友的花園，所以若你不介意，我想帶他入內參觀。」

這位兄長歡迎我們入內。

「莎拉，帶他們四處看看，並榨些石榴汁給他們喝。」他吩咐妹妹。「你們兩個別客氣，把這兒當自己家。我還有些活要幹，稍後再聊。」

莎拉帶我們參觀花園。這裡的果樹應有盡有，成熟的果子掛滿樹頭。走到園子的盡頭，莎拉轉頭對我說：「如果你不介意，我們想單獨交談幾分鐘，你自己隨意逛逛，要吃什麼就摘什麼。十分鐘後在這裡碰面，好嗎？」

「當然，沒問題。」我說。她對我感激一笑。

我四處溜達快三十分鐘，直到一個人走膩了，才溜到樹後，看看他們到底在聊什麼悄悄話，一聊就聊這麼久。

但我沒聽到半個字，他們只是面對面坐著。老人的兒子直視女孩的雙眼，她則眉開眼笑。他打破沉默時，感覺像在念詩，但怪腔怪調的。

「請別拋棄我。」他懇求道。也許他在開玩笑，但女孩並未被他逗笑。

「我怎麼會拋棄你呢？」她嗔道。「你是我生命的全部。」

「你是我的，因為我愛你。要是你拋棄了我，我一定活不下去。」

「我也是。」女方道。

我心裡納悶，難道在這個村子裡，所有男人都這樣和女友說話嗎？也許他們看了太多阿富汗電影，電影中的情侶往往還沒來得及再次相見，就已雙雙命赴黃泉。我從藏身處走出來，又吃了一顆石榴。

一個小時後，我們準備離開花園。

「你想來玩，隨時都可以來。」莎拉對我說。「下次介紹我和你的姊妹們認識，我希望和她們見個面。哈姆札（Hamza）會駕農耕機載你們過來。」這是頭一次我們四目相對。我覺得她的目光裡透著溫暖，但其他人都看不到。我升起一股罪惡感，因為我之前承諾過，絕不會愛上她，但是我能怎麼辦？這不是我能控制的，一切都是心在作怪。說到愛，心是不受控制的。我從印度電影裡學到這點。

「誰是哈姆札？」我問她。

「我就是哈姆札。」老人的兒子說。

「哦，對不起，我從沒問過你的名字，知道你的名字真是太好了。」我說。

莎拉站在花園門口，握著門把，打量我們兩個人。「我以為你們是表兄弟呢。」她厲聲說道，等著我們解釋。

「沒錯，他是我表弟，但不知道我的名字。我還想他永遠不會問呢。」老人的兒子道。

「哈姆札，到底是怎麼回事？他到底是不是你表弟？還是你根本不認識他？我哥哥今晚在清真寺會提到這事，要是他發現你撒謊，對我們兩人來說都很危險。」她非常擔憂地說。

「哦，放心，放心，沒事的。他是我表弟，我是說，他是我的客人。下次他和我來時，會跟你解釋的。有時表兄弟會互相忘了名字。」哈姆札調侃道。

「對我說實話，他是你表弟還是客人？」她問。

「老實講，我們今早才認識，他是我的客人。」

她生氣地望著他，這時屋裡有人叫喚她，是個老婦人的聲音，可能是她母親。

「你相信我嗎？」哈姆札問。

「是的，我相信你。」她的聲音透露出原諒與關心。喊她的聲音愈來愈大，她大聲回應說就來了。

「這不是什麼問題，你儘管放心。在清真寺裡大家都知道他和他的家人，他們是我們家的客人，至少會在這兒住上幾星期，所以我叫他表弟，我們現在是一家人了。」哈姆札道。

「我相信你。」她嫣然一笑，在我們離開後關上門。

我們在哈姆札父親的花園裡住了三個星期，期間一直在等消息，確認通往馬札爾的路安全無虞。那兩隻狗的確成了我的朋友，我帶牠們到山區散步，真希望瓦基爾也能和我們一起走。我給帕朗看牠咬的傷口，牠不知道我在說什麼，只是乖乖地舔我的傷口。

哈姆札教我打獵。每隔一天我們就去他最心愛的花園，她一定榨好石榴汁等著我，我喝石榴汁，她和哈姆札則在一邊悄悄交談。第一天，只等了一會兒，但是一週後，感覺就如同等了好幾個小時。有一天，我再次偷躲在樹後，他們沒有出現像那些傻瓜電影裡的可笑對話，而是比那有趣多了。我心裡升起罪惡感，決定不再偷看他們。我四處走走看看，直到哈姆札喊我一起回家。

我的家人也很開心。母親一邊煮飯，一邊唱著古老的印度歌曲。我們吃的東西都取自花園，味道比我們離開祖父老宅之後吃的東西都要好。早上，我的工作是提著兩個竹籃到園子，將籃子塞滿番茄、小黃瓜、櫛瓜、茄子、甜椒、石榴、蘋果、胡桃、杏仁，然後把籃子交給母親。有時候，園子可摘的東西太多了，這我都不知道該選什麼，籃子裝滿時，重得幾乎提不動。

姊姊變得非常勤快，會幫母親做飯，兩人邊做飯邊聊天。剩下的時間，她會請父親帶她去爬山，欣賞風景。父親喜歡帶她和大妹到戶外健行，呼吸新鮮空氣。他喜歡運動，也喜歡女兒的陪伴。母親下午陪著小弟一起小睡時，姊姊會帶著兩個妹妹到河邊，和哈姆札的姊妹一起打水。她們跟村裡的姑娘學會了如何用頭頂著水桶完全不用手扶，也學習如何在帽子上刺繡。姊姊跟她們講我們在喀布爾的生活，以及上學的情形。哈姆札的姊妹都未曾上過學，但她們會識字閱讀。

我從未見過姊姊如此和顏悅色待人，所以決定對她好一點。但是她對我還是老樣子，想盡辦法捉弄我。照理她和我應共用一個盤子吃飯，因為阿富汗人認為，共用一個盤子可以增進食欲。她就說：「他一下子就把盤裡的東西吃光光，我只能吃三口。還有，他吃東西很大聲，像頭牛。」我決定不再對她客氣了。

某天下午獵完野鴨回家，哈姆札和我爬到山的最高點，俯瞰全村。這時太陽緩緩西下，萬里無雲，金色光芒與湛藍天空交相輝映。

「你和自然說過話嗎？」哈姆札問。

「有時候會。」我說。

「它回你話時，你聽得見嗎？」

「你是什麼意思？」我問。

「沒有人明白我的意思。每次我跟人講我聽到與看到什麼時，他們都覺得我瘋了。但是你要知道，若你對萬物坦誠，它們會對你說話的。」哈姆札說。

「你指的是山、樹、河流和風等事物嗎？」我問。

他點點頭，「學習如何做到坦誠，得先思考天空和大地是誰建造的？」哈姆札思索片刻後道：「蓋房子，必須用柱子和牆撐起屋頂，但天空沒有牆或柱子，只有真主才有這種能力。」

「真主和你說話嗎？」我驚訝地問他。

「沒有，祂透過祂所造之物和我們對話。」哈姆札說。

「怎麼說？」我問。

「月亮掛在深藍的夜空中，讓數十億閃亮的星星相形見絀。她有話要對你說，事實上，她正在對你說話。」哈姆札言畢，我們抬頭凝視月亮，此時它正從我們身後緩緩升空。哈姆札說話文謅謅，感覺有些好笑，儘管他現在不跟莎拉在一起。一開始，我覺得很怪，但是兩週下來，我開始喜歡他這種說話方式。又圓又大的月亮，隨著最後一道日光隱去，在大地上灑下柔和的月色，藉著月色，我們能看到下面整個村落。

「你是怎麼學會這些的？」我問。

「睜開眼睛豎起耳朵，你就能學到想知道的任何東西。」他的聲音悅耳。「玫瑰把它的力量給了刺，用來保護自己。但是夜鶯絕不把美妙的聲音轉讓給烏鴉。飛蛾撲火，直到翅膀燒毀，但梅花鹿撞見獵人可是會盡可能跑得遠遠的。」

「你是個詩人。」我說。

「才不是呢。我只不過睜大眼睛，善用它們而已。」他說。

此時，開始起風了。幾朵小雲慢慢從地平線冒出來，天空完全被月亮主宰，我們小心地走下山。我打開花園大門，狗調皮地朝我撲來。我還不停地在思考哈姆札對我說的話，直到今天他的話仍留在我心頭。他喚起我思考以前從未多加留意的事物，諸如真主如何創造了星星、月亮、太陽、天空、宇宙、大自然裡所有事物。以及我們為什麼在這裡，我們的人生肩負何種使命，如何從被賜予的一切中得到快樂等等。

那天晚上，我們兩家人一起吃晚飯。飯後，父親和哈札姆的父親收聽英國廣播公司的新聞，我們聽到馬札爾的戰火正燒向塔什庫爾干。

父親當機立斷。他對老人說：「看樣子我們明天一早必須離開塔什庫爾干了。」哈札姆的爸爸聞言點點頭。

父親每天早上都會去清真寺，與其他村民一起晨禱。翌日晨禱結束，他把前天晚上從廣播中聽到的消息告訴大家，然後請求大家准其離開——這是阿富汗人要離開曾經招待自己的伙伴時一向的做法。

他從清真寺回來時，我們正在吃早飯。他坐下後，從母親手上接過一杯茶，然後告訴我們：「我們現在不能去馬札爾，回喀布爾也不安全，我們乾脆去巴米揚。我們還沒聽說那裡有戰事，我相信那兒是安全的。我已經徵得穆拉和村民的同意，今天就可以離開這兒。他們說，他們也會離開這裡去他鄉。再過兩天或是不到兩天，戰火就會蔓延到此地。我們吃完飯馬上收拾東西。」父親說。

姊姊望著他說：「可是爸爸，巴米揚在阿富汗中部，我們應該去沒有戰爭的另外一個國家才對啊。」

父親看著她，和藹地說：「我們會的，但不是今天。」

吃完早飯，我們去了花園另一端老人住的房子，向他們道別。老人又在收聽英國廣播公司新聞。他的兒子們在下棋，老婆與女兒繡著桌布，每個女兒手上都捻著桌布的一角。

哈姆札父親起身與父親擁抱，說道：「這是你們的家，大門永遠為你們敞開。」之後，他的幾個兒子一一擁抱父親和我，他的妻子和女兒則輪流擁抱我的母親和姊妹。

「你們要留下來還是離開？」父親問。

「我想我們還是會離開暫避一下。」哈姆札的父親說。「我們會去巴基斯坦，去我哥哥家，他在那裡住了十年。我昨天收到他的來信，他非常擔心我們的處境，希望送哈姆札去美國和他兒子一起生活。」

「你的花園怎麼辦？就這麼撇下嗎？」父親問。

「是的，否則還能怎麼辦？我們都知道這些聖戰士不是為了趕走外國軍隊而戰，他們打來打去，就是為了搶我們東西。這些派系只不過利用打仗作為藉口，搶我們的財產，甚至擄走我們的妻子與女兒。」

「唉，沒錯。」父親嘆道，點頭贊成。

哈姆札的母親用報紙包了兩隻炸雞，用一個罐子裝了新鮮的豆子，然後又往袋子塞了兩個南瓜、一些馬鈴薯、幾棵白菜。母親推辭不收，但哈姆札的母親一再堅持，母親因為盛情難卻，最後收下這些食物，並再三道謝，感謝他們的款待和幫助。

就在我們要開車離開之際，哈姆札父親扛著個大袋子，朝我們的車跑過來。他氣喘噓噓地站在車前，對我使眼色，要我下車。他把大袋子交給我，要我拿著，我試了試，但是拿不動。袋子太重了。

「你吃得完嗎？」他問。

「裡面是什麼東西？」我問。

「石榴！」哈姆札父親道。

說罷他笑了，而我覺得自己非常渺小。「不，我吃不了這麼多。」我說，再次覺得羞愧不已。即使老人如此和善，也趕不走我的愧意。

「我肯定你絕對吃得完，也知道你會與其他人分享。你吃這些石榴時，記得要想到我，還有那兩隻狗，這是我僅有的要求。」說罷，他低頭吻我的額頭，我才感覺好過些。

他幫我把袋子放入後車廂，揮手向我們道別，望著車子駛往巴米揚。

村裡的那位穆拉站在路邊，示意我們停車。父親在他前方停下車，搖下車窗，與穆拉寒暄後，將我們一一介紹給他認識。

穆拉身穿白色寬鬆紗爾瓦克米茲，外罩藍綠相間的長袍。頭上包著黑色頭巾，眼眶周圍塗著黑色眼線，一看就是宗教人士。他刮乾淨唇上的鬍鬚，但下頷的鬍子很長，幾乎垂到肚子。儘管他說話非常溫和，可是只要一開口，鬍子就會顫動。

他遞給父親一串禱告用的念珠（tasbeeh），說：「我沒有別的東西送你，我應該邀請你們到我家，一起吃飯，但是我不知道戰爭就要打到這裡，迫使我們這麼快就分開。」

「你送我的念珠會時時提醒我記住你和真主。」父親告訴他。「要是真主願意的話，總有一天我們會重聚，到時候我們要好好聊聊這段日子的際遇。」

「我會等著那一天到來，要是在這個世上見不到面，也許在另一個世界能見到面。」穆拉說。

「你打算留下還是離開？」父親問。

「我要留下來。你知道我能逃離這個國家，但我逃不了死亡。反正我也活不久了，我已經七十五歲，要是死神明天就光顧我，我會開心地迎接它。早一天和晚一天又有什麼差別呢。」穆拉說。

「你是個勇敢的人。」父親說。

「我不把這種行為稱為勇敢。死亡是生命的一部分，早死的人只是坐在通往另一個世界的大篷車前端。不論是今天還是明天，我們都得坐上那輛篷車。為什麼不早點呢？」穆拉說。

「我跟你說件事情。」他接著道。「關於穆拉那斯魯丁1的故事：

「穆拉那斯魯丁半夜被家門前面兩個男子的吵架聲給吵醒，那斯魯丁按捺著，等他們吵完，但兩人沒完沒了，害他無法入睡。於是他將被子緊緊圍在肩上，衝到外面，試圖拉開已經拳腳相向的兩個人。當他和他們講理時，其中一人搶走那斯魯丁肩上的被子，然後兩人轉身跑走。穆拉那斯魯丁又累又不解地回到屋裡。

「『外面吵什麼呢？』他的妻子問他。

「『準是為了我們的被子。』穆拉道。『被子被搶走了，一場吵架也平息了。』

「你知道我說的是什麼意思嗎？我們國家發生的事和穆拉那斯魯丁的故事如出一轍。這場戰爭就是一場掠奪，無關乎你或我。他們只想得到他們要的，根本不在乎其他人或其他事。萬能的真主保佑你和你的家人遠離所有災難。」穆拉說。

他們相互擁抱後，父親回到車上，搶在穆拉講其他故事以及別人出現之前，加速開往巴米揚。

1 穆拉那斯魯丁（Mullah Nasruddin）：古代波斯民間故事中的人物，是位智者。他的故事，都帶著深刻的寓意。

9 寄居在大佛的頭裡

庫奇族趕著他們的山羊、綿羊、駱駝穿梭於山間，尋找牧草。他們不會在任何一個地方待太久。雖然我祖母是庫奇人，祖父也是出自一年有好幾季長時間待在山間的遊牧家庭，但是我和家人都不認為我們是遊牧民族。不過我們很享受在山間露營、住在陌生人家花園的新生活。幾天住這裡，幾天住那裡，絕不在一個地方逗留太久。父親仍設法帶全家離開阿富汗，在找到辦法之前，我們得先找個安靜的棲身處，避免砲彈襲擊。儘管經歷土石流、大水、猛犬撕咬等磨難，但隨著思索下一站要去哪兒以及回憶去了哪些地方，成功地把每天面臨的戰爭威脅拋諸腦後。

巴米揚位於阿富汗正中央群山環繞的高處。我們得往回開，穿過興都庫什山才能到達那兒。但這次我們避開大路，選擇一條沒有鋪柏油的泥土路，開車穿過隘口，以免碰到戰火。我們駛過深印著車輪痕跡的泥土路，一路顛簸了十五個小時才到達巴米揚山谷。這天特別漫長，身體疲累不堪，巴不得趕快休息。天全黑了之後，我們終於駛上一條路況較佳的公路，朝巴米揚小鎮開去。

汽車猛地一震停了下來，將我們都震醒。一條藍色塑膠繩橫越馬路繫在路兩側的木柱上，權充巴米揚入口，然而在我看來，這哪算個入口。

一個人從緊挨著木柱的泥造房子衝了出來，肩上扛著一把卡拉什尼科夫衝鋒槍，問我父親我們要去哪裡。父親說我們要去巴米揚市，但對方說，這麼晚了，我們不能進城，必須把車停在河邊，明天再回來通關。

父親沒有跟他爭辯，畢竟對方手上有槍。他把車朝我們來的方向後退了幾百碼，停在河邊一處平地。母親拿出食物給大家吃，全是哈姆札家為我們準備的。

夜色很美，氣溫比塔什庫爾干低甚多。空氣冷冽，天空彷彿一塊鑲滿鑽石的黑色絲綢，四周一片靜謐，只有河水聲以及幾隻夜鳥的嘰嘰叫聲打破這片死寂。我們在車內緊緊擠靠在一塊，互相取暖。車內雖擠，但是經過幾小時的顛簸，我覺得好像睡在柔軟的床上。

隔天早上，我們在河邊以野餐方式享用早餐，吃得很悠閒，畢竟我們現在也算是遊牧民族了，可隨心所欲想走就走。我們吃完早飯，將所有東西收拾好放回車上，然後再次開往巴米揚市。昨晚在「入口」擋住我們去路的那個傢伙和一群朋友坐在泥屋前。他們肩上都扛著衝鋒槍。

他們再次攔下我們，父親解釋我們是從喀布爾來的難民，想找個安全的地方暫時避一避。儘管我們帶的東西不多，他們一聲不吭一件一件地翻著我們的行李。所幸他們終於鬆開藍色塑膠繩，讓我們通關。

父親慢慢開車駛往巴米揚最大的市集。這個城市很小，空氣中瀰漫燒柴的煙味以及馬糞味，間或混雜著番紅花、胡椒、小豆蔻和灰塵的氣味。

父親把車停進室內停車區，我們在巴米揚大街上來回走了一會兒。街上到處是驢子、山羊以及衣衫襤褸的人群。然後我們走進一間茶館吃午飯，我們爬著竹梯登上二樓用餐，梯子缺了幾階。父親走在最前面，母親抱著小弟緊跟在後，兩個妹妹爬起來有些吃力，所以我必須幫她們，沒辦法，父母吩咐我必須照顧她們兩個。另外一個竹梯通往三樓與四樓。這茶館沒有方便上下的樓梯。

茶館很大，瀰漫烤肉串的煙味。角落放了一台小電視機，但室內煙霧瀰漫，我幾乎看不清電視畫面。幾個男子坐在約五十公分高的平台上，脫下的鞋子就放在地上。他們面前擺放的盤子不論是盛滿食物或是僅剩殘湯剩飯，都有一堆蒼蠅爬在上面。有些人吃著東西，有些人邊喝茶邊看電視播放的印度電影，數百隻蒼蠅在他們手上、腳上、嘴邊飛來飛去。

母親是茶館裡唯一的婦女，姊姊和妹妹是唯一的女孩子。那些嚼著羊肉串的男人全停下嘴巴，半張著嘴盯著我們看。邊喝茶邊看電視的人則將杯子放在地上，轉過身子，以便能好好地觀察我們。母親將頭巾拉低了些，假裝這裡只有我父親和她的孩子。

所有男子的臉彷彿被犁過的田，深深的皺紋嵌進眼角和額頭。他們不停地打量我們，大都默不作聲，就算說話，也是小聲耳語。

他們都是哈札拉人，記得祖父告訴過我，大部分哈札拉人住在阿富汗中部。祖父說，當年他還小跟著父親和叔叔們到處遊牧時，會趁著積雪融化的尾聲，趕著牲畜到巴米揚尋找能讓牲畜整個夏天得以飽餐的高山牧場。在那裡，他們受到哈札拉人熱情招待。祖母所屬的庫奇族走的是固定路線，範圍擴及阿富汗全境。祖父家雖然也要趕牲畜，但每年夏天才會離開家，趕著牲畜去尋找牧草。通常祖父家會在巴米揚山谷待一整個夏天，這裡距離他們家所在的邁丹村落僅有一個禮拜的腳程。

他們用綿羊、山羊、乳牛等牲畜與哈札拉人交換牲畜的啃草權，以及在某地搭兩個月帳篷的許可權。我希望哈札拉人也能善待我們，儘管我們沒有能與他們交換的牲畜，也不是真正逐水草而居的遊牧民，充其量只是搭著一輛破舊老爺車到處漂泊的現代遊牧人而已。

比拉曾經對我講過有關巴米揚的精彩故事。他就在巴米揚出生。他在我們家打工時，會將所有工錢交給祖父保管，過幾個月再向祖父要，然後全數寄給他的父母。祖父總愛拿這事逗他，告訴他應趁年輕花點錢找個女人。

比拉會說：「蓋一棟房子，可讓很多人使用，可是女人只能被丈夫獨享，所以一棟房子可比一個妻子有用多了。」

茶館煙霧裊裊，我透過煙霧，想看看比拉在不在那些人之中，可惜他不在。我有點失望。自從那天早上在穀倉樓頂一別之後，我再也沒見過他，也沒再聽到他的消息。

我們點了烤羊肉串，這也是這裡唯一供應的午餐。不只在巴米揚，在全阿富汗的餐館都是如此。牆上有張照片，照的是兩千年前刻鑿於巴米揚崖壁上的兩尊大佛。奇怪的是，他們並沒有臉。

吃完午飯父親建議我們一起去看看大佛，以及大佛後面崖壁挖出的凹穴。那裡距離茶館不遠，走路就可以到。我們沿著竹梯下樓，忐忑不安的妹妹先下，然後是父親，接著是愛哭鬼，他開心地對著驢子指指點點。路上沒有車，我和姊妹們一馬當先往前衝邊跑邊叫，感受到這兩年來未曾有過的自由與輕鬆。

我們靠近較小的一尊佛像時，全都安靜了下來。佛陀居高臨下俯視我們，我禁不住屏住呼吸。我曾在教科書上看過巨佛的照片，但照片裡的他雙眼是平視的。在這裡，我覺得佛陀似乎可以直接走出山壁。我心想，一尊雕像怎麼可以這麼高？

我從未見過雕像，哪怕是小雕像也沒見過。在伊斯蘭世界，雕像是被禁止的，自從先知穆薩（摩西）頒布第二條戒律以來一直是如此。只有真主能造生物，並賦予他們生命，人不該造雕像，也不能試圖代表祂。看著眼前佛像，敬畏感在我措手不及之下，充盈內心。

祖父有一次告訴我，他曾和他的繼父爬到雕像頂端，雕像是用崖壁上較軟的石頭雕刻而成，佛像背部與山壁相連。他告訴我，佛像後面有凹穴，凹穴牆上有壁畫。他還說，巴米揚曾是聖人雲集的地方。「在先知以撒（耶穌）之前六百年，佛陀就已生活在這個世上。先知以撒過世六百三十年之後，先知穆罕默德（願他得安詳）出現。若你了解基督教與佛教，你才會比現在更看重伊斯蘭教。」祖父說。

父親發現一個洞口，裡面有階梯可以直達較小佛像的頭頂。我以前從未見過這樣的台階，全部是沿著崖壁雕鑿而成，每一級台階的高度與角度都不同，與祖父說得一模一樣。

我們慢慢地拾級而上。唯一的光線是從岩壁上鑿的洞孔透進來，有時候因為太暗，只能摸索前進。

父親抱著弟弟，他跟我們其他小孩一樣喜歡冒險。爬到佛像的肩膀時，大家全都上氣不接下氣，臉脹得通紅，連父親也不例外。透過石壁上較大的開口，整個山谷的景色我們都能一覽無遺，發現農作物和果樹隨處都是。為了取得好視野，我們互相推擠，聞著從地面飄上來的香甜氣味。

我們又爬了幾個台階，來到佛像頭部的後面，這裡空間寬敞，和我們在喀布爾家的起居室一樣大。洞壁有二十多英尺高，地上散見橫七豎八的碎石，空氣凝滯清冷，唯一的聲音是從台階上小的孔鑽進來的風聲，類似笛音。

這個岩洞與它後面其他較小的岩洞相連，誠如祖父所言，岩壁上都有壁畫。儘管光線微弱，依然可看到壁畫上紅、白、綠、黑、藍、紫等豐富而明亮的顏色。畫中有些男子袒著胸，幾乎全裸的女子擺出奇怪姿勢。其他是鳥和其他動物，諸如獅子、老虎、貓、老鷹、鴿子等，還有男人用長毛和弓箭狩獵的場景。這些壁畫都是由圖案和符號交織而成，有些看起來就像被追獵的動物留下的足跡，有些則不易看得懂。

我問父親這些壁畫的寓意。他盯著狩獵的場景答道：「你看到那個男子用箭狩獵獅子嗎？」我點點頭。「其他人深以他為榮，所以在壁畫上為他畫了一幅畫，表揚他的勇氣。這是前人將歷史傳給後人的辦法，也是文字發明之前，敘述故事的方式。」

我指著一個有很多輪輻看上去類似蜘蛛的大輪子問父親說：「那是什麼？」

「我不知道，其他人也許看得懂，考古學家和歷史學家也許知道。」然後他看著母親道：「這個岩洞正好裝得下我們一家人，在巴米揚期間，我們就待在這裡。」

母親瞥了父親一眼，只要父親開玩笑，母親都是這種表情。但是父親道：「我是說真的，現在這兒就是我們的家了。」母親衝著他笑了，我們其他人也都笑了。父親到哪兒都喜歡開玩笑。

「不可能。」母親發現父親並非開玩笑後，斷然道。

父親並未理會她。「你知道，以前即使是國王也要買票才能進來這裡參觀。世界各地的遊客也都會來這裡。」但是因為戰亂，多年來已看不到觀光客的身影。當地人也沒興趣爬到這麼高的洞穴。

母親東瞧西看，從她的神情我們知道她在想什麼，她的眼神顯示她對這個主意有很大的問號。但是她發現我們大家對此興致勃勃，遂又看了父親一眼。「你知道這地方有多高嗎？」

「我知道，我以前從未住過像這樣的地方。」他走到牆上一個小洞前。「從這裡可以看到外面整個世界。」父親興奮地道。「我想這是佛陀的嘴，我們從這個洞可以看到外面。」其實這尊佛像並沒有嘴，祂整張臉都不見了。即便如此仍沒能妨礙父親發揮想像力。這個洞的開口很長，位置不高，視野非常好。

「你真像個小孩子。」母親道。

「那你告訴我該怎麼辦？」父親略帶哀怨地道。「我沒有錢讓全家住旅館，我也不知道我們會在這裡待多久。」

「但是倘若有人掉下去怎麼辦？」母親說。「這些小孩子怎麼辦？」說著，她舉高我的弟弟，同時用胳膊指著我最小的妹妹。「他們要是從這些洞掉下去的話怎麼辦？難道他們長翅膀了嗎？」

在喀布爾，我整天提心弔膽，擔心被火箭砲給炸死，但是若我從佛像的頭頂摔下去，至少死得開心些，我心想。

父親跪在地上，要大家靠近些。我們在他前面站成一排，母親則站在我們後面，手上抱著弟弟，小弟正對著牆上的壁畫咯咯笑。

「你們願意住在這裡嗎？」父親問我們。我們異口同聲地喊道：「願意。」

「但是我要訂些規矩。你們要是接受的話，我們就住下來。」他說。「第一條，大家上下台階務必小心。第二條，每個人都要照顧比自己小的弟弟或妹妹。第三條，就是要遵守前面的規矩。」他對我們笑笑，我們也笑了。然後他看著母親，我們也全都轉頭看著她。我們不知道她對這個主意高興與否，但是我們住了下來，因為沒有別的地方可去。

姊姊和我沿著階梯跑上跑下，足足折騰了一個小時，把父親從車上撤下來的東西搬到上頭交給母親。台階又多又難攀登，不過我使盡力氣求快，因為父親允諾，誰上下次數較多，就請誰吃更大的冰淇淋。姊姊動作很慢，所以我知道自己準贏。我們把東西全搬上去後，已然一身是汗。我來回的趟數幾乎是姊姊的兩倍，我很驕傲地對她說，我贏了。她笑笑說：「你真是個不折不扣的笨蛋！在巴米揚哪有什麼冰淇淋。這裡的人根本不知道什麼是冰淇淋，這裡又不是喀布爾，蠢！」

我看著父親，他正在一旁傻笑。我很氣他騙我。

「我欠你一個大冰淇淋，」他說。「很大的冰淇淋。你若發現這附近哪兒有商店，帶我去，我就買一個給你。」現在他又在捉弄我了，惹得姊姊妹妹衝著我笑。我跑到隔壁岩洞，為自己這麼蠢感到羞愧。

但是沒多久便耐不住對家人的好奇，返回原處。我看見父親把從車裡找出的兩個大釘子敲進沒有壁畫的牆壁，在岩洞的一個角落為弟弟架了個搖籃，然後在岩洞入口掛起一張織毯當作門。

父親到市集買了些做飯用的鍋子、盤子、勺子、叉子以及其他生活必需品。母親派我去幫她挑幾桶水，距離佛像不遠有一眼山泉。姊姊也在佛像腳下找到一些磚與平整的石頭。我們把磚與水遞給母親，她在隔壁較矮的岩洞搭了個做飯的灶，就這樣，小岩洞成了我們家廚房。

父親買了一些羊肉、番茄、洋蔥、胡蘿蔔、馬鈴薯、小蘿蔔、香菜等等。母親生了火，她以前不常生火。灶裡冒出的煙嗆得她直流眼淚，她忙著擦拭眼睛和鼻子，很快就弄了一臉黑灰。父親取笑她，然後幫著調整灶裡的柴火，並在灶的四周放些石頭，讓母親可以在上面放炊具。她把肉以及所有蔬菜放在鍋內燉煮，做了一道簡單的燉肉，和我們以前吃過的飯菜一樣美味。我們在大岩洞裡吃飯，牆上壁畫裡那些舉弓拉箭的男子看著我們。

天很快就黑下來，我們沒有照明的東西。父親忘了買蠟燭。父親每次買東西，總會忘了一兩樣，他的個性就是這樣。倘若他沒忘任何東西，我們還會懷疑他是不是我們真正的父親呢。

月光從父親稱為「佛陀的嘴」透了進來，在地上交織出白色蕾絲的圖案。月亮在那天晚上成了我們家的燈泡，而且是巨大的燈泡，儘管距離遙遠，但夠我們在新家使用了。

儘管身下的墊子不夠長，被子也無法從頭蓋到腳，但我仍最先睡著。岩洞很冷，整晚都有風吹進來。過了一會兒我便醒了，想要小解。父親叫我到隔壁的岩洞，站在向外突出的岩架上解放。站在這麼高的地方小便，感覺好奇怪。聽到尿聲滴落在地上之前，我就已經尿完了。聲音真的好大。

隔天一早，我比其他人都起得早，透過壁上的洞口向外張望，太陽冉冉升起，但有一半還躲在高山光禿禿岩壁的後頭，但是陽光已傾瀉進來，在暗處灑下一片一片的亮光。在我下方，山谷裡到處可見農地和樹木，在這仲秋天涼的季節，有些樹的葉子還保持鮮綠，但有些樹的葉子已泛黃。一陣微風吹拂樹枝，一些泛黃的樹葉落在湍急河流激起白浪的水面上。幾隻狗在河邊玩耍。每塊農地上整齊堆放著已收割的小麥。乳牛一邊吃草，一邊被擠著奶。這裡毫無戰爭的跡象，看著看著，一股暖意向我襲來。

趁著家人還在睡覺，我決定去其他岩洞看看。我將充當門的織毯掀開，一股冷空氣倏地吹了進來，我身上只穿了棉製薄衫褲，冷得直打哆嗦。但我心裡明白，在那些岩洞裡以及岩洞外的巴米揚山谷，正等著我去冒險。現在該是行動的時候了。

幾天過去，有關戰爭的記憶開始褪色模糊，一如噩夢裡的景象。我希望其他親戚也能加入我們，尤其是希望瓦基爾能在身邊，這樣就能一起探查其他所有岩洞以及群山的祕密了。例如有個地方被稱為「尖叫之城」，那裡很久之前曾爆發另外一場戰爭，許多人被一名叫作成吉思汗的男子殺害。很難相信巴米揚曾經發生過這種事，畢竟現在這裡一片和平安詳。

祖父曾對我說過，幾百年來，世界各地的人來到巴米揚，希望了解佛陀的智慧。我希望對佛陀多些了解，但是這裡沒有人能幫我或教我，因為這裡每個人都是穆斯林。不過我發現當地人對於佛陀雕像保留了特別的感情，相信佛陀守護了他們。

我發現其他幾個家庭也住在岩洞裡。絕大多數是從喀布爾逃亡到這裡的哈札拉人，其中有些人在喀布爾的家離我們家很近，我和姊妹們很快就與這些人家的小孩打成一片。

一天早上，我從佛像頭部後面爬下去，找其他孩子玩耍。這時我看到一個岩洞裡有一些相貌與裝束非常奇怪的人，默不作聲地圍著一個火堆繞圈子，他們全都穿著白色衣服，讓我想起印度電影中甘地的模樣。他們也都穿著類似甘地的衣服。

其中一個人看起來像哈札拉人，其他人都是亞洲人，但不是阿富汗人。他們一直圍著火堆繞圈，我想加入他們，可是害怕他們會把我推進火堆裡。火堆雖然不大，但足以燒壞我的腳和衣服。

我在門口等著他們停下來，想問問他們在做什麼，然而儀式結束後，他們向哈札拉人模樣的傢伙鞠躬，後者也向他們鞠躬還禮。接著一群人就走出去，什麼話也沒說。他們經過我身邊時，看也沒看我一眼，好像我根本不存在。岩洞裡只剩下那個像哈札拉人的男子。

我走進去，學其他人的樣子向他鞠躬。他站在火堆旁邊，對我鞠躬還禮。我問他為什麼要圍成一圈繞著火堆走。

他說：「火像女人，有兩張面孔。」他講話有奇怪的腔調，我以前從未聽過這樣的口音。此外，他講話會落掉一些字。「若你祭拜它，它會祝福你，若你冒犯它，它就燒掉你。」自此，我一直把火看作是有兩張面孔的女人，但我並不完全了解他是什麼意思，或這些人到底是什麼人。他們是穆斯林嗎？我在清真寺從未見過這種儀式。我也沒再見過他們，但哈札拉人模樣的男子除外（其後才發現他不是哈札拉人）。經過明察暗訪，我發現他住在附近一個岩洞裡，有時我會去拜訪他，他話不多，但他的沉默不語令我平心靜氣。

我對母親提起這個人。她說他也許是從別的國家來巴米揚朝拜的僧人。

我的小弟弟開始學走路了，只要醒著，就會想要到處趴趴走。在岩洞裡，這可是個問題。我們不得不輪流看著他，以免他掉到岩洞外。他從未離開母親太遠。當母親不得不分神餵小妹吃東西時，他會嫉妒，母親見狀，不得不給他一小塊糖，分散他的注意力。他喜歡吃糖，不管誰給他糖吃，他都會吃光光。有時我想帶他到洞外散步，就在掌心放一小塊糖，他就跑到我跟前。我拿了一些糖給他，他乖乖跟著我一直走到河邊，或是隨我到任何我想去的地方。他會抓著我的中指。我們剛到巴米揚那段期間，他是我特別的朋友，儘管他連話也不會說，但是為了讓他陪我，我不得不哄騙他。

秋天露臉的方式是將大地萬物變成金黃色。白晝縮短，但我們喜歡在晴朗的天空下漫步於城裡的大街小巷。幾乎每天我們都會路過較大尊的佛像，但從未爬到它身後的岩洞裡。洞裡住滿了和我們一樣避難至此的家庭，我們不想成為不速之客，叨擾他們的隱私。較大的佛像非常宏偉，但它不在我們的生活圈，所以對它沒有很強烈的感覺。

那年冬天來得比預期要早。很快，坑坑洞洞的道路就被厚厚的積雪覆蓋，每天早晨父親必須清除底端台階的積雪，以便我進出，到麵包坊購買剛出爐的麵包。

幾天後，因為積雪嚴重，岩洞入口被兩邊的雪壁夾擊，只剩一條狹窄的通道。我們從岩洞底部的台階一路滑到馬路上，雙頰被凍得通紅。在佛像前面，呼出的氣立刻變成白色水霧，見此，我們樂得哈哈大笑。在喀布爾，我們從未見過這麼大的雪。

父親鏟雪或購物回來，得先抖掉毛呢大衣上的積雪。大衣裡面，他穿了件皮草外套。毛呢大衣與皮草外套是巴米揚每個人的固定穿著，在這裡找不到任何一個人不是這樣穿。不同於巴米揚，喀布爾下雪日只有一兩天，然後便回暖了。這裡的雪不停地下，一連數星期不止。沒下雪的日子，陽光露臉，但是天寒地凍，而且風很大。

母親一定會準備茶，讓我們喝下保暖。白天若雪下得太大，無法出門，父親會在岩洞沒有壁畫的這一邊生個火堆，大家裹著被子圍坐在火堆旁，聽母親講講阿富汗諸王與英雄的故事。奇的是，他們似乎都在我們這個岩洞裡生活過，至少母親是這麼說的。

有一天，積雪太深我無法出門到麵包坊，於是父親出門買了薄餅回來，這樣稍後我們就不用再出門買吃的。因為買了很多，我問母親能否送一個給那位僧人朋友。我從沒見過他吃東西，偶爾會擔心他，因為他年紀大，又沒有家人照顧他。母親遞給我一片在熱石上烤過還冒著熱氣的薄餅。

我走下台階，來到僧人的洞穴，發現他坐在火堆旁，但是火很小，並無太大的保暖效果。他僅穿了件薄棉衫，肩上裹著白色羊毛大披肩，這是阿富汗多數男子冬天唯一禦寒的大衣。但他並沒有打哆嗦，見到我送來的薄餅，他很開心，並請我喝茶，茶葉是他在山谷撿拾的落葉。

我們坐了很久。他倒了些茶到非常小的碗裡，然後遞給我，雙手動作一絲不苟，非常優雅。他泡茶與遞茶的方式，讓碗裡的茶變得極為珍貴。我小口小口地慢慢品嘗，邊喝邊看著他的臉。他話不多，較多是用雙眼傳達。和他在一起，我感覺非常開心，但我無法解釋箇中原因。

我請他講講佛陀的故事。他靜默了好一會兒，眼睛盯著手上的茶碗，慢慢地，他轉移目光，直視著我，說話非常輕緩。

「這個世界永遠不缺花草樹木。一物死了，另一物必取而代之。自創世以來，事情就是如此。世界和萬物就像玫瑰花苞，一開始都是緊閉著，等待溫暖的春風吹拂。我們必須隨時都像溫暖的春風，讓每種花的花苞都綻放。」

岩洞的火小雖小，感覺卻非常溫暖。

反觀在我們所住的岩洞，大家每天都抱怨天冷，尤其是晚上。有一天，父親發現有人兜售填充羊毛的睡墊，於是買了五張，這些墊子比我們從喀布爾帶來的薄墊子要暖得多。母親將新買的墊子縫在一起，然後將幾床被子也縫在一起。

那天晚上我們全家窩在一起睡覺。母親和父親睡在中間，他倆中間是我的小弟弟，我挨著父親，姊姊妹妹們挨著母親，我們抱在一起取暖。

來到巴米揚至今，一晃眼兩個半月過去。我們一直不放心喀布爾的親人，因為無法得知他們的消息，所以更擔心。我們獲悉馬札爾和喀布爾有戰火，知道去那裡不安全，所以在岩洞暫時落腳，並養成了固定的生活作息。我們每天得複習教科書，母親教閱讀與寫作，父親教算術。

父親和城裡許多人成為好朋友。週五主麻日他會和他們到清真寺禱告，儘管他們是什葉派而我們家是遜尼派。但清真寺就是清真寺，每個人都能在裡面禱告。心地善良的人終究能擺脫狹隘心胸。

他們聽說父親是老師後，便問他是否能在來春學校開學後，教導他們兒子物理與化學，父親告訴他們，他很樂意幫助大家。

我們聽到謠傳，稱巴米揚以北一個叫多什（Doshi）的地方爆發激烈戰火，我們之前就是穿過多什才到巴米揚的。我們簡直不敢相信這消息是真的。戰事開打前，多什原本非常平靜。

「馬札里的軍隊攻擊馬蘇德部隊，結果慘敗。馬蘇德部隊正向巴米揚前進。」這消息在男女老少間傳遍了。巴米揚居民害怕馬蘇德，他是來自潘傑希爾的塔吉克人，轄下部隊曾和馬蘇德士兵在其他地方激戰，包括喀布爾我們老家附近。但是到目前為止，戰火還未蔓延至巴米揚。

雖然我們是普什圖人，但巴米揚每個人都對我們非常友好，只要岩洞裡哪家煮了什麼好吃的，一定會分我們一些，我們也會等量回報。大市集裡的店家都是哈札拉人，我到他們店買必需品，跟老闆說父親當天稍後或是隔天才來付帳，他們都說沒關係。

這裡感覺就像我們在喀布爾的老街坊，每個人都尊敬我的父親。即使製造分裂的冷酷戰爭再次進逼，沒有一個鄰居收斂他們對我們的友善，哪怕一時一刻也沒有。

不過氣氛變了，人們的眼神也出現一絲不安，大家見面的唯一話題就是戰爭。父親和其他人聚在商店、岩洞、清真寺，有時會收聽廣播，但因為地處山區，收訊不佳。大家不免揣測什麼會發生，什麼不會發生。若有新來乍到的人，大家會追問他知道的訊息，接下來幾天這些消息就變成大家討論的重點。

大家說戰火還未燒到昆都茲（Kunduz）。它在興都庫什山的另一側，幾乎在阿富汗北邊與塔吉克接壤的邊境上。母親在那兒出生，我們有很多親戚住在那裡。有些難民已決定往那裡去，父母也在商量我們是否該去那裡避一避。

一路走下來，我擔心瓦基爾與祖父可能找不到我們。我們離開哈吉．努爾．謝爾宅邸那天，瓦基爾說，他會一個人到馬札爾和我們會合。他動身了嗎？他在那裡尋找我們的下落嗎？他會不會出了什麼事？這一切都無從知曉。我沒有他和祖父的任何消息，只能窮擔心。

我心情很糟，決定去找僧人朋友聊聊。他每次都能睿智地回答我的提問。我想問他，人類何以要互相殘殺？

「每個人都有他的目的。」他答道。「每個人都必須有所長，以便和這個殘酷的世界緊密相連。」

我不解。「但他們殺了數以千計無辜的百姓。」我道。

「戰士天生有某種技能，而且也有想法，知道善與惡之別。那些殺害無辜百姓的士兵活得渾渾噩噩，他們的靈魂已受傷。」他說。

「你覺得自己和這個殘酷世界相連嗎?」我問。

「有時候有關聯。」他說話緩慢，字斟句酌。「有時候沒關聯。」我們沉默片刻，心知若馬蘇德部隊挺進巴米揚，他們可能殺了他。

「若聖戰士到這裡，你會繼續留在這裡，還是到其他地方避一避?」我問。

「我會擇善從之。」他說。

「你的意思是你有地方可以藏身?」我問。

「當然。」他說。

「離這裡很遠嗎?在阿富汗嗎?」我問。

「我不能說。」他道。

「你絕不會離開這尊大佛的，對吧?」我了然地問他。

「燭芯融化在蠟油裡，飛蛾撲火直到被燒死，我想浸淫在大佛的大智中，死在它的腳下。告訴你一個顛撲不破的真理，即便是國王，若遠離自己的家，也會像乞丐一樣。」

「這是我最後一次來看你。」我告訴他。「我們家明天就要離開這裡前往昆都茲。」我請求他允許我離開，然後站起身，他也站起身，抬起右手按在我頭上。

「明天到永遠，一路順風。行善莫遲疑，我肯定你會出人頭地。」他和我握手道別，滿布皺紋的臉上露出溫和一笑。

當晚我們生了火照亮所住的岩洞，方便整理行李。面前的柴火發出劈劈啪啪聲，不時濺出星火，彷佛要逃跑。我希望我們能像星火一樣，就此遠離阿富汗，但是現在已出不去了。所有道路都被阻斷，所有大門都已對我們闔上。

隔天一大早，我們把行李搬到車上，準備離開巴米揚。此時大雪紛飛，群山都被白雪覆蓋；景色極美，但寒意逼人。兩尊大佛不畏酷熱嚴寒，不管白天夜晚，幾世紀以來一直屹立在這裡。

我學著其他僧人的動作，在佛像面前鞠躬，和他們道別。離開他們，我心中不捨又愧疚，畢竟我們在他體內住了一段日子，感覺他不計較地歡迎我們，也或許他有芥蒂，只是我沒發現罷了。幾分鐘後，我們開車駛離巴米揚，前往昆都茲，大家全都凍得直打哆嗦。

我一直希望能再次回來看看我們的大佛，但還來不及再看他一眼，肆虐阿富汗多年的無知風暴就把他炸得粉碎。我曾經住在他的頭裡，現在他住在我心裡。

10 抵達邊境之城

再一次穿梭於興都庫什山，奔波了大約六小時之後，我們才在一個不知叫什麼名字的地方歇腳，四周群山環繞。

我們看不到任何車輪輾過的痕跡，沒見到路，連動物的足跡也沒有，也沒人可以問路。我們沒有走正規的公路，因為我們不知道前線在哪裡，也不知道戰爭打到哪兒。我們只能按照之前車輪在小徑留下的痕跡一路前進，這些小徑似乎通往正確的方向，只希望軍閥載滿槍砲的卡車開不上這些小徑。但是我們現在迷路了，不知接下來要往哪裡走。

在這短短幾個小時，我們從冬天進入了夏天。巴米揚位於群山的高處，現在我們下山走了約一點六公里，天氣全變了，太陽高照，萬里無雲。白雪遠遠被我們拋在後頭，眼前可見從石頭蒸騰而上的熱氣。兩個小時前，我們脫下皮裘與毛呢大衣，現在置身沙漠，汗流浹背。我們從巴米揚攜帶的水早已喝完，原本指望這時可以抵達昆都茲，所以喝水並無節制。這下子大家喉嚨又乾又渴，盼望沿途能經過小溪或小河，但是一條也沒見到。

父親把車停在山岩下蔽日，蜻蜓在我們四周嗡嗡叫地飛來飛去。父親讓汽車引擎熄火冷卻一會兒，然後用一根小管子從散熱器抽出一些水。這水看上去不怎麼乾淨，但這是我們唯一能喝的東西。大家都搶著要喝第一口，這點水不夠我們大家盡興地喝，父親給我們每人一口，不准多吸，最後輪到他時，已經沒有水了。

我們急於找到一位識得通往昆都茲方向的人，可是不見半個人影，視線所及，只看到在空中漫舞的蜻蜓，但我們無法用牠們的語言向牠們問路。

過了一個小時，我們終於看見一個人騎著騾子沿著山壁緩緩而下，父親和我見狀馬上跑過去，問他這裡是什麼地方，若能知道這裡是哪裡，也許就能弄清方向，找到正確的路了。

「這地方叫納赫林（Nahreen）。」他騎在騾背上說。「眼前這座山叫作蒙古山（Mongol's Mountain），若你繼續往北開四個小時，就能抵達謝卡米什（Shekamish），那裡屬於塔哈爾（Takhar）省，再開四個小時，就到昆都茲省的汗阿巴德（Khan Abad），再往前開兩個小時，就到了昆都茲市。」

這人告訴我們，一路上路況不好，但我們已顛簸了這麼久，就算路再怎麼糟，也不會太驚訝。他告誡我們，一路上遇到任何人都不要停車。「哪怕是小孩子也不要搭理，因為他們不是強盜就是會殺人的惡徒。」

我們謝過他之後，全都上了車。

現在我們前方還有十小時車程，必須在天黑前趕到昆都茲，否則難保不會遇到劫匪。父親恍若賽車手一路疾馳。車子駛過路面每個隆起時，因為車速過快，整輛車彈離地面，我們也跟著彈跳，腦袋瓜便撞到車頂。一路狂奔中，我們忘了渴也忘了餓。父親一邊盯著路，一邊看著油表。開了幾小時，看不到一個加油站，也看不到一個村落。與那老人分別約莫一小時後，我們瞧見一個男孩拎著裝有幾加侖汽油的桶子，站在路邊。視線所及，看不到加油站，就只有一個孩子，我們不敢停車，心想他可能是個盜匪。可是我們別無選擇。

父親要我們待在車裡，將車門和車窗都鎖上，一旦發現有其他人出現，隨時可以開車走人。就連我父親都不下車，只是搖下車窗，與那孩子說話。男孩要價比平時油價多了一倍，而且把油倒進油箱時動作極慢。車上每雙眼睛都在緊盯著四周，尋找可疑跡象。但是沒有人來騷擾我們，父親滿意地付他錢。

那是我們一路上唯一一次停車。有幾次，一些孩子揮手要我們載他們到下一個城鎮，我們按照老人的叮囑，不予理睬疾馳而過。剛一過去，姊姊和我就瞧見大岩石後面閃出扛著衝鋒槍的人，這就是劫匪在那些地方慣用的伎倆。若你停車幫助那些穿得破破爛爛、看上去又窮又絕望的孩子，這些持槍男子就會從藏身處一躍而出，將你的財物洗劫一空，甚至姦污車上的女眷。

我們抵達昆都茲時，比老人家估算的時間晚了兩個小時。我們天黑了很久之後才到達，個個筋疲力盡，又累又餓，而且渴得要命。

我們直接來到舅舅家，他們在凌晨一點看到我們都嚇呆了，但還是叫醒家裡每個人，歡迎我們一家人到訪。他們的妻女忙著為我們張羅飯菜，準備茶水。舅舅和表兄弟帶我們參觀他們各自的屋子。每間屋子四周被廣闊院子包圍，院子與院子之間彼此相連。他們很快就為我們安排好睡覺的地方，幾個大孩子幫我們把行李卸下車子。

我見到了許多以前從未謀面的表兄弟姊妹，他們的樣貌與喀布爾的堂兄弟姊妹截然不同。他們眼睛更大、眉毛更黑、頭髮更鬈。他們身材比較矮小，肩膀也較窄。

儘管已是三更半夜，但舅媽們很快就端出米飯，米飯上鋪了大片肉塊、紅蘿蔔，另外還有一大盤沙拉、加了蘋果汁調味的烤茄子。我們用餐時，舅舅、舅媽、表兄弟姊妹全看著我們。他們人數非常多，一間屋子根本容不下所有人。有些人從後面的窗戶往屋裡窺探。

他們很健談，大家莫不搶著說話，像麻雀似地嘰嘰喳喳。這裡沒有祖父在我們老家所訂的規矩。祖父總是說：「有人說話時，你要仔細聽，直到對方把話說完，才輪到你說話。要是說話的人比你年長，你不能插嘴。」可是在昆都茲，沒有人知道這些規矩，所以我根本聽不清楚誰在說話。我低頭吃東西，心想要是祖父在這兒就好了，他可以教他們這些規矩。

有些人用普什圖語和我說話，我覺得非常奇怪。雖然我們是普什圖人，且能說一口流利的普什圖語，但在喀布爾，我、姊妹、堂兄弟都慣說達利語。有時家裡有客人來訪，他們不會說達利語，我們才改說普什圖語，讓客人自在些。但是在這兒，每個人都說普什圖語，也許他們以為我這個客人不會說達利語，因此改說普什圖話。

幾天後，我發現他們無法用達利語流暢地和我交談。他們講達利語時，就好像是先用普什圖語想好，再翻譯成達利語，聽起來非常滑稽。此外，他們講話有奇怪的口音，姊妹們和我覺得非常逗趣。有幾次，我發現他們也在笑我們的口音。沒多久我們就成了好朋友。我們發現與我們年齡相仿的表親多達二十個。

我們和他們一起生活了三個星期，雖然有時難免懷念巴米揚的岩洞，但是能重新回到房子生活，還是很開心。現在我們可以上街散步。父親終於履行在巴米揚的承諾，買了冰淇淋給我。表兄弟們得去上學，我們幫他們做作業，也讀他們的書。我心想，也許我們能在這裡住下來。我們可以想辦法讓祖父與瓦基爾知道我們在哪兒，也許他們現在人在馬札里沙里夫等著和我們會合。

母親和娘家人久別重逢非常開心。由於俄國人統治期間，限制人民旅遊，接著聖戰士派系又打仗，因此她已多年沒有回昆都茲的娘家。她每天花幾個小時和久未見面的老朋友與遠親敘舊。嫂子們不許她做家務，拿出她們最好的衣服送她，待她像皇后，給她端茶遞水果。父親和幾個舅舅很熟，有些曾在喀布爾念過書，有些在喀布爾曾替政府機關做事。他去參觀這幾個舅舅的生意，整晚和他們閒聊，談到過去的事，大家笑聲不斷。

然而戰爭沒有停止追逐我們，現在它又追到昆都茲了。小派系為了每個地盤開始打來打去，和喀布爾的情況一模一樣。不管日夜，我們都會聽到砲火聲，尤其是卡拉什尼科夫衝鋒槍的槍聲，火箭砲和炸彈的爆炸聲也響個不停。昆都茲非常小，一端有槍聲，另一端可聽得清清楚楚。我們了解戰爭是怎麼回事，猜測這些派系之間的激戰很快會失控，就像在喀布爾一樣。屆時，我們很難脫身離開。畢竟我們並未打算在昆都茲待太久，我們真正的目的地是馬札爾。於是我們決定在還能走的時候趕快離開。有些表親聽了我們困在喀布爾地下室經歷的諸多可怕遭遇後，也想要離開。

大人們知道所有指揮官和各派系的名字，但是對我來說，他們都一樣壞，堅決和他們劃清界線。就是因為他們，才害得我與祖父、瓦基爾分開。

現在他們又要拆散我和剛見面的表親了。

某天我們起了個大早，與兩位舅舅、舅媽和他們的孩子道別。這兩家人要翻山越嶺去巴基斯坦北部，這段路非常辛苦。就算他們順利到了巴基斯坦，也不知道迎接他們的將會是什麼。他們一路上盡可能開車，能開多遠就開多遠。不過他們明白，到了某些地方，便不得不離開大路，徒步翻過高山隘口。他們隨身帶的東西很少，大部分是食物。我們送他們一些從巴米揚帶來的衣服，他們需要這些禦寒衣服，以及耐穿好走的鞋子。

有的舅舅決定留在昆都茲，希望硝煙盡快散去。其他人則打算去瓦罕（Wakhan），那裡是阿富汗朝東伸向中國的一個「小指」，一年四季都非常寒冷，他們在那兒有避暑別墅。戰爭幾乎打不到瓦罕，即使阿富汗其他地方都被戰火吞噬，瓦罕也不會被波及。

「我們也去那裡吧。」我說。「我們可以一起去。」

舅舅坐在托沙克被褥布面的墊子上，喝著茶。聽到我的話，他放下杯子，身體向前傾，輕輕地抱了我一下。我知道他的意思是「不行」，雖然我十分喜歡舅舅，但我掙脫開來，因為我不想再聽見「不行」。母親說我們不能去瓦罕，因為我們過不慣那麼寒冷的天氣。

從我們到了昆都茲之後，父親白天就去找走私客。若他待在這裡的時間夠長，也許真能找到一個。可是戰火就快燒到昆都茲，阿富汗與塔吉克之間的邊界通道已被封鎖，把關比平常更嚴格，即使走私客想帶我們過去，也會碰上麻煩。由於戰火節節逼近，走私客付給邊界警衛再多的錢也嫌不夠。

最後我們沒有往北渡過一點六公里寬、水流湍急的阿姆河（Amu Darya River，這是阿富汗與塔吉克的天然邊界），而是往西逃往馬札爾，母親有個妹妹住在那兒，我們六個月前離開喀布爾時本來就打算前往那裡。我們從英國廣播公司新聞得知，那裡已暫時停火。我們必須走小路到那裡，小路原本有很多盜匪出沒，但是現在就連他們也逃之夭夭。

父親車開得很快，我必須緊抓車門扶手墊不放，母親則握著小的扶手墊，但她並未說什麼，因為她也希望我們能早點抵達馬札爾。

昆都茲的戰火一開始並不激烈，但最後和喀布爾一樣，被徹底毀滅。戰爭結束前，有六個親戚在此喪生。

在馬札爾，母親的妹妹看到我們著實鬆了一口氣。我們離開喀布爾的前一個星期，母親寫信給她，表示我們要暫時到馬札爾避一避。但我們先被困在塔什庫爾干，後來又去了巴米揚與昆都茲，她不清楚我們出了什麼事，其他人也都不知道。她告訴我們，她寄了幾封信到喀布爾，但不知寄達與否，沒有人告訴她。

她和母親一樣非常冷靜。雖然一開始見到我們非常激動興奮，不過一恢復平靜，立刻安排我們住的地方。以前我們拜訪過這裡很多次，喜歡她這間位於城市邊緣的大房子，那裡是街道的盡頭，緊臨一片開闊的田地，往南延伸約一點六公里，繼而和一排拔地而起的藍色山脈相連。

沒有瓦基爾的身影。他為什麼沒來？我非常擔心他和祖父。這幾個月東奔西跑，我們沒有收到來自喀布爾的任何消息。我詢問阿姨，是否收到家裡的來信，或是一通電話也好，但是什麼也沒有。

我們每天都到哈札特阿里神廟祈禱國家恢復和平，祈禱馬札爾平安無事。哈札特・阿里（Hazrat Ali）是先知穆罕默德的表親與女婿，有人相信阿里就埋在馬札爾。其實城市的名字——馬札里沙里夫——其字面意思就是「非常重要的陵寢」。其他人則說，雅利安人先知瑣羅亞斯德也葬在這裡。基於這些理由，民眾會來這裡禱告祈福。

哈札特・阿里是我的祖先，所以進到聖堂，有股特別的感覺，彷彿是來拜訪一位重要的親戚，也像是進入親戚們做過偉大事情的地方。

祖父的祖父穆拉阿巴杜・加佛爾曾在齋戒月期間到馬札爾朝聖，連續數年皆如此。他在這裡手抄了整本可蘭經，用的是大渦狀書法字體，在緊挨著契拉卡納（Chilla Khana）聖殿的一棟特別建築物裡，默默無聲地花了四十天完成。他的手抄本可蘭經現在收藏在喀布爾的國家檔案館，是規模最大的一個抄本。他上了年紀後，與兒子們道別，徒步去了麥加。他離家時對子女說，要是看到家附近清真寺的塔頂出現一隻不尋常的白鳥，就慶祝他升天。

多年之後，我的祖父（穆拉阿巴杜．加佛爾的孫子）也去了麥加。根據麥加認識穆拉阿巴杜．加佛爾的人士透露，阿巴杜．加佛爾做人謙遜，多年來一直把克爾白聖殿（Holy Kaa'ba）周圍區域掃得乾乾淨淨，因此當地人對他念念不忘，也非常敬重他。儘管他已過世多年，但是麥加的民眾依舊對他有很高的評價，愛屋及烏，他們對祖父也是非常禮遇。

祖父告訴麥加人有關白鳥的傳說，提及哪一年哪個季節有隻白鳥飛到穆拉老家清真寺的宣禮塔塔頂。麥加人聽罷，稱那正是穆拉阿巴杜．加佛爾在麥加過世的日子。

我想到祖父的祖父以及那隻白鳥，心想這世界不乏奇蹟般的事物，但明明是同一個世界，我們卻為了生存，不得不四處逃亡。

神廟成了我生活的一部分。只要我待在那兒，父母就不用擔心我的安危。有時候，我會花幾個小時研究牆上的藍黃馬賽克瓷磚，仔細端詳上面的圖案，每片馬賽克的意義不大，但是組合在一起，寓意就非常深遠，而且非常漂亮。在馬札爾那幾個星期，我覺得自己的人生不過是一組鬆散的馬賽克，拼不出任何意義，不禁湧出一股深沉的孤寂感。

我之前一直相信，只要到了馬札爾就能和瓦基爾會合。

我試著和父親講話，但他都不想搭理我。他一早就出門，很晚才回家，心情始終很糟，也停止教我們課程。

母親每天都很忙，要嘛協助每天都要出去工作的阿姨打理家務，要嘛拜訪親友。她在馬札爾的親戚有一百多戶，他們都想和她見面敘舊。

這裡沒有學校可以就讀。因為時值隆冬，學校要等到春暖才會開學，即使有學校可以寄讀，也必須花幾週時間請喀布爾學校將成績單寄過來。但喀布爾的學校已經因為戰火而關閉，沒有人能幫我們寄這些東西。

姊姊大部分時間都與大她幾歲的兩個表姊在一起，另外有兩個鄰居女孩也會和她們一起玩。她們會在一起好幾個小時，竊竊私語。我一接近她們，她們就停下來，奇怪地看著我，眼神彷彿在問我：「你怎麼在這裡？」儘管我只待了一分鐘，她們就開始酸我：「喂，你在這裡想幹嘛？這裡僅限女孩，你去做你自己的事。」若姊姊不希望我在旁邊（這種時候還滿多的），我會盡量離她遠點。有一天，我看到姊姊在鄰居的家裡，和其他女孩在化妝。她們面前擺了很多化妝品，一人拿著眉筆描眉，另一人塗眼影，另外一人搽睫毛膏。每個人都塗上不同顏色的口紅。我很興奮，因為我知道我可以讓她好看。但是她回家吃飯時，臉上已擦拭得乾乾淨淨。

在神廟裡，我問了穆拉很多問題，他們總是勸我對著萬能的真主禱告，告訴我，禱告是解開每個俗世煩惱的關鍵。穆拉也說，命運主宰人生，一個人的命裡有什麼，就會出現什麼。抱怨不會改變任何事情，我們必須開心擁抱生活，無論它是悲是喜。

起先我開心地聽著他們說話，過了一陣子，他們的內容一再重複，了無新意，我漸感厭煩。不論他們說了什麼，都無法阻止戰爭。

但是我從來不會討厭到哈札特阿里神廟，我喜歡那裡的一切：馬賽克瓷磚在陽光照耀下恍若閃閃發亮的寶石、神廟四周的宣禮塔、外面的白鴿等等，尤其是據傳埋葬阿里的地方，上面立了一個鑲滿貴重寶石的紀念碑，四周圍了金製欄杆，欄上刻了用大藤蔓字體書寫的可蘭經。

每天吃完早飯，我會到那裡看看前來朝聖的人，他們來自全國各地，無畏戰火期間旅途上種種的危險。他們說著不同的語言，發出不同的口音。我喜歡模仿他們的發音，先把聲音悶在嘴裡打轉，直到能說出完整的字為止。

過沒多久，我和這裡的男孩們打成一片。他們每天下午都會在神廟的花園裡玩一種叫作「古爾賽」（gursai）的遊戲。我記得祖父說過他小時候在這裡玩過一種遊戲，也許就是這種吧。男孩右手抓著左腳，用右腳單腳往前跳，再以右肩撞倒相同姿勢迎面而來的對手。

我靠著玩古爾賽，結交了很多新朋友，我下定決心不離開馬札爾，即使戰火蔓延到這裡也不走。我從來沒有交過這麼多親戚以外的朋友，希望瓦基爾與祖父能快點來，為此我每天禱告。我知道瓦基爾玩古爾賽時可以擊敗其他所有男孩。

其實我們的生活和古爾賽有諸多雷同，都是從一個地方跳到另外一個地方，並希望一路上沒有人能擊倒我們。

11 如謎般的魔毯少女

因整晚下大雪，隔天早上我無法到神廟，只好待在家裡，一整天都聽到隔壁傳來砰砰聲。翌日又下大雪，砰砰聲繼續響著。其實從抵達馬札爾的第一天，我就聽到這種聲音，但我在家裡時間不多，所以沒有注意。最後我忍不住好奇，問阿姨這是什麼聲音。

「那些人是地毯織工。」阿姨說。「他們幾個月前搬進來，都是些好人，只不過會製造些噪音。」

兩年前在學校，我曾學過如何打簡單的地毯結，並織過一塊小地毯，我把這塊小地毯送給了校長，他用綠色框子裱了起來，掛在走廊上。雖然這塊地毯織得不怎麼樣，但每次經過走廊，看到木框下有自己的名字，我都會非常自豪。我一直希望能學會織出複雜的圖案，可是還找不到人教我。

「他們織大地毯嗎？」我問阿姨。「因為他們弄出的噪音好大聲。」我記得自己織小塊地毯時，沒有弄出這麼大的聲響。

「如果你喜歡的話，何不自己去瞧瞧。」阿姨道。

我向阿姨借了雙拖鞋，從我們家門口走到他們那兒，這段路很近。雪像針一樣刺痛我的腳，大雪深及膝，浸溼我的紗爾瓦棉褲。我快跑到他們家，所幸他們的門開著。沒有人邀請我，但我直接跑了進去。庭院的雪已清除乾淨，溫暖和煦的陽光將地面剩下的積水慢慢吸乾。

這棟房子每個房間都很大，並都放了一台大而扁的織毯機，像中國式的矮桌，僅比地板高幾公分。在第一個房間，約有七個男女在一台非常寬的織毯機四周織著一條大地毯。他們坐在已織好的部分成品上，低著頭繼續織著下一排的結。

我貿然闖進去，他們見狀馬上停下手上的活，有的人手上的結才打了一半。我告訴他們，我就住在隔壁阿姨家，他們聽了，誰也沒開口。我對他們手上的活太過好奇，完全沒意識到他們的反應有何異狀。

起初他們因為害羞，誰也沒搭理我。我挨著他們坐下，打了幾個結，他們見我能準確無誤地打結，便鬆了一口氣。他們用土庫曼語小聲地交談，我聽不懂他們在說什麼。小孩子與家長一起幹活，這裡的一切完全不同於阿姨家。在阿姨家，表兄妹和我大部分時間都在玩。我姊姊要是沒盯著電視觀看喀布爾看不到的俄羅斯節目，就是對我頤指氣使，叫我做這做那。在這裡，孩子一邊說話一邊打量我。儘管我聽不懂他們的語言，但我清楚他們談論的是我。他們盡量用達利語和我說話，只是說得很慢，漸漸地，我們找到一個彼此可以溝通的方式。

這裡的女性戴了很多飾品。她們用一把沉重的釘梳敲打緯線，讓緯線變得緊實，這時手鐲和手鍊會發出悅耳的響聲。她們身體前傾打結時，耳環低垂晃動。她們佩戴紅寶、珍珠、祖母綠等珠寶，她們的衣服顏色也一樣鮮豔。

我輪流在每台織毯機打了一些結，誰也沒阻止我，我還跟他們一起吃午飯。老實說，在午飯時間離開不太禮貌。大家圍坐在地上桌布的四周，恍若在開派對，就像我們以前在喀布爾老家吃飯的盛況。這個土庫曼家族至少有六十人，將房子擠得滿滿的。

吃罷午飯，我到庭院的最遠端，在屋外聽到有一個人用釘梳敲打毛線的聲音。我推開門，見到一位女子坐在織毯機前。這台機器立在她面前，比其他人的機器要小，儘管空間足夠兩個人操作，但只見她一個人作業。屋裡其他織工用的毛線約十至十五種顏色，而她的毛線超過五十種顏色，而且品質更好。她打的結比其他人小，織的幾何圖案也很小，不像其他人選擇較容易織的傳統大圖案。

她非常美麗，也許才二十出頭，一雙眸子又黑又迷人。普什圖男子見到這樣的美麗姑娘時，會詩興大發，這是我們幾千年來的傳統。我雖然離成年男子還早得很，但心裡很快為她作了一首詩。她是天堂、是美妙的音樂、迷醉動人，她織的是魔毯。

我說：「你好。」她笑笑回應。我又說了遍：「你好。」這次她同樣的沒有回應。

我拿起另一個鉤子，挨著她坐下，打了第一個結。她看著我，解開我的結，重新又打了一遍。我心想，我打的結沒有什麼不妥，為什麼她要解開重打呢。我又打了好幾個結，她繼續默不作聲地望著我，面帶微笑。我回頭看著她，她便垂下眼簾，然後又解開我打的結，重新打了一遍。我有些氣惱，但是按捺著不發作，畢竟我是個客人。我繼續打更多的結，等我打完，她又全部解開，重新打了一遍。

「我打的結有什麼不對嗎？為什麼你覺得不妥？」我問。

她對我笑了笑，繼續打自己的結，動作飛快，能在一分鐘內打六十個結。

「不回答別人問題是非常無禮的。」我半開玩笑但不失風度地問她，但我這話是當真的。

這次她非但沒理我，甚至沒看我一眼。

「怎麼，你以為我是笨蛋嗎？」我問她。不再是開玩笑的口吻。

她又對我笑了笑，開始梳理羊毛。梳齒滑過經線，將剛才巧手飛快打好的結敲敲打打，以便能和下一排的結緊密相扣。

「拜託你說句話吧。」我說。

但是她依舊一語不發，而且把我打的結全部拆掉重打，讓我感覺非常受辱。

我起身離開她的織毯機，走到被大家叫作「老媽」的老婦人面前，告訴她剛才發生的事。她對我哈哈大笑，我也開始討厭她了。我心想，也許他們都只會侮辱人。

「不是這樣的，孩子。她並非討厭你，也不是故意冒犯你。」她用達利語對我說，但夾著很重的土庫曼口音。我得仔細聽才能弄明白她的意思。

老婦人嘆道：「她是我這些孩子中最貼心的一個。」

「可是她不跟我說話，甚至連一句『你好』也不說。」我道。

「因為她聽不見你說話。」老媽說。「她又聾又啞。她的愛純淨不摻任何雜質，心思比外表還要美麗，對任何人都沒有惡意。我認為她是世上最快樂的人。」

「她是你的孩子嗎？」我問。

「是的，我最小的孩子。」她說。

「可是吃午飯時沒有見到她啊。」我說。

「她餓了才吃東西，而不是像其他人那樣按時吃飯。她有自己奇特的習慣。有時她會睡二十四小時，有時卻二十四小時不闔眼。她從不用和我們一樣的毛線，也不織和我們一樣的圖案。」她說。

「那她用什麼樣的毛線？」我問。

「只用羊背毛製成的毛線，羊背毛比其他部位的毛更細更軟。她自己手紡的毛線更細，並用自己調配的染料著色。她製的染料全都是植物提煉。我們染毛線時，通常得加些化學藥劑調出想要的顏色，但她不會。她只用純植物染料。」她說。

「她從哪兒學到這些技巧？」我問。老婦搖搖頭，聳聳肩膀。

「這是她的特殊天分。她天生就會。」她答道。

「看她萃取植物調製染劑一定很有趣。我祖父說過，最上乘的地毯都用植物染色。」我告訴她。

「她染色時絕不讓旁人觀看，甚至連我也不行。她非常注重自己的隱私，我們希望她開心，所以不會干涉。」老婦說。

「她的圖案比你們的更漂亮、更細緻。」我說。

「我們在紙上繪出圖案，再由兩個男孩將圖案騰在方格紙上，我們再照著方格紙來織。但是她有時候兩三天不睡覺，在腦海裡設計新圖案，彷彿把圖案畫在方格紙上。」老婦說。

「你在問我母親什麼事呢？」一位相貌英俊約二十五歲男子走進院子，跪在母親面前。他手上拿著一些溼漉漉的毛線。他是我在整屋子裡遇到達利語說得最流利的第一人。

「我們在聊你的小妹呢。」她答道。

「哦，她真是一個謎，一個沒有解答的問題，無法解開的謎。」他說著，一邊把溼漉漉的毛線遞給母親，用土庫曼語問了她一些事情。他們交談了幾分鐘，然後走到附近一個大鍋，把毛線扔進鍋裡，鍋下面燒著柴火。

他撥了撥鍋下面的柴火，讓火燒得更旺，鍋裡的染料沸騰起泡。然後他拿出一捆淡色毛線，扔進很像墨水的染料裡，毛線被取出時，成了深藍色。之後，他用紅染料漂染灰色毛線，結果毛線變成桑葚紅。

老婦從身後櫥櫃的格架上取下水煙筒，她裝上煙絲，點了火，用力吸著水煙，煙筒發出水泡聲。

「你的女兒能讀能寫嗎？」我問。

「她聽不見也不能說話，怎麼能讀寫呢？你說是吧。」老婦說。

「嗯，因為她很特別，與常人不同。」我說。

「她在很多方面的確很特別，但她無法讀書或寫字，她只會寫數字。老實跟你說，我們全家人都不會讀書寫字，我們都是文盲，但我們是一流的地毯織工。」

每次大人說他們不識字時，我總是非常驚訝。祖父透過自學，學會了讀寫達利語、普什圖語甚至阿拉伯語。我納悶其他人怎麼會做不到。

「她一織完地毯，就用木棍在沙子上寫出價格。一開始，我們覺得她開價太高，後來發現她的定價很精準。她織完生平第一塊小地毯後，我們把它賣給了一位熟客，他把這塊地毯放在店裡保存了一年，很開心能擁有這件稀物。不久，這塊地毯打出名氣，見過它的人開始叫它是蘇萊曼魔毯（Suleiman's magic）。後來這位地毯商成了我女兒的特殊常客，但他沒有將地毯賣給別人，因為他覺得這些地毯都是聖品。」她說。

「怎麼可能，我不相信。」我道。

「聽起來的確奇怪，對吧？起初我們也不信，但是地毯商的妻子告訴我們，每天早上他都要在擺放那些地毯的房間裡待上一個鐘頭，不許別人進入那個房間。」她邊說邊從煙管噴出幾口煙。

「我能買一塊你女兒所織的地毯嗎？」我問。

「這事不要問我，你直接去問她好了。我們從不干涉她的生意。你也得與那位常客聊聊。他說，那些地毯是無價之寶，這也是他從不賣掉那些地毯的原因。」她說。

「所以他從未用過那些地毯？」我訝異地問道。

「當然啦。他說那些地毯不是拿來用的，是要供起來膜拜的。」說著，她又噴了一口煙。

「你覺得他說得對嗎？」我問。

「當然不對，都是謬見。他說我女兒是地球上另一個太陽，每次見到她，他都不眨眼地盯著她瞧。我女兒只是我女兒，並非太陽。但是他盯著她瞧時，我注意到他的雙眼似乎被灼傷，僅僅過了兩分鐘，他就開始流淚。」

「我想知道能否跟她一起織地毯，向她學些手藝？」我興奮地問她。

「先要淨身，才能和她一起工作。要打小結，不能出錯，也不能浪費毛線，這些都是她的規矩。只要她願意，你想和她合作多久都可以。但是要小心，她能讀懂你的心思。」她說完又抽了一口水煙。

「我從沒看過誰織地毯前要先淨身的。」我笑道。「我並非要禱告或到清真寺。只不過想和她一起打幾個結而已。」

「那是她的規矩，若你想和她一起工作，請尊重她的要求。」老婦說。

我到了浴室，淨身我的頭、雙手，朝手腕與肘部潑水，但因為水很冷，我省略了洗腳。我走到她的織毯機前，挨著她坐下，拿起鉤子時，她一把搶了過去，用手勢告訴我，我的淨身並不完全。

我回頭去找老婦，忿忿地問她，她女兒是不是偷看我淨身。

「我跟你說過，她會讀心。」她咧嘴笑道。「她知道的比你預期的多，對她要誠實，要用真心。」

這次我從頭到腳徹底淨身，然後像剛才一樣挨著她坐。這次她同意讓我和她一起工作。

我一挨著她坐下，就覺得很神奇，那是一種說不出的感覺。雖然當時我對地毯所知有限，不像今天這麼在行，但她織機上的地毯和我見過的都不一樣。一開始，她織的盡是土庫曼人織了幾百年的簡單幾何圖案。每個圖案裡，都有一個小花卉圖案，類似伊朗織工最擅長的花樣。捲曲的藤蔓和花朵似乎漫到幾何圖案之外，把它們當格子棚一般纏繞。由於她用的毛線超過五十種顏色，因此花朵看上去幾乎呈立體狀，類似木雕。

試打了幾個結後，我看著她美若天仙的臉。她的眼睛清澈見底，有時我忍不住盯著她瞧，看得她頗不自在，雙眼微闔，頭扭向一邊，示意我別盯著她看。

每次我想和她一樣飛快地打結，她都會用食指按住我的前額，臉上掛著微笑，搖搖頭，告訴我不要想和她一爭高下。我努力加快速度，盡可能趕上她，但就是做不到。她打手勢，示意我要把圖案中單色區填滿，並告訴我用什麼顏色的毛線。

除了星期五，我不再去哈札特阿里神廟，也把古爾賽朋友們拋在腦後。另一個人迅速成了我心目中和祖父、瓦基爾同樣重要的人。

每晚我都把隔壁地毯織工的事講給家人聽，父親對這些事不感興趣，他和平常一樣，專心收聽英國廣播公司的新聞。不過阿姨跟我講了許多隔壁鄰居的事，她解釋說俄國人在土庫曼興風作浪期間，大批土庫曼人流亡四處，來到阿富汗。在此之前，還有很多土庫曼人早就移居阿富汗。

「他們從中亞某個地方將織毯技術傳到阿富汗。這已是幾世紀之前的事了。」

「阿富汗最上乘的地毯都是這些人織的。」母親補充道。「尤其是女性織的。」

我心想這些人若都忙著織地毯，誰煮飯給小孩吃呢？

「她們十幾歲就結婚了，在三十歲之前生養一堆孩子。」阿姨續道。「她們一生泰半時間都花在織毯機上，從孩提時代直到成為祖母。她們彼此較勁，看看誰是最佳織工。有人告訴我，她們一天最多能打一萬個結。」阿姨誇耀地說，彷彿她是她們的一分子。「因為她們擁有一雙靈巧的小手指。」

每晚，我都夢到那個年輕姑娘。在夢裡，我聽到她清楚地對我講話，有時她會逗我，我也會逗她。但是每次我挨著她坐下來，夢裡的一切從沒發生過，我們工作時很認真。儘管她比我大十歲，但是像我這樣十一歲的男孩，獲准與一位年輕姑娘一對一獨處，至少對普什圖人而言，是少見的。但是土庫曼人更務實，不會死守教條，這點和哈札拉人一樣。這些人與阿姨很熟。阿姨受鄰居尊敬，因為她總是在幫助別人，像是鄰居生病，她會送藥到府，儘管她未接受過醫學訓練。他們認為我像阿姨一樣守禮。

每當我需要請教老師，只需抬頭望著她，她便心領神會，知道我有問題要問。第一次向她請教時，我說話非常大聲，她微微一笑，示意我不需要吼叫。她用手指抵在唇上，指了指她的眼睛，又指了指我的嘴，示意她能讀懂我的唇語。

儘管她能發出十幾種不同的聲音，多數時候她會透過手勢傳達信息。一開始我弄不懂她手勢的意思，比如她想跟我說「去淨個身吧」之類的事情，她有時會為此沮喪到臉色脹紅。一旦覺得自己明白了她的意思，我會慢慢重複一遍給她聽。她看著我的嘴唇，若左右搖頭，表示我得再試一遍。

我發現，她不喜歡一次被問好幾個問題。所以若我真的想問她問題，會等她準備好回答時才問，儘管那可能要等上幾個小時，甚至幾天。反正我們一起織地毯時，也不能交談太多，因為我們雙手忙著打結。但是當她停下來吃午飯，或是宣禮員召集大家禱告後，或是我們做完一天的活她遣我回家時，她會回應我的問題。

到了第二個禮拜，我重複她所要表達的次數愈來愈少，也許五次之中只有一次。到了第三個禮拜，我們幾乎可以正常交談。與她一起工作，時間飛逝，每每要她提醒我該回家了，以便她向真主禱告。我望向窗外，才發現天幾乎黑了。日復一日都是如此。父母很高興我找到興趣，既能學到東西，又能開心打發時間，但他們鮮少提及此事。其實他們也鬆了一口氣，因為我不會在街上到處遊蕩，結識一些他們不認識的家庭小孩。

奇怪的是，我姊姊對這事並未說三道四，但是那些與老師家小孩同齡並與他們相熟的表親們，經常拿這事來取笑我。他們在我耳畔嘀咕著「我知道你愛上了她」之類的話，或是說些粗言粗語，讓我非常難為情。他們人多勢眾，我一個人難以招架，所以他們開始閒言閒語時，我就走出房間，結果惹得他們大笑，害我滿臉通紅，幾個小時都不敢面對他們。

有一件事我想知道，到底老師是怎麼設計她的圖案。她說，設計一個圖案之前，她會好好端詳其他許多地毯。我問她是否會借用其他地毯的圖案，她搖搖頭斬釘截鐵地表示「不會」。

她努力解釋設計圖案時腦海裡的想法，但她看得出我不明白她的意思，就拿起在織毯機上穿上穿下的釘鉤，在院子裡的地上畫出奇怪的形狀。這些圖形看起來很像中國的漢字，但我真的看不出是什麼。

「這些是圖案嗎？」我問，並指了指她畫的圖形，然後又指著地毯上的花紋。她一個勁地搖頭。

我突然脫口說出：「符號？」我不明白為什麼會用這詞，也不知這詞出自何處。但她微微一笑，拚命點頭。然後繼續解釋道，若我想要設計地毯圖案，絕對不可以依樣畫葫蘆。我必須不斷地推陳出新，不可畫地自限。

我始終沒弄明白她指的「符號」是什麼意思，也從未弄懂她在地上所繪的形狀和她織出的圖案有何關係。

她教我如何將圖案畫在方格紙上，我告訴她，我能憑記憶織出傳統的大八角形深藍色象足圖案（fil poi），我之前那塊被學校掛在走廊的地毯就有這種花紋。但她堅持我必須使用方格紙，直到我把一種圖案織得熟練了之後，才能免用方格紙，直接織在毯子上，尤其碰到複雜的圖案更要用方格紙。我從未看她使用方格紙，但這的確是很好的經驗談，後來果真派上用場，幫助我的家人和我熬過困境。

我打結的技巧愈來愈好，忍不住技癢，開始向其他同齡以及比我小的織工下戰帖，進行友誼性比賽。也許我只是想藉此一顯身手。我的速度比其中一些孩子快，極力想獲得大家的注意。父親已不再關心我，所以我希望別人能注意到我可以做好一件事。

每當她看見我拚了命地織著毯子，就會笑笑地看著我，儘管我的手指已累得不得了，但她的笑容要比我的手指來得珍貴。為了看到她對我微笑，我成了她家屋子裡速度最快的織工之一。

我看著毯子在老師巧手下逐漸成形，有時夜裡會夢到蘇萊曼魔毯。據傳阿拉賜予蘇萊曼魔力，他不僅聰明過人，也能駕馭野獸、邪靈（伊斯蘭教稱為「鎮尼」（jinns）），以及其他我們肉眼看不見的生物。他能下令魔毯在空中馳騁，帶他到任何他想去的地方。我也想高飛於天際，飛到美麗的地方。但我最想和高飛的風箏並駕齊驅，割斷風箏線，讓風箏飛到我們家的院子，這麼一來瓦基爾和我就能飛在上面。

每逢星期五老師不工作時，家裡總是賓客盈門。有一次我到她家，但她忙著招呼其他姑娘，頻頻大笑。我嫉妒她們能和她在一起，我卻不能，所以跑了出去。到了隔週的星期五，她看見我來了，把我介紹給大家，我很開心她讓我認識她的朋友。可是打過招呼後，我覺得和一群姑娘在一起頗為尷尬，所以找了個藉口跑回阿姨家。反正阿姨禮拜五都會做頓豐盛的午餐。

星期五之外的日子，我喜歡在老師家吃飯，午飯準時在十二點半開始，但阿姨家午飯不定時，我很不喜歡這樣。

每個人都有負責的項目。男孩在寬敞的地板中央鋪上桌布，然後把麵包、盤子、湯匙和餐巾放在桌布上，女孩則從廚房端出食物。

我們圍坐在桌布的四周，老婦和其他大人坐在一端，男孩坐在邊上，三、四人一組，共食一碗或一大盤食物。女孩坐在中間至尾端，一樣是三、四人一組共食。每個人都搶著說話，我聽不懂一個字，只覺得很大聲、速度很快。但老婦說話時，大家都聽著。

吃完飯，男孩與女孩收拾桌布的碗盤與菜餚，端到廚房，老媽則負責洗碗，邊洗邊哼著歌，或是低聲唱著土庫曼歌曲。清洗完畢，回到她的位置，點上水煙，在我們都回到工作崗位之前，抽個一會兒。

有兩三次他們邀我留下來吃晚飯，我跑回阿姨家，告訴母親我要在隔壁吃飯，然後再跑回來。他們在庭院生火煮飯，無視寒冷的冬天與滿院子皚皚的白雪，女孩們身穿鮮豔的服飾，聚在火堆旁，一邊煮飯，一邊聊天，享受聚在一起的快樂時光。男孩子自己圍成一圈，坐在另一個大鍋子的周圍，對著彼此展示臂力。大人們在屋子裡，圍在火爐四周喝著茶，開心地笑著，有時會大聲叫小孩添些茶水。小孩們一壺一壺地把茶遞給他們。

吃飯的時候，大家圍坐在桌布四周，一如午餐。等待上菜時，每個人會先吃一大塊自家做的烤餅。第一道上的菜是湯，每個人一小碗，裡面有當季蔬菜、鷹嘴豆、青豆、玉米、磨碎的小麥等等。接著是一大盤可口的抓飯。我母親燒得一手好菜，但我永遠忘不了在老師家吃的抓飯。然後是馬鈴薯燉肉、一大盤蔬菜沙拉和一大碗優格。最後端上來的是水壺與玻璃杯。大人們先開動之後，其他人才可以跟進。剛開始的幾分鐘大家只顧著吃飯，來不及閒聊，只聽到湯匙與碗盤的碰撞聲，以及咀嚼的聲響，好像已經幾年沒吃東西似的。等到盤子半空了之後，談笑聲才蓋過吃東西的聲音。

有一次我的老師和家人一起吃飯，我看著她用有限的幾個聲音、手語、手勢和家人「聊天」，她話很多，不輸其他女孩子。他們很快就弄懂她的意思，她甚至還能講笑話，因為他們偶爾會被她逗得笑呵呵。我喜歡看她笑，她一笑就變得更美麗動人。

女孩們收拾碗盤時，大人們背倚著大靠枕，要求端上茶水與甜點。男孩們整理桌布，一個男孩接著端來一大壺水與一個大碗，讓大家輪流洗手。另一個男孩遞上小毛巾給大家擦手。

女孩們在庭院的火堆旁清洗碗盤後，會在一個鍋裡添些木炭，然後蓋上一些灰保溫。她們把鍋子端到屋裡，在上面擺了張小桌子，再用大被子覆蓋小桌子，然後擠在桌子邊，拉起被子蓋到自己頸下，斜靠在枕頭上。被子裡暖呼呼，她們邊吃甜點邊聊天說笑。甜點是包了芝麻的脆皮酥（conjit），是馬札爾的名產。

不久大人便上床睡覺，男孩們圍坐在火爐四周。大人警告小孩不要讓火燒得太旺，因為他們得保留足夠的柴火挨過漫長的冬季。一聽到房間傳來大人的鼾聲，男孩就偷偷往火爐裡添些木炭。他們邊喝茶邊玩牌，從別人那裡贏些小錢，有時會大叫，警告對方不要耍賴作弊。這時女孩會要他們小聲點，以免大人被吵醒。

只要有電，電視就會開著，但沒有人在看。一停電，女孩就點上燈籠。

這樣一直持續到深夜，他們終於要上床睡覺，否則隔天很可能就趴在織機上打盹了。他們雙手不停地打了一個又一個的結，邊打邊說：「我們要用細毛線打出的結，織出一面牆。」從我們在姨媽家隔著牆聽到的聲音判斷，他們似乎每晚都會有這樣的宴席。

在馬札爾生活了幾個月，父親從英國廣播公司新聞得知，各派系領袖參加和平大會，他們宣稱會前往麥加，誓言彼此不再兵戎相向。父親宣布，該回喀布爾我們自己的家。我們大家都很開心，尤其是我。我想告訴祖父、瓦基爾和其他堂兄弟我們這陣子的所見所聞。

翌日一大早，我告訴老師我們即將離開的消息。我一直磨蹭到最後一刻才說，因為我心想父親可能會改變主意。我跑去找老師時，車子已經等在外面。她盯著我看了幾秒，雙眼噙滿淚水，讓我好生意外。我們現在能順暢溝通了，彷彿可以像正常人講話。她告訴我，要用巧思，將來我會是出色的地毯織工與成功的地毯商人。

我按照尊師的習俗，親吻她的雙手，她吻了吻我的頭頂，祝福我。然後我向她的家人道別，她送我到庭院大門，我們在那裡互道再見；還在揮手時，我就已經開始想她了。

我記得祖父說過：「愛能讓老人感覺回春，讓年輕人感覺像個孩子；若拆散兩個相愛的人，他們會感到萬念俱灰。」

我有點兒被打垮的感覺，但這感覺埋在我心裡，只有我自己知道，其他人無法體會。唯有時間才能修復。

戰爭結束了，我們會幫助祖父重建家園，無需要遠走他國，可以再次到樓頂放風箏，可以圍坐在地上一起吃飯。瓦基爾和我再也不會分開。現在終於苦盡甘來了。

然而我坐進車子前座的當下，往喀布爾駛去時，心頭卻湧出一股強烈的空虛感，隨著和老師相隔愈來愈遠，感覺益發強烈。

12 我的庫奇兄弟們

我們再次回到路上，但這是最後一次。天空晴朗無雲，陽光明媚。在馬札爾期間，我們為了生活而分神，不知不覺冬去春來，大地悄悄披上綠衣。桃樹、杏仁樹、杏樹已綻放出粉紅色花海，蜜蜂穿梭其間忙著採蜜。到處都能聽到麻雀唧唧喳喳。

我們在車上緘默不語，各自陷入沉思。

我想念地毯老師，心想什麼時候能回去再見見她，也許她可以教我染毛線的技巧。接著想到學校、同學、堂兄弟，想到見了面該和他們說什麼，想到我經歷的一切，也想知道他們這陣子都做了什麼。父親可能想著如何重新開始他的生活，畢竟他的地毯已被搶光光，健身房也毀了。在馬札爾時，我聽到母親對阿姨說，她想重回工作崗位，也許她現在正想著那家銀行，不知回去後該位子是否還等著她。她並未辭掉工作，但是和多數喀布爾居民一樣，由於在市區走動過於危險，只好停止上班。那已是將近一年前的事了。

誰也沒有開口說話，就連小妹（我們都叫她「話匣子」）也沒作聲，「愛哭鬼」也安安靜靜。實情是，他當「愛哭鬼」很長一段時間了，儘管目前他已長出一排整齊的牙齒，不知怎地這綽號怎麼也甩不掉。今早，他微笑看著窗外的一切。

很快地，馬札爾就被我們拋在後面。現在行駛的馬路凹凸不平，到處是火箭砲留下的彈坑。春雨剛下，地上溼漉漉，這種地方一年中大多數時候都是乾涸的沙漠，現在有的地方看得到綠草冒出。

兩個小時後，我們路過塔什庫爾干。公路行經傍著山壁而建的村莊，我們經過時向下俯瞰，看看是否能找到當初我偷石榴的那個園子。我們很想知道這幾個月來那個招待我們的善良家庭是否安好，可是我們太急於趕回家，沒空停下來去拜訪他們。

又開了大約一個多小時，我們經過薩曼干（Samangan）省低矮的沙丘，駛往興都庫什山。突然父親大喊：「抓好！大家抓好扶手！」

母親抱住弟弟妹妹，道：「怎麼了？」

「煞車失靈，好像什麼壞了。」

父親猛踩煞車踏板，但車子毫無減速跡象，依舊高速往前衝。

「別緊張，放鬆。」母親說。「讓車子自己停下來。」

幾分鐘後，道路平了一些，車子開始減速，父親將車慢慢開到路邊，直到它完全停下來，他如釋重負地吐了一口氣，然後下車打開引擎蓋。

「煞車油箱空了。」父親道。「沒有煞車，我們哪兒也去不成，除非找到煞車油，否則煞車無法正常運作。」

母親環顧空曠的四周，以她一貫務實的語氣道：「在哪兒能夠找到煞車油？」

「我們等等看有無車子經過，向他們借一點。只要夠我們開到下個城鎮就行了。」父親說。

但我們在路邊等了整整兩個小時，不見任何車輛經過，只有一群庫奇牧人趕著牛群穿過沒有鋪柏油的馬路，讓牛群到對面山坡吃草，他們一走過去，便揚起一堆塵土。每次我們看到遊牧人，都不禁讓我想起祖父。我始終認為遊牧是最佳的生活方式，可終年不斷地從一個地方遷移到另一個地方，遠離城市塵囂。

父親從儀表板的上方端起茶杯，對我們說幾分鐘後就回來，然後去找那群庫奇人。我們看著他愈走愈遠，一直走到一位牧童前面，後者坐在一塊大石頭上，吹著笛子。我們看著牧童站起身，到一隻綿羊旁邊擠了些奶，裝滿父親的茶杯，父親端著一杯羊奶回來，臉上露出有趣的笑容。

「一杯奶怎麼夠我們大家喝？」母親問。

「但是夠我們的車子解渴了。這次我們的車就喝羊奶吧。」父親說。

他把那杯奶倒進煞車油箱，然後發動引擎，他開了一小段，將車煞住了。

「我們的麻煩解決了。」他興奮地喊道，然後將車倒車，車子以飛快的速度倒回到我們站著的地方，最後他踩了煞車，車後揚起一片塵土。

我們全都回到車上，車子駛往薩曼干省一個城鎮，我們要在那裡吃午飯。我們來到鎮上一家餐館，餐館視野很好，能三百六十度眺望遠方。我們點了烤肉串，一邊喝茶。吃完飯回到車上，繼續開車返回喀布爾。這時我腦海裡仍想著地毯老師，以及她的地毯用色，出其不意打破傳統，巧妙地組合許多鮮豔的色彩，不像大多數土庫曼地毯織工只用深紅色和暗藍色。

父親努力發動引擎，可是聲音聽起來似乎是故障了。他檢查了引擎，沒發現問題。不過他對汽車也不是很了解就是了。我心想，也許汽車不喜歡羊奶的味道吧。

我問餐廳老闆附近是否有修車行，他說往南走四百公尺有一家。

母親和姊妹們回到餐廳等我們，父親和我將車一路推到修車行。修車行又小又破，到處是舊輪胎與二手汽車零件。有五十多輛車排成長長的隊伍等著技工修理。

一個臉上沾滿油污的傢伙衝我們喊道：「喂，喂，喂，快停車。你們到底要把車推到哪裡啊？」

「我們的車拋錨了。」父親道。

「你瞎了嗎？沒瞧見其他汽車和卡車嗎？」這位修車技工說。

「不，我沒瞎，我看見了，但那又怎樣呢？」父親問。

「這意味著必須等我修完那些車之後才能修你的車。」技工說。

「你在開玩笑吧。」父親說。

「我不會拿工作開玩笑，也沒閒工夫跟你囉唆。你要嘛把車停在隊伍後面，兩個月後來取車，要嘛把你的車推走。」技工說。父親聽罷，兩腿交換重心，就像以前要上拳擊台時的模樣。他直視那位技工，輕聲而迫切地說：「我妻子和孩子還在等我。你根本不知道我們這一路上的遭遇。現在我們終於可以返回喀布爾的家。請幫忙修理我的車子，它在一個小時前還運作得好好的。我們在這裡沒有住處，也沒有親戚可以投奔，我也沒有足夠的錢住兩個月旅館。」父親說。

「聽著，我不認識你，我的工作就是修車，至於修誰的車，我並不是太在乎。但是我得先修這些車，然後才能輪到你的車。其中有些車在這兒排了好幾個月，如果今天我用一整天時間修你這輛俄製伏爾加，明天其他顧客就會找我興師問罪，把我揍一頓。」那個技工說。

「這麼說，我不得不等上兩個月才輪得到嘍？」父親問。

「沒錯。」技工道。

「這可不行。」父親說，聲音透露罕見的緊繃。

「你瞧，我明白你的難處，但你也應該明白我的處境。這些車多半屬於軍閥所有，若我沒在規定的日期修好，他們會開槍打爛我的屁股。我也有老婆孩子，他們需要我。」

「附近還有其他修車工嗎？」父親問。

「鎮裡一共有五位，可是因為這該死的內戰，那些修車工都逃之夭夭了。」技工道。

「如果你是鎮裡唯一一位修車工，肯定賺了很多錢吧？」父親說，試著用笑話和他交朋友。

「唉，隨軍閥威脅而來的那種該死的錢，不要也罷。」技工道。

「嗯，是很糟糕。」父親嘆道。

「嗯，的確他媽的糟，」技工說。「請原諒我的髒話，年輕人。」他對著我道。我沒出聲，只是對他笑了笑。我發現他說話的方式很有趣，在喀布爾沒聽過人這麼說話。

「你能看一下我的車嗎？看看哪兒出了毛病，搞不好我可以自己修。」父親說。

「好吧，我來瞧瞧。」技工說，語氣溫和了一些。

修車工打開引擎蓋，爬到水箱護罩頂端，蹲在引擎本體前。他花了十分鐘東瞧西瞧，檢查量油尺，拉拉傳動帶。

「需要幾天才能修好。」他說道，同時跳下車。「在這種情況下，不得不排隊等了，至少要兩個月。」

「哪兒出毛病了？」父親非常吃驚地問。

「你用的是劣質汽油，裡面有很多沙子。沙子已經進到引擎裡，我必須拆開引擎，甚至連最小的零件都得打開洗一洗。」技工說。

父親聽了深深嘆一口氣。在技工幫忙下，我們把車推到待修的車陣最後面。父親和我沮喪地回到餐館，他臉上難掩憂色，一臉愁雲慘霧。

我們在餐館樓上租了一個房間，在那兒過了一夜。父親整晚輾轉反側，難以入眠。我睡著之前，每隔十分鐘就聽到他嘆息一次。隔天一大早醒來時，發現父親眼睛下方冒出大大的褐色眼袋。他看起來非常疲憊，一直盯著窗外的群山。

我們吃早飯時，父親說：「我身上的錢只夠用一個星期，之後天知道會怎樣。」

「還是交給真主吧，祂能看到我們，會像以前一樣一直幫助我們的。」母親道。

「也許你說得對。我不該過度擔心」。父親道，然後又是一聲重重的嘆息，依舊愁眉不展。

早飯過後，父親到那位技工的店裡，看看能否想出什麼辦法。母親和姊妹們待在餐館二樓。我想到外面透透氣，遠離樓下餐館飄上來的煙味。這家餐館從一大早到深夜一直不停地烤羊肉串，顯見生意不錯，一直有顧客上門。

我帶著小妹走出餐館，朝後面的斜坡走去。我們坐在公路附近一塊大石上，周圍綠草如茵。眼前可以一覽無遺圓圓的山丘，山丘綿延數英里，直抵遠方的高山。在早春時節，大地一片綠意。我數了一下，超過二十種綠色，心想怎樣才能把這些深淺不一的綠色呈現在地毯上。

我聽到一位剛從市集回來的騎驢人唱著歌，也聽見從山丘傳來放牧男童悠揚的笛聲。整個大地似乎準備齊聲高歌。我看見女孩走到小溪，將水罐裝滿水。她們穿上最好的衣服，頭上頂著水罐走回家時，年輕男子偷偷瞄上一眼。

村民經過我們，看出我們是外地人，向我們行禮打招呼，其中還有人和我們握手，他們都十分好客和真誠，邀請我們去他們家作客。這裡沒有一個人行色匆匆，波瀾不興的安詳表情，彷彿時間不存在似的。他們有自己的世界，平靜、安謐，對其他地方發生的事無動於衷。

翌日，我又去了同一個地方。發現那位放牧的男童也在，山羊、綿羊圍繞在他身邊吃草。他看上去與我年齡相仿，坐在我們前一天坐的那塊大石上，吹著笛子。我說了聲「你好」，便挨著他坐下。他也回禮說：「願真主保佑你平安。」語氣有些正式，還急忙把笛子藏在襯衫下面。

「我昨天聽到你吹笛子，很想認識你。你吹得非常好聽，和廣播電台那些名家吹得一樣好。」我說。

「你喜歡笛聲？」他垂下眼簾害羞地問我。

「是的，我喜歡笛聲，尤其是聽到和你吹得一樣好的笛聲時。」我說。

他說的是普什圖語，我用達利語回答，但我們能聽懂彼此的意思。

他從襯衫下拿出笛子，又開始吹奏。他的手略微抖動，吹了幾首阿富汗傳統歌曲。

「我只會吹這四、五首歌。若你會更好聽的歌，請吹給我聽，我想聽你吹。」他說。

「謝謝，我不會吹，」我說。「我爸爸吹得很好，可是我一首也沒學會。」

「很容易吹的，」他說。「隨便唱一首歌給我聽，我可以把它吹出來。」

我唱了一首印度歌，兩人開心地笑出聲，然後他吹了一遍。就這樣我唱他吹，重複了幾次，直到玩累了。

我們坐下來，他開始用牧羊棍在沙地上寫字。幾分鐘後，沙子上出現「歐馬汗」（Omar Khan）的文字。

「歐馬汗是誰？」我問。

「是我的名字。」他說。「你能讀寫嗎？」

「當然可以。」我說，對他這樣的詢問感到驚訝。

「我只知道怎麼寫自己的名字。」歐馬汗說。「你能教我讀書寫字嗎？」

「可以啊，小事一件。我來教你讀寫，你教我吹笛子。」我說。

「就這麼說定！」我們互相握手。

我在沙子上寫了五個達利語字母，我讀一遍，他跟著我重複一遍。然後他在沙子上寫了好幾遍。接著就到了中午，我得回餐館和家人一起吃午餐，於是和他道別。他要我吃完午飯後再回來，我答應他。回到原地時，他正在等我，山羊和綿羊靜靜地在他周圍的草地上吃草。我又教了他五個達利語字母，直到太陽下山，他已學會所有達利語字母。

隔天我們再次碰面，我問了他一些生活上的事，他說他是庫奇人。我告訴他，很久以前我祖母也是庫奇人，而祖父年輕時曾是牧羊人。祖父娶了祖母之後，曾與她娘家人在一起生活了一年，和他們走遍整個阿富汗。

他聽我這麼一說，臉上堆滿了笑容。他靜靜地看了我幾秒鐘，然後說：「這麼說我們是表兄弟了！」

他從石頭上一躍而起，抓住我的手腕，拉著我跟他一起走。「讓我把你介紹給其他的表兄弟，他們就在那兒。」說著指了指河邊搭起的幾個黑色帳篷，長形帳篷外掛著繽紛的彩帶。帳篷周圍有小孩、山羊、綿羊、駱駝、幾頭驢和馬匹。小孩與小山羊在駱駝的四條腿之間來回穿梭，把牠的腿當成了石柱。

我一走進庫奇人的營地，馬上被到處瀰漫的強烈動物氣味薰得暈頭轉向。年齡和我相仿或是稍長的女孩們穿著鮮豔的紅、藍、綠衣服，一瞧見我，馬上躲進黑色和灰色的帳篷裡。我知道我不該偷看她們，但還是忍不住盯著掛在帳篷外的長彩帶。

然後我發現男人們全都盯著我看。他們身材高大、肌肉發達、黑色眸子、粗眉長髮。他們穿著卡其色紗爾瓦克米茲，全都戴著頭巾或帽子。有些人腰間掛著長刀，看上去就像長劍。在一頂帳篷附近，幾個人努力地將一頭剛宰殺的牛連肉帶骨大塊大塊地切下，衣服上血跡斑斑。他們一發現我，馬上停下手中的活。歐馬汗帶著我深入營地裡面，和我年齡差不多的男孩從各自的帳篷裡走出來。

大約有一百雙眼睛盯著我看，我有些緊張、害羞。有些年紀的婦女從她們的帳篷裡探出頭，好奇的目光令我渾身不自在。除了她們，我沒發現別的女人，因為她們全都待在帳篷裡。我只有十一歲，但這幾個月來沒吃多少東西，所以非常瘦，看起來比實際年齡高。婦女們透過帳篷幔幕發現我是陌生人，準是把我當成成年男子。

我被庫奇人團團包圍，大家誰也不說話。四周只能聽見帳篷裡面傳出的小孩子哭聲，以及綿羊以及母牛的叫聲。小羊又跑又跳，和雞、貓一起玩耍，根本不理會我們。

我看著歐馬，他臉上充滿笑意、自在輕鬆，不像其他人。他介紹我給他的父親阿米爾汗（Amir Khan）認識，他一臉嚴肅地打量我許久，然後給了我一個大擁抱，以示歡迎。他張開雙臂擁抱我時，我越過他的肩膀看到營區裡所有人都露出笑容，現在我不覺得自己是個外人了，感覺像在自己家裡一樣。他們的笑容和祖父一樣溫暖，成年男子都很友善，彷彿我的叔叔。

與阿米爾汗擁抱後，我一一擁抱在場所有成年男子以及與我年齡相仿或稍長的男孩。接著我親吻上了年紀婦女的手，以示敬意，她們則親吻我的頭作為回禮，並用右手揉揉我的頭，表示祝福。

我非常興奮，恨不得自己能更早認識他們。我誤打誤撞進入祖母的世界，儘管我沒見過祖母，但始終對她充滿好奇。我真想把現在經歷的一切跟祖父說。

歐馬汗的父親要我把他介紹給父親認識，於是我帶他到餐館。父親說的是普什圖語，但用庫奇人的方式和他寒暄，所以說話聲音非常大，彷彿在吼叫，而非聊天。歐馬汗的父親見狀，非常高興，問了父親有關祖先的事情，發現父親的高祖父與他的高祖父原來真的是遠房表親，這就意味著我們出自同一個家族。

父親和歐馬汗的父親熱情擁抱，隨後歐馬汗的父親吻了我和姊妹，要我們叫他叔叔，稱我母親為「妹妹」。他立刻邀我們去他的帳篷，不讓我們再在餐館多待一刻，他還幫我們收拾行李。一個小時後，我們住進了庫奇人的帳篷，喝著綠茶，四周有一百多位男女老少盯著我們瞧。

他們的帳篷裡面很暗。帳篷是用黑山羊毛製成，先將羊毛搗成長而寬的毛氈條，然後攤在一個木框上，木框能輕易拆卸、摺疊，也方便放在駱駝背上。一個帳篷能為一大家子遮風擋雨。白天能遮陽，晚上將帳篷四周的支架放低，就能遮風禦寒。從遠處看，庫奇人的黑色低矮帳篷一長排綿延在乾燥大地上。

他們的生活圍繞在駱駝、山羊、綿羊打轉，隨著季節交替，年復一年，趕著牲畜從一個牧場移到另一個牧場，從阿富汗一端遷移到另一端。

歐馬汗介紹我和姊姊給四十多個孩子認識，他們都穿著破舊而骯髒的衣服，看上去好像幾個月沒洗澡了。他對其他孩子說，我們是他們的表親。我好奇還有多少不認識的表親。在昆都茲，我認識了那麼多母親那邊的表親，覺得很驚喜。如今在這兒，又認了父親這邊這麼多庫奇族的表親，他們睜大眼睛看著我們，誰也沒出聲。

歐馬汗的父親阿米爾汗幫我們家另外搭了一個帳篷，然後把我們家所有家當放到裡面。這個帳篷和其他篷子一樣，掛了色彩繽紛的手織彩帶。然後他邀請父親和我到另外一個大帳篷，所有庫奇男子都坐在裡面。父親向大家問安，並一一擁抱大家。我也學著他的樣子。他們在父親頭上綁了頭巾，送他一雙自製的拖鞋。阿米爾汗將一頂有刺繡的帽子戴在我頭上，並稱我凱斯汗。幾小時後，我們和這些庫奇男子一起吃飯，母親和姊妹們則在另一個帳篷和其他庫奇女子用餐。

我們吃了庫奇式麵包、香炒飯、烤羊肉串、庫奇式濃稠優格。看得出來我這些新認的叔叔與堂兄弟們非常喜歡吃肉。阿米爾汗嘴裡塞滿了烤羊肉串，然後迸出一句普什圖名言：「就算是烤焦的肉也強過蔬菜。」大夥兒聽了哈哈大笑。吃完晚飯，我們喝著綠茶，並品嘗曬乾的香瓜乾，直到午夜才散場。他們的每句話都使用格言或諺語。有些句子的開頭會引用某位著名詩人的一兩句詩。

午夜時分，我們回到自己的帳篷，看到庫奇婦女將母親與姊妹團團圍在中間。母親講著逃離喀布爾之後一路上的經歷。

過了幾分鐘，她們紛紛離開，好讓我們可以休息。母親吹熄她們留下的燈籠「颶風」，雖然在阿富汗我們從未見過颶風。母親與父親抱著弟弟睡在帳篷一個角落，姊姊與妹妹睡在另一個角落，我一個人待在自己的角落。過沒多久，我全身開始發癢，好像藥物過敏反應。父親對母親低聲道有東西咬他。姊姊、妹妹和我也大叫我們被什麼東西咬了。

我點亮「颶風」燈籠，打量我的腿，發現全身沾滿了小灰蟲，蟲蟲彷彿在玩古爾賽遊戲，在我身上又蹦又跳。我一見狀，趕緊把牠們從身上抖掉，母親叫我到帳篷外，脫掉衣服，用力把牠們甩掉。我走出去，脫掉衣服，光溜溜地用力抖掉衣服上的小蟲。

這時我聽到有人咯咯笑，看了一下四周，沒見到一個人影。所有帳篷都關了燈，鴉雀無聲，天空繁星點點，但不見月亮。我繼續抖我的衣服，這時又聽到咯咯咯的笑聲，而且不只是一個人的聲音。我看向右邊，沒見人影，又轉向左側，發現一群孩子躲在一個帳篷後面偷笑。我瞇起眼睛，往前走一步，想確定是否真有人在那兒偷笑。果然，我看到二十多個孩子，包括歐馬汗在內，直盯著我光溜溜的身子。我匆匆跑回帳篷，急得連衣服都來不及穿上。

「你到底在幹什麼？」父親對我吼道。

我看到母親、姊姊、妹妹瞪著我，覺得羞愧難當，所以又飛也似地跑出帳篷，身後傳來姊妹笑聲。庫奇小孩又開始盯著我看，呵呵呵笑出聲。

我光著身子走向他們，將衣服搭在肩膀上站在他們面前。儘管裸著身子站在另一個人面前實在是又羞又臊，但此時我很生氣，不在乎誰在瞧我。

「你們到底在笑什麼？」我質問他們。

他們安靜了一秒鐘，然後大笑著跑開。我穿上衣服，這時身體暫時不再發癢，然後走回帳篷，心想該怎麼面對父親、母親與姊妹。我想起那天瓦基爾和我看到哈吉・努爾・謝爾洗完澡光著身子被我們取笑的事，也許我這次是因為那件事而受到懲罰。

「你怎麼了？」父親問。

「我脫衣抖掉衣服上的蟲子時，一大堆小孩盯著我看，我一時心慌，沒有多想就跑了進來。」我說。

「好了，回你的床上去睡吧，但是下次小心點。」父親說。

姊姊妹妹仍在咯咯笑，我回頭惡狠狠地瞪著她們，心想白天再找她們算帳，結果她們笑得更放肆。父親對她們大吼，要她們安靜，結果適得其反，她們笑得更大聲了。

我躺在床上，既生氣又被蟲子咬，但不一會兒就睡著了。我慶幸祖父並未在現場看到我光著身子的模樣，否則準被他拿來開玩笑一輩子。

翌日，我比平日醒得晚些，帳篷已無他人。我發現歐馬汗在帳篷外對其他小孩發號施令，那些孩子一見我就咧嘴而笑。我向他們問好，並詢問歐馬汗我家人在哪兒。一開始，他還在為前一晚的事發笑，然後告訴我，我家人在溪邊洗澡。

我問他叮咬我全身的小蟲是怎麼回事。

「那些是綿羊、山羊、駱駝身上的跳蚤，」他說。「不久你就會習慣的。」

習慣跳蚤？我想誰會習慣跳蚤？

我到了附近的小溪。父親穿著內衣下水，他把水往身上潑，彷彿泡在自家的浴缸裡。他要我跳進水裡，我脫掉衣服，穿著內褲加入他。水很冷，凍得我大叫，趕忙從水裡跳上岸，父親見狀大笑。風吹在身上，寒意加劇，我開始打哆嗦。我雙腳沾滿了泥，但沒帶毛巾，無法擦拭身體。

我找父親要毛巾，但不見他的蹤影，他已神不知鬼不覺到我身後，猛地把我推進水裡，這下子感覺比剛剛還冷。父親站在我面前俯視著我，看著我打哆嗦，哈哈大笑。

「你現在是庫奇人了，」他說：「所以你必須學會像庫奇人生活。」我張開掌心用力拍打水面，濺起的冰冷水花噴到父親臉上，他開心地哈哈大笑，跳進水裡朝我游過來，我使盡力氣扭動身子想掙脫，揮拳打到他的左肩，他的眼睛一亮。

「很好，現在我們是拳擊手！」他興奮地高喊，一邊擋開我對他揮出的每一拳。有時我被他直直打中一記，不得不踉蹌地後退，他開心地大笑，我也樂不可支。他又是以前那個父親了，但這次他可沒有對我放水。看我打累了，他抓著我離開溪水，接著緊緊將我抱在懷裡，這是幾個月來第一次。

一小時後，我們回到帳篷吃早飯。早飯有茶、牛奶、奶油、優格、麵包。吃完早飯，歐馬汗帶我到一個空帳篷，我驚訝地發現，裡面放了黑板和一支粉筆。我問他哪裡找到這些東西，他只是笑笑沒作答。他將我留在原地，自己跑到帳篷外並吹了三次口哨。一分鐘後，他回到帳篷裡，後面跟著二十多個男生，每個人都攜帶筆記本與鉛筆。歐馬汗再次將我介紹給他的堂兄弟（也是我的堂兄弟），他告訴大家，從今天起我就是他們的老師。歐馬汗叫大家排成一排坐在滿是灰塵的地上，然後請我在黑板上寫下達利語字母。

一切發生得太快太突然，我來不及細想，就照著他說的做了。這些男生非常安靜，開始抄寫我寫在黑板上的字母。

「老師，這些符號是什麼意思？」一個年紀比我大的男孩問。

他稱呼我「老師」，害我有些不好意思。父親才是老師，之前可沒有人稱我老師。我乾咳一聲假裝清清嗓子，說道：「這些是達利語字母，組合在一起就形成達利語字母表。若你們學會了，就可以讀寫。」

我開始念每一個字母，他們跟著我念，然後我檢查每個人的筆記本看看有無錯誤。我記得老師也是這樣檢查我和同學的筆記本。但是，我念的是真正的學校，同學和我必須穿著乾淨的衣服坐在椅子上聽課。

他們寫的字母歪七扭八，但字體不大，好為接下來的上課預留筆記本空間，畢竟他們的父母不會常花錢幫他們添購書和筆。

幾小時後課程結束。我心想若祖父在場，應會以我為榮。我跑到我們家的帳篷，想告訴母親我現在是個老師了。母親坐在帳篷外，幫一頭母牛擠奶。我看了非常意外，因為我從沒看過母親擠過奶。她出身富裕家庭，這種事有僕人代勞。我問她什麼時候學會擠奶的，她笑說：「大概二十分鐘前！」

她將臉頰貼在母牛身體的一邊，斜眼看著我，問道：「我這樣做對不對？」

「不對，你把奶都擠到地上，沒有擠到陶罐裡。」我說。

她看著地上，哈哈大笑。母牛踢翻罐子，將牛奶灑到地上，乾渴的泥地馬上吸乾了奶水。母牛悠悠地走開，彷彿不喜歡聽到我們的笑聲，也許牠覺得自己受辱了。

一位非常漂亮的庫奇女子坐在母親旁邊，晃動一個大陶罐，陶罐頂端有個小開孔，我看不到裡面是什麼。罐裡的東西發出很大的晃動聲，我問她在做什麼。

「裡面是乳清，可以充當午餐，也有助於你睡個好覺。」她說。「剩下的可以在晚上吃。」她補充道，並對著奶罐點點頭。

我和母親說話時，聽到一群女孩念著「Alef、bey、pey、tey、sey、jem、hey、khey、dal、zal、rey、zey…」等達利語第一組字母表。聲音從帳篷裡傳出。我走進帳篷，看到姊姊站在黑板前，黑板上寫了十個達利語字母。她念出字母的發音，庫奇女孩跟著念。姊姊也成了老師。

自此，所有庫奇小孩叫姊姊和我為「老師」——儘管他們多半比我們年長。

一星期後，我的班級和姊姊的班級舉行了一場讀寫比賽，兩班學生要用學會的字母拼出簡單的詞，結果我的班贏了。兩天後又舉行一場比賽，這次我的班輸了。每天這些庫奇孩子都在進步。他們學得很快，也很認真，白天只要有空，就會在泥地上練習寫字。他們彼此也會一對一互相較勁，很快地，他們就能寫出我和姊姊還沒教到的單字，儘管拼錯的地方很多。

父親認為，家裡又多了兩個老師非常有趣。每晚他都問我們教了些什麼，但從不會告訴我們該怎麼做。這期間，他蓄起鬍子，隨時都戴著頭巾，母親改穿庫奇人的服裝，戴著庫奇人的首飾。有時看到一群庫奇婦女忙著替山羊、綿羊、母牛擠奶，或是幫綿羊剪毛時，我竟然認不出她來。父親學會如何清洗羊毛以及屠宰牲畜，他會將肉切成小塊，留著給自家人吃或是賣給村民。

姊姊和我一大早要對著小孩（我們的堂親）教書三個小時。之後我會和歐馬汗以及其他孩子趕著牲畜去山坡吃草，姊姊和其他女孩去小溪取水。她學會了庫奇的刺繡手藝，而且知道怎麼用頭頂著水罐、不用手扶就能行走自如。她在塔什庫爾干就學會了這項本事，所以庫奇女孩看到她會這招非常驚訝。

父親出門和男人一起工作，母親和婦女一起幹活，姊姊和其他女孩去汲水，照顧弟弟妹妹就成了我的工作。其中一個妹妹喜歡自己一個人玩，在我身邊幾個小時，我卻幾乎無視她的存在。她不太說話，也不抱怨，更不會哭著要什麼東西。

另一個妹妹若是得不到她要的東西，就會哭上幾個鐘頭不停。她不怕任何人，不管是母親還是父親，她都不怕。她倔強地哭個沒完，直到有人滿足她的要求，之後她就會變得很乖，一直黏著那個人。

弟弟很安靜，只有想吃甜食時才會哭鬧。他一哭倒真是不辱「愛哭鬼」這個綽號。父母都喜歡他，因為他雙頰非常軟Q。他總是在母親身旁打轉，不會走遠。

我們到庫奇人營地的第一個週五聚禮日，歐馬汗說我們應該去河邊捕魚。

「你有魚鉤嗎？」我問。

「我們不用魚鉤。」他說。

「你用網捕魚嗎？」我問。

「不用。」他說。

「那麼你們怎麼捕魚？」我再問。

「用發電機。」他說。

我不懂他在說什麼。

「這是庫奇人的捕魚絕招，我會示範給你看，可是你得幫我把這台發電機搬到河邊。」他說。

發電機很重，把這東西搬到河邊可得費一番力氣。其他男孩則在山坡顧著吃草的牛羊。

我們把發電機放在距離河岸二十公尺遠的一塊石頭上，歐馬汗將電線的一端連在發電機上，另一端綁在河邊一棵樹的樹枝上。幾分鐘後，所有叔叔都來到河邊。他們將許多巨石搬到河中，兩個鐘頭後，河裡便築起一道堤壩。

大家從河裡走上岸。一位叔叔啟動發電機，另一位叔叔將電線一端扔進河裡，發電機發出劈劈啪啪的聲音，然後就停了。我不知道是怎麼回事，直到發現水面浮出許多魚才恍然大悟，這些魚都是被電死的。一些男孩合力把電線拉出水面，歐馬汗和幾位叔叔跳到水裡，開始撈魚，然後將魚扔到岸上，岸上的人則負責撿魚。半小時後，我們把整整四大袋的魚抬到馬背上，走回營地，為週五張羅一頓鮮魚宴。

又到了週五，因為汽油用完，無法使用發電機，但歐馬汗不受影響，照樣邀我一起去捕魚。

「你今天要怎麼捕魚？」我問。

「今天我讓你見識另一種庫奇人的捕魚絕招。」他說。

我們躲在離河邊很遠的一個大圓石後面，其中一個叔叔從口袋裡掏出手榴彈，拉開引信，將手榴彈丟到河裡。

過了數秒，水花四濺，連帶將沙子、小石子、魚一起濺到岸上，有些炸碎的魚甚至被拋到我們站的地方，我的臉、頭髮（當時我的頭髮已留長）都沾到了魚肉，過了幾小時後都還聞得到魚腥味。河水變成灰色，數百條魚浮上河面。我們等了幾分鐘，待泥沙沉到水裡，然後歐馬汗和叔叔們跳到河裡，將魚拋上岸。這次我們整整裝了五大袋，放在馬背上馱回營區。數小時後，大家又享用了一次鮮魚大餐。

到了第三個週五，我們又試了另一種捕魚絕招。

手榴彈完全破壞了之前所築的堤壩，所以我們花了約三小時才堵住河水。叔叔們牽來一匹馬，馬背上馱著一大袋氫氧化納（燒鹼）與一大袋空瓶。叔叔們與歐馬汗將空玻璃瓶裝滿氫氧化納，然後我們蹲伏在同一個大圓石後面，再將瓶子丟到河裡。氫氧化納一接觸到河水，立刻像炸彈一樣爆炸，雖然威力沒有手榴彈大。再一次，我們捕到了五大袋鮮魚。

大家必須負責清理與烹調自己要吃的魚。庫奇人只用粉狀洗潔劑洗手，味道比魚腥味還臭。我看到歐馬汗用檸檬與柑橘揉搓雙手去掉魚腥味，這當然又是庫奇人的另一個奇招。

我們在薩曼干省庫奇人的營地待了一個多月，此時春雨已停，山坡上的牧草開始由綠轉褐，牲畜沒有足夠的綠草可食。第四週的週五晚上，阿米爾汗說星期一要動身去馬札爾，從那裡再往西走到安德胡伊（Andkhoi），那裡有新鮮綠草可供牲畜啃食。

我們的車尚未修好，必須再等一個月，但父親沒有足夠的錢租間房讓我們續住一個月，也沒有錢買東西餵飽我們一家子。父親決定讓一家人先跟著這群庫奇人到馬札爾，到了那裡，母親、姊妹和我可以暫住在阿姨家，父親再回到薩曼干取車。車一修好，他會盡快到馬札爾和我們會合，然後我們再一起回喀布爾。

我們在營地第五週的週日，庫奇人開始收拾東西，第二天一早我們出發，往回走向馬札爾。儘管我們想回喀布爾的家，但是能與大篷車隊一起旅行，也讓我們頗為興奮。

大篷車隊走得很慢，身軀龐大、毛髮蓬鬆的駱駝在崎嶇坡路上笨重地前進，後面跟著綿羊、山羊和目露兇光的守衛犬。看起來嚴肅不苟言笑的高瘦男子，肩上扛著步槍，在自家牲畜之間來回行走。安靜的現象有時會被在前面帶隊的駱駝騎師刺耳的說話聲所打斷，他說著只有同行以及駱駝才聽得懂得行話。

在篷車隊伍的前頭與尾端，婦女們旁若無人地掀開頭巾，在自家駱駝附近雀躍而婀娜地一路前進，美麗又飄逸，恍若浪漫派畫作裡的女子。有些女子是黑眸，一頭烏黑的秀髮，皮膚也曬得黑黑的。其他女子皮膚白皙，有一雙藍色眼睛，留著金色或紅色頭髮。在陽光照映與微風吹拂下，各個雙頰與嘴唇都泛著紅潤，和一身的黑形成強烈對比。

最小的孩子約莫兩三歲大，被綁在雙峰駱駝的兩個駝峰之間，隨著駱駝往前走的擺動節奏，他們坐著坐著進入了夢鄉。偶爾聽到某個小孩哭鬧，但不久就在駱駝的蹄聲以及掛在駱駝脖子上的鈴鐺聲安撫下再次入睡。較大的孩子走在單峰駱駝旁與牠們並行，若是累了，就像猴子一樣利落地爬到駝背上，坐在駝峰前打個盹。

剛出生的小駱駝偶爾會從隊伍後面走到前面找媽媽，用鼻子輕輕蹭著媽媽，牠們毛茸茸的身軀和瘦長、不夠結實的細腿形成奇怪的對比。

庫奇人把所有家當帶在身邊。他們的生活非常簡樸，但並不寒酸貧窮。他們織了許多顏色鮮豔繽紛的地毯，上面出現傳統的大型幾何圖案。根據我在馬札爾當學徒的經驗，這些地毯用了很多植物染料，毯子輕柔像絲絨。地毯與帳篷和廚具捆在一起，掛在駱駝身體的兩側。

從遠處看，駱駝彷彿巨大的布娃娃，上下擺動搖晃。

遊牧生活讓我們習慣辛苦的生活條件，使身體變得強壯，也教會我們勇敢。我們一口氣走了六個小時，直到午飯時才停下來歇腳；吃完飯繼續趕路，直到夜幕低垂。這段歷程非常艱辛，但我終於明白祖父為什麼那麼迷戀庫奇人的生活方式。誠如他所言：「那是無憂無慮、安全無虞的生活，在每個季節都能發現最好的事物，絕不會單調，一成不變，迥然不同於喀布爾的生活。」

我和父親還有一些庫奇男子走在隊伍的前面，他們說的是普什圖語，聲音非常大，好像大家都是聾子似的。我問父親，為什麼他們說話這麼大聲，他說：「這是庫奇人特有的說話方式。」

我有時也會和庫奇堂兄弟們走在一起。他們每個人都拿著棍子，走在一群綿羊和山羊之間，淹沒在牲畜掀起的塵土中。我跑去找姊姊和妹妹。她們鮮豔的裙子和刺了繡的上衣覆了一層厚厚的塵土，看上去和男人們的衣服一樣，變成清一色的土色。庫奇姑娘看到我，立刻停止說笑，眼睛直盯著我，暗示這裡不歡迎我。我雖然是她們的堂親，但是庫奇人對男女、男孩與女孩的相處有嚴格規定。我還在摸索學習這些規定。我離開她們後，她們又開始說說笑笑。

母親始終在隊伍的後面，由於空氣瀰漫粉筆灰大小的沙塵，害她不斷咳嗽、打噴嚏。她無法像其他人一樣走得那麼快。她穿的是涼鞋，不適合走遠路。乾燥的空氣和沙塵讓她的腳後跟都龜裂了，有時她坐在單峰駱駝上，大家都看著她，彷彿她做錯了什麼事，因為通常只有小孩才可以坐在駱駝上。她本來白皙的皮膚因為日曬而變黑，沙塵覆蓋全身，顯得灰頭土臉，彷彿在麥麩粉袋裡滾了一圈。

太陽西下，我們就地停下來過夜。一天在山腳，一天在沙漠，一天在靠近村落的綠色山谷。庫奇男子能在短短一小時內架好帳篷，婦女則開始張羅晚飯。有的婦女邊做飯，邊給嬰兒餵奶。幾小時後，夜幕低垂，周遭一片漆黑，只有一輪半月掛在繁星點點的夜空，灑下銀色月光。

我們每晚都點燃三大堆營火，男子、女子、小孩各用一個。營火不時發出爆裂聲，濺起火花。年輕人忙著燒水泡茶，成年男子靠著大枕頭喝茶聊天。他們和我叔叔嬸嬸一樣喜歡喝茶，一杯接著一杯，沒幾分鐘就喝了好幾杯。

他們熱愛交際聊天，餐餐都吃得很開心，彷彿將其當成盛宴。庫奇婦女通常午餐會烹調修爾巴濃湯（shorba），裡面放了肉、胡蘿蔔、馬鈴薯、球莖甘藍、香料，大量的乾辣椒、新鮮辣椒等一起燉煮。每次城裡的人到營地購買牲畜、皮革、羊毛時，廚師就往燉煮濃湯的鍋裡添加幾杯水，煮沸後，再端出來招待客人。我們自己的吃法是將烤餅撕成小塊，放在大碗裡，配著濃湯一起吃。不管當天是哪個婦女負責燒菜，都會將濃湯淋在烤餅上，一大碗肉湯加烤餅可以餵食五到十個人。我若動作不夠快，碗立刻空空如也，只能吃到一兩口。然後為了填飽肚子，只能將就吃些麵包和優格、乳清或是庫奇人隨身攜帶的又酸又硬的乾優格（quroot）。

到了晚上，庫奇婦女偶爾會準備烤羊肉串、羊肉飯等。她們煮飯前不會洗米，每吃一口，都會咬到沙子發出喀喀聲，感覺像在嚼石頭。有幾次父親笑言：「這些沙子和碎石煮得非常好吃，但是怎麼攙了這麼多米呢？」男子聽了哈哈大笑，誇口道：「庫奇人的胃就連鐵也能消化。」

我感激庫奇人供應我們三餐，但我不喜歡吃太多肉，往往將洋蔥切碎，混在優格裡，搭配麵包一起吃，其他人則伸長手，從大碗裡撈出被濃湯泡透的烤餅。

晚飯過後，兩名男子擊鼓助興，這種名為多爾（dol）的鼓聲音低沉。其他男子圍成一圈，跳起阿坦舞（attan）。一開始節奏很慢，他們抬起一隻腳在原地轉圈，隨著鼓聲節奏愈來愈快，他們也瘋狂地快速轉圈。由於鼓聲太過急促，加上有些人體力不繼，一個接一個仆跌在地。咚咚的鼓聲戛然而止，大家報以掌聲，為仍在轉圈的兩名男子歡呼。

整晚都有人圍在一起唱歌跳舞，有時他們會把一長串掛在線上的燈泡連到發電機上，讓入夜後的沙漠燈火通明。婦女則繼續料理吃的，直到三更半夜。

最後我們回到帳篷休息，牲畜在外面睡覺。目露兇光的守衛犬負責守夜。

三週之後，在星期一下午快傍晚時，我們到了馬札爾。我們離開空曠的大地，駱駝大隊緩緩地踏上城裡的幹道，抵達哈札特阿里神廟時，篷車隊暫時停下來，讓男子進去禱告。禱告結束，父親告訴阿米爾汗我們無法再繼續跟著他們前進，必須在這裡和他們道別。

阿米爾汗非常難過，但他勉強擠出笑容，他和其他人早知道我們會在馬札爾和大家分道揚鑣，但大家都不說也不想，當作沒這回事。

「能與你以及你善良的家人相處，我們會永遠記得這段美好經歷。」父親說完並與阿米爾汗相擁話別。「你們的好客與真誠我們永遠銘感在心。」

「我們也會記得你和你的家人，這是我們人生一段美好的回憶。」阿米爾汗說道。「冬天時別忘了來賈拉拉巴德看我們，請務必帶著你父親一起來。」

賈拉拉巴德一年四季溫暖如春，是庫奇人永遠的家。

隨後父親與其他庫奇男子一一擁抱道別，我也模仿他的動作與大家一一擁抱，就像我們初次見面一樣。只不過這次我們都熟記了大家的名字，知道誰是最棒的舞者，誰最會說故事，誰烤的羊肉串最好吃，誰是詩人。

母親、姊姊與妹妹一一吻別庫奇婦女。父親和我與婦女保持男女有別的適當距離，揮手與她們道別。

然後我去找堂兄弟們。先擁抱歐馬汗，然後是其他男孩。歐馬汗塞給我一個手做的信封，叮囑我隔天才能打開。我向他保證不會提前拆開信封。接著其他男孩也把他們的信封遞給我，難為情地說了些道別的話後，急忙消失，遠離我的視線之外。畢竟他們不擅長道別，我的手裡塞滿他們寫給我的信。

我發現姊姊被一群庫奇女孩包圍，紛紛把庫奇風格的首飾塞到她手裡，再與她吻別。她們溫柔地抱著她，然後一個接一個地消失在牲畜揚起的塵土中。

我們站在神廟和貼著藍色瓦的宣禮塔之前，目送他們漸漸遠去，直到我們看不到他們為止。他們走得愈遠，我卻覺得心離他們愈近。

父親惆悵地說：「他們會繼續沿著我們祖先數世紀以來所走的路線前進，真希望父親能在這兒。」

我們沒說話。我把那些手做的信封放進口袋。我們叫了輛計程車，但坐在車上的感覺不太對勁，不知怎地，我真想追著那些堂兄弟們，真想衝他們大喊，請他們帶我一起走。

幾分鐘後，我們來到姨媽家，阿姨見我們去而復返非常高興，但也非常驚訝。我們無法對她解釋這期間的遭遇，也無法讓她明白何以我們又回到她家。儘管她很開心看到我們，但不讓我們馬上進屋，因為我們渾身覆蓋塵土，外加滿身的跳蚤。她把茶端到院子，等我們喝了茶後，要我們依序去浴室洗澡，然後找來乾淨的衣服要我們換上。至於我們脫下的髒衣服，則被她拿去浸泡在滾燙的熱水與強效肥皂裡清洗。一切就緒，她才讓我們進屋。

我洗完澡，跑到隔壁想給我的地毯老師一個驚喜，我敲了好幾下門，但沒人應門。我遂推開門進到院子，然後來到屋內，發現所有房間都空了，裡面一個人也沒有。我嚇壞了，趕忙跑回家問阿姨到底是怎麼回事。她告訴我，幾個星期前他們離開這裡去了塔吉克。塔吉克！我聽了又沮喪又難過，心想我怎麼可能去塔吉克找她？

阿姨回到她的房間，拿出一個小包裹給我。「這是她留給你的。」她說。

我打開外面的白棉布之前，就知道裡面包的是什麼東西。打開棉布後，我仔細端詳老師送我的地毯鉤，我能從這支鉤針憶起她美麗的容顏，聯想到她和我道別時，露出的微笑與噙著淚水的雙眸。

我吻著鉤針，聞到她的香味，不知不覺眼淚流了下來。阿姨吻著我的前額，摟住我的頭說：「她也喜歡你，但去塔吉克是她的決定。她說服家人離開阿富汗，她的家人一向聽她的話，相信她的決定穩沒錯。」

「她不是個普通人。」我低語道，然後問了阿姨許多問題，想知道老師為何要全家搬到塔吉克。但不論是阿姨還是老師的家人，都不知道答案。

我用幾個月前在馬札爾逛市集時買的手帕，把這支鉤針包起來，然後將其他我從各地蒐集來的、具有特殊意義的物品也一起放進行李箱。

那晚我早早就睡了，夢裡見到了老師，也見到了歐馬汗與巴米揚結識的僧人，另外還有在塔什庫爾干認識的哈姆札以及多位朋友。瓦基爾也在夢裡，我們全部聚在一起。

隔天我一大早就醒了，其他人都還在睡。我打開庫奇堂兄弟寫給我的信，從歐馬汗的信讀起。他與我的關係最親，也是我最了解的人。我從他對生活的態度學到很多。

我親愛的摯友和善良的堂兄弟：

我心裡會永遠記住你，因為你是我的眼，讓我看清自己的道路。認識你之前，我一直覺得自己生活在黑暗裡，遇到你的那一刻開始，我找到了自己的光。

你點亮我心裡的蠟燭，照亮我的道路，這道光讓我時時刻刻想到你。

誠摯的歐馬汗

我反覆讀了這封信好幾遍，看得出來，歐馬汗不只是個牧童，還是個詩人呢。他所謂的「光」指的是能讀書寫字。

我打開第二封信，是亞倫汗（Aaron Khan）寫的。他膚色黑、瘦瘦的，有一雙像螃蟹眼睛的泡泡眼。他說話很急促，有點咬字不清，經常偷偷打量四周，彷彿打算跑開或躲起來。他一興奮，那雙凸眼球似乎也跟著顫抖。

知識是照亮生命的蠟燭，你給我了一根這輩子受用不盡的蠟燭。對於這份珍貴無比的禮物，我不知該如何表達謝意。但我相信總有一天我們會重逢，我會給你同樣珍貴的禮物。如果不是在此世，那就在下一個世界吧。我們都秉信，這個世界是通往下一個世界的橋梁。

祝一切安好，亞倫汗

第三封信是所羅門汗（Solomon Khan）寫的。他內向沉靜，繼承了他父親悲傷的眼神和迷人的微笑。儘管牙齒非常難看，不僅暴牙，上顎還長了兩排牙，這使得他不斷把手指伸進嘴裡去，把後排牙齒弄得鬆動後再拔走。他也乖乖地應他人要求，張開嘴巴，讓他們用手指摸他的牙齒。我們能聊的共同話題少之又少，他總是一個人坐在帳篷漆黑的角落，或是整個傍晚待在山坡上。

不過，在大石頭上坐在他身旁還是挺愉快的。彼此可以一整個小時都不說話，只是望著烏鴉在帳篷頂周圍盤旋，牠們在落日紅色餘暉映襯下更顯突出。烏鴉一下高飛，一下俯衝，突然在漸漸被黑暗吞噬的天際撐開一張黑網，隨後消失，留下一大片空寂。每次看到這樣的景象，兩人都無心說話，因為我們心裡滿懷喜悅。

親愛的堂兄弟：

知識是無與倫比的珍貴財富。你給了我這筆財富，我除了默默接受，什麼也沒回報。我知道你了解沉默背後的祕密，這是目前我能給你的一切。希望我們哪天能重逢，並交流更多。

祝你一切順心，所羅門汗

一封接著一封，我讀完所有的信。信裡有很多書寫上的錯誤，很多拼錯的字，字體大，歪歪扭扭，但我都讀得懂。只要他們持續練習，這些堂兄弟們會愈寫愈好，姊姊和我對此深信不疑。這也是我們當初學習達利語的方式。令我感動的是，他們充滿創意與圖像的寫作風格。讓我愛不釋手，繼續讀了一遍又一遍。

隔天我去哈札特阿里神廟，遇到了那些和我一起玩古爾賽的朋友，他們聽我講述與庫奇人一起生活的經驗後，莫不稱奇。我向真主禱告，不論地毯老師在哪裡，都希望真主保佑她平安。父親在馬札爾待了一個星期，然後決定到薩曼干取回我們的車，想必車子現在應該已經修好了。他再開車回馬札爾接我們回喀布爾。根據父親從英國廣播公司獲悉的消息，停火似乎會在大部分地區繼續生效。我們與庫奇人生活的這幾個星期，派系之間並未爆發嚴重衝突，所以父母覺得現在回家應該安全無虞。此外，一年多來的漂泊，他們希望能再次安頓下來。

至少現在他們已不再提遠赴他國的事情，我對此覺得失望，因為我原本心想，出了國也許可以想辦法找到老師。不過我也非常想念瓦基爾，他並未依約來馬札爾和我會合，但我了解奔波之苦。

我們等了三天，但父親沒有回來。到了第四天，阿姨介紹鄰居給我們認識，他是直升機飛行員。他說，隔天他會飛喀布爾，若我們想走，他可以載我們一程。我覺得這主意不錯，但是我們想等父親，以便一起回家。

母親、阿姨、姨丈為這事一直討論到三更半夜，我在床上聽著。

阿姨說：「若你等他回來再一起回喀布爾，也許路上車子再次拋錨，又得花幾天才修得好，然後可憐的妹夫又得拖著全家改去什麼地方，你知道他已經沒錢了。若現在車子真的拋錨，他要嘛想辦法修好，要嘛把車子丟了，再想辦法回喀布爾。」

最後，大約在午夜時分，母親勉強同意。在她改變主意之前，阿姨馬上去了鄰居家，並帶著我同行，母親則開始整理我們僅有的幾件東西。阿姨敲著鄰居的門，把他吵醒。阿姨先向他道歉，然後告訴他，明天可以帶我們一起去機場。他睡眼惺忪地笑著點點頭，然後關上門。

隔天早上，除了父親之外，母親、姊妹、弟弟和我全上了直升機，駕駛艙塞滿了好幾大袋的石榴。

我們邊吃石榴，邊透過小窗俯瞰我們穿梭了三次的興都庫什山。飛機開得很慢，我們既恐懼又滿懷希望。僅花五十分鐘就到了喀布爾機場，母親叫了輛計程車，半個鐘頭後抵達諾伯亞堡。沒有人知道我們要回來，連我們自己也不知道。

打開大門進入花園，接著推開有著鎖鏈的沉重木門進入庭院，兩個堂兄弟先見到我們，然後是嬸嬸，接著是叔叔，他們高喊地跑向我們。我們才走到高聳的相思樹，就被他們團團圍住。

然後我看到瓦基爾。他從樓上一個房間走出來，想知道發生了什麼事。過了大概一兩分鐘，他站著不動，看著我們被親戚抱著、吻著。其他人聽到消息，也紛紛從房間裡跑出來。瓦基爾從樓梯飛奔而下，彷彿全速撲向對手的風箏，穿過院子朝我們奔過來。

能再次和瓦基爾團聚，我實在太高興了。和幾個月前相比，他瘦得皮包骨，看起來更高些，他的臉因為開心而發亮。我可以感覺他大大鬆了一口氣，彷彿乾涸的大地遇到甘霖，只不過他找不到恰當的詞彙形容他的激動之情。

他擁抱我的姊姊、妹妹、母親後，走到我面前拍拍我的肩膀說道：「嗨，你到底跑到哪裡去了？」這時大家都看著我們兩個。

「你就只能說這些嗎？」我失望地問他，心中難掩激動。

他再也按捺不了情緒與淚水，而我也顧不了面子，任憑淚水直流。我低聲啜泣，哭到身體忍不住發顫時，他緊緊把我摟在臂膀間。最後他長長地吸了口氣道：「我真擔心你們有什麼不測。你說你們過一個月就會回來，但至今差不多快一年了。」他拭乾眼淚。

我無法回答他，因為喉嚨還在哽咽。我想見祖父，他在屋子裡並未出來。瓦基爾帶我上樓，祖父與兩位朋友坐在房內。我從門外一看到祖父，立刻奔到他跟前，一遍又一遍地吻著他的臉，緊緊抱著他幾分鐘，一句話也沒說。我不敢看他的臉，因為我的眼睛噙滿淚水，不想讓他看到。我的心怦怦地跳個不停，怕自己大哭，只得極力忍住。祖父什麼話也沒說，靜靜地將我摟在懷裡。

過了一會兒，祖父說：「嘿，戈巴契夫，你怎麼回來的？」

我掙脫他的懷抱，讓自己可以直視他的眼。我鄭重地親吻他的手說道：「我們搭直升機回來的，其他人在樓下。」我覺得自己聲音哽咽，不能再多說一個字，否則會忍不住又哭了。

祖父的雙眼跟我一樣淚水盈盈。「再抱我一下。」他說，也許不想讓我看到他流淚的樣子。

為了讓氣氛輕鬆點，他笑著道：「你還沒有和我的朋友打招呼呢，該不會忘了所有的禮節吧？」我鬆開圈著他脖子的雙臂，對他的朋友說「你們好」，但聲音有些沙啞。其中一人用頭巾的一端揩去淚水。

這時母親和其他人進到房間，我第一次對大家同處一室感到高興。通常我希望自己一個人與祖父說上幾小時的話，不希望第三者打擾。但是那天我沒法和祖父單獨在一起。母親親吻祖父的手，祖父吻了她的頭，之後祖父問起父親的事。

她坐在祖父身旁，把事情的經過一一說了一遍。嬸嬸們端茶進來，母親送給每個人一樣禮物，禮物是馬札爾的大餅和糖果，我們之前帶著這些東西到哈札特阿里神廟請真主賜福。過了一個小時，大人們繼續敘舊，我則走出房間，見瓦基爾一個人在走廊流淚，害我也跟著哭。然後我們一起哈哈大笑。那天沒有人因為哭而感到難為情，若誰敢指指點點，我們準會打斷他的鼻梁。

夜幕降臨前，一切恢復舊樣，我和瓦基爾互相分享了這一年來的經歷。他送我五個很棒的風箏，其中一個上面寫了我的名字，是他親自為我打造的。他告訴我，他用這只風箏割斷過很多人的風箏線，所以鄰居孩子都怕這只風箏。

他用這個方式讓我成為卡爾特帕爾旺的名人。附近每個孩子都以為是我放風箏割斷他們的風箏線，但實際放風箏的人是瓦基爾。鄰居孩子非常不解，從來沒看過我本人，但每天下午都看到我的風箏意氣風發地高飛在天上，割斷每一個試圖飛得比它高的風箏。

第二天我出去買早餐吃的麵包，所有孩子都用眼角覷著我，竊竊私語道：「他在那兒，他在那兒。『冷酷的割線手凱斯』。」我假裝什麼都沒聽到，像個君王般從他們身邊昂首走過。

我給了瓦基爾幾個我在巴米揚大佛那兒撿到的石子，我對他解釋了有關大佛的一切，以及這些石子何以非常珍貴。起初他以為我在開玩笑，但是我說完有關大佛，還有在大佛頭部後面的岩洞生活，以及認識高僧的經過後，他拒絕收下這些石子。他認為，這些石子記錄了我一部分的奇遇，具有紀念性，所以我應該自己留著。我告訴他，他是沙阿（Padishah，國王），對我非常重要。我所有的回憶都有他，石子理應給他保管。

五天後，父親開著車回家，車子完好如新。我們再次團聚，希望過著像樣的生活。在喀布爾，戰爭似乎結束了，但是我們不是住在自己原來的老家，因為在山另一頭的老家已變成廢墟。我們仍是避居在哈吉．努爾．謝爾九塔堡（僅剩一塔）的難民。

我們離家這段期間，祖父打定主意，讓兒子們各自住在不同的地方，若戰爭再度開打，我們就不會全受困在同一個地點，而是彼此可以在不同地區互相支援照應。叔叔們一直想離開這裡，但覺得應該等父親回來才動身，現在父親回來了，他們便陸續離開九塔堡。

一個叔叔帶著妻子和小孩到喀布爾西北角的塔伊馬斯甘（Taimaskan）區，住在岳父家。另一個叔叔前往距離卡爾特帕爾旺不遠的帕爾旺塞（Parwan-e-Seh），和他的大舅子一起住。還有一個叔叔去凱爾卡納投奔朋友。

我們返家一個星期後，祖父一個人搬去馬卡羅延（Makroyan），和他的大女兒同住，這位姑姑的丈夫已經過世了。停火已經持續一個多月，大家都希望戰火自此永遠歇息。

馬卡羅延是集合住宅區，多半是五、六層樓的公寓，興建者是曾與阿富汗稱兄道弟的俄國人。而今那裡被一個派系控制，該派系的士兵姦淫了許多年輕姑娘，還劫財、殺人。大姑姑在那裡生活了許多年，現在害怕一個人獨居。

姑丈是在共產黨總統哈菲左拉．阿明（Hafiz'allah Amin）執政期間被處決的。雖然現在已經沒人記得這位短命總統，但他掌權的時間卻足以殺害許多受過高等教育的阿富汗人。有一天，姑姑從廣播中聽到丈夫的名字在整肅的名單中，但當局沒有給予任何理由。

雖然之後她有許多追求者，但她並未再婚，而是與她的女兒以及弟弟（我最小的叔叔）一起生活。這個叔叔年紀只比瓦基爾略大，因此我們常把他當成堂兄弟而非叔叔看待。只要馬卡羅延的情況沒有改善，祖父都會一直與大女兒同住。

不論祖父住在哪裡，哪裡就是瓦基爾母親想去的地方。儘管祖父特別喜歡她的廚藝，但要她留在諾伯亞堡，和我們一起生活。不過她堅持要去馬卡羅延和祖父一起住，我那些尚未嫁人的姑姑也希望這樣，希望與大姑姑一起生活，因為大姑姑就像她們的第二個母親。

這是我們在喀布爾頭一次沒有與祖父和瓦基爾一起生活。說實話，自從內戰開打以來，沒有一件事說得通。我以前從未想過我們會離開祖父的房子，而今，在離開近一年之後再度回到諾伯亞堡，竟然不能與瓦基爾和祖父一起生活，真的是毫無道理可言。

偌大的城堡顯得更空曠。晚上風颼過庭院裡的大樹和丁香樹叢時，發出了孤獨甚至讓人毛骨悚然的聲音。外面的狗在車輪輾過凹凸不平的路上吠叫。諾伯亞堡已不再是我們初來時給人世外桃源的感覺。

我想念塔什庫爾干的朋友、庫奇堂兄弟、巴米揚的高僧、馬札爾的地毯老師、神廟一起玩耍的小孩。

但是，我最想念的還是瓦基爾。我等了這麼久才和他重逢，現在又要相隔兩地了。

由於他年紀比我長，所以每逢週五聚禮日可以讓他一個人從馬卡羅延到諾伯亞堡；在接下來幾個月的停火期間，他幾乎每週五早上十點多都會回到這裡。他會花一小時和我父母聊聊近況，剩下的時間就和我一起放風箏。因為他得在天黑前回到家，意思就是他不得不犧牲在黃昏最佳的放風箏時間。

有時候他會在這裡過夜，但多數時間他都要趕回家，因為在馬卡羅延他是家中最小的男孩，任何時候只要他母親與姑姑需要蔬菜、香草，他就得到市集一趟，或是把烤餅麵糰送到烤餅坊。

我想告訴祖父我經歷的所有奇人奇事，但祖父不在這裡。馬卡羅延在喀布爾的另一端，儘管相隔只有幾公里，但恍若天涯之遙。

第三部

惡魔橫行時

13 金子

現在我們用假裝來過日子。戰爭的跡象無處不在，但我們假裝沒看見。除了一個叔叔，其他都帶著家人搬到喀布爾各個不同的地方，但我們假裝大家不會分開太久。我們懷念以前大家族鋪塊布圍坐在一起吃飯說笑的情景，現在假裝一家人獨自吃飯與家族大大小小一起吃飯沒兩樣。

有一兩次大家在週五回到諾伯亞堡，大人們在屋裡坐著交談，堂兄弟們和我像從前一樣在花園裡玩耍或是放風箏，我們假裝依舊像從前那樣，一同在一個庭院裡生活。但是大人已不像過去那樣說笑，也絕口不提重建祖父老宅的事。

他們在傍晚離開時，我們假裝隔天又能見到彼此。實際上，我們一、兩個月後才會再見，因為停火斷斷續續，在城裡四處走動並不安全，就這樣一個星期又一個星期過去了。

儘管各派系的領導人曾赴麥加，誓言絕不再兵戎相接，但在我們返回喀布爾五個月後，各派系又全面興戰。我們假裝他們食言毀約是家常便飯，儘管每個阿富汗人都知道，毀誓是重罪，尤其不該撕毀在麥加聖城對真主的承諾。

把誓言當兒戲的人對彼此開戰，害我們被困在屋裡數天或數週，哪兒也去不得，就連穿過庭院到廚房都擔心會被狙擊手開槍擊中；也害怕跑去拿米時，火箭砲可能擊中庭院。日子一天天過去，肉與蔬菜都已吃光，僅剩米飯可以充飢，拿不到米就只好餓肚子。夜復一夜，我們空著肚子睡覺，卻假裝我們是在齋戒月。

有一次，因為已一連幾天沒吃東西，我別無選擇，只能冒險到廚房拿些麵粉，好讓母親在火爐上烤些麵包給我們充飢。我們日夜都待在這間房裡，全靠這火爐取暖。父親把我拉到一旁，噙著淚滿懷歉疚地要我代替他到廚房一趟。他說，他去若不幸遇難，就沒有人能照顧其他家人。我能理解。可是我仍花了足足好幾個小時，才鼓足勇氣跨越這二十步的距離。我以「之」字形路線衝到廚房，假裝自己和山上的狙擊手玩捉迷藏遊戲。他們只要看到移動的物體，一律開槍，這是他們立下的遊戲規則。但那天他們沒看到我，所以我贏了。

數以百計的火箭砲從天而降。一開始它會在空中發出像是口哨的聲音，落地時發出巨大的爆炸聲，震得地動山搖。火箭砲的碎片和它擊中的物體像雨點般散落四周。我們假裝這挺好玩的。一聽到火箭砲飛過，我們就吹口哨模仿它的聲音。有時在火箭砲落地前，我們便已經上氣不接下氣，有時則不會。當火箭砲擊中東西時，我們就用嘴發出爆炸聲，並拚命搖晃身體，假裝自己是大地。有時晚上很難入睡，因為火箭砲爆炸聲此起彼落地響個不停，我們假裝那是慶祝宰牲節施放的煙火。宰牲節（又叫大爾德節

〔Great Eid〕），是紀念先知易卜拉欣（Ibrahim）自願拿兒子伊斯瑪儀（Ishmael）獻祭，這天也是回曆新年的第一天（Naw Ruz）。

每天從早到晚待在一個房間裡，幾乎把我和其他人逼瘋，但我們假裝這一切很快就會結束。我們一連數天、數週看不到天空，卻假裝天花板就是我們的天空。我們讀來讀去就是那幾本書，甚至幾乎能倒背如流。有時壓力大到透不過氣時，我就到另一個房間，那裡我掛了一個沙袋，從天花板懸空而下，一連幾個小時對著沙袋猛出拳，直到汗流浹背為止，我假裝自己在為一場拳擊比賽預作準備。

許多人確實瘋了。他們乾脆走出自己的家，讓狙擊手開槍擊斃，而狙擊手開槍殺人，純粹只是為了取樂。

怪事一件接著一件發生，我們這下懂了（即使我們沒有明說），我們現在過的是與惡魔（Shaitan）為伍的生活，卻假裝自己過的是正常日子，唯有這樣，才能讓自己苟延殘喘地活下去。

我不知道該怎麼開始這「嶄新」的人生。每天醒來，一吐一納之間，只能坐著等生活出現改變。這下我了解到，等待是一門必須精通的絕技。

我告訴自己，往者已逝，現在必須做些全新嘗試。但是每天我的心彷彿困在籠子裡，被過去的記憶重重壓著。

有很多次我想到地毯老師的母親，她曾對我講過許多古老故事，這些故事各個都藏著人生智慧。我想到湛藍的天空，周圍紛飛的白雪，以及她平靜而神祕的聲音。當她說話時，臉總是靠得很近，用著大大的眼睛直視著我。有時我覺得她似乎想把力量灌入我的內心。與其說她在說話，不如說她在唱歌。故事愈長，她的聲音就愈有音樂感。聽她說話，有一種難以形容的喜悅。

我一點也不了解祖母，她在我未滿一歲時就過世了。有時和地毯老師的母親在一起時，我真希望她能嫁給祖父，當我真正的祖母。有她在身邊，總會有若我跌倒，她一定會在後面扶我一把的感覺。

祖父回來看我們，並和我們一起住了幾天。我又能緊挨著他坐下和他一起讀書。他有沒有說話並不重要，只要能和他在一起，我就開心。儘管我現在長大了，但還是喜歡把頭枕在他的大腿上，抬頭看他吃蘋果，聽著他發出啃咬的清脆聲。有時他會大聲朗讀一首魯米或哈菲茲的詩，然後問我這首詩的意思和意境。我努力把話說得有哲理有智慧，希望能取悅他。他會微微一笑，告訴我說：「看來這一趟旅程讓你學會了許多。」

我告訴他與庫奇人在一起的日子，他喜歡聽庫奇人在營火前如何吃喝談笑，直到午夜才盡興而散。他問了我許多關於庫奇人寫歌、彈奏樂器、跳舞、屠宰牲畜的方式，還有庫奇人經過城鎮時如何與城裡人討價還價做生意，以及如何展現他們熱情好客的一面。我一邊說，這些回憶一幕幕又浮現眼前。

祖父告訴我，每次看到庫奇人的大篷車經過喀布爾時，他的妻子（我的祖母）心裡就會升起異樣的感覺。當她看到駱駝隊伍踏著沉重步伐，緩慢地穿過喀布爾時，她內心有一部分真想衝出家門，加入他們的隊伍。

有一天，祖父讀著他最喜歡的書《阿富汗在歷史的進程》，這時父親推門而入。他端著茶盤，上面只放了兩個杯子，一看見我便要我出去一下，但祖父將手搭在我的肩膀，示意我留下。

父親對我說：「至少給自己拿個杯子來。」

我回到房裡，聽父親提到一位在海拉頓（Hairatan）的男子，海拉頓位於阿富汗與蘇聯（我們慣稱俄羅斯）接壤的邊界，距離馬札里沙里夫約一小時的車程。起初我不明白他在說什麼，但慢慢地終於明白在馬札爾那些日子何以他總是早出晚歸，何以每次回到家都精疲力竭。原來他經常往返於馬札爾和海拉頓，想辦法找人安排我們偷渡出境。

想到那些日子我老是對父親擺臭臉，突然間覺得自己真蠢。不過當時我是真的不知道他在忙什麼。我們在昆都茲時，他也是在做同樣的事。他到過北方的邊境多次，但都無功而返。偷渡很花錢。戰爭剛開打，我們家原本錢夠多，可是隨著時間一天天過去，家底差不多都花在生計，所剩已經不多。

我看著父親向祖父講這些事，不禁對他肅然起敬，這在之前從未有過。我曾怪他沒有足夠的錢帶我們離開這個國家，怪他沒有帶我們去一個沒人會對我們頤指氣使的地方。有好多次，我想問他為什麼他所有的朋友都在美國和歐洲生活，我們卻還在阿富汗受罪。但我不敢那麼問他，心裡卻一直有埋怨，而今才覺得汗顏與羞愧。

我以前從不明白父親是這麼一個堅強的男子，想到他如何把我們從一地載到另一地以保住我們的生命，就像母貓叼著幼貓遠離危險一樣偉大。

現在父親得重新振作。以前他和祖父是舉足輕重的地毯商人，如今他已無地毯可賣，也沒錢進貨。他向一位朋友借了些錢，向雞街（Chicken Street）一家店鋪買了塊地毯，是一張小地毯，然後轉手賣給一位商人，只從中賺到微薄的利潤。他的新事業就是這樣起步的。

每天他扛著一張地毯在喀布爾到處兜售，賺取中間幾塊阿富汗幣的價差。慢慢地，一張地毯變兩張，兩張變四張，四張變八張。五個月後，他手裡有八十張地毯，而且都是用自己的錢收購。隨著一買一賣，他慢慢累積了一筆可以支付偷渡客的金額。為了偷渡到俄羅斯，他必須賣掉數百張地毯。

他無時無刻不在擔心煩惱。

也許就是兩年多前的那個晚上，當我發現父親和叔叔悄悄在花園裡挖地道，我就知道他們在幹什麼了。也許我只是將偷聽到和偷渡相關的隻字片語湊在一起得到了結論。有人小聲地說付他們「金子」，也提到「花園」。

母親和嬸嬸都有一個又一個裝著金飾的珠寶盒。父親深愛母親，他們結婚時，他傾盡所有財產為她購買金飾。每年宰牲節，他都會為母親買許多金鐲子，多到可從手腕一直佩戴到手肘。

每次父親為母親買金飾，他的兄弟也會跟進，為妻子買各種金飾，每個人都想炫耀一番。其中一個嬸嬸佩戴純金腳鍊，另一個嬸嬸戴著全金厚腰帶，母親則頂著黃金頭冠，我只在參加親戚婚宴時看過她戴過一次，但她只戴了兩三個小時，因為太多人盯著她看，並爭先恐後想摸一下。

晚上盛宴結束，大家各自回到自己的屋裡，這時母親會把其他女人的金飾品頭論足一番。她開心地表示，自己的金手鐲與項鍊比其他人來得厚重，說不定嬸嬸也對她們的金飾說了同樣的話吧。阿富汗人什麼都愛比。

某天下午我和父親獨處，他提到正在設法帶家人偷渡到土耳其。我問他，是否想過他和叔叔埋在祖父花園裡的金子可能被竊賊發現時，他歪頭看著我，試著盤算我到底知道多少。

「那花園很大。」他只這樣回答。我看得出來，他相信那裡還埋著一些金子。

現在我總算明白以前我們為什麼要冒險回去，甚至為此被抓起來關到地道。也明白何以他現在堅持要再回去，儘管我們都知道那棟房子已被炸毀。

母親想盡辦法阻止他，兩人為了這事爭執了好幾個星期，但父親毫不聽勸，他可能是我見過最固執的男人了。停火斷斷續續，有時突然就結束。聽不到槍砲聲的日子裡，父親特別焦躁。我從他臉上可以看出他的心思已飛回老家的院子。

某個禮拜五，我們吃完早飯，父親要我準備一下，跟他一起回老宅。他語氣淡漠，我看了母親一眼，她正盯著自己的盤子。

我並未忘記上次回老宅的遭遇，知道此行充滿危險，但我願意冒險，以便結束這段日子的假裝和等待。也許花園還埋著一些金子，也許我們能找到金子，也許我們能湊足錢給偷渡客，這次終能成功逃離。

我們走到理工學院所在的十字路口，發現閃著黃燈的交通信號燈還在正常作業，並未被砲彈毀損。我們心想：這是個好兆頭。

老家的鄰近地區變得面目全非，和我的記憶完全相左，甚至不同於我上次回來時的樣子。房頂都塌了，野貓從殘破的窗子露出嘲弄的表情。地上散見軍用口糧的廢罐頭與俄製鋼盔。

我們來到自家房子前面，父親推開已殘破不堪的木門。我們踏進去穿過花園，來到曾經住過的房間，站在鋪了石子的小徑上，以策安全。之前暫居馬札爾時，曾談到我們這間房子，我問父親為什麼有人要在我們家花園裡埋地雷。父親說，也許有埋，也許根本沒這回事。

「或許跟你祖父提到花園埋了地雷的人，只是想要你們離開這裡。」父親說。「那天你真的有好好看清楚花園嗎？」

「沒有。」我答道。

花園裡，有些地方出現了幾個大洞，也許是被火箭砲炸開的。不過整體而言，花園幾乎保持原樣，沒有被破壞的痕跡。我努力回憶栽種黃瓜的地方，但是畢竟過了兩年，我無法百分之百確定。

突然間我想起民間一個傳說，穆拉那斯魯丁在山頂挖了個洞，把錢藏在裡面。兩年後他回來，沿著山的底部一路挖，希望找到那筆錢。過了一會兒，他什麼也沒找到，遂哭了起來。路過的人問他：「穆拉，你為什麼哭？」

「兩年前我在這兒挖了個洞，把錢藏在裡面，現在裡面什麼也沒了。」

「你肯定是藏在那兒嗎？」路人問。

「是的，絕對沒錯，因為兩年前雲就在這兒的正上方，所以我挖的時候，正好靠它納涼。你瞧，今天的雲就在這兒的正上方，可是我的錢卻不見了。」穆拉那斯魯丁說。

我以前睡覺的那個房間已沒有屋頂，到處積了一層灰，我進到裡面找我的床，但房間已空蕩蕩，彷彿不曾有人住過這裡。

突然我聽到房外傳來砰的一聲巨響，我向外看，發現院子裡有五個傢伙，正爬上庭院另一端祖父房間的屋頂。他們手裡拿著幾捆粗繩，一見我，露出驚訝表情。其中一人穿著滿是灰塵的襤褸衣衫，他有雙狹長的藍眼睛，蓄著褐色鬍鬚，短腿寬肩。父親在另一個房間，聽到聲音立刻走了出來，站在我旁邊。這傢伙走到我們面前，問父親：「你是誰？」

「我是這棟房子的主人。」父親厲聲說道。

「但現在這是我們的房子。」這傢伙苦笑道。「所謂風水輪流轉，今天你擁有一切，明天這一切歸我。你曾經開心地住在這些房間裡，現在我們要用這些房子的梁，打造我們自己的房間。」說著他將手上拿著的空陶罐放在地上。也許他剛打算將這陶罐竊為己有。

我們講話時，其中兩個人從竹梯爬到屋頂，將繩子繫在一根屋頂橫梁的一端，另外一人將繩子的另一端綁在停在外頭馬路的卡車上。我們聽到卡車發動與輪子轉動的聲音，看到黑煙升起越過庭院外牆，然後一根屋梁被扯落，離開它原來的位置，越過牆面，轟地一聲掉在街上。

父親再也忍不住，暴跳如雷地說：「你們這些混帳！你們到底在幹什麼？」他對著屋頂的男子大吼，男子毫不理會，繼續用繩子綁住其他屋梁。

「嘿，大個兒，別管閒事。」短腿的男子說。

「去你媽的！這他媽的就是我的事。這是我的家。」父親吼道。這是我第一次聽到父親講粗話。

矮個兒男子爬下竹梯，朝父親走來，走路的架式好像一隻準備打鬥的獅子。他的身高幾乎還不到父親的胸膛，但是看起來非常勇敢，非常自信。他使勁扯父親的鬍子，另一隻手想去扯父親的頭髮。父親一掌將他推開，朝他鼻子揍了一拳。這傢伙立刻鼻骨斷裂，鮮血濺滿衣服。

屋頂另外兩個男子這時已順著竹梯下到地面，見矮個子一臉鮮血，其中一人從背後偷襲父親，想用繩子勒他。

父親伸手越過頭，扭住那人的脖子，脖子發出了像木棍被折斷的「喀嚓」一聲。這傢伙尖叫，雙手鬆開父親，跌坐在地。

另一個傢伙揮舞刀子，迎面朝父親撲過來，刀刃快接近時，父親朝他的臉用力揍了一拳，對方將刀子丟到地上。他雙手摀住臉，鮮紅色的血從指縫流出來，滴到地上。

另外兩人握著鏟子，似乎準備出手，但是看到同伴的下場，猶豫地按兵不動。其中一人臉色蒼白。

父親跑向他們，兩人立刻丟下鏟子，飛奔到庭院的磚牆，像猴子似的爬上牆，跳到牆外的街上。

父親也爬上牆。「你們這些該死的孬種！滾，婊子養的。」他大聲喝道。

院子裡的兩個人躺在地上，手摀著鼻子，衣服已滿是血污。另一個人手按著脖子，邊呻吟邊走向庭院的木門。

父親踢著躺在地上的兩個傢伙。「滾出我們家，否則我讓你全身上下找不到一根好骨。」父親吼道。

他站在那兒，大喘著氣，看看四周，然後問我是否沒事。

「你太了不起了！」我欽佩地說。

「嗯，小事啦。我打了十六年拳擊，跟這幫混蛋打架，就像喝茶一樣簡單。」他說話時臉上露出滿足的微笑。

他彎腰撿起那些傢伙丟下的鐵鏟，藏在樹葉下面。

「我們回來時也許用得著。」父親說。

我們在庭院走了一圈，察看每個房間，沒有一樣東西可以帶回諾伯亞堡，所有東西都被偷光了。牆上和每個房間的地上都有洞，竊賊也許以為我們把值錢的東西埋在洞的下面。

父親和我到處走了一圈，發現種黃瓜那塊地的土壤並未被翻動，我以為他會動手開挖，但是他轉身對我說：「他們可能找更多的幫兇過來，我們最好先回家。」我也這麼想。「我明天再和你的叔叔們一起來。」

父親走到院子外，我跟在他身後。我們身前六十公分的地方，人行道上升起一團奇怪的火花，伴隨著爆裂的聲音。我馬上意識到那是子彈，父親跑到馬路的另一邊，對我大喊：「快跑！」我們飛奔逃命時，一排子彈打在我們身後的人行道，距離我們的腳只有幾十公分。我們蹲靠在庭院對面一道千瘡百孔的破牆，槍手也停止射擊。

而今我們知道，停火只是口說，並無太大意義。山上的狙擊手是潘傑希爾派系。掌控老家附近平地區的派系是哈札拉人。停火意味著他們應該停止對彼此發射火箭砲，可是事實不然。這些火箭砲是由美國提供，希望聖戰團體用以對抗蘇聯人。而今蘇聯人被打敗，早已退出阿富汗，但這些團體的狙擊手繼續用火箭砲對付人民，以此為樂。有時就連在停火期間，兩個派系照樣互射火箭砲，同時爆發小規模戰鬥，然後一切又迅速歸於平靜。

我的心怦怦直跳，後背直冒冷汗，衣服黏在背上。來不及細想自己怎麼會再次被捲入這場瘋狂戰火的核心中。我的目光盯著能作為掩體的下一個建物，我和父親跑過去，然後蹲在牆的轉角。在不遠的屋簷下，我們發現四個中年人躲在那裡，這些人也是剛回去看看自己的房子。他們身體像風中的殘葉抖個不停。

我們在那兒坐了幾分鐘，一時不知道該去哪裡。一個背著步槍的男子匍匐著慢慢朝我們爬過來，他也是個狙擊手，正與山上的狙擊手互相開火射擊。

他將步槍朝天，瞄準對方。在山的高處，我們發現一個閃光，下一秒一枚子彈擊中我們身旁狙擊手的腿。他的衣服被炸成碎片，鮮血噴湧而出，他痛得大聲喊叫，臉上露出痛苦難耐的表情。

我們從藏身的地方跑向對面的掩體，又一排子彈雨點般落在我們腳下，我能感覺到人行道上濺起的碎片彈到我腿上，但沒有子彈擊中我們。我們坐在那兒，身體緊貼著牆，並盯著狙擊手，但我們對他愛莫能助。他站起來，朝我們這邊跑了過來，希望也能躲一躲子彈。他拖著受傷的一隻腳，跑到馬路中央時，三枚子彈擊中他的後背，他身體猛地向前撲，每中彈一次，他的身體就抽搐一下。他的臉露出難以形容的痛苦。

他轉過身，對著山，連開了三槍，手背血流如注。他的身體連中數彈，殷紅的鮮血濺滿寬闊的胸膛。他另一位同伴從另一個街角閃身而出，但山上的狙擊手出手很快，擊中了這個人，子彈的威力強大，迫使他後退倒地，當場死亡。

之前那位被擊中的狙擊手還癱坐在路中央，看著他中彈的腿，上面的肉已被掀開，神情呆滯而困惑，然後他舉起步槍瞄準遠方的山。

「你這混蛋！你也得死。」他仰天大吼，空中響起一陣回音。我們看著他瞄準的方向，見到像剛才一樣的閃光，也許山上的狙擊手已經扣下扳機。馬路上的這位狙擊手喉嚨中彈，發出很大的咕嚕聲，雙眼立刻翻白。他連扳機都來不及扣，腦袋便倒在胳臂上。

父親站起身，一枚子彈擊中他腦袋旁的牆上，他立刻蹲下身子。

「看來我們得在這兒等一會兒。」父親提議道。「也許他們慢慢會覺得無聊，然後忘了我們。」其他人贊同父親的提議。我們坐在那兒，一語不發，就這樣過了一個小時。

我們正打算動一下時，一隻大狗緩緩朝我們走來，牠對著馬路對面一道牆抬起左腳，結果狙擊手朝牠開了好幾槍。狗被拋到空中，哀嚎不已。山上狙擊手想讓我們知道，他並沒有忘了我們。

我們坐在那兒，直到夜色降臨。

「我們必須匍匐離開這裡。」父親終於開口說話。

另外四人點頭表示同意。然後我們一寸一寸地慢慢沿著牆爬到這條街的尾端，再往前爬了一條街，才到了圓環所在的交叉路口。我們在路口看到冒著黑煙的卡車，大家驚慌逃竄。

我們忐忑地站起來，像常人一樣行走。這裡是幹道，來往的人非常多，狙擊手可能不會朝我們開槍。這就是喀布爾的戰爭方式，任何事都沒有道理可言。

我們互道再見後，分道揚鑣。沒有人提及那位被擊斃的狙擊手，但我們都清楚，是他救了我們。

父親和我坐在圓環所在的交叉路口，等著計程車來。我凝視馬路對面的公園，以前我經常與堂兄弟在那裡比賽騎自行車，放學後會和同學在裡面玩捉迷藏。如今花園又乾又髒，到處都是子彈的彈殼。我心想，我們老家的社區一定受到了詛咒。這時一輛計程車減速停在我們面前。

我們坐進車子的後座，車子開往卡爾特帕爾旺，一個小時後才抵達。回家的路上，我和父親誰也沒說話，但我並未把此事放在心上。

14 瓦基爾

父親推開房門時，母親剛結束晚禱，她把禱告跪坐的毯子摺好，放到架子上。她轉身走出房門，準備張羅晚飯，這時她才看到站在房門門檻前的我們。她似乎已經哭了好幾小時，盼望我們能平安回來。

父親過去抱著她。「沒事了，我們很好，你瞧，什麼事也沒發生，我們是九命貓呢。」父親撫摸母親的後背，低聲安慰她。母親朝我張開雙臂，我們三人彼此緊擁著站在門口，彷彿這個世界不管用什麼力量都無法拆散我們。

我需要洗個澡，可是我想先去找瓦基爾。母親說瓦基爾一直在等我們回來，但是等到天都黑了我們還遲遲不歸，他只好先回馬卡羅延祖父那兒。

自從他父親下落不明後，倘若祖父或我不在身邊，瓦基爾就覺得自己落單，感覺非常孤獨。他人緣好，到處都有朋友，儘管如此，他還是要確定祖父或我就在附近，才能放心。

「他說他想在大澡盆裡洗個真正的澡。」母親解釋道。諾伯亞堡沒有浴缸，得提著水桶從花園地底下鑿出的古水道（Karuz）提水到屋裡，再從水桶舀些水沖澡。有時會先把水倒在哈吉．努爾．謝爾的俄式水壺裡，將水加熱後再洗。「他說他明天會來。」

我也想去馬卡羅延，在大澡盆裡痛快地洗個澡，更想和瓦基爾聊天，告訴他我看到的一切。我覺得自己的靈魂承載了過重的壓力，知道瓦基爾可以幫我紓解，他會仔細聆聽我說的一切，然後提出有意思的問題，只有耐心聽的人才提得出那樣的問題。

可是我太累了，哪兒也不想去，只好等他明天來再見面。我知道他的習慣，我躺在床上半夢半醒著，腦海一一浮現他現在正在做的事情。

瓦基爾洗完澡，穿上新做的藍色紗爾瓦克米茲衣褲。近幾個月來，他長得很快，以前的衣服都已太小不合身了。換好衣服，他站在鏡子前，仔細梳著頭髮。他把其他剛洗好的衣服拿到陽台掛在曬衣繩上。在陽台上，他見到幾個相識的小男孩在小花園和公寓之間，生了火圍坐一圈。他們每個人手上都端著一杯茶，邊說話邊開懷大笑。

瓦基爾跟他們打招呼，他們吆喝他下來一起喝茶。他猶豫了一下，不知是否該加入他們。他按了一下開關，看看是否有電可以看電視，結果沒有電。

他做完晚禱，然後又站在玄關的鏡子前，打量鏡中的自己。他非常喜歡自己的髮型，在馬卡羅延，他找到了一位手藝不錯的理髮師，幫他剪了一頭時髦的髮型。現在他快二十歲了，開始注意起這些事。

他下了樓，加入圍坐在火堆旁的朋友，與他們一一握手，像平常一樣和他們開開玩笑。他們要他坐下來，可是他堅持站著。

「你是從大家都站著說話的城市來的嗎？」一位朋友問他。

「不是，是從一個大家洗完澡不想讓衣服被煙燻黑的城市來的。」瓦基爾開玩笑回道。

大家都笑了出來。

「要喝杯茶嗎？」另一個朋友問道。

「不用，謝謝！」瓦基爾笑著說道。他心想自己應該回家，樓下的秋風感覺起來比陽台上還冷。幾天前他的感冒才剛好。

他抬頭望著無雲的天空，半圓的月亮已掛在天上，白晝漸被夜色取代。燕子嘰嘰喳喳的叫聲是四周唯一可聽見的聲音，牠們從一根樹枝飛到另一根樹枝；從一棵樹飛到另一棵樹，尋找可棲的窩準備過夜。瓦基爾環顧四周，舒暢地深吸一口氣。

他最先聽到火箭砲的嗖嗖聲。

「快趴下！大家快趴下！趴到地上！用手摀住頭！摀好哦！」他的叫喊聲被身後幾公尺遠一枚火箭砲落地的爆炸聲淹沒。片刻後，另一枚火箭砲落在附近，接著是第三枚。

之後一切歸於平靜，彷彿整個世界都停了下來。空氣中瀰漫著悶燒的火藥味，一團塵土從火箭砲落地之處迅速升起。

後來他的朋友告訴我們，火箭砲擊中他們時，瓦基爾是唯一一個站著未趴下的人。為了警告周遭朋友，他在尚可保命的前幾秒，並沒有用手摀住頭。最後身體晃動搖擺，再也站不住了，瘦長的身子轟然倒地。他的眼睛睜得大大的，還在凝視天空，看著半圓月亮。他的朋友朝他衝了過去。

瓦基爾側身躺在地上，深紅色的鮮血如泉水般噴到才剛燙平的藍色衣服上。火箭砲的碎片在他後背留下數十個洞，他的胸膛上下起伏，伴著吃力的喘息聲，雙唇顫抖。一位朋友坐在地上，讓瓦基爾的頭枕在他的大腿上，哀求瓦基爾開口說話，哪怕是高喊救命。

瓦基爾小聲說著什麼，然後就陷入沉默。他親眼目睹太多死亡，明白這是怎麼回事。也許他有最後一個遺願，需要說出來請人轉達。此刻每次呼吸對他而言都是考驗。

我最小的叔叔只比瓦基爾大一點，這時不知從什麼地方冒了出來，撲向瓦基爾。瓦基爾不但是他的侄子，也是他最要好的朋友。叔叔跪在瓦基爾血淋淋的身子旁邊，瓦基爾仍盯著半圓的月亮。叔叔將他扛在肩上，跑到馬路上叫車，但是等了半天，見不到一輛計程車。就算他攔到車子，他也知道，瓦基爾已和這個世界訣別。

但他還是把瓦基爾送到了醫院。十五年前，他失去瓦基爾的爸爸，也就是他自己的哥哥，無法再忍受失去和自己摯愛的大哥最後的血脈連結。

「他已經死了。」醫生說。

八點左右，我們吃完晚飯，我準備上床睡覺，希望白天看到狙擊手屍體的畫面不會盤旋在腦海裡，害得自己整晚輾轉反側。父親打開電視收看新聞，新聞報導儘管現在還是停火期間，但火箭砲擊中了馬卡羅延。那些是古爾布丁派系發射的火箭砲，他根本不把停火協議當一回事。

我聽到面向街道的大門傳來急促而響亮的敲門聲，父親叫我去應門，看看是誰來了。我已經快入睡了，卻得起床開門，因此惱火地穿過庭院，經過一片廣大的空地，這裡是哈吉．努爾．謝爾之前停放他那輛敞篷雪佛蘭大車的地方，這輛車和國王開的那輛一模一樣。

我打開大門，發現叔叔站在門口，臉上和衣服都是血跡，我們看著彼此，但他一語不發。我愣了幾秒鐘才發現他肩上那個渾身是血的屍體是瓦基爾。等我回過神，叔叔已經扛著斷了氣的瓦基爾掠過我身旁，逕自走向庭院。

我想要跟上他，但是雙腿抖顫無力，撐不住我身體的重量。我緊緊握住大門的把手，試著挪動腳步，但感覺肚子正在往下垮。我費了好一番工夫總算關上了門，這時叔叔已穿過通往庭院的拱門，不見人影。不行！我不能讓他把瓦基爾帶走。絕對不行！猛然間，我邁開步子，緊追在後。不！

叔叔將瓦基爾放在我們窗前那棵高聳的相思樹底下。

父親走出屋子看到心愛的侄子滿身是血。他不停地搖頭，不願相信自己的眼睛。

他深吸一口氣，對著天空長嘯道：「哦，真主啊！你為什麼要這麼對我們？」他的聲音回響在整個庭院裡。

住在庭院四周房間的鄰居紛紛開窗探出頭來，一會兒後圍在屍體四周，看著他們深愛的瓦基爾。唯一還住在諾伯亞堡的叔叔從房裡跑出來，手裡還拿著本書。他看到躺在草地上的瓦基爾，立刻丟下書本，用手掌猛拍自己的腦袋，呻吟地喊著主的名字，他的妻子試圖勸阻他，但他停不下來。

瓦基爾的身材顯得特別修長，我從不曾對他有這樣的印象。他的腳趾異樣地張開著，雙手靜靜地交叉在胸前。我看著他，一直看著他，心想他為什麼這個樣子躺在這裡。我看到了什麼？一切都是假的。相思樹的落葉織成厚厚的枯葉毯，一道微風掀起了幾片葉子，輕拂過瓦基爾靜止不動的臉龐。

我嚎啕大哭，為瓦基爾流淚，也為自己流淚，為聖戰士掀起戰火毀了這個國家、毀了我們的人生而哭。我不知道自己哭了多久，直到後來才發現自己倚在母親的臂彎裡，她也哭了。

幾個小時後，瓦基爾的母親從她哥哥家趕了過來。她本來是去參加侄子的訂婚儀式。她跪在瓦基爾的遺體旁，不斷以低沉而嘶啞的聲音嘟囔著什麼。她的眼睛睜得老大，我以前從未見過她這模樣。她整晚坐在地上，緊挨著瓦基爾，像個瘋子一會兒哭、一會兒笑。有時叨念著我們聽不清楚的事情。

我躺在床上，任憑眼淚安靜地流淌滿臉。

在我生命中，從未像現在如此渴望待在祖父身邊，但是晚上在喀布爾穿梭非常危險。

次日一大早，祖父與叔叔們趕來替瓦基爾舉辦喪禮。我想要幫忙抬屍，但是個子太矮——儘管我已十三歲。我走在父親身邊，看著他和叔叔將瓦基爾抬在肩上，走出院子。瓦基爾被放在竹製擔架上，身上還穿著沾滿血污的衣服。因為他是殉道的烈士，所以我們沒有幫他清洗身體。

他的母親一路追著我們，想要阻止我們帶走她唯一的兒子，但是她的腳不聽使喚，跌坐在地。她立刻站了起來，但是沒多久又摔了一跤，仰面躺在地上，其他女人見狀趕忙過來幫她。她披頭散髮，失神的眼睛彷彿看著另一個世界，緊咬牙關，痛哭流涕，慢慢地大家把她扶起來。

其他女子知道應該攔阻她，因為女人不准參加穆斯林的葬禮，但因為不忍，還是放開了她。她繼續追在我們後面，但又跌了一跤，這次昏了過去。

我們完成儀式，將遺體放進墓裡。我們無法將瓦基爾埋在家族墓地，因為那裡靠近祖父的老宅，在阿里阿巴德山的另一側。我們不知道抬著瓦基爾屍體去墓地的路上，山上狙擊手是否會停止射擊，以示尊重死者。所以我們將他埋在又小又舊的納瓦巴德（Nawabad）墳場，和一群陌生人比鄰而居。這個墓地的前方有一個低而陡峭的小丘，可作為屏障，阻擋狙擊手的攻擊。

一隻蝴蝶出現在墓地鬆軟的泥土上，盤旋了幾分鐘後才落地。牠翅膀的下方是粉白色，張開翅膀後，上方是深紅色，彷彿一道張開的傷口。

一陣微風吹來，牠隨著風飛到空中，愈飛愈遠。我看著牠飛向遠方，變得愈來愈小。我知道這是瓦基爾的靈魂離開他的身體，離開了我們。我知道他想告訴我們他很好，他一向相信事物的徵兆。我真想和他一起飛走，忍不住又哭了，不過一種奇怪、溫暖的感覺同時湧上心頭，讓我得以平靜。這種心境以前不曾有過，後來也沒再出現。蝴蝶飛過墓地前陡峭的小山丘，然後消失不見蹤影。

祖父、父親、叔叔、其他男性親戚，悲傷地僵立在墓前。「傻B」緊挨著他父親，目光低垂，任憑淚水流淌滿面。儘管他一直是瓦基爾揶揄嘲弄的對象，但他和大家一樣深愛著瓦基爾。從此再也沒有人出面保護他、逗他、幫他放風箏，也沒有人可以在我們踢足球時催他跑快點，更沒有人幫他寫作業。

我們禱告完後沒多久，瓦基爾的母親和其他女眷也來到墓前。她哭得肝腸寸斷，彷彿自己也快死了。她蹲下身，跪在墓地旁，一遍遍整理鬆土上的石頭。我們跟著她一起哭，除此之外，我們什麼忙也幫不上。我很欣慰瓦基爾的靈魂化身為蝴蝶，也謝謝祖父在我身邊。

儘管儀式已經結束，但我們不能馬上離開，除非瓦基爾的母親跟我們一起走。大約過了半小時，她站起身，一聲不響地往回走。在遠處等著她的女眷很快地湊過來，讓她靠在她們身上，攙著她走下陡峭的坡地。

我們慢慢走回家。我緊挨著祖父，但他心煩意亂，根本沒注意到我。我跟他說話，想替他解解憂，但他似乎沒在聽，這時他開口了。

「我一直以為人的悲傷源於三個原因。」祖父說。「他們想不費吹灰之力立刻得到一切。他們想要的多於需要的。他們對已有的並不滿足。可是現在我發現，世上最大的痛，莫過於失去真主賜予的禮物。」

我不明白他這話是什麼意思。

「瓦基爾是真主賜給我們的禮物，可是我們幾乎沒注意到這禮物有多麼珍貴，因此真主把它收回去了。」祖父說。

我對他講了蝴蝶的事。他單腳跪在地上，張開雙臂將我攬在懷裡。「你總是有辦法讓我覺得好過一點。」

祖父平視我的眼睛，我第一次看到就連他的雙眼也是又紅又溼。「你知道人死後會怎樣嗎？」祖父苦笑地問我。

「當然知道。這是我和其他小孩第一次到清真寺時，穆拉教我們的第一課。」我回道。

「沒錯，我們死的時候，相信自己會上天堂，永遠安息，化為天使，進入樂園。這些可能都是真的。但我要告訴你：我相信人死時，至少有一小部分靈魂會進入我們最愛的人的心裡，讓那個人更聰明、更有智慧。」

祖父曾多次對我說過這樣的話。我聽得懂他說的每個字，但往往要花上一些時日咀嚼，才能明白這些話背後的真正意涵，以及對我的意義。

祖父和我們一起住了一個星期，然後他說他必須回去陪著瓦基爾的母親。我懂。我愛瓦基爾的母親，難以想像她現在有多麼傷心失落。她彷彿是我的第二個母親，所以我們都叫她「阿婆」（Abbo，普什圖語是母親的意思）。我很小的時候，母親因為在銀行上班，父親在學校教書，或因為某些事情而無法回家為我們小孩準備午餐，阿婆經常過來照顧我們，幫我們弄吃的、替我們洗澡、哄我們午睡、叫醒我們、帶我們到庭院的另一端，和她的小孩以及其他堂兄弟一起玩耍。

阿婆很會講故事。她的故事真多，有傷感的、有好笑的，但是現在她講的多半是兒子的事。每次講到他，她都眼睛泛紅，眼淚淌下臉頰，聲音顫抖，但她堅持要把它講完。聽她說這些事，雖然很揪心，但沒有一個人中途離開；她說得頭頭是道，彷彿不久前才聽到所有細節似的。她一直都說著同樣的話，一如背誦聖書裡的某段經文，一字不差。有一次她開始講到某位遠親的事，我不想聽，遂離開屋子。但是不久便發現，自己實在不忍心留她一個人在屋內追憶瓦基爾，所以儘管不想聽她說話，仍回到屋內，挨著她坐下。

她向出事當天在場的所有人問了很多問題，包括瓦基爾的朋友與其他人。她掌握了所有細節，彷彿她親眼目睹一切。我無法想像這對她是多痛的打擊。光是聽她講就已夠心痛了，但因為我們愛她，還是願意聽她叨叨絮絮。

祖父返回馬卡羅延，我覺得比以前更孤單。我有許多事情想問他。

有幾次，我坐在瓦基爾遺體曾停放的相思樹下，等著那隻蝴蝶，但牠再也沒有回來過。

15 惡火

一枚火箭砲擊中樓上父親放地毯的房間。當時是盛夏某個週五的傍晚，天乾物燥，風沙滾滾。火箭砲落地爆炸時，父親正與隔壁鄰居喝著茶，希望能買下他們的地毯，以及一只十二世紀伽色尼（Ghaznavid）王朝留下的古董銀製容器，這個容器裝了九十公斤的稻米。該鄰居將動身前往巴基斯坦，然後從巴基斯坦轉往加拿大，他們在加拿大的親戚透過聯合國做了一些安排，讓他們可以移民到那裡。

父親想要收購他們的地毯，因為地毯至少有一百年歷史，而且保存良好。父親可用買價的兩倍賣出賺差價。他也想買下銀製的古老容器，因為他認識一些人，可以高價收購這些古董，再把這些古董帶到巴基斯坦轉售。父親也有意收購鄰居吃剩的米，因為這些米來自昆都茲，比進口米的市價稍稍便宜一些。

我正從外面回來，提著水經過庭院。這些水是取自花園下方的清真寺。這段日子，因為乾旱，市政府在喀布爾各區安裝的抽水幫浦全部乾涸，大部分的水管也已毀損。現在我們只能跋涉一段長路，找到還堪用的水井打水。清真寺的花園裡有一口井，我才剛來回跑了四趟，累得只想停下來喘口氣。

火箭砲爆炸的聲音非常大，我的耳朵都被震聾了，聽不到任何聲音，只感覺一股又沉又重的力量撼動整個城堡。面向庭院有三道大窗子，塵土伴著煙霧開始竄出面向庭院的第一扇大窗子，接著從第二扇噴出。我嚇呆了，不知如何是好。我該怎麼辦？怎樣才能止住濃煙？我很害怕，不敢接近那個房間，但我又不願意眼睜睜看著父親的地毯付之一炬而束手無策。但是我腦筋一片空白，昏頭昏腦，什麼也聽不到。

我瞧見鄰居家一個孩子嘴巴一張一合，可是我一個字也聽不見。他檢查我全身上下，從我的腿由下而上摸了一遍，看看我是否受傷。他對我點點頭，示意我沒事，然後我們轉身看著樓上。

父親一聽到爆炸聲立刻從鄰居家跑回來。他在庭院的門口碰到我，當時我手上還拎著裝滿水的水桶。

我從他臉上看到害怕與恐懼。他問了我一些事情，但是我聽不見他說什麼，但是憑直覺知道他在問母親和家裡其他人是否安好。

母親和妹妹一直在樓下房間觀看寶萊塢電影，正好在被炸房間的下方，火箭砲爆炸時，整個城堡都在搖晃，房間的天花板掉下一堆塵土，老舊泥牆也被炸得裂開。

母親帶著姊妹們跑到院子避難，另外一隻手則拖著小弟，儘管他現在已經會走路了。在她的臂彎裡，緊抱著只有幾個月大的小妹妹。他們全身上下都沾滿了塵土，一副茫然無措的樣子，也許也跟我一樣什麼都聽不到。

父親發現他們無恙後，抬頭凝視樓上的儲物間，那裡承載著他的心血以及我們逃離阿富汗的希望，現在正冒出熊熊大火。

他猛地拿走我手上兩個盛滿水的水桶衝上樓梯，彷彿這些水桶根本沒有任何重量。他站在著火房間外面的陽台，我緊跟著他。他拿著一個水桶，從沒有竄出黑煙的窗子跳進房間，然後示意我把另一個水桶遞給他。

現在他在房間裡面，被濃烈的黑煙包圍，他把第一桶水向外潑，不知道水會潑到什麼地方。水到之處，黑煙立刻變成烈火，好像他往上面潑的是汽油。他把第二桶的水也潑出去，可他驀然發現自己置身在火海之中，我看到他大喊救命。

我對他大喊，叫他趁火勢愈來愈猛與失控之前，趕緊脫身逃命。我心裡聽到的喊聲比實際的喊聲要大，並且痛苦不已。也許父親聽到我的喊聲，抑或他只是出於本能，決定遠離火海，從窗戶跳了出來。他的鞋子和衣服都著了火，赤焰很快就燒到他的前胸和後背。

有人對著他大叫，要他在地上滾一滾，也許是我母親喊的。他躺在地上，後背的火很快滅了，但滾了一圈換胸部著地時，後背的火又燒了起來，他就這樣來回滾動，母親也從浴室提了一桶水澆到他身上。父親持續翻滾，身上不斷冒出蒸氣與黑煙。而他打滾的陽台地面，現在已泥濘不堪。

他站了起來，全身上下冒出黑煙與水蒸氣，我們幾乎看不到他的臉。他的衣服燒得破破爛爛，所幸他並未被燒傷。

他搶過我姊姊拎來的另一桶水，朝窗戶潑了過去。現在三扇大窗都已被火吞噬，毫無疑問，父親的地毯助長了火勢。

母親追在父親後面，大聲喊叫，扯著他的肩膀，不讓他拎著那一小桶水再衝入火海。這麼大的火勢，一桶水無疑是杯水車薪。

母親使勁拽住父親一隻臂膀，父親扭頭對她大喊，甩開她的手臂。他站在原地，眼睜睜看著火勢愈來愈大。我目睹這一切，就像觀看一部默片，因為什麼也聽不見。房間的梁柱也著火了，其中一根落在地毯上。慢慢地，父親的頭絕望地垂在胸前，將滿滿的一桶水放在腳邊。

一個鐘頭後，天花板的粗梁都已燒毀，剩下的地毯也已燒光，這時消防人員才趕來。滅火設備過大，進不了通往庭院的小門，也無法在庭院裡有稜有角、高高低低的通道上移動自如。諾伯亞堡四周圍了高牆，整個城堡彷彿打開的大型盒子，外高內低。消防員沒有長梯可越過高牆，進到城堡裡。鄰居拿來他們自家用的窄竹梯，終於有三名消防員爬上緊臨花園的高牆，朝火勢最猛的區域灌水，空氣裡充滿絨毛燃燒後嗆鼻的黑煙味，黑煙沖天，連天空都感到窒息。

更多鄰居趕了過來，但是聽到火焰發出挑釁的怒吼時，都已清楚知道他們無能為力。

這時濃密白煙慢慢取代橘紅色的火舌，原先的黑煙慢慢褪去。消防員終於能夠進到房裡檢視火源，這時火勢並未完全撲滅，仍繼續在牆縫裡悶燒。

兩三個小時後，火似乎滅了，但消防員不准我們進到房內。因為牆壁的泥磚裡混了很多稻草，加上木柱和房梁燒毀後堆埋在房內，隨時可能死灰復燃。

庭院裡仍擠滿鄰居，隨著夜幕降臨，他們一個個散去，邊走邊搖頭嘆氣，談及何以火勢會在這麼短的時間內一發不可收拾。

父親和我走進被燒得面目全非的房間，天花板已塌陷，屋裡每樣東西都冒著滾燙的熱氣。父親開始查看被壓在成噸泥塵下的地毯，呼吸非常沉重。

他試著用雙手挖開很燙的泥塵，結果手指被燙到了。他衝我大喊，不要像個瘋子似的盯著他看，要我拿支鐵鏟給他。現在我又能聽到聲音了，但耳鳴嗡嗡作響。

我拿了鐵鏟給父親，他連續挖了半個鐘頭，全身上下被汗水浸透。被燒壞的衣服貼在後背上，我可以清楚看見他每塊糾結與緊繃的肌肉。時間一分一秒地過去，他鏟得愈來愈快，最後他鏟到地板。但是原來放地毯的地方，除了灰燼，什麼也不剩。

「哦，真主啊！祢為什麼這麼對待我？這是我應得的報應嗎？」他發自靈魂深處悲哀至極的哭嚎聲讓我害怕。

一陣強風颳起，有些焦了一半的木頭又復燃，父親叫我們去拿水，我從浴室的水缸裡提了兩桶給他，他朝著火的地方潑了過去。一分鐘後，牆上另一個裂縫也起火，我們又朝那兒潑水。稍後，又一個地方竄出火苗，接著又一處，直到第二天早上七點，火勢才止住。父親和我徹夜未眠，也沒吃東西。

父親不讓母親和姊妹們在起火房間的樓下睡覺，所以他在庭院的一個角落幫她們搭了帳篷，暫時棲身。她們整晚未能熟睡，又冷又餓，一直做著再次發生火災以及滅火的噩夢。

隔天晚上，儘管那時著火房間的樓下屋子都已安全無虞，姊妹們還是害怕回去。到處都能嗅到一股煙焦味，也都被灰燼與塵土所覆蓋。

我們全都睡在前一晚父親搭建的帳篷裡，為了照明，我們在帳篷前生了一堆火。這讓我想起和庫奇人一起生活的日子，入夜後我們一起吃飯、一起說笑、一起講故事，伴隨著在一片漆黑中牲畜所發出的聲音。

但是我們和庫奇人一起生活的日子不再了。而今火對我們有了不同的意義。我躺在父親和母親之間，從他們的呼吸聲我確信他們已睡著，但母親是不是熟睡，我就不清楚了。有時她半夜驚醒，凝視著天空，淚流滿面。

那晚，我看到她又在哭了。我伸出手，摸摸她的肩膀，問她是否沒事。她迅速轉過身背對我，沒有回答。她不同於一般人，從不啜泣、慟哭，或嗚咽。她只在四下無人，沒人看到或聽到時才放聲哀哭，讓心底的悲傷藉由眼淚宣泄而出。

儘管房間仍充斥煙味，但到了隔天我們還是搬回樓下的房間。父親非常消沉，沒有幫我們把東西搬回房裡。他坐在曾經停放瓦基爾遺體的相思樹下，頭垂在膝蓋上，在那裡一坐就是幾小時，恍若死人般動也不動。母親叫他過來和我們一起吃午飯，但是他不吃不喝。他的雙唇乾裂，眼底冒出黑眼圈和眼袋。

凌晨一點左右，他終於走進屋子，躺在母親身邊。他很冷，身體直打哆嗦，母親把她蓋的毯子覆在他身上，將他攬在懷裡，直到他不再打顫。第二天，他跟誰都不說話，只是坐在窗邊，凝視窗外某一個點，不知道在看什麼。我和姊姊說話都放低音量，走路也躡手躡腳，吃飯時盡量不讓湯匙叉子發出鏗鏗鏘鏘的聲響。

過了一週，他才開口要求一些東西，諸如一杯水、一杯茶等等。母親開始煮得又鹹又油，因為她知道父親不喜歡又鹹又油的飯菜。他忍不住抱怨油和鹽放太多了，母親則回嗆他不准抱怨。他離開屋子出去了，母親對我們笑道：「他回來時會像以前一樣開心。」我們不知道她在說什麼。

三小時後，父親拎著幾袋水果和幾公斤牛肉回來。他臉上露出淒然的笑，和祖父同出一轍。那晚母親煮了一頓好菜，父親終於又開始開玩笑。叉子湯匙又能夠發出鏗鏗鏘鏘的聲音，我們也不用再低聲講話或躡手躡腳。

派系之間重啟戰火，我們也再次被困在一個房間裡，彷彿洞中的老鼠。

火箭砲如暴雨般對著喀布爾市下個不停。古爾布丁派系發射美國提供的火箭砲，攻打盤據在九塔堡周圍地區的潘傑希爾派系。烏茲別克指揮官杜斯塔姆的手下，也向盤據在九塔堡附近與馬卡羅延的潘傑希爾士兵發射火箭砲。哈札拉和潘傑希爾兩派系互射火箭砲。薩亞夫從喀布爾西部的高山，對潘傑希爾人與哈札拉人發射火箭砲。有時候，一天之內多達三千枚火箭砲落在喀布爾。火箭砲停止發射的幾分鐘，出現一種極怪異的安靜狀態，然而實際上，絕對沒有真正的寂靜。房子本身一直在「自言自語」：隔壁房間時鐘的滴答聲；有電時，冰箱週期性的震動聲與轟轟聲；浴室自來水從水管流到水桶的滴滴答答聲；馬路上不時有車子呼嘯而過，或是卡車隆隆駛過的聲音。

我們仔細聽著火箭砲發射後升空的聲音，接著是它落地後的爆炸巨響，威力不輸地動山搖的強震。兩個月內，共二十九枚火箭砲落在諾伯亞堡和堡內的花園，九個巨塔中僅存的一座雖然還屹立於古堡的一角，可是我感覺它再也保護不了我。一百多年來，這些塔保護了堡內的人，而今在這惡魔橫行的時代，高塔再也不具保護功能了。

祖父和家裡其他人決定搬遷到蓋得更牢固的馬卡羅延區，其中一個理由就是那裡比較安全。但是我們受困在卡爾特帕爾旺的諾伯亞堡，他們也同樣受困在馬卡羅延。這幾個星期裡，我們不知道他們的情況，不知他們是活著、死了、還是受傷了。我們沒有電話，街上也沒人可以捎信息給我們。父親不再收聽英國廣播公司的新聞，也不看其他新聞頻道，因為這些節目的內容不外乎播報傷亡數字，公布送醫的傷患名單，血庫鬧血荒、藥荒、醫師荒等等，聽了只會讓我們更不安。

那些日子裡，我們整天或是整個星期都待在房間的角落，低聲祈禱，以及等著火箭砲落下將我們全家炸死。某天晚上，火箭砲爆炸的聲音實在太吵太大聲了，害我根本無法入睡，所以爬到古堡的屋頂，坐在那座僅存的高塔附近。我看著一枚又一枚的火箭砲落在前方平地，每當火箭砲從頭上呼嘯而過，我都很驚訝自己怎麼沒被炸死。老實說，我多少有些自暴自棄，心想其中一枚不久就會在我身邊落地爆炸，我大概看不到隔天的日出了。

有時候，父親、母親、姊妹和我都會寫信給祖父、嬸嬸、叔叔和堂兄弟們。只要停火一、兩天，我們就把幾天前或幾週前寫好的信，交給不得不去馬卡羅延的鄰居，請他代送。而在同一天，若馬卡羅延其中一位叔叔可以外出，我們也會收到一大堆他們寫給我們的信。然後戰火再起，又有好幾週彼此音信全無。

那段日子是我一生中最低潮的時候，然而也有溫馨甜蜜的時刻。每次我寫信，總是非常仔細地推敲字句，希望遣詞用字恰到好處，得其所哉，並期待對方回信時，也同樣能用心於細節。在那段日子，多數人憂心生死之際，我的心思卻擺在如何寫一封漂亮的信，如何按時間先後順序，精準地表達我對一切事物的感受。我只是還在摸索一條青春年少之路。生命如此脆弱，這年紀的我本該上學受教育，本該從事自己喜歡的運動，本該做些自己分內該做的事，但這下子都變得毫無意義。

喀布爾經過兩個月沒完沒了的轟炸後，我們再度可以安靜地過上幾週停火的時光。祖父來我們家，和我們一起住了幾天。我真的非常開心又能坐在他身邊，頭枕在他的大腿上，看著他讀書、吃東西或是與別人說話，並聽著他的呼吸聲。

祖父返回馬卡羅延前夕，他與父親、母親聊到很晚，我們幾個孩子都熟睡了，他們還沒結束。祖父離開後，我坐在相思樹下，被深沉的孤獨感包圍。過了一會兒，父親走過來，坐在我旁邊。

「昨晚你睡覺時，我們做了一個決定。」父親欲言又止，然後深嘆了一口氣繼續道：「現在正好趁這次停火，你和我去一趟巴基斯坦。我們在那兒租一間房子，之後回來接其他人。我們要一直待在那兒，直到喀布爾真的和平了，我們再回來。」

「在一個陌生國家生活不是很辛苦嗎？」我問道。

「我們若是待在這裡，全都會送死。在巴基斯坦，我們至少能活下來。我肯定你很快就會習慣那裡的生活。你會交到好朋友，可以再次上學，我向你保證。」父親說道。他的臉上露出和藹的笑容，讓我覺得他所說的好像真的會實現似的。

我問他何時動身。

「明天，」他說著伸出臂膀摟住我，讓我依偎在他強壯的胸膛上。

16 狗人

隔天早上五點左右，我和母親、弟弟、姊姊妹妹們道別。六點左右，我緊挨著父親坐在一輛載滿人的破舊麵包車裡。有些人沒位子，只好坐在地板上堆放的行李袋上。

我雙手捧著一杯紅茶，慢慢地喝著，藉此保持清醒。我喜歡看著車外的群山，想著大自然的意義，畢竟被困在古堡已經幾個月了。車子漸漸遠離喀布爾，駛往開伯山隘（Khyber Pass）。我在學校曾聽過歷史老師提過開伯隘口，一如他曾講過巴米揚的大佛。因為從沒去過那兒，所以很期待不久就能經過那兒。

小巴士裡很安靜，除了引擎聲之外，偶爾有乘客咳嗽或打噴嚏。有些人在打盹，有些人看著窗外的風景，這時車子沿著喀布爾依山而建的那一側，一路往山下開。因為路上有大坑洞，司機有時必須減速，儘管山路非常陡峭，但泰半時間他都開得很快。

就在車子快離開山區接近沙洛比（Sarobi）小鎮時，司機突然踩了煞車，害我的茶全濺到衣服上，感覺有一股熱氣隨著茶水蔓延到大腿上。其他人衝著司機大喊，叫他小心點。司機轉過身，把食指放在唇上，示意我們安靜。這時車門開了，一個人後面跟著兩個警衛上了車。

他們冷冷地打量我們，臉上沒有一絲笑容，眼神也沒有流露阿富汗人的親切目光。他們一一掃視我們，我們全都不敢作聲。

坐在我們前面座位的老人轉身對父親小聲說，這男人是札達德[1]指揮官。

札達德指揮官臉上坑坑疤疤，擁有我見過最濃密的眉毛。眼窩深陷，雙眼又大又黑，讓人無法不全神貫注。他大約只有六十八公斤，身穿紗爾瓦克米茲，並在外面套了件緊身黑色皮夾克。他從我們這群人當中挑了幾個男女（其中一個是我父親），要他們下車，並吩咐司機繼續駛往巴基斯坦。驚魂甫定的司機趕緊發動引擎，在他將車開走的前一刻，我跳下了車。

札達德盯著我說：「你並沒有被挑中啊。」

「你挑了我父親，我想和他在一起。」我說。

「那你就跟我們走吧。」他像老朋友似的在我肩膀輕拍了一下。

我們沿著陡峭的山路往上走了約十分鐘，抵達他的營地。他手下有兩百多人，每個都全副武裝，坐在各自的帳篷底下，有的在喝茶；有的在睡覺；有的抬眼看著我們。

我們被帶進一個大帳篷，其中一側的篷子整個敞開。指揮官叫我們坐下，我們都不敢坐，個個僵立在那裡。因為帳篷裡的地上躺著幾具屍體，全身赤裸裸，遍體鱗傷，彷彿被咬死。

其中一具女屍才二十出頭，身材嬌小，一頭凌亂的黃髮。她面容姣好，身材纖細，擁有一雙長腿。她的肩膀很窄，肩寬最多不超過三十公分。她胸部很小，看樣子似乎被刀割過。她的手臂和雙腿遍布咬痕，尤其是大腿根部。

她旁邊的另一具屍體看上去就像用白石刻成的雕像，身上的血彷彿被抽乾。和那位姑娘一樣，看起來更像美國人或歐洲人，而非阿富汗人。他的肌肉非常發達，但也是被咬得遍體鱗傷。他的喉嚨被割斷，手腕、大腿和腳踝也不例外，都遭利刃割傷。手上沒看到瘀傷，想必是無法對攻擊者飽以老拳。一種完全絕望的恐懼凝固在他臉上，嘴和雙眼都大張著。

附近還躺了幾具屍體。身上蓋著血跡斑斑的白布。

「你們看到這些人了吧？」札達德說。「他們不肯把錢交給我，最後不僅錢沒了，連命都保不住。倘若你們愛惜自己的生命，就把錢留下，然後你們就可以走了。」

父親從衣袋裡掏出所有的錢，交給札達德指揮官。

「你家在哪裡？」札達德問。

「在喀布爾。」父親不帶任何感情地答道。

「為什麼要去巴基斯坦？」

「看看能否在那兒生活。」父親說。

「你沒有妻子和其他孩子嗎？」札達德問。

「有。」父親說。

「他們為什麼沒有跟你一起來？」

「現在還不能帶他們去巴基斯坦。我在那裡沒有房子，等我找到落腳處後，再回去接他們。」父親就事論事地說道。

「你一定是個富人，我們做個交易吧。我放你兒子回家張羅更多的錢，錢來你就自由了。這交易如何？」札達德問道，粗眉上揚。

「我們沒有多少錢，僅夠我們暫時維持生計。如果我把錢全部給了你，我拿什麼養活我的孩子？」父親問道。

「不准問我問題。」札達德嗆道。

父親低下頭，沒再反駁。

札達德喝道：「狗！」我環顧四周，以為他手下會牽出一條鬥犬。我低頭打量屍體身上的咬痕，非常嚇人。札達德為什麼要喚一隻狗呢？

一男子走進帳篷。他有著又長又大的黃色獠牙，一見我們就笑了。

札達德厲聲命令道：「將他捆起來。」

他的兩個手下從背後抓住父親，另外一個人脫下他的克米茲上衣，接著又扒下他的紗爾瓦長褲。他們用鏈子將他的手和腳綁在粗木做的大框架上。他的手腕被舉高綁在架子的頂端，他的雙腳被分開鎖在底部，看上去有如一張攤開的地毯，就像我以前多次見過他把地毯張開的模樣。

父親動彈不得。所有人都盯著他看，札達德命令那個叫「狗」的傢伙開始行動。狗人張開大嘴，牙齒嵌進父親的二頭肌。

父親痛得大叫，喊著說他沒錢。這次札達德吩咐狗人用牙齒使勁齧咬父親另外一隻臂膀，他的下巴再次逼近父親，按照吩咐從地上抬起腳來，模仿狗的姿勢。父親尖叫著，全身脹得愈來愈紅。

我難以置信地望著這一幕。自內戰開打以來，我經歷太多折磨，其中不乏殘酷場面，但我絕對想不到還有這樣難以啟齒的怪誕奇事。

狗人繼續撕咬父親，從手臂、肩膀、大腿、前胸、腋下、頸脖到臀部。父親痛得一直大叫，札達德在六公尺遠的地方，坐在椅子上輕鬆地一邊喝茶，一邊欣賞。儘管父親的叫聲淒厲刺耳，但札達德無動於衷。

我大氣都不敢喘一下，清楚自己正眼睜睜地看著父親慢慢死去。我心思驟然加速，心想：「我才十三歲，怎麼能擔起對家庭的責任呢？」

父親快用盡力氣了，喊叫聲跟著變小。他緊閉雙眼，四肢無力地在鎖鏈上懸著，身上的傷口血流如注。

最後札達德終於命令兩名手下鬆開他。他們解開鎖鏈，父親癱倒在地。他們抓著他的手腕，在碎石地面上拖行了九公尺，因此父親背上的皮膚都被蹭破。他躺在那兒，不能動彈，不斷呻吟。

然後這兩個傢伙朝我走過來，一把抓住我，扯掉我的衣服，脫得只剩內褲和脖子上一條繫著麥加照片的項鍊。他們把剛剛套在父親身上的鏈子套在我的手腕和腳踝。奇怪的是，他們勒緊鏈子讓鏈子深陷我皮膚時，我卻有一種解脫感。自從戰爭開打以來，我多次從死神魔爪下逃脫，今天一切終將結束。

狗人慢慢朝我走過來，他的嘴邊還沾著父親的血，但他的臉色慘白，好像血管裡沒有血液。他走路的樣子歪歪倒倒，彷彿力氣已被抽乾。

他咬我的第一口，彷彿鋸子或其他鋒利的金屬嵌進我的臂膀。劇烈的疼痛讓我眼冒金星，周圍的一切愈來愈暗，彷彿有人關了燈。我的叫聲從未這麼響亮過。

「別碰他。」父親嘶啞地吼道。他試著站起來，兩個傢伙跑過去，阻止了他。除了臉，他全身布滿乾掉的血跡。「有本事衝著我來！」

「不，你兒子的血更新鮮，皮膚更柔嫩。」狗人低聲耳語道。他的聲音很低，我幾乎聽不清。「你的血老了，咬你兒子更好玩。」說罷，他又咬我的左腿，這次比之前更痛，然後我的肩膀和後背也無法幸免。除了嚎叫，我什麼也不能做。

札達德的一名手下走上前來。「請停一下，長官。讓他們喘口氣。」這位士兵說的是普什圖語。

「這裡由我發號施令，你該聽命於我，而非我聽你指揮。」札達德喝斥道。在此之前，他一直都說達利語。

「是的，長官，我知道。我只是想小睡個兩三小時，這些混蛋一直喊叫，吵得我睡不著。」這位士兵說。

「喂，我正在興頭上，別掃我的興。」札達德說。

父親使盡力氣從地上爬起來。「你算什麼普什圖人？」他聲音嘶啞地朝札達德啐了一口，用的是普什圖語。

「你是普什圖人？」札達德訝異地問道。

「當然我是普什圖人。」父親說，聲音幾乎不比耳語大。

「該死的，你為什麼沒告訴我？」札達德道。他從一直冷眼坐看一切的椅子上站起來，走向父親，仔細打量他。他審視父親片刻後，吩咐手下解開我的鏈子，將衣服還給我們。「我可不想折磨我的普什圖同胞。」札達德輕描淡寫地說完後，走回他的椅子。

父親和我勉強地穿好衣服。我每動一下，狗人咬過的地方就好像被什麼東西撕扯，疼痛不已。我因為害怕，全身僵硬，不知道自己在做什麼。血從傷口汩汩流出，染紅我的衣服。長了獠牙的狗人一直兇狠地盯著我瞧，只因到嘴邊的肥肉飛了，卻無計可施而忿恨不已。

「那其他人呢？」父親問。他還無法站直身子。「也放了他們吧。」

「你們父子可以走了。」札達德說，彷彿在下達命令。

「你並非為了錢才折磨這些人吧？你之所以折磨他們，是因為你很享受這一切吧。」父親說。

「你要是再多說一個字，我就忘掉你是普什圖人，明白嗎？走吧，不要再回頭。」札達德吼道。

父親沒再說什麼。我們離開那裡，一小步、一小步痛苦地走著，沿著陡峭小路緩緩下山，回到公路上。十分鐘後，我們登上一輛從賈拉拉巴德開往喀布爾的公路計程車，踏上回家的路。

「這是怎麼回事？」母親瞧見我們身上的血污，問道。她眼睛睜得好大，嘴巴張著，臉色蒼白。

「我們被狗咬了。」父親擁抱母親時說道，然後他整個人倒在母親身上，暈了過去。

母親趕忙叫我幫她攙著父親。我們半攙半拖地將父親抬到床上。我長話短說地告訴她這次遭遇，因為我也想躺下來休息。

她跑出去，回來時帶了一位鄰居，他是晚上出診的醫師。

幾分鐘後，這位醫生替父親注射了能讓他完全失去意識的藥物。一開始，醫師先清洗傷口，用酒精消毒，再將幾種藥劑混在一起，輕輕擦拭傷口，最後包上繃帶。

醫師處理完父親的傷，接著檢查我的傷口。我的肩膀與手臂已開始發癢，轉而燒痛。被咬的地方繼續往外滲血，右臂的血流得最兇，因為那裡的傷口最深。醫師處理我傷口的方式與父親相同。他對我能忍受痛楚撐了這麼久感到不可思議。但疼痛是我們現在生活的常態。

隔天一早我就醒了，但身體與精神還是很糟糕。每個傷口四周已出現紅腫，熱得發燙，還會一陣陣抽痛。左腿的咬傷處已開始流膿。所有傷口都腫得比昨晚大一倍。只要身體一動，就覺得有什麼東西在撕裂皮膚。

我們兩週後才康復。母親不准父親再提去巴基斯坦的事。她說，我們的遭遇是一個預兆，意味著若我們搬到巴基斯坦生活，也許比在喀布爾更糟。

「你很迷信耶。」父親說。

「是的。」母親直言不諱地說。她在房裡踱步，就像花園裡之前那隻花豹困在籠子裡的模樣。父親望著母親，過了一會兒，向母親說他想喝杯茶。

她停下腳步盯著他，用手指著我或是姊妹們。「我不會去巴基斯坦。」她堅定地說。「我就待在喀布爾。如果我死了，那是命。就算死也要死在自己的這塊土地，而不是死在一個陌生的國家。」

父親知道再怎麼爭辯也不會改變她的心意。母親默默地幫他端了茶來。

1 札達德（Faryadi Sarwar Zardad，約一九六三—）：前阿富汗軍閥，管轄從喀布爾到巴基斯坦的公路。一九九一年至九六年期間，隨意在道路上搶劫、強姦、虐殺過路人。一九九八年逃亡英國，二〇〇五年在倫敦受審判刑。

第四部

瘋狂吹起勝利的號角

17 罪與罰

我們進入了等待期。我們告訴自己只要耐心等待，戰爭終會結束，以前的生活還會回來；只要等得夠久，我們便會找到出口；只要金子還埋在老宅的花園裡，總會在那裡等著我們，我們也會在諾伯亞堡繼續等著。

喀布爾的戰事趨緩，諾伯亞堡附近的學校重新開張。我一直渴望重回學校，但復課後對上學卻失望之至。現在的學校破敗不堪，不像老宅附近的學校因為有學歷高的家庭支持，所以校舍維護得不錯。此外，在以前的學校，所有老師都記得我的名字，也認識我的家人。學校老師很照顧我，我也對所學的每一樣新知感到雀躍與興奮。

在這間新學校，許多學生來自喀布爾北邊的郊區，諸如沙馬里（Shamali）、帕爾旺、潘傑希爾。他們講的達利語都帶有這些地方的口音，聽起來怪怪的。有些同學隨家人跟著聖戰士一起搬到喀布爾，喜歡打仗甚於念書。達利語有句名言：「與好人相伴，你就會成為好人；與壞人為伍，你就會變成壞人。」這些學生並非真的壞人，但我從他們身上學到很多壞習慣。

不過我還是每天都去學校，多半是因為沒有其他事可做。我已經兩年多沒上學，班上很多同學也是，儘管有些人和我一樣，在這空檔有父母教導，但我們還是被耽誤了。然而，生活在戰火中也教會我們很多事。

我不知何故被編入八年級。也許是因為我十三歲了，外表看起來就像應該編入八年級。每天下午上課四個小時。一到六年級是早上上課，所以兩個妹妹是上午班。大姊到相距不遠的女子中學上課。只要停火繼續，我們每天都去上學。

多數老師和學生一樣，對阿富汗的生活灰心不已。他們努力說服我們，他們教導的東西對我們很重要，也許是吧。

有時候課堂上會討論聖戰士的派系，哪個派系好、哪個派系壞。到最後，我們都同意沒有一個是好的。有時火箭砲仍會落在喀布爾，但我們不知道是由哪個派系發射的。同時，我們也聽說一個叫塔利班（Taliban）的新派系崛起了，掌控南部多個城市，並緩慢向東部挺進。許多人說，塔利班會包圍喀布爾，並趕走所有其他派系。我們對他們所知甚少，但我們的確受夠了指揮官與派系。

相較於塔利班，我們更憂心的是校長，他的雙眼通紅，像火球。每天他都會掌摑打架的學生，打得他們當著其他學生的面痛哭。他是個蠢蛋，水龍頭眼壞掉，寶貴的水一直滴漏實在可惜，他叫我們把一根木棍插到水龍頭眼裡，說這樣就可以修好。我們照他的話做，結果水朝我們狂噴，濺溼了全身。然後他不滿我們全身溼漉漉，竟賞我們巴掌。

有人發現蓄水池裡有一隻死貓，但沒有人賞校長耳光。至少有一星期，我們都喝著浸了死貓的水。

所幸有門課我的確喜歡，這門課是達利語與達利文學。老師很漂亮，而且總是很開朗。她讓我第一次了解到一篇文章裡有比情節更重要的東西。她告訴我們，文字創造的意象暗藏了弦外之音。我開始重新閱讀家裡的藏書，像個偵探般尋找隱藏的意義。心想，別人若沒有我聰明，肯定看不出其中的玄機。

學校指定的教科書鮮少有文學作品。有些詩、短篇故事用字艱澀、華麗，還有一些關於著名詩人與作家的傳記也是如此。所以我們老師選了其他書讓我們閱讀，多半是小說。很多男同學討厭閱讀，一讀書就生氣。但是也有一些像我們這樣的學生發現，老師指定的教材每本都比上一本更好。

我們老師認為她推薦的小說有助於我們理解課本上沒教的東西，這些小說的作者多半是伊朗人，包括：阿米爾・阿希里（Amir Ashiri）、帕維茲・卡齊・賽伊德（Parwiz Qazi Sayed）、阿洛尼基・卡馬尼（Aroniqi Karmani）與賈瓦德・法茲爾（Jawad Fazil）。她也推薦一些西方作家，如馬克希姆・高爾基（Maxim Gorky）、費奧多爾・杜斯妥也夫斯基、托爾斯泰、契訶夫（Anton Chekhov）、傑克・倫敦（Jack London）、湯瑪斯・曼等人。《罪與罰》（*Crime and Punishment*）描寫太多苦難、不幸與痛苦，我讀了前面幾頁便把書放回書櫃，心想哪天等我不在阿富汗生活，再回頭讀這本書。

老師對我們說話總是輕聲細語，但大家都能聽明白她說什麼。她一進教室，全班立刻鴉雀無聲。上她的課，沒有人互相打鬧，不像上其他老師的課。

有一天她告訴我們，她已取得俄文學位，原本希望能在喀布爾大學任教，但是她生了三個兒子，最大的比我們小四歲，所以她無法在大學教書，絕大部分時間必須待在家裡育子。我認為，她教書並非為了錢，因為她丈夫開了一家電器行，生意不錯。我認為她教書是因為熱愛文學。有了她，我才開始漸漸明白什麼是文學，能向她這樣熱愛文學的人學習，我感到非常興奮。

月復一月，年復一年，我留意到身上以前未長毛的地方開始長出體毛。起初我害怕這是因為戰爭造成心理壓力，以致讓我變成一隻猴子。我想起多年前教科書上看到的圖片，心想戰爭真的能讓人退化成猴子嗎？

之後，我做的夢也不一樣，尤其是夢到女人時，既讓我興奮也讓我難為情。每次看到雜誌上的美女照，我就有種怪怪的感覺。

現在已不像從前。以前年輕男子可以和姑娘約會，但是聖戰士出現以後，年輕男子必須和姑娘結婚後才能在一起。我可不想年紀輕輕就結婚。

所以我花了許多時間在健身房，練習舉重，也把自己當成拳擊手般操練。我的手臂愈來愈粗壯，胸膛也開始有了男人的模樣。有時我脫掉上衣，站在鏡子前，看著身上發達的肌肉，就像書上柏拉圖與蘇格拉底的雕像。

某天我假裝自己是阿波羅雕像，抬起左手臂，保持這姿勢兩三分鐘，渾然不知父親在房門口看著我。之後長達數星期，父親不斷拿這個來取笑我。他盯著我，然後舉起左手臂。雖然我不喜歡他取笑我，但至少我聽到他開心地笑了。

我們吃飯時，父親會講笑話，但他並不開心。除了戴上拳擊手套，向我示範如何欺敵，以右刺拳試探對方，然後回以左勾拳，這時他才會露出笑意。他不准任何人再提起地毯、偷渡客和祖父的老宅。

某天我覺得住在諾伯亞堡的時間好像超過自己原本的家，但其實只有四年。

一九九六年九月某個週四的晚上，我們聽到路上車水馬龍的轟轟聲，沒有槍聲、沒有砲聲，但是喀布爾所有街道異常壅塞，不同於平日的夜晚。

隔天一早，和平常的星期五一樣，我打算晚一點才與家人一起吃早飯，之後若軍閥沒有從山上對我們開槍，我就到古堡外，花一個小時看鄰居踢足球。之後，我會回家收聽廣播劇，再與祖父或叔叔（若他們能夠前來的話）一起吃午飯。整個下午他們坐著喝茶時，我就到花園的葡萄藤下，聽著燕子吱吱喳喳，伴我捧讀一本伊朗小說。

但是那天週五我走到庭院的大門時，沒聽到外面有人踢足球的吵鬧聲，只有一片靜默。

庭院前門的波浪鋼板彈孔累累，彷彿布滿小洞的漏勺，那是五年前一枚火箭砲的傑作。該砲彈也炸死了一名小男孩，當時他在附近一堆垃圾裡翻找吃的餵食他的驢子。儘管門板都是彈孔，但我們沒錢更新，只好將就繼續用著。

我從一個彈孔往外看，心想為什麼沒有人在古堡與前英國大使館外牆之間的寬敞泥路上踢足球，結果卻看到幾名陌生男子。以前我從沒看過這樣的人，連在夢中、電影、小說或歷史書裡都沒見過。

他們看起來像阿富汗人，但衣著很奇怪，頭上纏著黑白兩色的長條頭巾，身穿蓋過膝蓋與紗爾瓦長褲的克米茲，手持鞭子。

他們眼睛都塗了黑色眼線，蓄著沒有整理的長鬍鬚，穿著拖鞋，雙腳沾滿塵土。很多人嘴裡都叼著鼻煙，其中幾個朝前吐出褐色的痰，然後用頭巾的末端擦拭嘴角。

大家都不說話，看起來茫茫然，彷彿剛走出深山或洞穴，從來沒見過建築物。

起初我以為他們可能是吸血鬼。我知道世上並無吸血鬼，那只是虛構的鬼故事，用來嚇唬孩子。但是他們不是吸血鬼又是什麼呢？

我見四下一個鄰居也沒有——一個也沒有！恐懼感倏地升起，也許他們前一晚沒打聲招呼就全搬走了。也許這些吸血鬼把他們全吃了，現在正挨家挨戶打探，看哪家還有活人可以入腹。

「這不可能。」我安慰自己，但也不確定是怎麼一回事。

自從軍閥派系彼此開戰以來，通常一派要花上幾個月才能戰勝另一派，取得某個地盤的控制權。而今這個新派系似乎掌控了全市，不費一槍一彈，也未造成人員傷亡。我必須弄清楚到底是怎麼回事。

我輕手輕腳地推開門，走到外面。其中三人聽到開門的吱吱聲，朝我跑過來，他們的表情兇狠，高舉手中的鞭子。

其中一人趨近我，問我馬蘇德在哪裡。他們說的是普什圖語，帶有坎達哈的口音，比我們在喀布爾講的普什圖語多了些抑揚頓挫。也許他們屬於我們已耳聞的塔利班新派系。

「我不知道。」我害怕地用普什圖語回答。他們一聽我說的是他們的語言，表情溫和了一些。

「你認識法希姆（Fahim）嗎？」問我話的那個人再次問道。

「大家都知道他。」我說。軍事指揮官法希姆是塔吉克人，也是馬蘇德的親密盟友之一。

另一個人將其他兩人推到身後，往我欺近抓住我的衣領，雙手滿是臭味。

「難道你是法希姆的兒子嗎？」他咆哮道。

「**不是！**」我大聲回嗆道。

「他家在哪兒？」他緊緊抓住我的衣領逼問道。

我指了指巴格爾巴拉（Bagh-e-Bala），那是諾伯亞堡以西半英里一個凸起的綠樹覆蓋的山坡，那裡以前有一個蒙古人修建的花園。

他繼續抓著我不放，對我說：「給我們帶路。」

我帶著他們到法希姆家所在的那條街上，在街尾這一端指著他家房子的位置給他們看。那個抓著我衣領的傢伙放我走了。

我急忙跑回家，把發生的一切一五一十地告訴大家。但他們都覺得我在胡謅，只有母親例外。我從她的表情確信她相信我說的一切。

一如每次星期五的聚禮日，父親在那天早上賓客出現前，已仔細地刮乾淨鬍子，穿上他最好的褲子和熨燙筆挺的白色短袖上衣。他決定出去看看我說的是怎麼回事。

母親不希望他出門，除非我們掌握更多的消息。但不改務實面的父親對她說：「戰火已經停了，若有新派系進城的話，我想跟他們交個朋友。」

半小時後父親回來了，一臉怒火，臉上有巴掌印，後背的白襯衫上有鞭痕。

「你發生什麼事了？」母親問道，她的嗓門因為擔心而升高。

父親沒有回答，逕直穿過房間，一屁股坐在牆角的地板上，頭垂到膝蓋上，雙手環抱雙腿。

三個妹妹正在父母的托沙克上跳上跳下，並互擲枕頭，見狀立刻停下來。母親坐在父親前面，伸手抬高父親的臉，問他：「怎麼回事？」

「他們用鞭子抽我。」父親說。

「為什麼？」母親吃驚地問。

「因為我刮了鬍子，他們說我是異教徒和共產黨。」父親說道，臉上流露難以置信的表情。「他們說留鬍子是伊斯蘭教的象徵。」

「伊斯蘭關乎的是你的心，而非你臉上的東西。」母親正言道。

「我告訴他們，若鬍子是伊斯蘭的象徵，那麼山羊就是穆斯林了，因為山羊一出生就帶著鬍子。」

父親說道，神情有些茫然。「他們聽我這麼說就鞭打我。」

「他們是什麼人？」母親問，表情難掩嫌惡。

父親又把臉埋在膝蓋上，母親吻了吻他的頭，然後示意我們跟她一起離開房間，讓父親獨處一會兒。

母親拿出一條頭巾包在頭上，獨自出去打探這個新派系的底細。

十五分鐘後她回到家，雙眼冒出怒火，走路一拐一拐。

「有個頭上纏著長條黑頭巾、一身襤褸衣衫、留著長鬍子的傢伙用鞭子抽我的雙腿。」母親大聲道。

「為什麼？」父親問，一臉惱怒與不解。他從坐的地方一躍而起，準備和他們拚了。

「因為我沒穿布卡（burqa）。」母親說。我們都可清楚看到她腿上的鞭痕。

「今天真是見鬼了。到底這些奇怪的人是從哪兒來的？」父親問道。

我的姊姊妹妹這下子慢慢了解事情的來龍去脈。「你們今天誰也別出門。」母親對她們堅決地說。

「他們是什麼人？」大姊問父親。

「我也不知道。」父親看著天花板喃喃低語。「我根本沒機會問他們。」

母親叫姊姊去拿繃帶與碘酒給她，幫大腿的鞭傷消炎。一個妹妹打開收音機，收聽週五的廣播劇，但收音機播出奇怪的歌曲。起初我們以為是穿插在廣播劇的配樂，但聽了幾小時都是這種歌。自那天開始，連續五年我們沒再聽過廣播劇。

所有歌曲都用普什圖語發音，沒有伴奏、沒有輕柔的背景音樂。那些從外面、從街上行駛而過的車子喇叭傳出的大聲音樂，清一色都是這種歌曲。雖說是歌曲，但是沒有音樂伴奏。

那天的週五，我敢肯定沒有一位親戚會來吃午飯，所以我也沒了食欲。我比平常更早地來到花園，坐在葡萄藤下閱讀，將剛剛那些傢伙逐出腦海。一坐下，便發現緊臨花園的牆邊地上有個東西閃閃發亮，我將書放在地上，起身探個究竟。原來是一把卡拉什尼科夫衝鋒槍，旁邊還有幾盒子彈，丟在牆邊的高草堆裡。附近還躺著一個塑膠袋，裡面有十三枚手榴彈。

我不敢碰，擔心有引線，會引爆不知埋在哪兒的地雷。我呼喚老門房來看個究竟。

門房手裡拄著一根棍子，慢吞吞朝我走過來，髒兮兮的頭巾下襬垂掛在他臉上，沾了他吐出的煙葉汁。他看著武器，吐了口唾沫。

「這一定是馬蘇德手下的。」門房說。「馬蘇德昨晚逃離喀布爾，這是我從薩爾麥（Zalmai）的老婆那邊聽來的。」

「但是這些武器為什麼在這裡？」我問。

「有些人無法跟著馬蘇德一起撤退，只好丟掉武器。新派系已宣布，若查到誰私藏武器會一律被關起來。」門房說。

他用棍子敲了敲手榴彈，我見狀連忙後退。

「我們得把這些武器藏起來。」他說。他解下頭巾，攤開在地上，一點也不害怕地把衝鋒槍、子彈、手榴彈包在頭巾裡，然後扛在佝僂的背上。他背著武器穿過花園，走到位於花園遠端的茅廁，小心翼翼地把武器一件一件地放到茅坑裡。然後他用鐵鏟壓平，直到它們淹沒於排泄物裡，不露一點痕跡。

我在花園走了一圈，看看還有沒有其他武器，結果又找到一些手榴彈、外觀像黃色蝴蝶的地雷、兩枚肩托式反坦克高射砲、數百枚子彈和六把槍。

我藏了其中一把槍在褲子裡備用，那把槍類似〇〇七電影裡龐德多次使用的槍種。現在我已十四歲，我了解自己肩負起身為男人的責任，能有一把槍感覺還不錯。我們把剩下的都扔進茅坑，並用力壓了壓，直到它們沉到底部，被排泄物完全遮住。

我繼續在花園四處走動，確定沒有漏網之魚。當我掀開灌木叢檢查時，有人從街上又丟了兩袋手榴彈到花園。

「到底是什麼人？我們家花園難不成是你的垃圾場？」我叫道，爬上牆想看看那人是誰。

該名男子個兒高、肩膀寬，像隻受驚的小狗一溜煙地跑開。

我朝他背影喊了幾聲，咒罵他是個懦夫，但他並未回頭，在街角轉彎的地方咻地消失不見。

我打開袋子，發現每個袋子裡有二十枚手榴彈。我把袋子扛到茅廁，把武器一個個扔進去，直到全沉沒不見。

接下來一週，愈來愈多武器越過院牆，被扔到花園裡，我們撿了一堆的槍枝、手榴彈、肩托式反坦克高射砲、子彈、蝴蝶地雷以及各種我們沒看過的東西，簡直就像個軍火庫。我們把這些全扔進屎坑。

但是那個星期快接近尾聲時，屎坑裡的穢物已遮不住這些武器。我們只好叫古堡裡每個人都到這個軍火坑解放，以便蓋住藏在下面的武器。

某天我正在方便，低頭竟看見一支衝鋒槍的槍管正好對著我的臀部。我本想憋住，可惜已來不及。起初一些鄰居害怕使用「軍火坑」，認為這些武器也許會在解手時爆炸，不過父親非常有說服力。他說，傳聞塔利班（現在我們終於知道他們的名字）若發現哪些人家裡私藏武器，就會將他們關進牢裡，鞭打至死。

我們都聽聞：「一旦被關進他們的監獄，幾乎不可能活著出來，除非用一大筆錢買通他們。」我不清楚大家是怎麼知道這些事，畢竟塔利班占領喀布爾也不過短短一個星期。

我們對他們所知有限。有關他們的消息多半來自於英國廣播公司的節目。報導指出，塔利班控制了賈拉拉巴德，那是從開伯隘口進入巴基斯坦之前最後一個阿富汗城市。攻克賈拉拉巴德後，塔利班繼續朝喀布爾挺進。塔利班士兵也控制了從坎達哈以及西部通往喀布爾的主要道路。此外，塔利班還拿下了穿過洛加爾（Logar）省通往南部的較小公路。目前喀布爾僅剩通往北部的公路還開放。

聖戰士政府因為這些年的內戰，彼此忙著內鬥，實力大傷，而無力反擊。當獲悉塔利班已攻占沙洛比時，他們慌了。沙洛比這個小城位於賈拉拉巴德與喀布爾的中間，靠近札達德的營區。聖戰士心裡很清楚，數千名塔利班士兵至遲會在第二天抵達喀布爾，而且絕不會假以辭色。

因此聖戰士各派系在三更半夜倉皇逃離喀布爾，湧入那條唯一仍開放的公路。他們駕著裝滿槍枝與彈藥的卡車，駛往位於潘傑希爾山谷的基地，或是穿過北部興都庫什山，以免武器落入塔利班之手。但是這麼做實在多此一舉，因為塔利班從巴基斯坦獲得了所有武器的供應。

第一支塔利班軍隊抵達喀布爾後，本以為會和聖戰士短兵相接，結果卻不然。他們發現聖戰士各派系已逃之夭夭，街上空無一人。他們不解地發現自己進入一個安靜的城市，但他們沒花太多時間就讓我們知道，他們是阿富汗最新的當家主子。

每天我們都從「伊斯蘭教義之聲」（Voice of Shariat），聽到塔利班領導人穆拉歐馬（Mullah Omar）頒布的新政令，這些政令係由「道德促進與惡行防治」（Amr Bil Maruf and Nai As Munkar）部門交給電台發布。

第一天：阿富汗每個男子必須蓄鬍。

第二天：年滿十二歲的女子都得穿布卡。

第三天：禁止放風箏。

第四天：禁止在家裡飼養鴿子或鬥鳥。鴿子只能在聖堂與清真寺放養。

第五天：全國各地禁止看電視。看電影者一被發現，將公開受罰並監禁六個月。

第六天：所有男子每天應到清真寺五次向真主禱告。

我們能說什麼呢？但大家心知肚明，遲早會有另一個新派系取代塔利班，到時候情況又會改變。畢竟這裡是阿富汗，朝令夕改已是家常便飯。

伊斯蘭教義之聲的電台長摩爾維・納札米（Maulvi Nazami）在廣播的結尾表示：「我們所言甚對，所以會受愛戴。」

塔利班攻占喀布爾幾週後，我看到一個塔利班分子從廂型車的後頭探出身子，右手拿著一個擴音器高喊：「我們這群真主的學生在喀布爾以及其他城市伸張正義，若各位對我們的正義有興趣，今天兩點請至喀布爾體育場，見證我們的正義。」

當時我正好在上學的路上，到校後把聽到的奇怪廣播告訴了一些同學。我說我想去體育場看看塔利班所謂的正義是怎麼回事。

一些同學也說他們想去看個究竟，阿富汗人總是對新事物有旺盛的求知欲。所以我和同學乾脆蹺課，擠上人滿為患的巴士，徑自從喀布爾的這一頭到體育場所在的另一頭。

體育場擠滿了和我們一樣好奇的成年男子與學生。一輛小貨車開進體育場中間。這讓我們驚訝不已，因為喀布爾的地上難得長草，任何有腦袋的人都不會把卡車（即便是輕型卡車也一樣）駛進長了草的體育場。卡車後面有一個擴音器。兩名塔利班分子穿著黑色紗爾瓦克米茲、蓄著長髮、頭纏白色頭巾，站在卡車的貨斗上。連遠在看台座位上的我們，都能看見他們眼眶四周畫了黑色眼線。

「我們叫自己塔利班，意思是真主的學生。我們絕不會做錯事。」其中一人站在卡車貨斗上對著麥克風說道。「即便不小心，我們也不會犯錯。我們所作所為都是對的，所以我們受愛戴；我們所言都是對的，所以我們受到重視。」他說話時，身體會轉到各個方向，確定體育場四面八方都聽得到他講話。

一會兒後，另外兩個塔利班分子將一個男子帶到場內，他的手腕、雙腳、脖子都被銬上鎖鏈。手持麥克風的那個塔利布（Talib）說，這男子是竊賊，在一家商店偷了一雙鞋子。

這個塔利布的聲音愈來愈高亢，以致擴音器發出尖銳的雜訊。「這傢伙在喀布爾一家商店偷了一雙鞋子，所以理應受到截肢。我們對竊賊的處罰就是砍手。若我們不對竊賊繩之以法，他們就會像成吉思汗或英國人那樣，偷走並控制我們整個國家，到時候才想控制他們已經不可能了。」

他們讓那個竊賊站在足球場的中央，解開他的手銬。兩個塔利班抓住他的右手臂按在桌子上，接著一個醫師在這人的右臂注射麻藥，然後拿出鋸子砍下這人的手臂，而這個男人眼睜睜看著自己被斷肢。一個塔利布高舉這人的斷肢，對著四周的群眾揮舞。斬下的手臂仍淌著血，慘白的手指似乎還無力地動著，我們看了驚恐不已。竊賊昏厥了過去，然後被另外兩個塔利班架出足球場。

群眾嚇呆了，場內一片死寂。我跟著父親來過這座體育場數次，但這是第一次碰到偌大的體育場鴉雀無聲——儘管場內坐了幾千人。

同學和我不想再待下去，遂起身準備離開。有些人也跟我們一樣站起來想走，但塔利班分子從四面八方過來，用鞭子抽我們，喝令我們坐下看完處決。

場上又有一個人被帶進來，雙手與雙腳都被銬著鎖鏈。

讓人畏怖的無聲狀態被一個塔利布播音員打破。「這個人四年前殺害了他的鄰居，然後逃到伊朗，返國後被我們逮捕。現在受害者的一位家屬要對他的腦袋開槍，你們將見證這一刻。」

然後一個塔利布遞給死者家屬一把槍，要他槍決這人。這位家屬開槍擊中兇手的頭部，子彈射入他的前額，從後腦迸出。他的身體在地上抖動了一陣子。

結束前，播音員說：「我們將在聚禮日再對兩起案子伸張正義。現在大家可以走了，下週五務必再回來。不需要購票入場。」

我跑出體育場，堅決永不再踏進這兒一步。然而，過了幾個星期，一個塔利布被任命為我們學校的新校長。他命令我們又去了幾次體育場，觀看塔利班執行司法。我們看到被塔利班指為妓女的婦女被石頭砸死，目睹被指控為同性戀的男子被推倒的磚牆壓死。自塔利班撤出喀布爾後，我再也沒去過那個體育場。

在體育場的正門，幾個塔利班向每個路過的行人發放一張標題印了大大粗體字的傳單：

正義代表平等

違法者得入獄，竊賊被截肢，殺人犯得處決，同性戀被推倒的牆壓死，妓女須以石頭砸死。

我們將違法者關入牢裡是想懲戒他們，讓他們將來不敢再違逆伊斯蘭道德。

竊賊被斷手，以防將來更多人行竊。

殺人犯被處決，以防更多人鋌而走險。

賣淫者被處以石刑，以防通姦與色情買賣。

通姦與賣淫會傳播愛滋病，處死賣淫者是每個阿富汗人的責任。

對同性戀有三種處罰：

一，將這些人帶到最高建築物的頂部，把他們推下去摔死。

二，在高牆附近挖一個坑，讓這些人站在坑裡，然後推倒高牆，讓磚牆壓死他們。若有人沒死，表示他不是罪人，也不是同性戀。牆應該壓死那些不當揭發的人。

三，同性戀的頭髮會被剃光，頭下腳上綁在驢子背上，臉被抹上黑灰，遊街示眾。

當心！我們將實施第二類處罰。

我們鞭打犯了小惡的人，若他們死在皮鞭下，意味著他們不是小惡人，而是萬惡之首，唯有死才能滌淨靈魂。

擬出這份通知的人一定不懂正確的文法。我們翻到傳單的背面，看到塔利班對婦女權益的諸多規定，列出婦女能做與不能做的事。朋友和我讀完，我轉身對朋友說：「哇，婦女彷彿籠中鳥。」清單很長，有些規定很奇怪。

塔利班保障女性哪些權益？

父母不該讓女兒一直待在家裡。她們一旦成年，就應該把她們嫁出去，這是我們的忠告。因為我們是真主的學生，我們懂得比其他人多。

貧窮與寡居的婦女應該得到有血緣關係的親戚經濟資助。寡婦的夫家應該安排她們再嫁。

婦女不該擅自離開自己的住處。若碰上緊急狀況必得外出，則不得穿著會吸引其他男性目光的時裝，因為她們只屬於一個男人（丈夫），或是不久將成為一個男人（丈夫）的財產。哪位婦女外出時若被發現穿著時髦、緊身、吸睛的服裝，將被循線追到家裡，她的兄長、父親或丈夫將受到處罰並入獄。女性僅可在自家裡吸引丈夫的注意。女性應承擔教養子女的責任，並擔任丈夫的幫手。

女性不得化妝，但是在自家為了取悅丈夫則無所謂。不過男性可在家裡與外面塗眼線。

女性的腦袋不若男性，因此不可能像男性那樣明智地思考。因此，她們不得參與政治。

不論誰拿到這份傳單，他或她都應該轉交給其他女性，或者讀給她們聽，讓她們了解我們的規定並切實遵守。

謹啟！塔利班規定。

我把傳單帶回家，遞給母親和姊妹看，她們再拿給鄰居看。沒多久大家都看了一遍，或複印了一張。一開始，大家取笑錯誤百出的文法與拼字，不過沒多久婦女便明白事情的嚴重性。

當年聖戰士派系出現並頒布他們版本的伊斯蘭律法時，婦女被迫戴頭巾穿罩袍，但是若情況許可，她們還是能自由外出，做她們想做的事。而今在塔利班控制下，女性的身影幾乎絕跡於喀布爾的大街小巷。男性也面臨一套嚴苛規定，其中最苦的就是每天得去清真寺禱告五次。在清真寺，穆拉有一個出勤表，會一一點名，確定誰在場以及誰沒來。他在缺席的人名前面打個叉，然後呈報道德促進與惡行防治部門，隔天塔利班分子便會找上門，逮捕缺席的人，把他關起來一個星期左右。

最初幾週，每天都有人因為缺席而入獄。幾個月後，執法逐漸放水，除非某個穆拉討厭某人。我們的鄰居有個人綽號叫胖老師。他有六個兒子，家財萬貫，花園裡甚至蓋了個游泳池。可是穆拉不喜歡他，原因不詳。胖老師是個好人，但穆拉一板一眼記錄他到清真寺的次數，毫不放水。因此，除非因為照顧進出口生意而去了其他國家，否則這個可憐人每天都得到清真寺報到五次。但是在他動身前，則必須向穆拉交代目的地以及離開的時間。連他在喀布爾經營店鋪的兒子也是如此。有幾次我父親因為要出門辦事無法上清真寺，也是得事先向穆拉報告。

禱告前，穆拉會花十至十五分鐘談論伊斯蘭和伊斯蘭教，並詢問到清真寺的會眾一些基本問題。在這段變天的日子裡，清真寺負責人要嘛是不折不扣的塔利班，要嘛是後來成了塔利班或是行事風格類似塔利班，只有一個老穆拉例外。他親眼目睹自己一家人——妻子、女兒、兒子、兄弟、老母在蘇聯一次空襲中全部喪生。當時他是個農夫。那天，其他人都回家吃飯，只有他在田裡又多待了一會兒。一架蘇聯飛機從頭上呼嘯而過，丟下的炸彈落地後爆炸，威力之大，害得他被炸飛後重重摔落在地。等揚起的塵土漸漸散去，整個房子已經消失，彷彿不曾存在，所有家人也下落不明。塔利班了解他的狀況後，不再刁難他。

一天傍晚禱告前，穆拉問坐在第一排的人：「如果裝滿兩個桶子，一個盛酒，一個盛水，然後將桶子提到口渴的驢子面前，驢子會喝哪一桶呢？」

第一排有人答道：「當然是水啦。」

「因為驢子不喝酒，因此你也要跟著討厭酒，甚至連碰都不願碰它。」穆拉說。

第二排有人舉手問道：「若在一杯水裡滴幾滴酒，這杯水還像純酒那樣有害嗎？」

「若我往你水杯裡尿幾滴尿，你還會喝那杯水嗎？」

「當然不喝。」那傢伙回道。

「酒精的危害程度遠比我的尿嚴重一百萬倍。」穆拉說。

在我們家，現在只有我能上學，姊妹們不得不待在家裡。學校的女老師也被告知必須待在家裡。我懷念文學女老師的課，但絕不會停止尋找書中字裡行間隱藏的語意。

塔利班占領喀布爾幾週後，該學年因為冬天到來而宣告結束。我們考試成績出爐，我的達利語文學課獲得最高分。我想告訴老師，但我不知道該去哪裡找她，自此也沒再見過她。

立春的第二天新學年開始，我也成為了高中生。我一直想進入父親執教的哈比比亞中學，那是阿富汗最好的學校，但是距離諾伯亞堡約八公里，父母擔心讓我一個人走這麼遠的路，因為路上有太多變數。所以我就近選了學校就讀。該校以一位死去的國王命名，還健在的國王在義大利，不願意回來拯救我們。我們也不再寄望於他。

除了那段逃亡或烽火連天的日子，父親都是在學校任教。我看著他在上課前夕認真備課，看著他用拇指捻著已經翻爛的書籍，渴望某人發現某種新知；聽著他熱情地談著他的學生。所以我心想，高中一定是個又重要又讓人興奮的地方。但是塔利班剝奪了我期盼在學校能體驗的所有樂趣。

男孩按規定只能穿著紗爾瓦與克米茲，長度得符合塔利班的標準——外衣長度超過膝蓋，長褲長及腳踝。頭纏黑色頭巾，腳趿拖鞋而非正常的鞋子。校方禁止我們在學校穿鞋，宣稱鞋子容易發臭。塔利班不喜歡清洗東西。

大部分老師都是教了多年的資深老師，習慣穿西裝打領帶授課，而今都換上紗爾瓦克米茲。只有教務長只來了將近一年，每天都穿西裝打領帶的他，也換上了紗爾瓦克米茲。新任校長是塔利班，他指示所有老師必須在課程裡強調宗教。在人文史的課堂上，我們被教導人類史始於宗教，我們因宗教而生，因宗教而死。科學、歷史、哲學、心理學、美術等等，無一不涉及宗教。塔利班校長說，若我們了解自己的宗教，我們就能了解自己。

一開始，我對認識伊斯蘭饒感興趣，因為在共產黨執政時期，我們完全不碰宗教，只被教導要尊重共產主義，要邀其他人入黨成為共產黨員，以擴大共產主義這個巨輪，因為只有共產主義能拯救人類。

我接受的正規教育似乎只教兩門課：共產主義與伊斯蘭。因此在校時最開心的事，莫過於和同學在教室裡摔角，在拳擊場上打傷他們的鼻子，互相比臂力看誰力量大等等。我們大談性方面的事，玩撲克牌所用的紙牌還印了養眼照片，並將這些紙牌四處傳閱。

現在我一年到頭都剃光頭，看起來彷彿禿子。我不能穿我喜歡的衣服，不能看電影，不能放風箏。簡言之，我再也不能做我自己。

以前的一個鄰居告訴我們，一些塔利班住進我們的老家。他返回老家看看房子變成什麼樣，然後住在我們老家的塔利班問他，誰是這房子的主人。老鄰居告訴他們，房子主人已不在阿富汗。那些塔利班命令他，若房子主人回來喀布爾，務必要通知他們。他們會向主人搜括金錢，然後分一些給他。這個老鄰居隔天就來諾伯亞堡，將這事一五一十告訴我們。

由於塔利班住在那裡，誰也不敢再提埋在祖父老家花園裡的金子。

我們聽到謠傳說，如果讓塔利班知道你很有錢，他們會把你關進牢裡，直到你給錢才放人。因此，我們家每個人對於金子的事都三緘其口，也絕對不對任何人提起這件事。

我注意到，街上大家都穿得破破爛爛，甚至我認識的有錢人也開始穿上破爛衣衫，努力裝窮。其中一個鄰居被關進牢裡，幾個月後聽說他的兄弟從巴基斯坦趕回來，給了塔利班一大筆錢，然後兩人很快地離開阿富汗，前往伊朗。

我們偶爾會聽人談起一個有錢的阿拉伯人，名字叫奧薩瑪・賓拉登（Osama bin Laden），我們不確定他到底是什麼人。一個鄰居透露，他住在附近一間大房子，屋主的綽號叫「惡人王」。我們多次經過那兒，但從未看過他。大門有很多塔利班站崗，我們小心翼翼避免直接往裡面看。他們在這裡召開重要會議，黑色的豐田越野車（Land Cruiser）進進出出。

每個月祖父從馬卡羅延來這裡兩次，與我們共住一、兩個晚上。如今我已上了中學，所以他對我講話時會把我當作成年人，會說一些讓我臉紅的事，會問我想到漂亮女孩時有什麼奇妙的感覺。有時會問我哲學方面的問題，提到蘇格拉底、柏拉圖、亞里斯多德等人。有時我們會討論猶太教、佛教、伊斯蘭教與共產主義。

他大概想知道我從生活學到了什麼，從學校吸收了多少知識，從他給我的書籍中獲得了什麼，以及從他告訴我的事情中汲取了什麼心得。

他知道我對蘇格拉底非常感興趣，也喜歡閱讀柏拉圖的著作，所以他問我問題的方式，一如蘇格拉底在卡利克利斯（Callicles）家中對卡利克利斯、凱勒豐（Chaerephon）、高爾加斯（Gorgias）、波洛斯（Polus）等辯士提問的方式。這情景彷彿親炙自己景仰萬分的蘇格拉底，彷彿蘇格拉底化身為我最敬愛的祖父，和我侃侃而談。能夠同時和這樣的兩個人在一起，快意之至，難以形容。

這樣的談話一展開就是幾小時，我們幾乎忘了時間的存在。

祖父在諾伯亞堡期間，我不想外出，也無意找樂子自娛；但是他不在的時候，我就覺得在家裡如同蹲苦牢，只能靠閱讀或做仰臥起坐打發時間。每次只要出門，四周總是安靜無聲，讓人覺得詭異、不自在。街上原本應該是人聲鼎沸，到處有小孩嬉戲，小販推著手推車，以及來來往往的驢子。現在取而代之的是隨處可見的塔利班，他們的舉止就是怪。

大家的表情總是緊張兮兮。現在不用擔心火箭砲飛來飛去，喀布爾終於恢復平靜，街上不再見到流血、屍體、殘肢。但是這種平靜讓人害怕、心驚肉跳，不知道接下來會發生什麼。

我們只能等著。

18 作惡的人

塔利班當政的第二年，我受夠了他們的法規，開始打破其中幾個規定：不把頭髮剃光，有時不戴帽子或頭巾，穿牛仔褲和T恤，但這些都僅限於在住家附近。我的活動範圍不會超過住家五百公尺以外。

某天上學前，我洗了個澡，來不及等到頭髮風乾。我把頭巾斜搭在肩膀上，拿起書就走路到學校，讓陽光曬乾我的頭髮。天氣很舒服，偶爾一次不用纏頭巾，感覺真是暢快。

突然之間，一輛黑色越野車載著滿車的塔利班分子，不知從什麼地方冒出來，在我面前戛然停下。一輛載有更多塔利班的小貨車也跟著停下。一人從車上跳下來，開始用鞭子狠抽我的背。我不曉得自己犯了什麼罪，他也完全不給我機會問他，一切都發生得太突然太快。

他揮鞭抽了我快五分鐘，然後推著我朝車子靠近。我問他們到底是怎麼回事，但是沒有人回答我，甚至根本不搭理我，但繼續抽我鞭子。

我不再追問，直接朝其中一個人的臉出拳，他像重物被扔在地上，砰地一聲摔倒在地。我在健身房花工夫練拳終於派上用場。

他們共有十個人，全都跳下越野車和卡車，朝我衝了過來，然後又用力對我揮鞭三次，我趴在地上蜷縮著身子，他們就用腳踢我。每次頭部被鞭抽腳踢，我就眼冒金星，忘記自己身強體壯，看上去就像阿波羅雕像。

最後他們把我抬到貨車後面的貨斗，把我銬在貨斗的側欄，然後我就昏了過去。醒來後，我發現自己坐在理髮店的椅子上，前面有一面鏡子，我幾乎認不出自己。臉上傷痕累累，沾了一道道乾掉的血痕，雙手和雙腳仍被銬著，全身疼痛彷彿重感冒發高燒。

理髮師剃光我的頭髮，然後我被載到位於喀布爾市中心的諾城監獄，正對面就是札陽頓醫院（Zajanton Hospital），我就是在這家醫院出生的。這群塔利班還是沒有告訴我我到底犯了什麼罪，也不讓我聯繫家人。

在監獄裡，我被單獨關進一間暗室。頭幾天，通常一大早就有人進來，用鏈子拴住我的雙手，高舉吊在天花板，然後用鞭子抽我，每一分鐘都很難熬。每次我都要求對方告訴我被關的原因，但對方始終默不作聲。我堅持要知道理由，他才說，他奉命什麼都不能說。

鞭打導致我一肩脫臼，全身布滿鞭痕，尤其是後背和前胸。最初幾天，疼痛非常劇烈，傷口非常灼熱，燒得我幾乎窒息。沒有醫師替我治療脫臼，蒼蠅繞著我的臉、手、腳的傷口打轉，我簡直要被逼瘋了。但我全身無力，連趕蒼蠅的力氣都沒有。

他們從門下遞進來一塊硬麵包與一杯水。暗室的角落放了一個桶子，充當馬桶，我得用盡全身力氣才能爬到桶子邊。

我三不五時會聽到吉普車的聲音在外面的院子裡進進出出。每次車輛進出，衛兵都會哐噹一聲解開木條門的掛鎖，每次面向街道的木門被打開，我從暗室的小窗戶瞇著眼向外張望，見到一個塔利布指揮官懶洋洋地倚靠在吉普車的駕駛座上，斜著眼一一掃視監獄裡每間囚室的小窗戶，這裡還關著其他二十位囚犯。

稍後，他來到我這間小牢房，指控我褻瀆了伊斯蘭教，並毆打一位「真主的學生」，邊說邊在皮靴上面「啪啪」地揮著鞭子。這裡只有他一個人穿皮靴。

我問他褻瀆是什麼意思，他不由分說地抽了我一頓。因此我決定保持沉默，這是唯一能對付他們的辦法。我想起庫奇堂兄弟們的教導，他們教會我如何用沉默從周遭危機四伏的世界脫身，讓問題的答案從腦袋中浮出來。

身邊唯有可蘭經為伴，塔利班把經書放在每間牢房的架子上。在清真寺，我和其他男孩已經讀了數遍阿拉伯語版的可蘭經。阿拉伯語的發音難不倒我，因為阿富汗的達利語用的就是阿拉伯文字母，但完全沒人教我們阿拉伯文的字義，所幸祖父有時會翻譯裡面的經文給我聽。我們雖不明白讀的經文是什麼意思，卻會比賽誰先記住這些經文。

這個版本的可蘭經在每行下面都有達利語的翻譯，我感覺就像是第一次閱讀可蘭經。這下子終於明白幾年前就會背誦的阿拉伯語經文的真正意思。我發現可蘭經真是一個故事寶庫，充滿金玉良言，是人生經驗的實戰指南。

晚間在牢房裡，我放下可蘭經，像播放電影一樣，在腦裡一遍一遍地重溫聖書裡的故事與蘊含的智慧。我花了幾小時一再琢磨那些故事的意義，以及它們對我生活的教益。

例如可蘭經二十九章的開頭寫道：「眾人以為他們得自由他說『我們已信道了』可不受考驗嗎？我確已考驗在他們之前的人。真主必定要知道說實話者，必定要知道說謊者。難道作惡的人以為他們能逃出我的法網嗎？他們的判定真惡劣！」1

我花不到一分鐘就讀完這句經文，但是我花了幾個鐘頭咀嚼它的意涵，找尋更深層次的寓意，這正是達利語暨文學老師教授的重點，即便不是可蘭經的書，也要尋找其弦外之音。

我想到塔利班。他們稱自己是信道之人，但所作所為背離可蘭經的訓誡。可蘭經說，「真主必定要知道說實話者，必定要知道說謊者。」塔利班和其他派系以及所有為惡之人，真的以為他們能逃出真主的法網嗎？「他們的判定真惡劣。」

可是我自己呢？我開始回憶自己做過的惡事，諸如打破鄰居家的窗戶，但抵死不承認；按完別人家的門鈴然後轉身跑開；取笑身體虛弱的鄰居男孩；在人背後說三道四；在學校不分青紅皂白打人，只為了炫耀自己很行。這些都是伊斯蘭教禁止的行為，可是我都做過。我認為，在我指責塔利班的所作所為之前，應該先為自己的惡行懺悔。我向自己保證，絕不再幹這些事了。

我以最快的速度讀完整本可蘭經。幾天後，我決定再讀一遍達利語譯本，以便進一步融會貫通，細細品味書中的故事。閱讀也有助於自己暫時忘卻身體的痛苦。

不過，從可蘭經汲取的心得慢慢在腦袋裡發酵後，我的內在情緒更受折磨。

我躺在水泥地板上，盯著天花板，把攤開的可蘭經放在身側，回顧自己曾做過的一樁樁錯事，眼淚不禁在眼眶打轉。我不斷想到父母、姊妹、弟弟，想起自己對父母如何淘氣，想到憑自己是長男，如何對姊妹頤指氣使，命令她們替我擦鞋與燙衣服、責怪她們沒做到我的要求、批評她們做的飯菜太鹹太油。我仗著自己是家中長男，對她們呼來喚去。這些事情其實我自己輕而易舉就能完成。

我想到母親。她不知我的下落，一定擔心得要命。我想到自己帶給她多大的痛苦。十月懷胎生下我，養育我、幫我洗澡、穿衣服、日夜照顧我，而我給了她什麼回報？只有痛苦和擔心。我對父親也是如此。就算環境非常惡劣，為了養活我們，他日夜操勞。而我除了讓他操煩，又為他做了什麼？不知他現在是什麼心情？身為大哥，我為妹妹們做了什麼？趁父母不在家揍她們，因為我知道她們找不到人抱怨。對她們呼來喝去，為什麼？

接下來幾個小時，我不斷捫心自問，什麼可讓生活更有意義？難道活著只能帶給他人痛苦？或是活著只能讓別人傷害你嗎？我以自己的方式，塔利班以他們的方式，我們為何誤用自己的力量？這些帶給人類什麼好處？我想，其實我並沒有比塔利班好到哪裡去，所以我受到這樣的對待也是罪有應得。但是我的父母呢？我該怎麼樣才能捎訊息給他們？讓他們知道我待在我該待的地方，為自己曾經犯的錯受到處罰，希望他們不要擔心。

「也許我該自我了斷。」我這麼想了好幾次，尤其在一肩痛得彷彿被燒熱的鋼條刺進骨頭而痛不欲生時。但我不想給父母造成更大的痛苦，他們會為此自責不已。雖然在這臭氣薰天的牢房裡，我多次想放棄這個世界，我的人生，我的感覺、欲望與希望，但是我做不到。

一星期後，塔利班把我從暗黑的小牢房換到較大的牢房，和其他囚犯關在一起。我們每天得禱告五次，在監獄的清真寺上宗教課。禱告結束，得把重石從一個牢房搬到隔壁牢房，然後再搬回來。

晚上，我們沒有足夠的毯子保暖，有時三更半夜我會冷醒，身體一直打哆嗦，只好做起伏地挺身。我記得四年前在地道，父親也做伏地挺身保暖。有些人繞著牢房跑步，保持血液循環。我們每次鍛鍊的時間無法超過十分鐘，因為我們沒有足夠的體力。

我僅用右手單手做伏地挺身，儘管非常痛，但能讓我的左肩有幾秒鐘不感覺到痛。我從中學會如何欺騙自己的大腦，身體某部分短暫的痛，會讓人忘記身體某部分長期的痛，至少能騙過大腦一會兒。我覺得自己靠著克服疼痛，戰勝了塔利班。我最多能做四下伏地挺身。有時我會開心地笑，儘管這笑只是曇花一現，因為僅僅一會兒，汗珠便滲出前額。痛到極致時哈哈大笑，有助於振作精神，就算稍縱即逝也無所謂。我突然明白蘇格拉底所稱「快樂也源於痛苦」這句話是什麼意思了。先前一直沒明白的道理，這下子豁然開朗。我的腦袋彷彿被千萬盞燈泡照得通亮。

接下來十天，我的體重驟降了九公斤，幾乎無法移動身子，連說話的力氣也沒有。

在監獄待了近兩個星期，某天我發現地上有一塊碎掉的鏡子，約手掌那麼大。我拿起碎鏡子照了一下自己的臉，發現臉已經變形，不像以前的我了。我對著鏡中的自己笑了笑，結果牙齒立刻露在外面。就算之前曾經歷沒有東西吃的苦日子，我也沒見過自己牙齒如此外露，身子如此骨瘦如柴。我的手臂和前胸還有一些肌肉，卻是非常僵硬的那種。

兩個星期的最後一天，兩個獄卒問了我幾個關於伊斯蘭教的基本問題，我一一做了回答，然後他們把我帶到一間比其他牢房都乾淨的屋子，問了一些關於伊斯蘭教義更簡單的問題，諸如如何淨身，當我還是小孩時就知道了。然後他們要我背誦可蘭經的經文，那都是每次禱告時要念誦的。我等著他們問我更艱澀的問題。

那位年紀較長的獄卒，大約四十多歲，在我回答時，一個勁地點頭。他淡黃色的鬍子隨著我誦念的禱告詞上下擺動。對我的回答，他露出滿意的笑容，並說：「非常好，孩子！」邊說邊揉著灰色衣衫下的大肚腩。

另外一個獄卒年紀只有他的一半，瘦得像皮包骨。他盯著我看，神情彷彿在說「我是他家的世仇」。他深褐色的眼珠、曬得黝黑的皮膚、身上全黑的紗爾瓦克米茲，和頭上的白色頭巾形成強烈對比。他大聲地問了我幾個比較難的問題，當我答對時，他一副失望的表情。我也想反問他幾個問題，我敢打包票，他一定不知道答案。但我成功地忍住沒問。

最後，他們告訴我，我可以回家了。一些答不出問題的囚犯則要再關上兩個星期。

「你們為什麼關我？」我離開屋子時，問那位年紀較長的獄卒，但卻是較年輕的那位回答了我。

「因為你沒纏頭巾，頭髮也太長。」

「但我的頭髮沒有超過三英寸。」我答道。

「你必須時時保持光頭，並纏上頭巾或戴帽子。違者一律被關到這裡，這樣他們才會了解自己犯的罪有多嚴重。這是我們的工作。」這位獄卒振振有辭地說。「我們的工作是幫你改過自新。」

我走出監獄時，有幾秒鐘因日光太刺眼害我什麼都看不見。慢慢、慢慢地適應光亮後，我才睜開雙眼，這時所有東西才恢復正常。

我身無分文，無法攔計程車回家，身體一點力氣也沒有，幾乎無法走路，但我別無選擇。我知道，家人在過去兩星期一定拚了命在喀布爾到處找我，這點激勵了我往前邁步。總算走完三公里回到了家，途中休息了好幾次喘口氣。我原本擔心路上有人可能認出我剛從監獄出來，也許會問我肩膀是怎麼受傷的，這傷到現在還很痛。可是，一路上幾乎沒看到半個人。

我到家後，發現母親面對麥加的方向跪在毯子上大聲祈禱：「真主啊，保佑我兒子平安，保佑他遠離危險，不管他現在人在哪兒，請帶個訊息給他，告訴他我這個母親會一直等他，告訴他快回家……」

「你的禱告應驗了。」我在她身後輕聲說。

她回頭，一臉驚訝地看著我。她大白天鮮少哭的，這時雙頰卻閃著淚光，然後露出燦笑，皺紋爬上眼角。

那天稍後，父親帶了朋友到我休息的房間，這朋友曾是摔角冠軍。他要我站起來，我站好後，他一把抓住我的胳膊，用力一拉，我脫臼的肩膀就回到原位。當下我痛得尖叫，彷彿被人丟進滾燙的熱水似的。停止哀號後，我發現肩痛幾乎不見了。

然而，我心靈所受的折磨，卻沒有這麼容易治癒。如今這痛苦依然存在，一切有如昨天才發生似的。

1 出自《可蘭經》第二十九章〈蜘蛛（安凱逋特）〉，馬堅譯本。

19 藍色珍寶

我開始覺得自己該扛起照顧家庭的責任。在獄中經歷過心灰意冷後，迫使我重新思考自己的人生。我不再覺得自己還是個孩子，我現在已快滿十七歲。祖父曾對我說：「到了十七歲，普什圖的兒子應該成為父親可靠的肩膀。」在阿富汗，十六歲就被視為成人。但我不知道如何幫助父親。

所有地毯被那場惡火燒光後，父親變得很頹喪，完全放棄地毯事業。軍閥派系內鬥期間，他保留了在哈比比亞中學的教職，不過他、其他老師以及學生有兩年沒到學校了。等到局勢一穩定，他再次每天騎八公里的腳踏車，繞到位於山另一頭的學校教授物理。但老師的薪俸少得可憐，為了養家糊口，他開始買賣從巴基斯坦進口的麵粉與食用油。

他非常辛苦地工作，有一陣子忙到不見人影。早上起床，他已出門；三更半夜就寢時，他還沒回家。好不容易禮拜五見到他，他也老是悶悶不樂。早飯過後，他會請么妹在他背上與腿上來回踩踏，減輕疼痛。其他時間他幾乎都在睡覺，所以我們講話得壓低聲音，走路得踮著腳尖。他忙得沒有時間關心我們在做什麼。一切都今非昔比，以前他還會訂出日程表，叫我按表操課呢。

我覺得自己愈來愈像沒人關心的流浪狗。很想知道怎麼做才能讓內心平靜，希望找到一個人帶領我走向正確的方向、正確的道路。我到過幾個清真寺，想要傾聽無形的聲音，但清真寺也不同於以往，感覺我是被迫照塔利班希望的方式禱告。我從可蘭經的內容以及祖父的教導中得知，塔利班主義並非伊斯蘭。

我去找祖父，向他請益，希望他指點迷津。但他忙著想辦法把老宅要回來，沒空理我，他也非常害怕，不知道如何是好。我從沒見過祖父這副模樣。他一直讓我非常安心，而今我不知道該怎麼做才能讓他寬心。他告訴我別依賴任何人，說我夠大了，應該自己作主，走自己的路。但是我沒把握自己做得到。

我開始想念我的地毯老師，想聽聽她的建議。我找了安靜的地方，設法回憶她說過的話。

在塔利班統治下，阿富汗愈來愈窮、人民愈來愈愁雲慘霧、國家愈來愈孤立。塔利班念茲在茲的是男人每天務必禱告數小時，女人必須與社會其他人隔離。

我經常痛罵阿富汗怎能讓自己淪為被鄰國、被英國、被聖戰士派系，而今被塔利班統治。絕大多數的阿富汗人對塔利班只有嫌棄，認為他們只是不識字的粗鄙極端分子。這些人來自於阿富汗最貧窮、最落後的地區，沒有多少人識字。

塔利班統治期間，大家沒有了笑容，彷彿被塔利班偷走似的，也或許是因為大家忘了該怎麼笑。唯一的例外是，到珠寶店為即將出嫁的女兒添購首飾。儘管婚禮上他們無法播放任何音樂，可是阿富汗人仍然堅持在女兒出嫁時送她們金飾。

一位僅比我大幾歲的珠寶商朋友，在諾伯亞堡附近的卡爾特帕爾旺區開了一家店，我們是在附近的公園打排球時認識的，我經常在他店裡消磨時間，這是我能聽到笑聲的少數幾個地方之一。他的顧客會花上一個多小時和他討價還價，以期能用最低價成交。他們砍價時會開很多有趣的玩笑。

我的朋友知道如何逗顧客開心，這樣顧客就會更願意掏錢，購買他們原先不需要的東西。

某天我坐在他一個夥計旁邊，看著他用熱水和鋸木屑替一條舊項鍊拋光。他先將項鍊浸在滾燙的熱水中約一分鐘，然後用牙刷使勁地刷，再將項鍊放到鋸木屑裡。半小時後取出項鍊，用柔軟的刷子刷掉髒污，直到金子像新的一樣閃閃發光。我漸漸有了經營珠寶的念頭，打定主意要透過買賣珠寶幫助全家。

那天店裡沒有半個顧客，我朋友覺得無聊沒事幹，呵欠連天地盯著人來人往的街道，望著從店前經過眉頭打結的人，自己也不免也皺起了眉頭。他陷入了沉思，周遭僅有塔利班車輛旁若無人呼嘯而過的聲音。

這時一個身穿髒兮兮布卡的女子走進店裡，對我朋友舉了舉手。她是乞丐，求我朋友施捨點錢。她的手和身上的布卡一樣髒，褐色裙子上布滿被燒破的小洞。我想她可能吸毒成癮。

我朋友將手肘擱在桌上，雙手托著下巴，繼續看著外面。這位女子輕輕扯了一下我朋友的衣袖，示意他給點錢。我朋友望著她，從口袋裡掏出幾枚硬幣給她。她接過錢趕忙放進口袋裡，然後又舉了舉左手，她的左手洗得很乾淨，留著長指甲，並塗了紅色指甲油。她有一隻很漂亮的手。

她手掌上寫著：「我有空，價錢是阿富汗幣一萬元（約五十美元）。」

「我能看看你的臉嗎？」我朋友興奮地問。

她向外張望，確定附近沒有塔利班的人，然後她撩起布卡，又趕忙將臉遮住。

「我們到後面的房間。」我朋友對她說。

朋友的店後面有個小儲藏室。

他們在裡面待了將近一刻鐘。我朋友出來時額頭冒著汗珠，一副很滿足的表情。他叫我進去，說輪到我了。如果我沒錢，他可以幫我付。

我不知道該說什麼。我還沒有任何性經驗，我的腦袋對我大喊，快進去體驗那些頻頻在夢裡出現的感受，但我的心小聲地對我說不要。

我記得那位在體育場被石頭砸死的婦女，因她丈夫向道德促進與惡行防治部門舉報他的鄰居與妻子有不正當關係，於是部門遂對他的妻子與鄰居處以石刑。

我想我若被塔利班逮到，他們也會公開用石頭砸死我。那種死法不僅殘忍，而且會令我家人蒙羞之至。

「你還等什麼，快進去啊！她在等你呢。」我朋友說，這時店裡的夥計們暗自竊笑。「她很讚喲。」

我看著他，再看看夥計們，他們都不超過八歲或十歲，但他們見怪不怪的樣子讓我確信，他們以前也見過我朋友和其他女人胡搞。

「你想進去嗎？還是我應該打發她走？」我朋友不耐煩地問。

我不知道該怎麼回答才好，於是就在糊里糊塗的情況下，朝後面的房間走過去。

她看起來約二十五、六歲，只穿了紅色胸罩和內褲，像阿拉伯字母「ا」般直挺挺地靠牆而站，一派輕鬆的表情。她的皮膚柔嫩，隱約透出光澤。

我不知該說什麼，也不知該怎麼做。她對我笑笑，問道：「你有過經驗嗎？」

我沒回答她。事實上我不知道該說什麼，只覺得全身僵立，雙眼盯著她，連嘴唇都麻了。這是我生平第一次和一個幾乎赤裸裸的美麗女子在一起，她就站在我面前，等著我占有她，而她卻問了一個我無法回答的問題。

「我說，你有性經驗嗎？」她又問了一遍，語氣有點嚴肅。

「沒有。」我說。

「沒關係，我會幫你。」她說。

「怎麼幫？」我問，並盯著她那完美的雙腿，感覺自己像在烤箱裡，額頭與後背開始冒汗，心臟跳得很快，好像蹦到喉嚨裡。

她趴下來，在光禿禿的水泥地上跪著爬向我，現在我可以看到她的胸部，我開始戰慄，她抓住我的褲管，把我拉向她。

我退後一步，突然不敢碰她，也不敢讓她碰我，感覺自己像一隻受到母獅攻擊的小鹿。同時我極力裝出勇敢的樣子，不想露出自己的懼意。內心深處的我希望她對我為所欲為，我渴望了解那種和女人在一起的感覺，渴望感受她的身體和我的身體交纏。

「沒關係，你什麼也不用做。我知道你是第一次，但是相信我，我會讓你非常舒服。」她說。

我又後退了幾步。現在我的後背貼在冷冰冰的牆上。她又站起身，靠得非常近。她的胸脯貼在我的胸上，我能感覺到她的體溫，嗅到她的體香。我們彼此盯著對方的眼睛，彷彿想探究裡面藏了什麼。她呼出的氣息拂過我臉上，我的心臟跳得更快了，雙腿也開始抖動。彷彿她將電流傳導到我的全身，但我的身體太虛弱，無法承接。我感覺自己的臉愈來愈紅，好像所有的血液都湧到臉上。

「如果你不想做，我們這次就不做。也許你該找個年齡跟你差不多的人試試。」她好心地低聲對我說。她了解我對這種事非常害羞。

她往後退，轉身去拿衣服。此刻，她背對著我，先穿上褲子，然後是襯衫和裙子。我想從背後抱住她，親吻她全身，將她攬入懷裡，但是我沒有那種勇氣，我腦中一片混亂。

她把布卡套在頭上，因為面罩還未放下，所以我能看到她深褐色的杏眼。她朝我走過來，站在我面前，但不像剛才靠得那麼近，說話時語氣難掩憂傷。「我做這種事不是為了尋歡，而是不得不做。出賣肉體是我唯一可賺錢的途徑。」她的眼睛開始噙滿淚水。

「我們能聊個一分鐘嗎？」我問她，不想讓她就這麼離開。

「聊什麼呢？聊我悲慘黯淡的生活？」她說話時眼淚滾落雙頰，滴到水泥地上。

我不知道此刻該說什麼，但也不希望她一直哭。「你為什麼不嫁人，讓丈夫照顧你？你長得很美，會成為一個好妻子的。」我不知道自己為什麼會說出這些話來。我只是想安慰她，讓她好過點。

她坐在角落的一張椅子上。我仍持續站著，她示意我搬張椅子坐下。

「誰會娶我？」她問。

我無言以對。

她低下頭，深吸一口氣，低頭看著自己的手，十指時而交纏、時而鬆開。「我並非生來就是個妓女，也不是出身娼妓家庭。我原本生在受過良好教育的家庭，家人非常受到敬重。」她講話條理分明，語法嚴謹，是大街上鮮少聽到的那種上層人說的達利語。

「我父親是內政部高官，德高望重，也很以自己為傲。他曾在蘇聯求學，很看重我們的教育。母親和我一樣是老師。弟弟在大學讀醫學系，妹妹在喀布爾大學主修社會學。」

我仔細聽她說話，但還是十分清楚地意識到，她是個我原本可能碰過的女人。

「我和母親在同一所學校任教，我教化學，她教文學。我畢業於藥學系，是家裡最大的小孩，六年前就結婚了，也生了兩個孩子。」她抖著唇說出這些話。

「我丈夫去我娘家，告訴他們我們兒子出生的消息。一枚火箭砲落在娘家，把他們全炸死了。他們被炸得粉碎，和土攪和在一起，根本沒有留下任何東西讓我安葬。

「塔利班來時，我與兩個孩子住在租來的房子裡。他們關閉女子學校，禁止所有女性離家外出工作。我沒有錢付房租，因此被房東趕了出來。現在我住在帕爾旺塞的一頂帳篷裡。

「在喀布爾我沒有任何親戚，他們全都逃到國外了。我沒有他們的地址，無法寫信向他們求助。塔利班關閉學校後，前幾個月我靠乞討維生，手裡從來沒有討到足以買到五個烤餅的錢。絕大多數時候我都在挨餓，只能餓著肚子哄孩子睡。」

我沉浸在她的故事裡，已然忘記是什麼原因把我們兩人扯在一起。

「大約一年半之前，我遇到另外一個乞丐，她勸我賣身，稱有許多顧客渴望我這樣的身體。她還說，賣淫是藝術，並非見不得人或是可恥的行為。我罵了她，然後走遠。我又繼續乞討了一個月，但是討不到足夠的錢。我的兩個孩子骨瘦如柴，一天到晚生病。我大女兒四歲，小兒子才三歲。

「某天我沿著喀布爾河乞討，走到珠寶店區，一位珠寶商拿出一疊錢在我眼前晃，宣稱若我肯到後面的房間，他就把這些錢都給我。我罵他真是噁心，然後走開，並聽到他的嘲笑聲。

「我想到我的孩子，他們得了瘧疾，需要看醫師。於是我往回走，進了那家珠寶店，逕自往後面的房間走去。他跟在我身後，然後玩了我。我不知道發生了什麼事，就像一個沒有靈魂的軀殼，宛若玩偶。

他的兩個朋友也和我做了那檔事。一個小時後，我拿到一疊錢，然後帶我的孩子去看醫生。

「那天晚上我哭了一夜，不知道自己為什麼哭。我父母、弟弟、妹妹、丈夫過世時，我也沒這麼哭過。第二天我沒出門。不論看到誰，我都覺得他們知道我做了什麼。我甚至不敢看我的孩子。我恨自己，想一死了之。可是我不能死，我死了，誰能像我一樣愛我的孩子？」她用袖子揩去淚水，望著我。

「我為什麼告訴你這些呢？你不認識我，我也不認識你。」說到這，她開始低頭輕聲啜泣。

「你必須向其他人傾訴，這樣才能覺得輕鬆、自由。你無法獨自一人承受這麼多，應該和他人一起分擔。」我說，對自己能說出這樣的話感到訝異。我怎麼知道說這些話？我和她一樣，使用得體的句法與語體，儘管幾乎沒有人再像這樣說話。

「你還只是個毛頭小孩，從沒見過生活殘酷的一面。」她道，隨即站起身用布卡遮住臉，沒拿錢就跑了出去。我朋友大聲叫她，請她晚點來拿錢。

我從桌上一把抓過那疊錢，跑出去追上她，慢慢走在她旁邊，她因為穿著布卡，沒有注意到我，但我能聽到她還在低聲哭泣。大街上幾乎空蕩蕩。七月的大熱天，烈日如火，幾隻狗躺在高牆的陰涼處休息，幾個小男孩提著裝有香草優格的罐子走回家。過了幾分鐘，她注意到我。她在路中央停下腳步，我就站在她面前，她掀開布卡看著我。烈日烤著我的後背。剛剛那幾個小男孩盯著她瞧，因為自從塔利班來了以後，他們已有兩年沒在街上見過女子的臉。

「你幹嘛這麼關心我？你認識我嗎？」她抖著聲音問我。美麗的雙眸噙滿淚水，幾乎奪眶而出。

「不，我不認識你，但我跟你一樣是人，所以我們應該一起分享悲與喜。」我說。

「你怎能分擔我的悲呢？需要和別人一起分擔痛苦的，不是只有我一人。有成千上萬的人比我更絕望。」

我不知道該說什麼安慰她。她從我手上搶過錢，放下面罩，頭也不回地走了。在她身後捲起的塵土落在她的藍色布卡上。

20 體毛長度

母親給了我一些錢，另外還有一張她和姊妹們所需的日用品清單：褲子、裙子、披肩、圍巾以及其他小東西，要我替她們添購。

塔利班來了之後，她們幾乎是大門不出，二門不邁。她們不喜歡穿布卡，因為穿了布卡，只能透過小洞看外面，這往往讓她們看不清東西。若她們真的得出門，也只是去參加近親的婚宴或喪禮。為此，我會幫她們叫輛計程車，或是拜託有車的親戚來我家接她們，從我們家門口直接送到另一個門口。她們在車上時，頭要完全蓋住，連臉都不能露出來，所以她們根本看不到車子走的是哪條路。

我討厭幫她們採購，但我能怎麼辦？我是家裡唯一可用之人，父親老是忙著工作，小弟又太小，她們無人可以拜託。我們把「愛哭鬼」交給鄰居照顧，現在這位小弟搖身一變成了「開心果」，他說的每句話都很逗趣，讓大家笑呵呵。他真是窩心，逗得大家樂開懷。

下午，我拿著購物袋，直奔主要市集。途中在通訊部的高樓前被一個塔利布攔下來。他和其他塔利布一樣，頭上纏著白色頭巾，身穿黑色過膝的紗爾瓦克米茲，但他手上拿的既不是槍也不是鞭子，而是一把剪刀。

他叫我脫掉上衣，我以為他在開玩笑。我這輩子還沒被人要求當街脫掉上衣。

「你要我的襯衫做什麼？」我用普什圖語問他。

「我對你的襯衫沒興趣，我要看你的腋下。」他說。

「為什麼？你瞧，你瞧，我胳肢窩裡什麼也沒有，沒有印度大麻、沒有鴉片。我是運動員，不用禁藥的。你看我有練出肌肉。」我邊說邊舉起胳膊，展示我的肌肉。

「我要檢查你腋毛的長度，按規定不能超過一英寸。」他毫無讓步的意思，繼續命令我脫掉上衣。

「我腋毛的長度關你什麼事？」我很想這麼反問他，但是我曾被關進塔利班監獄一次，不想再被關第二次。我在路中央脫下克米茲，兩邊的路人用眼角斜覷著我，但未停下腳步，也沒開口說話。

塔利布從我左腋下扯掉一根毛，用尺量了一下，比三公分略長。他皺皺眉，告訴我，我麻煩大了。

我拜託他再量一根，他從我右腋下又扯了一根，然後量了量，這次比一英寸略短。

「有的腋毛長，有的腋毛短，你最後一次剃腋毛是什麼時候？」他問。

「兩三個星期前吧。」我邊說邊穿上上衣。

「給我精確的日子。」他吼道，眉頭緊皺。

「我不記得了。」我說。其實我從來沒剃過腋毛。

「我要看你的陰莖和睪丸。」他煞有介事地說，並盯著我的雙腿之間。

「什麼？為什麼？」我問。驚慌取代了憤怒。

「因為我說什麼就是什麼。」他面不改色地說。

「你知道，我的和你的看起來差不多。」我語氣嚴肅，掩飾我的恐懼。我不想在大馬路中央，當著一個自稱塔利布、愚蠢又不識字的老粗脫褲子。

「這是你最後的機會，若你不在十分鐘之內給我看你的陰莖和睪丸，我就把你關進牢裡，然後在牢裡看著你的陰莖和睪丸。」他警告道。

「真主啊！這傢伙到底有什麼毛病？拜託真主幫幫我吧！」我內心吶喊道。

「你為什麼不讓我先看看你的？」我向他挑戰道，盡量拖延時間，以便能冷靜想出對策。

「你對我的陰莖感興趣？它相當大，睪丸裡有很多精子。」他說這話的語氣跟剛剛完全不同。「我的男孩喜歡它，但他膚色沒你白。」他突然露出溫暖而陶醉的笑容，儘管他是塔利班，而塔利班痛恨所有和幸福相關的表情。

現在我明白他為什麼攔下我了。我們早已聽人說過，一些男孩無緣無故被關到監獄裡，在前線和聖戰士打仗的塔利班到了晚上會來監獄，姦淫這些年輕男孩以求放鬆。

這個男人想和他前線的戰友每晚玩弄我，直到他們玩膩了，就再找個更年輕或是膚色更白的男孩子下手。幾天前在諾伯亞堡附近的公園，我看過一些前線塔利班（我們習慣這麼稱呼他們），他們的頭髮又長又髒，滿臉鬍子。儘管可蘭經上明明寫著要保持乾淨，可是他們因為好幾個月沒有梳洗而全身布滿蝨子。最糟糕的是前線塔利班出自巴基斯坦與阿富汗之間的部落區，或是來自車臣，也有一些來自葉門與敘利亞等阿拉伯國家。他們對阿富汗不感興趣，一心一意只想殺人。

我不能讓這種事發生在我身上，也不能出現在我生命裡，否則會讓我自己以及家人蒙羞，儘管是被脅迫的。

我不知道該說什麼，但我必須想辦法擺脫這個人。我解開褲子，非常自慚地將褲子褪到膝蓋下。行人對我行注目禮，我也回瞪他們。

這個塔利布雙膝跪在地上，扯下兩根陰毛，一根被他叫作「陰莖的前額毛」，另一根從睪丸拔下來，然後他吩咐我穿上褲子。他用尺量了這兩根毛，我仔細地看著他的雙手，發現他的手抖個不停。兩根毛都是捲的，我根本猜不出它們有多長。「陰莖的前額毛」近五公分，睪丸毛是四公分。

「孩子，你麻煩大了。我必須判你入獄一個月。」他說。眼角瞇出一條線，嘴角露出邪惡的冷笑。

他用力攫住我的右臂，把我拖向他停在路邊的車子。另外一個塔利布懶懶地倚靠在駕駛座，看到我們便站起身打開車門，然後兩人用力把我推到車後座。攔下我的那個塔利布接著下車，攔下另外一個年輕男生，他也只不過是個少年而已。

我坐在後座。開車的那個塔利布聽著沒有音樂伴奏的塔利班歌曲，歌手將波斯情詩胡亂地搭配烏都語（Urdu），只有歌手知道自己在唱什麼。

我們兩人看著那個塔利布檢查被攔下的男孩腋下，那男孩比我還小，膚色更蒼白，長得非常俊。他們喜歡膚色白皙的幼齒男。

我決定逃出魔掌。

離我不遠處，就在通訊部前面，我看到一群人正在施工，興建喀布爾最大的清真寺。他們忙完一天的工作，正準備回家。他們經過我們車子時，我立刻打開車門，跳下車後大喊：「炸彈！炸彈！炸彈！炸彈！塔利班的車下有炸彈！」

有三十多名工人嚇得像受驚的鴿子，四處奔逃。路上行人也拔腿狂奔，盡量遠離那輛車。坐在駕駛座的那個傢伙也嚇得不輕，連忙下車，和那些工人一起跑向正在興建的清真寺。

我朝相反的方向跑，跑到一家麵包店裡，一進去，麵包師傅便問我外面發生了什麼事。他透過窗戶，看到驚惶失措的人群跑來跑去。外面陷入一團混亂，沒人知道接下來會發生什麼事。到處都聽到人們在喊：「炸彈！炸彈！炸彈！」他們都想找個地方躲起來。我見到幾個中年人將頭塞在手推車下面，身體其他部位暴露在車外。

「他們以為有人放了炸彈。」我氣喘噓噓地說道。「事實上沒有，我故意喊的，這樣我才能從塔利班的車上跳下來。他們無緣無故逮捕我，要把我關到監獄裡，對我逞獸欲。」我告訴他。

麵包師傅困惑地看著我，隨即一臉驚恐。

「出去！立刻從我店裡滾出去！」他對我吼道。

「如果我是你兒子，你會讓他們把我關進監獄，讓我沒日沒夜地受他們折磨嗎？你是個鐵石心腸的人嗎？」

「你應該看得出來我是哈札拉人，你知道他們憎恨我們。倘若他們在我店裡發現你，會殺了我的。」他說。我努力站在原地不動，但他胳膊粗壯，肩膀寬大，個子高我一個頭，硬是把我推了出去。

現在我又回到街上。人們繼續四處奔逃，我不知道該去哪兒，不知該往哪兒跑。我覺得非常絕望、非常孤獨。突然我又被人拉回店裡。是那個麵包師傅。他幾乎是架著我，一路把我架到店後面的一個房間。他緊抓著我的左臂，我試著說話，但因為害怕，想不出來該說什麼。

後面這個房間很大，幾乎是店面的兩倍大。裡面堆滿大袋大袋的麵粉、玉米粉與白糖。麵包師傅把我帶到一個角落，裝滿麵粉的麻袋堆得如山一般高。這些麻袋一個一個往上疊，一直疊到天花板。他叫我爬過麻袋，躲到麻袋後面。

我依言躲了起來。麻袋和牆面之間幾乎沒有足夠藏身的空間，我硬是擠了進去，鼻孔裡都是麵粉，忍不住打了幾個噴嚏，麵包師傅連忙叫我別出聲。我極力忍住不打噴嚏，但實在太難了。我鼻孔一直發癢，忍不住打了幾個噴嚏，麵包師傅再次用他渾厚的聲音叫我安靜。

我躲了四個小時，直到天色完全變黑，外面已看不到任何塔利班。這時間，人們像平日一樣，匆匆地趕回家。手推車主人也和往常一樣，慢慢地推著車。

麵包師傅叫我從藏身的地方出來，一個年齡比我小的男孩端了一盆水給我，讓我洗洗臉。我的臉沾滿了麵粉。

過了幾分鐘，我站在窗邊，凝視著窗外，擔心自己一出去，又被那個塔利布逮個正著。

「我不會讓你一個人出去的。對我來說，那樣更危險，我有車，我送你回家。要是有人問起你，你就說你是我兒子。」麵包師傅說。

我看著他，不知如何表達感激之意，只能用顫抖的聲音說：「你真是個英雄。」

半小時後，我和他兒子一起坐在他的車子後座。他開車朝我家駛去，一直把我送到大門口，我堅持要他們到家裡和家人一起吃晚飯，但他說他們必須回去，要是回家晚了，妻子會擔心害怕。

我目送他開車駛離諾伯亞堡。我跨過院門，進入庭院，原先的恐懼如今已被疲憊取代。

我一進屋，家裡每個人都因為我這麼晚回家而對我生氣。我跟他們說明整個經過，我不知道父母是否相信我說的話，但姊妹們不信，也因為我沒幫她們買到她們要穿的衣服而悶悶不樂。她們嘲諷我，倘若我說的是真的，現在應該已被關進牢裡，而且至少得關上一個月。她們說我其實是在朋友家玩，或是在公園裡打排球，或是玩吊雙槓；因為我最近迷上吊雙槓，每次和別人打賭誰吊的時間最長，我都是贏家。

那天晚上我刮掉腋下與兩腿間的體毛，以免哪天又被塔利班攔下檢查。

21 鴿子洞裡的步槍

隔天我一直待在屋裡，甚至沒走到院子。我試著睡一覺，但是大白天無法入睡。我想到麵包師傅，懊惱自己忘了問他名字。

我在窗戶附近的牆角放了幾個靠枕，那兒是我偏好閱讀的地方，然後拿了一本翻譯成達利語的聖經準備展讀。這是舅舅從巴基斯坦買來送我的，他有時必須去巴基斯坦出差。他在內政部任職，因為他寫了一手好字，所以負責起草官方文件。他也在之前的政府部門擔任類似的職務，一直做同樣的工作。塔利班執政第三年，他搬來諾伯亞堡和我們同住。雖然他替塔利班工作，但他與塔利班並非同路人，也不齒他們的法令，但他將這些不滿藏在心裡，並未讓人知道。他需要善用他的一技之長，賺錢扶養已移居巴基斯坦的家人。

每天早上會有一輛車到諾伯亞堡來接他，天黑再把他送回來。因為他，我們受到一些保護，不會被指派到這一區的塔利班騷擾。

舅舅也買了其他書，包括高爾基的小說、亞里斯多德著作，以及《柏拉圖作品選集》（*Plato Selections*）等等。這是他違逆塔利班政權的一種方式。這些書都被塔利班列為禁書。蘇格拉底、柏拉圖、亞里斯多德等哲學家在塔利班眼中，不僅是外國人也是異教徒，因此塔利班統治阿富汗期間，他們的書全部被禁。此外，這些書寫在伊斯蘭教創立之前，因此充滿非伊斯蘭教的思想。

當然，這更勾起我對這些書的好奇心。

週五中午禱告時，清真寺的穆拉會說，可蘭經是真主留給世人唯一的真理書，但我想閱讀其他人的上帝留給世人的書籍。我聽說，這些書解決了數百個世代前數百萬先人的苦惱與難題。

我已讀了一遍達利語版的聖經，這是舅舅之前買的。裡面有很多關於先知的精彩故事，這些先知都比穆罕默德早出現。

在獄中讀了達利語版的可蘭經，現在終於明白經文的意思，我想更精通聖經，以便和可蘭經互做比較。但是穆拉說，聖經早在很久以前就不是記錄上帝的話，因為聖經已被不同的人多次改寫與翻譯。但是可蘭經從未被人改寫，未來不會也不可能被重寫。任何人改寫真主的書都是異教徒，就像撒旦，和真主為敵。

突然，我聽到不熟悉的聲音一直喊著父親的名字：「巴希爾、巴希爾、巴希爾……」我看向窗外，想知道是誰在找父親。父親正在午睡。在酷熱的七月，我家人吃完午飯後都會午睡一下。我看到二十多個塔利班站在院子中央，四處打探。其中一個又瘦又高，和其他留著長鬍子、纏著黑色長頭巾的人一樣髒兮兮。他持續喊著：「巴希爾、巴希爾、阿巴杜·巴希爾！」

我趕忙叫醒父親。

「誰讓他們進來的？」父親揉著眼睛問道。

「我不知道。」我說。我聽到自己的聲音透露著焦慮。

「他們有敲門嗎？」父親從躺著的托沙克上起身。

「我沒聽到敲門聲，也沒為他們開門。」我答道，聲音開始發抖。「他們是來找我的嗎？是來抓我的嗎？」

「我不清楚，我去看看，聽他們怎麼說。你待在這裡，別出去。」父親說。

我叫醒母親與姊妹們，還有我舅舅。他一聽到是塔利班，立刻出去與他們交涉。

我們站在窗戶後面，從窗簾的小孔往外瞧著那些人。父親站在庭院與房間之間的通道上，被他們圍在中間，說話對象是那個高瘦的傢伙，舅舅則拿出他內政部的工作證，其中幾個人吻了舅舅的手，以示敬意。

他們穿過庭院，朝我們的房間走過來，打量牆高處的壁龕，我養的鴿子在那裡築巢下蛋。

「他們在找你的鴿子。」母親說。「我跟你講過一百次了，要你把鴿子送給聖殿或者清真寺。但是你和你爸爸一樣倔強，從來不聽我的話。」

我們搬來之前，鴿子就在諾伯亞堡生活很久了。我們房間泥磚牆高處的洞就是牠們的窩。和許多阿富汗人一樣，我一直想養鴿子，甚至早在我們還住在祖父的老宅時，我就對養鴿子情有獨鍾。父親不准我養，對我說：「與其把時間浪費在鴿子上，不如多花心思於課業。等你念完九年級，我再讓你養幾隻。」但是我不用等那麼久。

住在祖父的老房子期間，一個鄰居養了幾隻鴿子，我經常爬到他家樓頂，看他剪掉鴿子翅膀上多餘的羽毛，在牠們腿上套上腳環。這些鴿子有不同的品種與顏色，每個品種都有自己的名字。我喜歡看著他將種子攤在掌心，鴿子飛過來停在他的手上、臂膀、肩膀和頭上。

我幫鄰居將兩個大缸裝滿水，讓鴿子可以在裡面洗澡。另外我替兩個大缸裝滿沙子，讓鴿子在裡面搓來搓去，趕走羽毛裡的蟲子。

我們搬到諾伯亞堡時，哈吉．努爾．謝爾的房子早就養了很多鴿子。過了一些日子，鴿子和我熟了，所以我一進院子時，甚至只要我站在窗戶邊，不少鴿子都會朝我飛來。

大多數時候，我錢不夠，無法買牠們愛吃的種子，只好把變硬的烤餅切成小塊餵牠們。或是刻意省下自己的米飯，讓給鴿子吃。有時父母也會做同樣的事。

唯一不喜歡鴿子的是姊姊，因為清掃院子是她的工作。她抱怨鴿糞到處都是，不過她喜歡一大早鴿子咕咕咕的叫聲，她說那種噪音能讓她睡得更好。

「他們會殺死我的鴿子嗎？」我傷心地問母親。

「不，不會，我不會讓這事發生的。」母親邊說，邊把我拉向她，吻了吻我頭頂。

「我想他們不會聽你的。他們討厭女人，為什麼要聽你的話？」

「但我會試試。」母親說。

「他們來這兒是因為我昨天逃走，並造成一陣騷動嗎？」我問母親。

「我不知道。」母親說。

姊姊望著我，露出惡毒的表情。大家都說她長得很美，她也確實很美，但她老愛對我露出難看的表情，此時的她就沒那麼美了。「如果他們逮捕你，把你關進牢裡幾個星期，我就相信你昨天沒有說謊。」她說。

「你閉嘴！」我對她吼道，而她咯咯笑個不停。

庭院裡傳來那個高瘦塔利布和父親說話的聲音。因為父親是老師，所以多數人與父親說話時，態度恭敬，但這位塔利布則一副盛氣凌人、不屑的口吻。

「你們也養鴿子？」那位高瘦塔利布問。「你們不知道道德促進與惡行防治部門頒布的第九條法令嗎？按規定禁止養鴿子與鬥鳥。已頒布快兩年了。」

父親臉色蒼白，不知道該說什麼。舅舅連忙插嘴道：「沒有人養這些鴿子，牠們都是野生鴿，是自己飛來的。」

「是的，就是這樣。」父親附和道。

「我再讀一遍關於鴿子和鬥鳥的第九條規定。」這個塔利布說道，然後從口袋掏出一張紙。

「禁止養鴿子和鬥鳥。這個惡習應該被廢除，十天後開始落實，執法人會挨家挨戶搜查，一經發現，鴿子與鬥鳥格殺勿論，養鳥者會受罰與入獄。」

讀完，塔利布摺好那張紙，問道：「現在我要知道這屋子誰養了這些鳥？他得受罰和坐牢。」

我嚇壞了。我愛我的鴿子。我知道若我被他們抓到牢裡，昨天那位試圖抓我入獄的塔利布會認出我，這下子要在短時間內回家恐是無望了，也恐怕難逃蹂躪了。

母親用披肩包住頭部，罩住臉，走到門口，站在門簾後面，用那位塔利布聽得懂的普什圖語說道：

「這些鴿子是我養的。」

「誰在說話？」瘦高塔利布問。

「我是站在你旁邊那人的妻子。這些鴿子是我養的。我有一個問題要問你，你覺得餵食一個挨餓的生靈是壞事或罪惡嗎？」母親問他。

「不，絕對不是。事實上，這是一件好事。」瘦高塔利班說。他突然變得有禮貌起來，至於原因，誰也不知道。可能是母親說的普什圖語非常高雅，加上她態度莊重，讓人不敢怠慢，就連這位塔利班都肅然起敬。

「誠如你所言，我做的是一件好事，那麼你就不必懲罰我，把我關進牢裡了吧？」母親問。

「當然不會。鴿子將留在這裡，主人不必受罰和坐牢。」瘦高塔利布說。

母親回到屋裡，臉上掛著勝利的微笑。我們全都討好地看著她。我吻了母親的手，走到外面，基於待客之道，與那些塔利班打完招呼後，站在舅舅的旁邊。

瘦高塔利布跟父親要了斧頭和梯子，父親沒問為什麼，便一聲不吭地拿給他。

瘦高個子要一個手下沿著梯子爬到鴿子築巢的洞穴，然後把斧頭遞給他，要他敲開接近泥牆頂端的一個洞。

「我想大家都贊成不該傷害那些鴿子吧？」父親問。

「是的，你說得對。但是我們來這兒是搜查武器。我們接到舉報，指那個鴿子洞裡藏了一把步槍和一袋子彈。」瘦高塔利班說。

「我們在這屋子住了快七年，沒看到什麼武器。」父親說。

「你不介意我們挖那個洞吧？」

「沒事，我不介意。但是若找不到東西的話，你必須收拾善後。」父親信心十足地說。

「就這麼說定了。」瘦高塔利布說。

他的手下從洞裡掏出一隻鴿子，還有剛出生一星期的雛鳥，小心翼翼地把牠們放到另外一個洞裡。洞裡的其他鴿子開始和新來的母鴿打架，不想讓這隻母鴿留下來。但這隻母鴿不知道該去哪裡，牠擔心自己的小孩，為了保護牠們，拚命與其他鴿子纏鬥。一分鐘後，公鴿飛過來，走到幼鴿旁邊保護牠們，但打鬥一直沒停止。

塔利布拿著斧頭繼續敲敲打打，我們看著他把牆敲掉了一大片。幾分鐘後，正如瘦高塔利布所言，他手下從鴿子洞深處掏出一支步槍和一袋子彈。父親見狀面如死灰。

「你選了個非常隱蔽的地方藏槍，但是你不知道我們有一流的眼線嗎？」瘦高塔利布說。

「這不是我的武器，也不知道是誰放的。」父親說道，聲音發顫。

「每個罪犯都這麼說，但是吃了一頓鞭子後就什麼都招了。現在告訴我其他武器藏在哪裡？」他盯著父親的眼睛，略一停頓後繼續道：「否則我會打到你招認為止。」

「我不知道你在說什麼，這個地方沒有什麼武器。」

「是嗎？可是你說鴿子洞裡沒有步槍，結果裡面有。我們要搜查所有房間，如果找不到，你必須指給我們看，不然你會死在我的盤問下。」他惡狠狠地說。然後按下對講機按鍵道：「派五十名塔利班過來，包圍整個庭院和花園，不准堡裡任何人離開這裡。」

幸虧舅舅在內政部工作，他也有無線對講機，原本可以求救，但若發現更多武器的話，他也會受到牽連，所以他並未作聲。他抓住我的左臂，把我半拉半拖到通向房間的走道上，吩咐我把他從巴基斯坦買回來的書全部毀掉。

「我不會毀掉任何一本書的。他們找的不是書而是武器。」我說。

「你這個傻瓜，照我吩咐的做。若他們看到聖經或者那些哲學書，他們會絞死我們每一個人。」舅舅厲聲說道。

「為什麼？」我不解地問道。

「他們會認為我們改信基督教，以為我們信奉共產主義或異教。」舅舅說。

「他們這麼蠢？」我說。「根本是胡說八道！」

「他們所作所為哪件事不蠢、不荒謬？」他質問道。他回到院子，想辦法拖延塔利班進到屋子的時間。

此刻我真的害怕了。我跑回屋子裡，把所有書堆在眼前，一本一本地吻別。我喜歡蘇格拉底的對話集，真不想就這麼撕掉，可是不得不忍痛下手。

我拿起舊約，只差十多頁就讀完第二遍，但現在沒機會了。我撕下第一頁，然後第二頁、第三頁。之後一次撕一疊，外面塔利班粗嘎的聲音增加我撕書的力道與速度。幾分鐘後，面前就堆了一疊紙張。之後拿起《柏拉圖作品選集》，全部撕了。母親和姊妹們也幫我撕毀其他書籍。

過了一會兒，舅舅進到屋子。我們聽見塔利班仍在庭院忙碌，繼續敲毀鴿子洞。舅舅說，我們得把所有撕掉的書頁都燒掉，母親在後面的房間生了火。那個房間我們一直空著沒用，那裡沒有窗戶，所以塔利班不可能看到煙霧。此外，若知道有女人在裡面，他們也不會進來。

我拿了個鐵桶，把舊約和《柏拉圖作品選集》分開燒，連我自己也不知道為什麼這麼做。

舅舅叫母親把所有相簿都拿過來。他說，我們必須燒掉家裡所有的照片，包括父母的結婚照、在中亞國家度蜜月的照片等等。

在絕大多數照片中，父母穿的都是西式服裝，若塔利班看到這些照片，會把父母關到牢裡，甚至會殺死他們。這種事經常發生。塔利班宣傳車在街上巡邏時，塔利班常站在貨車的貨斗上用擴音器大聲宣揚這種事。

舅舅和母親開始撕毀所有照片。母親邊撕邊流淚，淚水像斷線的珍珠撲簌簌往下掉，只是這次她並未掩飾淚痕。

他們把所有撕毀的照片連同撕毀的書本一起放入火裡燒，火勢竄起，幾分鐘後，記錄我們家族點滴的所有照片都化成灰燼。

裡面有祖父獲得銀行授勳的照片；有祖父站在老家前面的照片，當時老家剛落成不久；有一張紀念他興建的學校落成的照片；還有一張他和國王查希爾．沙阿（Zahir Shah）的合照；有一張他和十四個子女的全家福；幾張他穿著朝聖者服裝，大部分以徒步的方式從阿富汗走到麥加朝聖期間所拍的照片。這些讓我們了解他一生的照片，在短短幾分鐘便化成了灰燼。

濃煙在密室裡無處可去，嗆得大家猛咳，但我深吸了一口氣，心想即便留不住這些書，但我可以將這些煙留在肺裡。我把整桶灰燼倒在置於最後一個房間的波卡里暖氣爐裡。

「那些錄影帶與錄影機呢？」姊姊問舅舅。

「全部砸了。動作快，快點、快點。」舅舅道。

我們有五十多捲印度與美國電影的錄影帶，每部電影至少都看了二十遍。我最愛的一部電影是《毀天滅地》（*Conan the Destroyer*），至少看了五十遍，因為是英語發音，我一句台詞也聽不懂，話雖如此，我還是看了一遍又一遍。

我抓起這捲錄影帶，看著封面上阿諾·史瓦辛格（Arnold Schwarzenegger）的劇照。他裸著上身，腳穿皮靴，手握一把長劍，身上凸起的肌肉塊塊分明。我希望他現在能在這裡，用那把劍擊退所有塔利班，可惜這只是我的奢想。

我向阿諾·史瓦辛格道別，先撕了封面，但不知道該怎麼銷毀錄影帶。我不想跟舅舅一樣，把錄影帶丟在地上用腳踩碎。於是我把懸掛在庭院門上那把裝飾用的長劍拿下來，這把劍是印度政府頒給父親的拳擊冠軍獎。

我把錄影帶放在地上，將劍高舉過頭。我看著自己的手臂和胸膛，相較於滿身肌肉的阿諾·史瓦辛格，的確遜色多了，儘管我花很多時間在健身房鍛鍊，可惜沒有足夠的食物養肉。我心想，他應該不會介意他的錄影帶被我這樣的人用一把裝飾用的劍（而非真劍）砸毀吧。

舅舅把錄影機踹得稀巴爛，他把不規則形狀的碎片掃到地板上的一個小洞裡，有自來水的時候，那裡原本是馬桶所在。我們把碎掉的錄影帶丟進去，然後燒掉錄影帶的硬殼。

塔利班花了大約一個小時確定鴿子再也無法於庭院生活，同時間所謂異端書籍、錄影帶、照片全都從屋裡消失。這是好事。

塔利班敲毀所有的鴿子洞之後，開始搜查圍著庭院而建的每個房間，儘管沒有再找到任何武器，他們還是想帶走父親和我嚴加審問。舅舅拿起對講機，和內政部的一些人交談，後者告訴庭院裡的塔利班不要抓我們，這惹惱了那個塔利布頭頭。他一心想要找到不利我們的一張照片或一本書，但屋裡已找不到任何東西可作為把柄。

他們的確在我小妹畫冊裡找到一張用了不尋常顏色畫出的乳牛。其中一個塔利布用力把畫撕下來，拿到父親的面前，說道：「光憑這張畫我就可以把你關進牢裡幾個月，但我不會動肝火，因為大家都知道我很仁慈善良。」

「我看得出來你心軟而善良，你的眼睛告訴了我。」父親說道。儘管這人眼皮下垂浮腫，像隻眼鏡蛇。

那位高瘦塔利布挑高雙眉，示意其他塔利班跟著他走，一起走向門口。父親請他們留下來喝杯茶，但高瘦塔利布拒絕了，宣稱他在齋戒，然後轉身走了。

鴿子繼續留了兩三天，似乎想要弄明白打亂牠們生活的瘋狂舉動是怎麼回事。然後，鴿子一隻接著一隻，或兩兩成行地飛到別處築窩，過著簡單而不受驚嚇的生活。

每次看著鴿去洞空的廢墟，覺得不只是鴿子離我而去。最後一隻鴿子離去前，我把心愛書籍的灰燼埋在花園的桑樹下。

隔天父親和我走到付費的公共電話亭（我們稱之為ＰＣＯ）打電話，電話費很貴。父親想找他的朋友哈吉．努爾．謝爾。自從那天晚上他最後一次辦派對後，他就已移居印度，與家人在那裡一起生活，再也不曾返回喀布爾。卡爾特帕爾旺有兩個付費公共電話，父親和我走到離家較近的巴格爾巴拉街上的電話亭，發現等著打電話的人太多，可能要等上兩、三個小時才輪得到我們。於是我們前往位於巴哈里斯坦（Baharistan）的電話亭，可是那裡隊伍更長。所以我們乾脆回家，騎著父親的腳踏車到達阿富汗（Da Afghanan）較大的那個電話亭。若街上車輛不多，騎腳踏車從諾伯亞堡到那裡約需十分鐘。父親腳踩著踏板，我坐在後面。

努爾．謝爾想了解喀布爾發生的一切．父親問了他那把步槍的事，起初他不知道父親在說什麼，看來他已把這事忘得一乾二淨了，過了一會兒他才說：「那是我父親的槍，他過世後槍就不見了，怎麼會藏在鴿子洞呢？」

「一定是鴿子幹的。」父親開玩笑地說道。

「可能真的是鴿子幹的，這種事偶爾會發生。」哈吉．努爾．謝爾答道，可能因為收訊不良，他聽不懂父親開的玩笑。他請父親去拜託塔利班，把槍還給他。父親當然不會去。直到現在，我們還是不知道那把步槍是怎麼被藏在鴿子洞的。

父親和哈吉．努爾．謝爾有說不完的話，電話費已超過他口袋裡的錢，等他掛上電話，電話亭老闆告訴他一個數字。我把口袋裡的錢都塞給父親，但是只夠支付一半的電話費，父親只好摘下手錶給了那人。那支錶他戴了多年，愛不釋手，是一支俄羅斯好手錶，價值遠超過他欠電話亭老闆的電話費。那人同意，只要父親還清剩下的錢，他會把錶還給父親。接下來兩個星期，父親無法湊足錢，也無法贖回手錶。過了三個星期，父親終於可以還錢時，電話亭已經搬走了，手錶也跟著下落不明。父親再也沒見到那支錶。

過了不久，我們在黑市買到另一台錄放影機。塔利班當家期間，只要知道黑市的門路，可以買到任何你想要的東西，就連色情片也找得到——如果你想看的話。擁有錄放影機和錄影帶是一種對抗當局的形式，也是自鳴得意的武器。我找到另一捲《毀天滅地》，並陸陸續續找到蘇格拉底的著作以及其他書籍。

可是父母的結婚照和蜜月照，現在只能存於我們心底。它們已化為灰燼——永恆的灰燼。

22 塔利班大學

塔利班當政的第二年年底，我從中學畢業。畢業當天，同學和我想盛大慶祝，但是沒有音樂（塔利班禁止播放音樂）助興的慶祝，簡直和喪禮沒兩樣。我已經有過一次這樣的經歷了。

大部分同學和我一樣都打拳，由於沒有其他事情可做，我們六人決定去健身房，戴上拳擊手套，來一些好玩又有趣的拳賽。健身房在離學校不遠的一棟建築物裡。健身房很陽春，只有幾個啞鈴，一個吊沙袋。地板上畫出一個區域，充當拳擊台，四周沒有圍繩。我們甚至沒有合適的拳擊短褲可穿，因此練習時只穿內褲。當然這裡也沒有淋浴間。但是我們不在乎這些，一心只想著輸贏，想知道誰才是最棒的拳擊手。

我們開始揮拳，不是一對一單打，而是大家同時間一起上。我們從中午十一點打到下午五點，直到連手都抬不起來保護自己才停止，這時大家已經暈頭轉向，鼻青眼腫。

我回到家裡，大家幾乎認不得我。他們以為有人狠狠揍了我一頓，但我說：「我和同學慶祝中學畢業。」

「我很高興你只需畢業一次而不是兩次。」母親道。

我直接上床睡覺，一覺睡到隔天早上。那天是週五，父親在家。我比平常晚一點起床，大概八點左右。我試著睜開雙眼，但是怎麼努力也睜不開。我摸索著走進浴室，站在浴室鏡子的前面，用手指把左眼皮撐開。當我看著鏡中的自己，著實嚇了一跳。

我的五官腫成平常的兩倍大，我不知道該怎麼辦。我想一定是被某種昆蟲或大蠍子咬了，才會這樣。我大聲呼喊母親，她趕來站在浴室門口，我轉過身，她見狀大叫一聲，彷彿受到野生動物攻擊。她開始哭泣，低聲道：「你對自己做了什麼？我兒子怎麼會這樣？昨天還好好的啊。」

每個人都聽到了母親的喊叫，全趕來浴室。父親站在門旁挨著母親。我用手指撐開左眼皮看著他。

「他是誰？」父親問。

「他是你兒子凱斯啊。」母親哭著說。

我試著說話，但是疼到無法開口。

「嘿，西瓜頭，你怎麼了？」父親問，聲音裡沒有一絲憐憫。「被別人打成這樣，真夠丟臉的。」父親說。

「沒有人打我。我同時和五個同學拳鬥，不可能同時防守每一個人。但我保證，他們吃的苦不會比我少。」我說道，不知該笑還是該生氣。

「五個人？你瘋了嗎？你說的是那些受過專業拳擊訓練的朋友嗎？」我唯一能做的反應是點頭。

「哦，真主啊！他瘋了！簡直沒長腦！竟拿雞蛋碰石頭！太蠢了！拳擊史上還沒聽過這種事。」父親說，目光先盯著一個方向，然後又轉到另一個方向，但視線一刻也沒離開我。他現在是以言語來擊拳。

「我現在成了拳擊史的一部分了。」我笑著說，整張臉疼痛不已。

父親靠近我，賞了我一巴掌，我痛得大叫，就連開口喊叫都痛得要命。

「你這個笨蛋。」父親說完便走開，母親與姊妹們也散去，又只剩我一個人。儘管痛得要命，我忍不住笑我自己。

我一整個禮拜沒出門，父母也沒為我請醫師，還宣稱這是對我的處罰。我覺得無所謂。我很難解釋這種感受。痛苦成了一種解脫，緩和無法自由自在挑戰塔利班的無奈與挫折。我和同學都是阿富汗人，自小被教育不容他人像塔利班那樣對待我們，所以我們骨子裡的基因怒吼著要報復。疼痛至少讓我們暫時忘卻這一切。

每天早上我用溫水與鹽巴洗臉，簡直痛不欲生，但這是唯一不讓傷口感染的辦法。一週後，傷口開始改善，我跑去同學家看看，每個人都不好意思地看著我，有些人的傷勢甚至比我嚴重。

畢業三個星期後，我們的傷勢復元得差不多，不影響喀布爾大學的入學考試（CONCOR）。這場考試的競爭非常激烈，因為想進喀布爾大學的學生人數遠超過學校提供的名額。

我的同學多半會參加特別的補習課程，加強數學、生物、化學等，以便在入學考拿高分，順利進入工程學院或醫學院。他們沒有人鑽研宗教科目，至少沒受過塔利班之外的教導。

我並未參加任何補習，所以考試時難免緊張。說實話，我至今不知道這十二年來的學業自己是怎麼過關的。我數學非常糟糕，每次考試，同學都會罩我，因為他們擔心若不幫我，可能被我打斷鼻子。

CONCOR共有二百一十個試題，應試時間是四小時。我只花了兩小時便做完，幾乎沒有數學題，也不見物理或生物題。題目全和塔利班主義有關。

我把答案卷交給監考老師，他看了一會兒，然後看著我，不可置信地問我：「你怎麼這麼清楚這些事？你的答案全部正確。」

「我參加了特殊課程。」我說，面帶看似睿智的一笑，心想還是不要透露我是在監獄學到這些的。

我考進了喀布爾大學就讀我的第一志願——新聞系。儘管我的考試成績足以進入醫學院——如果我想的話。

開學第一天，我仔細地燙平白色的紗爾瓦克米茲，並穿上全新的阿富汗製真皮涼鞋。塔利班原本禁止學生穿鞋，但這只是用以強調他們是當家主人。他們稱鞋子很臭，卻從不說自己很臭，他們幾週不洗澡，渾身都是汗臊味。幾週後，我們看到他們穿了鞋子，我們也隨即跟進。

我還會用類似牙籤的炭筆在眼睛四周畫上眼線。我看著鏡中的自己。每年的宰牲節，穆斯林會宰綿羊、山羊、牛和駱駝等牲畜，紀念先知易卜拉欣為履行對主的承諾甘願犧牲愛子伊斯瑪儀的故事。我家一定宰一頭綿羊。宰殺之前，會在綿羊嘴裡放些鹽，並在牠眼睛周圍塗上眼線。看著鏡中的自己，我心想：「現在有人要宰掉我了。」

我把新的筆記本、學校指定的幾本舊新聞學書籍綁在腳踏車後座，興匆匆地繞過雙峰山騎往學校，大學離老家不遠。

我念小三以來，一直期盼趕快進大學。父親答應我上大學的第一天就會買輛車給我，而今我只有一輛從黑市買來的二手腳踏車。剛入學的三個月，我奢想拿著麥克風，穿著西裝打著領帶，對著總統、部長、高官等人提出一些艱澀的問題。

快騎到黃色穀倉時，腳踏車的一個輪胎爆胎。我和父親曾被關在這裡做苦役，幫忙挖地道。結果我在第一堂課遲到了五分鐘。

教室坐滿學生，各年齡層都有，來自阿富汗各地，約三百人。多數年紀都比我大，留著蓬亂的長鬍子，穿著過膝的紗爾瓦克米茲，纏著長頭巾，腳穿布滿灰塵的涼鞋，身體聞起來有雞棚的味道。我心想：「未來四年都要跟這些同學一起學習啊。」

教授站在黑板前，穿著和學生差不多，也和他們一樣髒。他的衣服皺巴巴，彷彿穿了好幾天，連睡覺也沒脫下來。相形之下，我覺得非常不好意思，因為我穿了乾淨又筆挺的衣服。

我坐在第三排，旁邊是一個三十歲左右的男子。他有一對濃濃的眉毛，一雙凹陷的眼睛，瘦削的臉龐以及細長的身軀。沒多久我就發現他不會說達利語，讀寫也不行。我不知道他是怎麼考進新聞學院的。幾天後我發現，班上至少有十幾個人都和他一樣。他們來自前線，和北方聯盟（Northern Alliance）打過兩年仗。北方聯盟的成員曾是互相為敵的軍閥派系，而今合作結盟打算推翻塔利班。這些前線塔利班根本沒通過任何考試，而是以「特殊學生」身分經高等教育部推薦入學。

教授用拳頭在黑板前的課桌上重重敲了一下，要大家安靜，我們立刻停止交談，正色看著他。他從口袋掏出煙盒，把一些鼻煙粉放在舌頭下面，整整一分鐘緊盯著我們所有人，然後他把和雞屎一樣顏色的鼻煙吐到角落，再用頭巾擦一下嘴唇，又吐了一口，才打開一本厚厚的書，讀了幾行後，開始講授塔利班版本的伊斯蘭教。他從教室的一個角落踱到另一個角落。我們把他講授的內容記在新的筆記本裡。

坐在我旁邊的特殊學生眼睛一眨也不眨地盯著教授。講了一個小時後，教授問了一些他剛講過的內容。我旁邊的特殊學生每次都舉手回答，他幾乎回答了所有問題。

「你怎麼知道這麼多？」教授離開後，我問他。距離下節課還有十五分鐘。

「我出生在穆斯林家庭，長大後自然而然成了穆斯林，加入塔利班之前，從同伴身上學了很多。」他說道。

「我也生在穆斯林家庭，但是知道的沒有你多。」我說。

「那麼你只是半個穆斯林，半個其他人。」他說。

「那另外一半是什麼呢？」我好奇地問他。

「我不知道，可能是共產黨、猶太人、佛教徒或是其他我嫌惡的東西。」他不屑地說，然後走開。

我想要交些朋友，但看來不可能和這位特殊學生交上朋友，他不會讀寫，卻回答得出塔利班教授提出的所有問題。

十五分鐘休息時間結束，真正的教授出現，指導我們如何使用播音室裡的麥克風。聽起來他似乎受過真正的新聞訓練，儘管他的穿著打扮和塔利班無異，但衣服乾淨，外表整齊。其他學生忙著把老師的話記在筆記本裡，我旁邊這位特殊學生則是一臉茫然地盯著老師。

突然教室響起很大的嗶嗶聲，大家都看著我旁邊這位特殊學生，原來是他的對講機響了，他按下按鍵，然後用普什圖語大聲和對方說話，未經教授允許便逕自離開教室。二十分鐘後他回到教室，坐在我旁邊，一樣沒有先徵詢教授的意思。教授停止講課。

「誰讓你進來的？」教授質問這位特殊學生。

「誰不該讓我進來嗎？」這位特殊學生問。

「我有權決定誰可以進來，誰不可以。」教授道。

「在我的村子裡，這樣行不通。」特殊學生道。從他的口音可以得知，他來自南方某個地方，那裡的人都非常窮。

「這不是你的村莊，這是喀布爾大學。我教書十年來，未經我的允許，誰都不可以進到我的課堂。」

教授道。

「管他是喀布爾大學還是我的村子都無所謂。我們都生活在同一片天空下的同一塊土地上。」這位特殊學生道，班上其他學生都笑了。

「既然是同一片天空下，同一塊土地上。」教授問。「那麼你為何來這裡而不留在你的村子裡？」

「決定待在哪兒是我的權力，我應不應該在這裡，不關你的事。如果你到我的村子，沒有人問你為何在這兒。他們可能會請你吃飯，把你當客人對待，把你當真主的朋友對待。」特殊學生道。

「你是我的學生，不是我的客人。」教授說。

「在我的村子，我們到伊斯蘭學校（Madrassa）學習可蘭經，穆拉說清真寺是真主的家，所有人都可以去那裡。現在我在這裡學習，對我而言，伊斯蘭學校和這間大學沒有區別，兩個地方都可以獲得知識。」特殊學生道。

他的對講機又響了很多次，他跑出去對著機子講話。回來後，又坐在我旁邊，這次教授沒有理會他。

九十分鐘後，換另一個教授上課。他是個塔利班，教導我們更多塔利班對伊斯蘭的詮釋與想法。

稍後我問了一位受過新聞專業訓練的教授，為什麼整天下來只有一堂新聞課。

「我無法回答你這個問題，我們只是照規定做事。」他說。

我回到家。母親要我上街幫她和姊妹們添購衣物。我告訴她，上次幫她們購衣讓我倒了大楣。「我再也不要幫任何人買衣服了。」我說。此外，我對大學第一天的生活感到非常沮喪。

母親套上布卡，叫我陪著她一起去，因為按規定，沒有男性親戚陪伴，女人不得外出。兩個妹妹也立刻要跟，她們剛受邀參加今晚的婚禮，需要添購一些首飾。阿富汗婚禮通常在前一、兩天才通知大家，有時直到婚禮當天才告知大家。

塔利班上台後兩年半以來，這是母親和妹妹第一次到市集。我早幫她們買好了布卡，以備她們不得不外出時可以派得上用場，但她們從來沒穿過，她們寧願待在諾伯亞堡的高牆後面，也不願外出。我買的亮藍色布卡是全新的，這顏色在喀布爾很受歡迎。

我們一路走到大馬路上去叫計程車，妹妹們抱怨布卡頭罩上的網孔擋住她們的視線，讓她們看不清楚外面，但我也無能為力，只能盡量不讓她們撞到別人或是別讓她們摔進人行道的坑洞裡。我們搭了計程車到喀布爾的最大市集曼達威（Mandawee）。

這裡的東西應有盡有，一天到晚都是萬頭攢動。塔利班上台之前，這裡擠滿了來自阿富汗各地形形色色的人：男人、女人、窮人、富人、年輕人、老年人。而今裡面的人以男性為主，纏著長頭巾，穿著過膝的紗爾瓦克米茲，各個看起來都像塔利班，不過他們只是普通老百姓，這樣穿會比較安全。偶爾我也看到一些婦女套上亮藍色布卡走在市集裡。

母親和妹妹走進一家女用內衣店，我從來就不喜歡為她們買這些貼身衣物。一個妹妹上階梯走進店裡時絆了一跤，因為布卡纏住了她的腳，另一個妹妹踩到了她，兩人一起摔倒在旁邊的一堆內衣上。她們想爬起來，但什麼也看不見，所以費了好一番工夫才起身。

因為沒電，店裡一片昏暗，只有微弱的光線從市集的頂蓋透了進來，母親看不見店裡賣什麼，索性把頭罩掀了，兩個妹妹見狀也跟進，其他三個女人看到母親掀頭罩，也如法炮製。

其他女人聽到母親對著妹妹講普什圖語，她們也開始用普什圖語和她交談。三人來自阿富汗南部，那邊的人講話習慣大嗓門，而且氣質比較粗俗。

店家有禮地請母親和其他人把臉遮起來。他人看起來很好，很有教養。依規定，女性不能在陌生男子面前露出臉龐，若被塔利班看到，他們會用隨身攜帶的鞭子或粗繩抽打女人的腳踝，也會賞店家耳光。一個年長些的婦女說：「不用擔心，我兒子是塔利布，他會保護我們。」我們都以為她在開玩笑，母親、妹妹、以及其他女人都笑了出來。

幾乎還不到五分鐘，一位塔利布穿過市集裡狹窄的街道，一一檢查所有的店鋪。看到母親和其他女人的面罩都掀了起來，他大步跨進昏暗的店裡，用很粗的繩子抽她們的腳踝，女人們不斷尖叫，試圖躲開粗繩的攻勢。

這個塔利布一邊揮舞粗繩，一邊用普什圖語大喊：「立刻遮住臉，你們這些蠢女人。」

母親和妹妹立刻乖乖蓋上頭巾，其他女人也照做，不過和母親說話的那個年長婦女除外。

她從店家的桌子上拿起一個茶杯，丟向那個塔利班，茶杯掉在地上摔得粉碎。她又拿起另外一個杯子，再次砸向那個塔利布，這次砸中他的胸部。塔利布嚇呆了，我也一樣覺得不可思議，心想，不知道之前是否有女人曾經打過塔利布，或者用東西砸過他們。

然後這個年長婦女又拿起了茶壺，再次扔向那個塔利布。店家幾分鐘之前才剛沏好這壺茶，茶水非常燙。茶壺摔成碎片，剛沏好的茶燙傷了那個塔利布，他開始尖叫，趕緊掀起貼在皮膚上的衣服，減輕疼痛。

店家火速收掉桌上其他的杯子，他看得出來這位年長婦女正在搜尋其他可以丟擲的武器，擔心所有杯子都被她摔碎。婦女厲聲對塔利布吼道：「立刻回家，好好反省你自己。我把你養這麼大，難道是為了讓你有一天可以用粗繩抽我的腳踝嗎？你這個狗崽子！」她大叫，並痛罵他的父親也是混帳。

「母親！你在這裡做什麼？」這個塔利布問道，持續用手掀著胸前溼透的衣服，睜大眼睛看著她。

店家害怕地端著茶杯的托盤，慢慢地再把托盤放回桌上。

老婦人又拿起另一個杯子，扔向她的兒子。他轉身想躲開時，杯子擊中他的右手臂，掉在地上摔成碎片。

「難道你沒看到我在做什麼嗎？」老婦人道。她拿起一個特大號紅色胸衣，遞給兒子看。她是一個相當粗壯的村婦。「我在買這個，難道你願意幫我跑腿買這個嗎？」她說。

「拿開啦，母親。」她兒子說，神情有點害羞，用右手遮住了眼睛。

她伸手又去拿一個杯子，店家在她構著前再次收走了托盤。她遂改抓起一包胸衣，扔向她兒子，內衣重重落在她兒子的腳上。

「滾出去！」老婦人說。「今晚我會教你怎麼乖乖做人。」

這個塔利布轉身走了出去。店家在後面說：「對不起，先生，請留步。」塔利布轉過身，看店家想要什麼。

「你的母親打碎了三個杯子、一個茶壺。」店家道。「總要有人賠償吧。」

「多少錢？」塔利布一臉惱怒地問他。

店家說了個數字，塔利布沒有討價還價便付了錢。他甚至沒再看他的母親和其他女人一眼。他走出商店後，所有女人又掀起布卡的頭罩，這次沒人叫她們把臉遮起來。

這個老婦人為兒子給大家造成不便向大家道歉。其他女人說她非常勇敢，她聽了非常開心。

母親很快和她成了好朋友。那一天，母親跟著她逛了市集所有商店，買東西需要掀開布卡面罩時，再也沒有人會過來抽打她和妹妹了。

逛了幾個小時後，我們邀請老婦人和我們一起吃午飯，她很樂意地同意了。席間，她說了許多有趣的故事，逗得我們哈哈笑，就像我們正和一位老朋友一起野餐。

母親給了她我們家的地址，邀請她有空來坐坐，她答應了，但從來沒來過。

23 生命的最後幾個小時

逛完街後，我們非常開心地回到了家。一到家，我們發現祖父正在客廳裡品茶，我跑過去親吻他的雙手，他吻了我的額頭並恭喜我上了大學。我感到十分高興，祖父又能像從前那樣，坐在我旁邊喝茶並拍拍我的頭。

祖父帶了一些禮物來給我，慶祝我展開大學生涯。他送給我三本貴重的筆記本以及一套《佛洛伊德心理學著作全集》，我不知道這些年他是怎麼保存這些書，或是將這些書藏在什麼地方。也許多年前他把書借給一個朋友，這個朋友住在戰火以及塔利班鞭長莫及之處。看到這些書，我太高興了，以致忘了問祖父。「現在該是你擁有他們了，戈巴契夫。」祖父道。

「謝謝祖父。」我回道，並給了他一個衷心、久久的擁抱，還不小心把他的茶水打翻到地毯上。我感激的不只是擁有這些書，而是祖父能夠和我們在一起，這讓我暫時把對大學的失望與不滿拋諸腦後。

祖父和姑姑住在馬卡羅延，騎腳踏車到那兒只要四十分鐘，但是父母不准我過去。父親擔心我一個人外出，每次我一走出庭院，馬上被問要去哪兒，問的人可能是父親或母親。沒有人擔心姊妹們的安危，因為她們哪兒也不會去。但是我不一樣，經歷過這麼多事，父母老是擔心我的安危。

祖父慢慢變老。要他像以前一樣一路從馬卡羅延走來這裡，已愈來愈困難。他也覺得坐巴士太累。有時他想過來看我們，但沒有錢搭計程車。他自尊心太強，不會向任何人伸手借錢。我們沒有電話，無法打電話給他。阿富汗的電話系統在派系互鬥期間全都毀了。而今祖父每次過來看我們，一定有一位叔叔陪著。

一個妹妹幫我拿來一個杯子，我替祖父的杯子又添了些茶水，也替自己倒了一些。感覺像是又回到以前的日子，儘管祖父努力掩飾，但是我看得出他眼裡深沉的哀傷。

我知道他不想破壞我大學開學的第一天，但他不知道我已對大學徹底失望，只是我不想表露出來，以免壞了他的好心情。

我想找個時間讓兩人獨處，問問他有什麼煩心的事，但是大家不斷進進出出，畢竟家人已一個月沒見到祖父，大家都十分想念他。

夜幕降臨，漆黑籠罩著一切。祖父走到庭院，坐在散見於四處的一個低矮平台上，父親以前就在這些平台上清洗地毯。他盯著沒有月亮、滿天星斗的夜空。一開始他沒發現我走出屋子坐在他旁邊。他深陷在自己的思緒裡，我靜靜坐了好一會兒才開口說話。

「你有心事。」我終於說道。「到底是什麼事讓你這麼揪心？怎麼不說出來讓我和你一起分擔？」

我問他。

他看了我整整一分鐘。我可以從他泛淚的眼睛裡感受到那股不安。然後他抬頭繼續看著天上的星星。

「我心中那把火已壓抑了一個月，若我將那把火釋放出來，它會灼傷所有人。」他看著天空說道。

「這會讓你比其他人還傷心。」說完，他起身走進屋裡。

我們一起吃了晚飯。父親講了幾個笑話，逗著大家開心地笑了，我一直看著祖父。雖然他嘴巴在笑，但是眼裡並沒有笑意。

吃完晚飯，我們喝茶的時候，祖父說道：「我有不好的消息要告訴大家。」我們都看著他，他沉默了片刻後說：「這一個月來，每天早上我都會收到一封信，信裡有人威脅說，若我不把房子賣給他，我以及我的兒子就會有生命危險。他在政府部門做事，而且是個有權有勢的塔利布。」

我們都安靜下來，沒有人知道該怎麼打破沉默，也努力消化這對老家會有何影響，畢竟我們都還寄望有一天能返回自己的家。最後父親說話了。「你是怎麼收到這些信的？」

「有人每天早上三點左右把信從門底下塞進來。我起床早禱時發現了信。每封信都一樣，一樣的筆跡，一樣的用字。每天都會收到，已經一個月了。」祖父平靜地說。

「你告訴其他人了嗎？」父親問道。

「還沒有。」祖父說。

「你今晚在我們這裡過夜，他還會去塞信嗎？」我問，非常擔心姑姑一個人落單在馬卡羅延的公寓裡。

「不會，兩天前我在早禱之前留了一封信在門底下給他，說我要見他，昨天我見到了他，他非常危險。他看上我們的房子，我不懂，這房子還剩什麼呢？他想要買下那塊地，重新改建。他會出個價，明天會告訴我價錢。」祖父說。

「我們絕不會把房子賣給他。」父親說。「讓他去做夢吧，我保證他什麼也幹不了。」

「他什麼事都做得出來，他不怕任何人，會毀掉所有妨礙他的人事物。如果我拒絕他，他會殺掉我們每一個人。」祖父說。

我發現叔叔的臉色發白。

「我明天能和你一起去見他嗎？」父親激動地問。

「不行，他不想見你們任何一個人。他說，若我把這事告訴任何一個兒子，他就會殺掉我。但是我告訴了你們，你們得替我保守這個祕密。」他看著每個人的眼睛說道。我們不知該說什麼。

「你想把房子賣給他嗎？」父親問，這次語氣較為平靜。

「我想要和他談談，希望此事和平落幕。但是他若認真又頑固，我也不知該怎麼辦。他是來自阿富汗、巴基斯坦邊界的塔利班，他們攻占一個村落，然後折磨村民，再用棍棒打死他們，還叫年輕男孩對父母做同樣的事，宣稱這樣才能成為真正的男子漢。」

「我不希望這樣的事發生在我兒子、孫子與孫女身上。我不希望看到媳婦成了寡婦，不希望毀了我的家。金錢如糞土，來來去去。我們會再賺到錢，會買到更好的房子。」祖父平靜地述說著。

他說完，大家都沉默不語。過了幾分鐘，祖父要了一塊毯子，裹在身上，然後回到庭院，躺在剛剛坐過的木製平台上睡覺——儘管晚上的天氣已經轉涼。

我們其他人坐在屋子裡，好一陣子大家都不說話。最後叔叔開口了。

「六個星期前我回老家一趟，我想知道妻子的金子是否還在那兒。我的意思是，我們還要過多久這樣的生活？」他的聲音充滿無奈。

沒有人回答他。叔叔沒有告訴父親和其他兄弟便回了一趟老家。祖父不希望任何人回去那裡。「花園裡堆滿了一袋袋的馬鈴薯，看來他們把那兒當成了儲藏室。他們一看到我，便一路追著我到馬卡羅延。」他傷心地說。

不知怎麼地，他們發現他就是這房子的主人之一，據此循線找到祖父。塔利班大可鵲巢鳩占，但是就連他們也明白，少了文件，他們永遠也不能擁有這房子的產權。

隔天一大早，祖父就出門了，沒有告訴我們他要去哪裡。我們吃早飯時，父親說：「倘若父親把房子賣了，金子也就沒了，但是我不知該如何阻止他。要是我阻止他，我們可能面臨嚴重災難，我不想被人指指點點過完餘生。」

「所以，我們就這麼失去所有的金子？」母親問。「我們再也無法移居其他國家了。」金子是我們所剩的僅有財產，相信總有一天可以拿回來，帶著金子離開阿富汗過著正常生活。

「你要我怎麼辦？」父親問。「不僅是你的金子，其他人也有份。」

「父親大人賣掉房子前，你不能回去把金子拿回來嗎？」母親問。母親習慣稱祖父「父親大人」。

「你昨晚聽我弟弟說了，整個院子堆滿一袋袋的馬鈴薯，數以千計的麻袋。我們得先移開所有麻袋，若他們看到我們挖出金子，會以為我們一定藏了更多金子在其他地方，到時候我們的麻煩就更大。他們可能綁架我們，向我們勒索贖金。我怎樣才能說服這些文盲塔利班竊賊，說我們根本沒錢？」

母親一語不發。

我唯一想到的是祖父崩潰的情緒。

幾天後，我們聽說祖父賣了房子，價格不到市值的一半。收到房款幾天後，買方威脅他把一半的錢退還給他，祖父也照做了。

祖父賣掉房子後，變得沉默寡言，一天僅說兩三個字。

他買了新房子，在我們喀布爾的這一邊，從諾伯亞堡走路過去只要三十分鐘，是到舊房子距離的一半。房子有兩層樓，以及一個漂亮的庭院，不過和老宅相比，仍嫌小。兩個叔叔和他們的家人住在樓下，祖父住在二樓。一連幾個月他都待在自己的房間，也沒有離開這屋子。他不再和任何人說話，只是持續地閱讀再閱讀。這就是他全部的生活。

有時我會去看他，但他幾乎沒注意到我。我們會對彼此打招呼，互說「你好」，幾分鐘後，他會再說一次「你好」；再過幾分鐘後，他又再說一次，也不多說其他的話，只是一直讀書，偶爾抬頭看著藍天。

其他時候他會說說他正在讀的書。但是他最愛的兩大卷書《阿富汗在歷史的進程》一直放在書架的最頂層。祖父現在已不再翻閱這些書了，書上蒙了一層灰。

過了一陣子，他甚至連書也不讀了，心情更低落沮喪。他的眼下已出現黑眼圈，不再打理外表，不修邊幅的他整天穿著皺巴巴的衣褲，領子不扣，頭髮也不梳。看著他這樣子，我很傷心，因為這些都是他曾經非常看重的事情。

深冬的某一天，祖父不到黎明便起床淨身準備早禱。他不喜歡新家，尤其是鋪設藍色地磚的浴室，地板非常滑。他還是喜歡老家浴室鋪設的白色大理石，這些大理石出自阿富汗的高山。祖父老是說，阿富汗大理石是全世界之最。他告訴我們：「外國人早晚會注意到它的價值，然後被出口到世界各地。」

那天，他一如往常用冷水淨身，全身凍得打哆嗦，於是想趕快回臥室，鑽進毯子裡，結果匆忙之間滑倒了，頭部撞到洗臉台的邊緣，躺在地上失去意識好幾小時。

等他甦醒，太陽已經透過小窗戶照亮整間浴室。他錯過了早禱，不記得發生了什麼事，也不知道自己為何躺在浴室地上。他想站起來走回臥室，但是動不了。他喊著住在樓下的叔叔，但他的聲音太微弱了，無法叫醒他們。

叔叔一如往常，大約七點鐘上樓，詢問祖父早餐想吃什麼。祖父有時吃水煮蛋，有時是煎蛋，有時喝加了糖的牛奶，或是綠茶配蜂蜜，但是這天早上叔叔沒看到祖父像往常一樣在房裡讀書。

叔叔打開浴室門，發現祖父躺在地上，頭下有一攤血。他把祖父抬到臥室，問他發生了什麼事，但是祖父幾乎不能說話了，臉色凍得發紫。叔叔拿了毯子蓋在他身上，點燃暖氣爐裡的炭火，幾分鐘後屋子暖和了起來，但是祖父還是沒有知覺，也不知冷熱。他睡著了。

叔叔趕到諾伯亞堡告訴我們祖父的情況。他、父親和我跑了幾間私人診所，想請醫師出診，但是時間太早，診所還未開門營業。今非昔比，以前我們不論白天黑夜，隨時都可打電話叫救護車。

沒有人願意把家屬送到公立醫院，因為那裡又髒又臭，到了那裡，病情只會加重而非變好。此外，醫院只接受在前線受傷的病患，或是踩到地雷、被火箭砲炸傷的病人。

我們在一家私人診所前等了一個多小時，醫生才出現，他是叔叔的朋友。我們帶他到祖父家，這時其他叔叔、嬸嬸、堂兄妹等都來了，我母親、姊妹、小弟也到了。一堆人擠在小房子裡。

醫師檢查了祖父的狀況後說：「他是腦溢血，需要在二十四小時內動手術。但阿富汗沒有醫師可動這個手術，我們沒有開刀設備，你們必須帶他去印度。」

「沒有其他可行辦法嗎？」父親問。

「恐怕沒有。」醫師說。

「那可能需要三、四天！」叔叔提出異議。「他的護照已經過期，我們得幫他重辦，然後還要申請印度簽證，天曉得他們會不會批准。」

「我能做的只有帶他回我的診所，但我不能保證任何事。若他不盡快動手術，可能在十二小時內喪失說話能力。若他開口說話，可能會出現結構鬆散、發音模糊的現象。二十四小時後，可能會開始喪失記憶。三十小時後，會不認得任何人。之後他會陷入昏迷狀態。天曉得他可以再活多久。」醫師嘆了口氣道。

祖父聽完醫師所說的話，問道：「喪失記憶之前，我可以走路嗎？」

「很抱歉，不行。」醫師說。「你的大腦已喪失控制身體的能力，你無法抬起手臂，無法舉高雙腳，也感覺不到任何東西，除非我們幫你動手術。」

「所以我就這樣死掉嗎？」祖父說，彷彿聽著旁人說笑話。

「除非我們及時把你送上手術台。」醫師說。

「否則我就會這麼死掉。」祖父說。

醫師看著自己的雙手，點點頭。

大家都沉默不語，氣氛悲傷，沒有人知道該怎麼打破沉默。父親叫叔叔去辦簽證。

祖父說：「我們午飯就吃抓飯，慶祝我生命最後幾個小時，趁我還可以吃東西、說話的時候，好好享受一下。你哪裡也別去，醫師，留下來和我們一起吃午飯。」

醫師點點頭。

祖父試圖說笑，我們僵硬地笑了笑，希望讓祖父感覺好一些，但內心悲傷的火焰灼灼燃燒，不知如何才能撲滅。

「我知道我無法讓你們嘴唇綻放真正的笑容。」祖父說。「但是我講的笑話也許可以。穆拉那斯魯丁說：『我的妻子過世時，我感覺世界死了一半。當我過世，整個世界都隨我而逝。』」

大家都笑了。

「你們瞧，我還是做到了。」祖父道，語氣帶著一絲自豪。

嬸嬸開始揩拭眼淚，然後擤了擤鼻涕。

「嘿，我不想看到你們為了我一把鼻涕一把眼淚。」祖父興高采烈地說。

我們都笑了，但雙眼泛淚。

叔叔離開屋子，去幫祖父辦護照。父親則去尋找門路，看看能否拿到去印度的簽證。母親開始做抓飯，洗米、拿肉、將胡蘿蔔切絲，準備將全部材料拌在一起。醫師開了張處方箋給我，我立刻跑到藥房。

屋子裡擠滿堂兄弟、堂姊妹，祖父叫他們以他為中心，圍著一圈，對他們講笑話。

我帶了一包藥回家。在我出門的短暫時間裡，祖父的臉更顯蒼白，他盡量表現出很開心、精神奕奕的樣子。

幾個小時後，我們聚在祖父的房裡，圍坐在長條桌布四周。父親餵祖父吃飯，彷彿他是個嬰兒。祖父躺在牆角的托沙克墊褥上，旁邊放了暖氣爐。祖父講了一些關於老人的笑話，我們輕聲地笑了。

午飯後，祖父因為頭痛，醫師給他注射了止痛針。祖父睡著後，我們請醫師繼續留下。下午四、五點左右，叔叔帶了一本祖父的新護照回來。快近傍晚，祖父醒了，嘴角流出一些口水，可是他自己沒有發現。他說著一些莫名其妙的話。

我的叔叔試著跟他說話，但是他已無法集中精神聽他們說話。嬸嬸忍不住哭了，這次祖父已沒有力氣阻止他們。

「我應該把他帶回我的診所。」醫師說。「病情惡化的速度比我預期的快，他得盡快戴上氧氣罩。」

那天晚上叔叔在診所陪著祖父。第二天，我們忙著張羅簽證，晚上則由我到診所陪伴祖父。整晚我坐在他床前的椅子上，看著他微弱地呼吸，偶爾也會睜開眼睛看看我，然後又閉上了。

一大早他睜開了眼睛，這次沒有再閉上。他想說些話，於是我拔掉他的氧氣罩，方便他開口。他叫了我的名字，「我在。」我說。他又叫一次我的名字。我再次回答：「我在。」他已沒有聲音，但嘴唇還微微翕動，然後就完全停止了。他的眼睛仍睜開著，望著一個看不見的世界。

我們把祖父抬到新屋。我沒有哭。我分辨不出現在是黑夜還是白天，兩者對我已毫無差異。我感覺不到餓，也不覺得渴，不知道自己是坐著還是站著，所有的一切都好像停止不動。

小小的新家擠滿了人。他們聽到祖父過世的消息後，從喀布爾的四面八方趕過來。

父親負責安排車輛，載所有人到祖父自小長大的村子。雖然他離開村子多年，但仍和那裡許多親戚保持聯繫，並悄悄地幫助了許多人。

我們當天就把祖父的遺體運回了村子，那裡離喀布爾約四十八公里。我們抵達前，祖父的親戚已獲悉消息，所以他從小居住的房子裡已擠滿了人。這棟房子四周被高牆包圍。

我們才剛到，消息就傳遍了整個村子，數千人趕了過來。村民們從沒見過這麼多人參加葬禮。我們家族在這村子住了好幾世代，自從祖父在阿富汗國家銀行工作之後，村人慣稱祖父「總裁」。祖父婚後帶著妻子住在這裡五年。搬到喀布爾之後，他每三個月回家探望母親（我的曾祖母）一次。他整修了老家的很多房間，還把四周高牆蓋得更高、更厚實，但仍抵擋不了火箭砲的攻勢。

我一個嬸嬸也來自這個地區。他原本打算離開諾伯亞堡，回到這個村子暫住，因此和妻舅同行，回村看看安全與否。途中他們遭到一個派系偷襲，被搶走了所有財物。回程時，他們改走另外一條路以免再度被打劫，結果被另外一個派系的人馬毒打一頓，因為他們已沒有錢財可被搶了。我們也從其他遠親那裡聽到有關這些道路上更悲慘的遭遇，所以我們沒想過去那裡避難。然而村子非常美麗，祖父在那裡種了很多蘋果樹。

該是將祖父的遺體抬到一點六公里外的地方安葬了。父親和叔叔負責抬靈柩，但是每個人都爭著想幫忙，於是他們把靈柩高舉過頭，一個人接著一個人將棺木傳到前面。

他們把遺體放進墓穴裡，我看著大地永遠帶走了祖父，此時我再也忍不住這些日子內心的煎熬，痛哭流涕，無法自已。雖然我記得祖父很久以前的訓誡：「勇敢的男孩不流淚。」但我已不再勇敢，我的勇氣已隨祖父一起埋葬。

很多人抱著我拍拍我的背安慰我，但是一點幫助也沒有。我只有睡著時才能停止哭泣。

我們在村子待了三天，接待前來弔唁的人。每天都有幾百人前來追思，偶爾我們會請關係較親的友人與親戚留下來一起吃午飯。三天後，我們回到家。

幾個晚上後，我夢到祖父，他開心地在玫瑰園裡。我喊他，但他似乎沒聽見。我又喊了他幾次，他還是沒有回應我。隔天早上，我停止哭泣。

我翻閱祖父所有的書籍和文章，把一些書送給了堂兄弟，但是留下祖父書寫的所有文章。他在文章裡講述了他的一生，第一頁寫道：「你愈富有，就愈容易失去別人對你的尊敬、愛護，周遭窮人也愈容易和你保持距離。不要忘記你曾經是他們的一分子，你的祖先也在他們之中。」

24 打出希望的結

在喀布爾大學僅念了三個月，我便不再去了。我已沒錢修補腳踏車每天破裂的車胎，也坐不起公共汽車。祖父葬禮上擺席招待村民已花掉我們所有的積蓄。根據阿富汗的習俗，民眾來家裡弔唁，會期盼主人張羅一頓午餐或晚餐招待他們。

父親少得可憐的收入讓我們家三餐不繼，家裡已買不起早餐吃的牛奶、奶油和果醬。我們將就吃著麵包，喝著加了少許糖的茶。有時連著幾天重複烹煮同一壺茶葉，直到水裡不見茶的任何顏色或不剩任何茶味。午餐以豆子和廉價的阿富汗米果腹。很多時候，我們把午餐的剩飯用來當晚餐，或者晚餐的剩飯當午餐。叔叔和嬸嬸的家境也是如此。

不念大學後，我在家待了幾天，對未來一片茫然，毫無頭緒。很多年輕人都到巴基斯坦或伊朗找工作。幾個月或幾年後，他們帶著錢和禮物回國，並提及國外的美食。但是也有一些人身無分文被攆了回來，錢都被雇主私吞。有些雇主若講誠信，會把錢匯給他們，但多數雇主不是如此。

有好幾次，我打算出國打工，但父親老是不准。他持續做著買賣麵粉與食用油的生意，有時我們一連好幾週都看不到他，只能從一早床單的摺痕看出他有回家過夜。我想他是因為太喪氣、太消沉，不願意我們見到他這個樣子。

有一天，我又試著和他談談買賣地毯的事，他搖著頭說：「地毯是個被詛咒的生意。」說完便不願再多談。

我希望找到人指點迷津，給些意見。祖父不能再幫我了。我偶爾仍會夢到他，他總是身穿白衣，臉上露出開心的笑容，但他從來不說一句話，也從不告訴我該怎麼幫助家人。儘管如此，夢到他還是很高興，感覺他似乎還在我身邊。有時我夢到他和瓦基爾在一起，瓦基爾手裡總是拿著風箏和捲線軸，那種神情看起來就像剛贏了一場鬥風箏比賽。

某天，我絕望到不行，只好出去跑步，一連跑了幾小時。狂奔中，我專心地看著腳下破損的人行道與馬路，小心翼翼地踏出每一步，腦中暫時不去想我們現在一貧如洗的生活；因辛勞工作以及吃不飽而日漸消瘦的父親；或是已經離開人世的祖父與瓦基爾。

我拚命地跑著，全身汗流浹背，這在乾燥的喀布爾不常發生。最後我坐在斜坡的一棵樹下，氣喘噓噓，筋疲力盡。我所在的位置叫巴格爾巴拉，位於諾伯亞堡西邊，是蒙古人四百年前在陡峻山頂上建造的高地花園，規劃非常工整。我一屁股坐在地上休息，奔跑時暫時忘記的煩惱又浮上腦海。從巴格爾巴拉往下望去，可以看到只剩一座高塔的諾伯亞堡。我閉上了眼睛。

地毯老師出現在腦海裡，我已好久沒想到她了。每次想到她，感覺她離我好遙遠，而此刻她彷彿就坐在我身邊。我睜開眼睛，看看四周，不見一個人影，只有樹木以及吱吱喳喳的麻雀。

我再次閉上眼睛，回憶她和我道別時說過的話：「靈活使用你的腦，有天你可以成為了不起的地毯織工與地毯商。」當然她用的是手語。

我靠著樹幹，她的話大聲地迴盪在我的腦袋裡，彷彿她在我耳邊用力地說著話。我再次睜開眼睛環顧四周，看看有沒有其他人也聽到。然而除了我，沒有其他人。可是我並不感到孤單，心中反而非常平靜，覺得萬分輕鬆、煥然一新，只是起身想走路回家時，腿部的肌肉開始抽筋發疼。

回到家，我看著客廳的地毯，心想我也能織張地毯，畢竟我在老師那兒學會了織法。

突然腦中靈光一閃：為什麼不畫出地毯的圖案呢？我拿出一張紙，在上面粗略地畫出盤旋在腦海裡幾個月的圖案。幾個小時後，圖案慢慢成形，愈來愈像一張真正的地毯。

當天晚上，我熬夜等父親回家，他問我怎麼還沒睡。我說我需要錢，買一些方格紙，這樣才能好好畫出地毯的圖案。他不太喜歡我的提案，問我畫這些圖案做什麼，我說，可以賣掉賺些錢。

「也許這是我以後的事業。」我說。

「遠離地毯吧。」他的聲音裡透著悲傷。「它們只會讓你失望。」

第二天早晨起床，我發現床邊放了一些錢。

我到諾城商業區一家文具店買了方格紙，一回到家，就開始設計長一百八十公分、寬一百二十公分的地毯圖案。每天我都會發現前一天所犯的毛病與錯誤，然後我得一一修正。工作愈久，靈感愈泉湧，我希望盡可能把所有想法都搬到紙上。四個月後，圖案終於出爐。

我帶著滿意的傑作找了幾家地毯工廠，但是沒有一家感興趣，有的甚至連看都不看一眼，表示只會按照國外買家設計的圖案生產，其他一律不受理。

幾星期過去了，我變得非常消沉，幾乎想撕碎設計圖，繼而想到方格紙和鉛筆花了父親不少錢，而我們都快沒東西可吃了，更別提我花在設計圖上的時間。

我對自己說：「絕不能回大學，回去了學不到任何東西。我愈來愈像流浪狗，只會吃和拉，我不能再這樣。我必須活得像個人，得有一番作為。但是我能做什麼？」我問自己，然後絕望地回道：「我也不知道。」

「你可以用這設計圖織出你自己的地毯啊。」心裡一個聲音大喊道。

「倘若沒有人喜歡怎麼辦？」我問那個聲音。

「你沒做，怎麼知道答案。」那個聲音反問道。

「沒錯！我怎麼知道一定不行呢？沒有人可以預測明天會發生什麼事。」我對自己說道。過了幾天，我突然意識到，之前聽到的那把聲音像是夢中地毯老師對我說的。

我對父親說，我要自己織地毯，起初他以為我在開玩笑，但在我一再堅持下，他才明白我是認真的。

他給了我一些錢，讓我去買一些拼裝織毯機需要的木頭。我去木料市場買了三個長木條，請父親的一個朋友幫我製作一台織毯機。

一週後，織毯機完成，我卻沒錢付木匠，也不打算再向父親要錢，就對木匠說我忘了帶錢。木匠說沒關係，明天拿來就行。我答應了他，但是「明天」永遠沒出現，至少不是他預期的隔天。四週過去了，他來我家要錢，我告訴他，我瞞著父親把錢花在別處了，並保證一個月內還他錢。我懇求他別告訴父親，不過其實我已對父親講過這件事，他聽了不太高興，說我未對木匠誠實。

織毯機在家裡閒置了兩週後才開始派上用場，因為我得先買齊毛線、梳子等必備材料，也就是得先借到買材料的費用。我仍保留老師送我的梳子，但它實在太珍貴了，我捨不得用。

我向鄰居借些錢，但他們的情況和我們家差不多。我向友人借錢，他們也說了同樣的話。

我到專賣毛線的那條街，走進其中一家店，向店家買了六公斤不同顏色的毛線，店家秤了毛線之後，把毛線裝進塑膠袋裡，告訴我價錢。我掏了掏身上所有的口袋，一毛錢也沒找到。老闆以為我搭公車時被搶了，但我說：「不是，我一定是把錢放在家裡忘了帶出門。」我接著說，若他不介意，明天我會把錢帶來還他。他答應了。

我對他說：「我是一家地毯工廠的老闆，這張地毯是實驗品，如果實驗成功，客戶喜歡新的設計圖案，我會回來跟你買成噸的毛線。」他說沒問題，包在他身上。我說，我只會跟他買毛線，因為他是好人。這是我們在阿富汗做生意的慣用語。再者，因為我們同病相憐，都是又窮又落魄，所以我們相信這話。

母親把她微薄的積蓄全給了我，讓我買鉤子、梳子以及其他工具。隔天我開始織毯。我之前從未組裝過織毯機，也不知該如何把毛線纏繞在織布機的頂部與底部，形成一條條的經線，然後在經線上打結。我們家族裡沒有人織過地毯，我們只會賣地毯。我找到一本書，裡面圖文並茂地介紹土庫曼人如何編織地毯，讀了好幾遍還是搞不懂。我只知道如何打結，就連地毯老師也沒教過我怎麼在織毯機上纏出經線。

我試了好幾天，常常織到一半，本應緊繃的經線突然鬆脫垂落，我只好放棄。不知道該怎麼還錢給木匠和毛線店老闆。

我又回到巴格爾巴拉，坐在原來那棵樹下，閉上雙眼，但是什麼也沒看到，什麼也沒聽見。我坐在那兒好幾個小時，但什麼也沒發生。夜幕低垂，我飢腸轆轆，但我不想沒有找到答案就離開。我心裡懇求地毯老師，希望她指點迷津，告訴我該怎麼做。

最後，我不得不離開，慢慢走路回家。回到家，除了父親還在外，大家都已睡了。我躺在床上，盯著天花板，過了幾小時，聽到父親進屋，躺在床上。我不記得自己什麼時候睡著的，但是那晚我夢到地毯老師。她說：「地毯不可能一天織成，過程會經歷痛苦，需要耐心以對。若你任痛苦侵蝕你，永遠到不了為地毯編織一綹綹流蘇的階段。」

隔天早上醒來，我下定決心，遵照祖父給我的意見以耐心為伴。我又花了兩天才搞懂纏經線的方式，接著左右來回穿過經線織出緯紗，一如阿富汗人數千年來一直沿用的織毯方式，這下子終於織出十幾公分的平織奇林毯，為一整張地毯做好打底的工作。接下來每一步都充滿不確定性，最後終於來到打結階段，我設計的圖案開始躍上織毯了。

開始打結後，母親和姊妹偶爾會上樓關心我的進度。兩個妹妹也想學，但我無暇教導她們，何況我哪有當老師的資格？每天我都還在自學些新的東西。我忙著織毯子，從每天一大早一直織到半夜父親回家。

父親的確深信地毯事業是我們家的詛咒。他會說，我們是賣地毯的，而非做地毯的。但我只聽心裡的聲音，對父親的評語，我既不表示贊同也不表示反對。我假裝自己和地毯老師一樣是聾子，聽不見也不開口。

傻B的爸爸最差勁，老愛對我冷嘲熱諷，也許就是他把傻B教成一個二百五。他會說：「再不久你就會背駝得像個老頭子；像個瘸子拖著腳走路；十指全廢了，吃飯時只能用掌心捧著飯菜；眼睛瞎了，或是戴著厚厚的高度近視眼鏡；毛線會從鼻孔裡長出來。」我懶得理他，只管埋頭工作。

第一張地毯花了我三個月時間，我帶著它到雞街一家地毯店兜售。雞街之名源於這條街開通後，猶太人聚集在此販售雞肉。過了數十年後，多數猶太人移居到以色列，空下的店鋪改由地毯商接手，但是阿富汗人還是習慣叫這裡雞街。我接洽的地毯商是我家認識多年的世交，他看了我的地毯，哈哈大笑。我問他哪裡不對勁，他說我設計的圖案實在太滑稽，他不會買的。

我央求他，請他答應讓我寄賣，若湊巧有人看了喜歡，就把地毯賣他。他答應了，宣稱完全是看在他和祖父是朋友的分上。

「但只能寄賣一週。」他提醒我道。我向他保證一週後會回來拿走地毯。

三天後一大早，有人持續敲著家裡大門。我擔心是那個木匠或毛線商來家裡要錢，但我現在可沒錢還他們。木匠已經來過幾次，要我和父親還錢，我們總是對他說：「明天就還。」他抱怨我們的「明天」永遠都遙遙無期。我也對那個毛線店老闆說，工廠太忙，沒空去他的店裡還錢。他信以為真，可是這已經是幾週前的事了，搞不好這次是他上門討債。

我打開門，發現外面竟是雞街的地毯店老闆，心想他是不是來退還我的地毯，正準備與他理論，強調他明明說好可以寄賣一整週，而現在才不過三天。但還沒來得及與他理論，他就伸手到我面前，是一疊美金，他把錢給我，問我夠不夠。

一共是兩百美元，我心想他是不是又在拿我開玩笑，我將錢還給他，同時瞪了他一眼，粗話幾乎蹦出口。

他問我到底要多少錢才夠。我告訴他，別再繼續嘲弄我，但他對我說，他碰到一位在德國賣地毯的阿富汗人，後者非常欣賞我設計的圖案，希望再進一百多張這種圖案的地毯。地毯商問我有辦法織出來嗎？同時再次把錢遞給我，這次是三百美元。我收下了錢並開始數鈔票，彷彿擔心錢會短少似的。其實我這麼做只是想好好感受錢在指尖上滑過的觸覺，沒一會兒，感覺他盯著我看，這才意識到自己非常無禮，便趕緊請他進屋，並請母親沏些茶來。

我從心裡感謝真主以及地毯老師。真希望地毯老師能聽到地毯店老闆剛剛說的話。我的雙眼噙滿淚水，我對內心那個聲音說，老師多年前說的那些話似乎開始應驗了。

地毯店老闆看到我眼睛溼漉漉，問我哪裡不妥了。我用袖子拭乾眼淚，對他說，若他能給我買毛線和織毯機的錢，我就會織更多毯子給他，所以他給了我一千美元。我從來沒摸過美鈔，鈔票的邊緣很硬很鋒利，完全不同於又小又破舊的阿富汗紙幣。我看著這些美鈔對老闆說：「這鈔票鋒利的邊緣足以拿來殺死麻雀了。」在那個時候，一千美元足以買輛好車，甚至買得到去義大利的一張簽證。此刻我手裡握著一千美元，但我不想一個人去義大利，我要帶所有的家人和我一起去。所以我把錢都花在買毛線和織毯機上，開始編織更多的地毯。

我把錢還給木匠，他一把搶走我手中的錢，一語不發地斜眼看著我。我問他能否再幫我多做幾台織毯機。

「你休想我這輩子會再幫你做織毯機。」他嫌惡地啐了一口口水道。

「要是我事先支付你錢呢？」

「你連給自己買一片烤餅的錢都沒有。」他嘲弄道。「怎麼有錢預付織毯機的錢？」

我一次給了他五台織毯機的錢，對他說，一週後來取貨。他看著我，有些不可置信。儘管他手裡拿著我的錢，仍不相信自己的眼睛。我離開他的店，不想聽他多說什麼。

「沒問題，你放心，我保證下週前做好。謝謝你啊！」他在我背後喊道。

我沒有轉身，僅抬起右手向他揮手道別。有了錢讓我自以為是起來。

在毛線店，我向老闆致歉，稱自己不該拖這麼久才還錢。他回答說沒關係，所有地毯廠都這樣，他已經習慣了。他不知道我之前向他說了謊，但不管怎樣，那個謊言現在成真了。我在他的店裡訂購了兩百公斤毛線。

「你要什麼樣的毛線我這邊都有。」老闆說。「我可以把貨送到你的工廠。」

我的工廠，我喜歡這個說法。我開始相信這是可行的。之前沒有認真想過開工廠，但為了應付那位德國阿富汗商人的訂單，我需要有個工廠。

「好的。」我說。「謝謝你。」心裡繼續想著我的工廠。

當天晚上，父親和平常一樣很晚才回家，其他人都睡了，但我醒著等他。

「都半夜了，去睡覺吧。」他邊說邊叫我倒杯水給他。

等父親喝完水，我把三百美元拿給他。他看著錢，問我這是不是假鈔，認為我在開他玩笑。

「不，這是我七個月辛苦工作賺來的錢。」我說，感覺非常自豪。

他仔細摸了摸這些錢，然後露出好幾個月來未見的笑容。「了不起！你現在掙得比我多了。」然後他給了我一個大大的擁抱，久久不放。

我告訴他地毯店老闆的事，一千美元的始末，訂了五台織毯機與數百公斤的毛線，以及我想開家地毯工廠的計畫。他不可置信地看著我，但我知道，他心裡很高興。

我教妹妹和弟弟如何打結。儘管弟弟還很小，但他已能幫家裡許多忙。我們四人輪流用一台織毯機。妹妹以前每天下午都會和鄰居女孩玩耍。因為塔利班不准女孩上學，她們能做的就是聊天或讀讀伊朗小說。當妹妹一連幾天吃完午飯後都未出現在花園，其他女孩開始擔心。一開始，兩個妹妹極力想保密織地毯的事，心想這事非比尋常，不希望別人知道。可是她們無法一直瞞著朋友，因此過了大約一個星期，她們對其他女孩講了這事。

鄰居女孩來找我，希望我雇用她們，但她們不要求薪水，只想學習如何織地毯。我們是普什圖人，她們是哈札拉人，織地毯是土庫曼人的事。可是我們一起完成地毯事業。

沒過幾天，附近鄰居許多女孩都來我家，要求我教她們織地毯。不知她們是怎麼知道這事的。她們在家無所事事，覺得非常無聊。

起初我很擔心，若這些女孩聽說了我的事，塔利班可能也會有所耳聞。但是我需要織工，加上這些女孩也都願意學習。

過了兩、三個月，我從一台織毯機擴大為地毯工廠。父親和我重新砌建被火箭砲炸毀的地毯儲藏室。我們自己製作泥磚，把泥巴和稻草混在一起，填進磚模裡，等乾了再倒出來，然後再填上新泥，每天可以填超過一百個磚模。我們沒錢造窯燒磚，而且整個諾伯亞堡都是靠日曬烘乾的泥磚蓋起來的。為了保護隱私，我把面街的幾面大窗都砌上泥磚，但是在頂部保留了一些通風的空隙。

我現在有了二十五台織毯機，包括兩個妹妹在內，共有四十個女織工。一有新的織毯機進來，就有更多女孩加入我們。從一大早到下午四點，大家不停地打結織毯，除了中間會休息一小時吃午飯。從下午四點到六點，我們會替女孩上課。父親教授基礎數學，母親教會計，姊姊教達利語文法與文學，雖然她對織毯沒興趣，也從不想學習，但她是個非常優秀的老師，之前也曾教過庫奇族那邊的堂姊妹們。我很開心她能教家裡這些女織工，但我從未對她表示過什麼。現在雖恢復了和平，但我和其他阿富汗人一樣，擔心戰火不知何時又會重燃。

我們時時刻刻提心弔膽，怕被塔利班發現我們正在做的事。塔利班禁止女孩外出工作，也不准她們接受教育。一旦塔利班發現我們知法犯法，我們可能全會遭殃，最後可能被處死。但是和被殺前受到的凌虐相比，能一命嗚呼還算是好的了。儘管危險四伏，但是每一步都有父母與姊姊在背後相挺。

我的規矩是女孩應該在早上八點前抵達崗位，但是應避開在同一時間從同一個門進來，以免塔利班的暗探發現。所以織工從六點到八點分批進屋。

兩個女孩由城堡的大門進來，三個走花園的後門，四個走花園另一端不臨街的側門。鄰居女孩則直接搭梯子，從她們家翻牆進我家庭院。八點整所有女孩都到齊，早來的可在正式上工前先做作業。

看到我的工廠開始賺錢，以及每天早上有這麼多織工到堡裡替我工作，傻B決定向我示好。他懇請我教他織地毯，儘管有些不情願，我還是答應了。我已經沒有什麼朋友，而且只要他識時務，我挺喜歡他作伴的。他非常幽默，但偶爾還是會露出二百五的本性，但這不是他的錯，他只是做他自己。

傻B學東西很快，兩個月內就學會織地毯的所有技術。他這輩子都在和我較勁，但不知怎地，他老是落後我一步，永遠無法先馳得點。也許這正是他聰明的地方，讓我先去冒險，然後他再依樣畫葫蘆，加以改善後更上一層樓。

不久他自己也買了織毯機和毛線，在城堡庭院的另一端他家的房間裡開了工廠。他教導家裡所有兄弟如何織地毯，並弄了間和我類似的地毯工廠。他雇用附近所有男孩，給的薪水超出我付給女織工的錢，給的飯菜也更可口，還講笑話給他們聽。

我隨後也開始雇用男織工，尤其是那些年紀較輕的男孩，他們的姊姊原本應該在家裡照料他們，現在卻在我這裡織地毯。但是過了一陣子，有些男織工看在更可口的飯菜、更高的薪水、更好笑的笑話等分上，跳槽到傻B的工廠。然後所有男孩都跟著轉移了陣地。

傻B開始當著我的面嘲笑我，稱我雇用的男織工都被他挖走了。

不久我發現還是老手的手腳快些，所以希望把第一批在這裡工作的男孩挖回來，畢竟他們是我一手訓練出來的高手。剛開始，我一籌莫展，不知該怎麼做，然後心生一計。在一個熱中教育的朋友協助下，我於諾伯亞堡附近租了一間房子，裡面有五個房間。我買了一些椅子和黑板，雇了幾個達利語和英語老師。每天結束織毯後，我叫所有男孩（其中不少人從來沒上過學）來補習，學習讀寫達利語和英語。

很快地，那些被挖角的男織工全回來了。緊接著，許多一開始就跟著傻B的男織工也想到我這邊工作。一個月後，我工廠的織毯機再也擠不進更多織工，我得添購更多織毯機，才有位置容納更多的織工。

傻B非常不爽，見到我，往地上啐了一口唾沫，以示對我不滿之至。可是他沒本錢一直這麼敵視我，所以幾個月後，他來找我，懇求我讓他的織工回去，因為他工廠剩下的織工太少，工廠快撐不下去了。我叫他不准再對我耍詐，他保證不會再犯了，但是江山易改本性難移，即便他移居到月球，依舊是個混帳。

我讓傻B的織工回去，儘管他們不太願意。但是我已答應傻B，必須說到做到。我告訴他們，仍可以來上我提供的免費課程，彷彿仍把他們當成我的織工，他們也真的來上課。

工廠開了一年後，第一批女孩出師了。她們開始在自己家織地毯，並雇用她們的親戚和鄰居。一些女孩向我借織毯機和毛線，我義不容辭幫助她們，因為她們買不起這些東西。幾個月後，她們成功賣出所織的地毯，因此借給她們的織毯機和毛線錢都還了回來。一些女孩在家裡接受我的委託幫我織地毯，我則付她們工資。我也開始定期支付自家工廠所有學徒薪水，有時還會發放獎金給織出一流毯子的學員。

不久，我們所在的街坊成了地毯生產區，產出喀布爾最優的地毯。一些女孩擅長配色，圖案不斷推陳出新。我給了她們完全的自由，讓她們無拘無束地織出她們想要的圖案。

看到我有能力生產、銷售地毯，父親開始對我刮目相看，也會看重我的想法。他發現我們手上可能又有了些錢，因此離開阿富汗的想法再度在他心裡萌芽。我對他說，我會賺夠錢將家裡所有人都帶出國。我說，我們是庫奇人，天生是流浪人，所以掙錢的事歸我，聯繫偷渡客的事歸他。起初父親心存疑慮，可是經過長時間討論，期間還拿出織毯的成本、產量、獲利等數字佐證，父親才放下心。他是物理老師，他相信數字。

他又開始收聽英國廣播公司的新聞，關注阿富汗各地的情況，決定走哪條路線才能安全帶我們出境。我們做了好多計畫，反覆推敲，看看有無遺漏了什麼再加以修正。

最後敲定的計畫是先到伊朗，然後到土耳其，繼而落腳於義大利。一到了義大利，再試圖將另一個叔叔與他的家人接過來。然後大家努力工作，賺更多的錢來接另一個叔叔。我們會慢慢地將所有親戚都接出來。我們沒有人到過義大利，只模糊知道它的地理位置，但是我們決定去那裡。

父親忙著接洽偷渡客，我則回到大學重拾書本。儘管大學教的東西我已在塔利班的監獄都學過了，但是大學畢業才能取得學位，這對我以後找工作有利，而監獄則不行。

我用賣地毯掙來的錢買了一輛全新的腳踏車。我當然買得起一輛摩托車或汽車，但我不想炫富。我同學多半是窮人，我希望自己看起來和他們一樣。

「碰到危險時，低調地混入群眾，跟大夥一致。」祖父生前常這麼對我說，所以我和大夥一樣。祖父雖然不在了，但是他的至理名言都在我心裡。

接下來的兩年，我用心學習、努力工作，慢慢累積拿到學位所需的學分，一如地毯工廠的利潤也慢慢增加。塔利班執政期間，阿富汗的和平雖然詭異，但外國買家可以放心到喀布爾，所以我賣出更多的地毯。婦女可能因為獨自出門而被塔利班毆打，但是在其他方面，塔利班政權也提供了人民安全保障。許多地方又恢復營運，包括銀行、郵遞服務、公家機關，遍及全國的運輸交通等等。父親又出城到村落去蒐購舊地毯，然後為這些地毯找到外國買家，這些外國人陸續返回塔利班統治的喀布爾，這個喀布爾儘管奇怪卻穩定。

我們從未打消離開阿富汗的計畫。母親默默但堅定地提醒我們，要將精力集中在出國一事上。多虧塔利班，我們的出國計畫才得以成行。這事說起來，還真是諷刺。

一如往常，阿富汗老是會有災難臨頭。在地球另一端發生的事情，再一次徹底改變我們的生活。

25 變天

二〇〇一年夏天，我們從英國廣播公司的新聞中得知，艾哈邁德．沙阿．馬蘇德正在謀劃推翻塔利班。馬蘇德非常聰明，曾組織反抗軍不留情面地攻擊蘇聯軍隊多年，並力阻蘇聯占領潘傑希爾山谷，那裡是穿越興都庫什山派的主要通道。

蘇聯軍隊被趕出阿富汗後，馬蘇德曾擔任阿富汗的國防部長，期間聖戰士各派系為了爭奪喀布爾的控制權，打得不可開交，造成數千人死亡，國家也受到嚴重破壞。他是其中一個派系的領導人，後來被塔利班擊敗而失勢。

每個人都害怕他重返喀布爾。這麼一來，無謂的戰爭又會開始，過去幾年拜塔利班維持穩定而累積的一切又將化為烏有。塔利班殘忍而無知，但是他們維持了阿富汗的秩序。我們整天提心吊膽，擔心派系之間又會開始無情地內戰。即便生活在塔利班最莫名其妙的法令下，也都比各派系領導人掀起的動亂好。

馬蘇德生於潘傑希爾山谷，距離喀布爾北部一個小時車程。不論是蘇聯還是塔利班都無法生擒他，現在他擔任潘傑希爾的軍事指揮官，不留情面地對抗塔利班。若他有意進攻喀布爾，所有喀布爾聯外道路都將封閉，我們就出不了城了。大家將躲在自己家裡，街上屍橫遍野，路邊排水溝流的是無辜百姓的鮮血。一切又將重新上演。

就在幾星期前，父親終於接洽到一位偷渡客，似乎符合我們的要求與條件。他來了家裡幾次，我們都見過他，感覺他人還不錯，值得信賴。他看起來誠實，不像其他偷渡客，拿了你的錢卻在中途撇下你不管。我們是透過叔叔的朋友找到這個人，這位中間人我們相識多年，彼此信賴。

根據計畫，我們一抵達土耳其，叔叔就把錢交給他在喀布爾的朋友，然後這人會聯絡另外一個偷渡客，由那人帶我們去義大利。

我們都覺得如釋重負，因為不久就可以在另一個國家平靜地生活，其他親戚也將陸續與我們會合。我們完全沒想到可能面臨的危險和苦難。儘管塔利班讓阿富汗恢復了平靜與秩序，可是沒有任何事令我們更害怕——除了出不了國之外。

偷渡客與父親敲定了我們離開的日子，我們有六個星期可準備。母親開始打包行李。我們不能帶太多家當，因此她精挑我們可攜帶的物品。父親也忙著整理我們的家當，清出好幾堆，給每個叔叔一人一堆。

姊妹們面對一堆的衣服，躊躇著哪些該帶走，哪些該留下。她們知道在我們一路經過的國家裡，到處可買到更好的衣服，但是她們念舊，至今還保留童年最喜歡的衣服，儘管現在都不能穿了。現在家裡凌亂不堪，每個房間到處是成堆的衣服。

在樓上的地毯工廠，我一一檢查織毯機，有的織機上還有未織完的地毯，這些地毯應該可在我們出國日之前完成。有些織機上面的地毯織了一半，其他的才剛剛起頭。我讓手藝最好的織工先織完已到收尾階段的作品。並指派一位出色的學徒代我管理這個工廠，負責在我們離開後織完所有地毯。然後她會聯絡我的叔叔，由他將地毯交給雞街的店家。一旦我們抵達義大利，賣掉這些地毯的收入將用來支付偷渡客。

等我們離開阿富汗，以及所有地毯都完工後，這位代理女孩會把所有的織毯機送給其他學徒，讓她們開始在自家織毯。這些織毯機就充作她們這個月的薪資與獎金，她們聽了非常開心。但我還是得幫她們的毛線與絲線染色，至少得幫忙一個月，因為她們還不知道怎麼染色。我之前已對幾位學生示範染色的步驟與技巧，但是染色的變數很多，每批染劑的附著力、毛線的品質、染缸下爐火的溫度等等，每次或多或少都會不同，所以染色結果難以預期。要精準染出每個顏色的色度需要時間，而學生至今還是會出錯，犯下和我當初自學時一樣的錯。

傍晚七點左右，經過又長又累的一天，全家準備早點吃晚餐。母親在庭院生了炭火，準備烤羊肉串。

現在每一餐都像是慶祝，因為我們預計十月十五日離開阿富汗，距今只剩一個月又五天。我們靠吃大餐減輕離開的傷感，我們家族畢竟已在此生活了數百年，我也生於此，長於此，度過了人生前十九年。

母親遞給每人一串烤羊肉，肉質鮮美多汁，這時父親說：「我們來聽聽新聞吧。」母親不想從「邪惡盒子」聽到任何東西，她慣稱收音機是邪惡盒子，因為它只會播送壞消息。她說，打開收音機只會破壞我們現階段的歡樂時光。

父親咯咯笑道：「沒關係啦，反正我們就快離開這裡，趁我還在阿富汗，讓我聽聽新聞吧。」然後他打開收音機，轉到英國廣播公司新聞頻道。母親不想和他爭辯，因為知道多說無益，轉而叨念食物。

突然聽到一則新聞，讓大家全停止吃東西。

「馬蘇德在靠近塔吉克邊境的自家據點裡遭自殺炸彈攻擊，身受重傷。攻擊者是兩個阿拉伯人，假扮記者貼身採訪馬蘇德，其中一人引爆腰帶上的炸藥。

「那人當場被炸死，另一人被擒獲，企圖逃跑時被擊斃。馬蘇德被火速送到塔吉克法克爾（Farkhor）的印度軍醫院救治。」

這消息讓我們呆若木雞，不知該作何反應。我們該繼續吃飯慶祝嗎？該哀悼嗎？這消息代表什麼？我們阿富汗從未出現自殺炸彈客。

隔天早上聽說馬蘇德傷重不治。那家軍醫院竭力想救活他，但仍回天乏術。我們周遭所有人、來自潘傑希爾的鄰居都傷心不已，哭天搶地。

我沒有告訴同學要離開的事，不希望他們因為我離開，而他們卻得續留在這裡感到傷心。我打算從義大利寄給他們禮物，並寫信替他們打氣。

這三年來我們成了好朋友，儘管有一陣子我休學。我們甚至與前線塔利班交上了朋友，教他們讀寫，教他們如何吊雙槓、如何打籃球、如何跳舞等等。有時甚至在課間休息時間，和他們一起偷聽印度音樂，其中有幾個人退出塔利班。他們並非壞人，只是和我們一樣，希望人生能有另一個機會。他們希望和喀布爾姑娘結婚，繼續在喀布爾生活。

我們告訴他們要與妻子分擔家務。起初他們以為我們在開他們玩笑，之後才發現我們是認真的。他們不想回到從前生活的村落，所以最後同意在家裡會和女人一樣辛苦工作。

馬蘇德過世隔天，同學和我討論他遇刺身亡的事。有些人對阿富汗又失去一位領導人感到非常憂慮。有些人對他在內戰期間，發射火箭砲摧毀喀布爾的記憶猶新，對他過世感到慶幸。

有些同學彷彿自己已是記者，斥責大家各執己見。他們說：「我們的工作不可偏袒任何一方，而是要說出真相，找出完整的事實。」我們收聽英國廣播公司新聞，作為日後能即時又精確播報新聞的範例。

我們將小型收音機裝在口袋，隨身攜帶，在課間休息時間收聽，通常會用迷你耳機。

一位同學正在收聽新聞，其他人則忙著討論馬蘇德遇刺案，講到一半，這位同學大聲喊道：「安靜！安靜！紐約出大事了。」

他把耳機從收音機插孔拔了下來，讓大家一起收聽新聞，得知一架飛機撞上紐約世貿大樓其中一棟摩天大樓。我們在多部電影裡看過世貿大樓，尤其記得有部電影裡一隻巨大猩猩將世貿大樓當成梯子爬上爬下，所以腦海裡能清晰描繪世貿雙子星大樓的輪廓。午後接近傍晚時分，我們站在大學校園樹蔭下，從同一台收音機又聽到令人難以置信的消息，第二架飛機撞上世貿另一棟大樓。這幾年加諸在我們生活裡的諸多悲劇也發生在美國，感覺似乎有什麼東西從我們身邊被搶走了。「連美國都發生這樣的事，這下子我們對阿富汗還能期待什麼？」我們問著彼此。

與之相較，馬蘇德的死立刻被掩蓋，被我們完全拋到腦後。根據英國廣播公司的新聞報導：

「馬蘇德遇刺時間剛好是美國發生九一一恐怖攻擊的前兩天。觀察家認為，奧薩瑪．賓拉登下令暗殺馬蘇德，目的是協助阿富汗的塔利班（他的保護者），確保阿富汗的塔利班能繼續與他合作。觀察家深信，馬蘇德遇刺時間寓意深遠，並非表面看來那麼簡單。據悉兩位刺客在訪問馬蘇德時，曾透露支持賓拉登的立場。」

奧薩瑪．賓拉登不就是那位據說住在我們家附近、窮兇極惡的阿拉伯人的名字嗎？

有些同學說美國很快就會攻打阿富汗，宣稱美國會像蘇聯一樣到處扔炸彈，摧毀每個村落與城市。

對此，我不敢斷言。我認為美國距離阿富汗太遠，不會派兵攻打阿富汗，他們遠在另一塊大陸上，為什麼要來阿富汗？倘若他們要逮捕賓拉登，派個情報特務就行了，何需為了一個人攻打整個阿富汗。

「即使美國想這麼做，」我暗忖，「我們也已經離開了。那時我們或許已經到了土耳其甚至義大利。總之攻打阿富汗是不太可能的。」

自那之後，我們每天都收聽差不多一個小時的英國廣播公司新聞。新聞一直說，美國會攻打阿富汗，一個月過去了，什麼事也沒發生。

現在聯外道路依舊開放。離我們動身啟程的日子愈來愈近，我們對這次能真的離開阿富汗愈來愈抱持希望，但同時也擔心中途又冒出什麼事阻止我們動身。

離開前的一個星期，幾個叔叔、嬸嬸、堂兄弟來我家。那個星期日晚上，我們聚在一起吃了一頓很久的晚飯。最後，他們與我們話別，並帶走父親為他們分類整理好的東西。

那天晚上天氣很涼，所以我們在九塔堡其中一個房間吃飯，而非庭院。能像一家人一樣聚在一起圍著桌布吃飯，感覺很不錯。我們清楚這種聚會也許在阿富汗不會再出現了。堂兄弟們問我，是否會寄不錯的禮物給他們，我允諾一到那裡就會寄很多禮物回來。

其中一人的笑話說到一半，突然出現一聲巨響，像是炸彈爆炸的聲音，整個大地都在震動。有些窗戶被震得粉碎，但是沒有人受傷。這些年，我們在窗戶四周圍上塑膠布，以免破碎的玻璃掉下來割傷我們。我們一齊衝到院子，沿著樓梯爬到大平台上，然後再攀著平台的竹梯子爬到屋頂，看看究竟是怎麼回事。

諾伯亞堡和祖父老房子之間的一座小山的山頂上高聳著電視台播送天線，所以我們稱那座山是電視山，而非沿用了幾世紀的名稱——阿斯麥山。我們看到電視山上空升起像巨大蘑菇的黑色雲團。

我們沒聽到飛機的轟轟聲，以為可能是塔利班存放在電視山上的武器走火。過了一會兒，又一枚炸彈落在離我們諾伯亞堡非常近的另一個塔利班營區，震得大地又一次劇烈搖晃，大家必須緊抓著彼此。父親和叔伯們沿著屋頂跑向僅剩的最後一個高塔，那裡視野更好。然後我們聽到一架飛機凌空飛過，就像姊姊說的，飛機飛得好高，「非常接近天堂」。

飛機飛得很高，地面上任何大砲都打不到它。很快地，這樣的飛機愈來愈多，開始轟炸塔利班的營區、防空設施、訓練基地等等，之後瞄準塔利班指揮官、通訊設施、軍事基地等等。

「他們不是盲目轟炸，」母親說：「他們不像蘇聯人或軍閥那樣胡亂丟炸彈，瞧他們轟炸目標時多麼小心翼翼。」

我們還是不清楚投擲這些炸彈的人是誰。

我們打開迷你收音機，轉到英國廣播公司新聞頻道。這時大家都沿著竹梯爬上屋頂。根據英國廣播公司的報導：

「美國和英國軍隊開始空襲阿富汗，鎖定塔利班和蓋達組織（al-Qaeda）。首都喀布爾遭受空襲，機場電力中斷。在坎達哈（塔利班最高領導人歐瑪的老家），軍事中樞遭到空襲。在賈拉拉巴德，許多塔利班的訓練營地也被戰機鎖定。」

我們看見一枚大炸彈在機場附近落地爆炸，塔利班在那裡有一個大營區。我們一臉驚訝地看著彼此，但是誰也沒說話，以免錯過英國廣播公司播報的每一個字。

突然我們都被母親的舉動分了神，她朝著空中揮著手，衝著父親高喊。

「不行！不行！」她尖叫著。

「怎麼回事？」姊姊問道。聲音一反常態，透著恐懼。

「他說不想離開了！你那固執的父親不想離開阿富汗了！一切都準備好了，他卻說我們不走了！」她大聲斥道。

我不敢相信自己的耳朵。這天晚上發生太多奇怪的事。我剛把我最好的風箏送給了一位堂兄弟，儘管我知道他第一次拿來比賽時就會把它輸掉。

「他又像隻駱駝定住不動了。」母親絕望地說。「一旦他下定決心，誰也休想令他改變主意。」母親邊說邊走下梯子站在下面的平台上。嬸嬸們也跟在她身後。

「爸爸，到底是怎麼回事？」我問

「過來，兒子，大家都到這兒來。」他說。不同於母親，他很平靜，彷彿一切都在掌控中。我們圍坐在他面前。美國戰機繼續轟炸目標。隱形戰機每次發射炸彈，我們都可看到一團火光，炸彈擊中目標發出巨響時，又可看見第二團火光，隨後便是地動山搖。

「阿富汗人互相爭鬥了數千年，」父親說這話時，盯著我們每個人的眼睛。他是我們的老師，我們都是他的學生。「打劫和掠奪是我們阿富汗人多年來的傳統，但兩件事把我們團結在一起：愛真主，痛恨侵略者與敵人。除非弄清楚美國人到底是真正的朋友還是戴著面具的敵人，否則我們不會離開阿富汗。」

「所以就這樣嘍？我們不走了嗎？」姊姊問，語氣聽起來既失望又惱火。

「哪有人會在乎誰侵略了阿富汗？」一個堂兄弟問。「我打包票，他們會比塔利班或任何一個派系都還好。」

「不對，孩子。」父親說道，並伸手將他拉近一些。「阿富汗的土地是我們的母親，我們不能讓陌生人入侵這塊土地，保護母親是我們的責任。」

「我們的責任是離開這個你稱為國家的爛攤子。」母親從下面的平台大聲喊道。我們全都轉頭往下看。她站在暗處，我們看不到她，只有當炸彈擊中目標發出火光，才有片刻照亮她的身影。「我們的責任是保住自己的命。」她跨大步走到竹梯的底端，爬上梯子便可來到我們和父親坐著的地方。她直視父親的眼睛。

「聖戰士上台掌權之前，我們認為他們是救生員。結果他們是殺害無辜百姓的劊子手。塔利班也一樣。這次這些人也不會有什麼不同。他們的目標一致，只不過換個名目罷了。你難道不懂嗎？你難道看不出換湯不換藥的模式嗎？難道看不出出處與去處嗎？」母親把自我們被趕出祖父家以來，這些年累積的憤怒一古腦兒發洩出來。

「你也許說得沒錯，」父親平靜地回道。「但是在我沒弄清楚這些人的真面目之前，我不離開。」

我們轉頭看著母親，想知道她會怎麼回應，但是她已經走了。她了解父親更勝父親自己，知道他會怎麼回答，所以在父親開口之前，她就走了。

我們理應離開的日子到了但又過去了，父親對此沒說什麼，母親也不說話。我坐在自己的房間，深感沮喪，特別想和祖父談心，這是他過世以來，最想和他說說話的一天，但是他已經不在我的身邊了。

到了傍晚，我走到庭院，坐在相思樹下。只要心情低落，我就坐在這兒，這已成了一種習慣。奇怪的是，在這裡我覺得與瓦基爾特別靠近，他就是在這裡與我們度過最後時光。難道我也是一樣，只有死才能離開這個地方嗎？

美國戰機日夜持續轟炸。這次的戰爭完全不同於當年蘇聯的轟炸。俄國戰機飛得很低，一次就可炸毀整個村子。美國戰機飛得很高，高度離轟炸目標有段距離，而且一次僅投擲少量的炸彈。炸彈每夜精準落在塔利班據點，也轟炸加入塔利班的宗教狂熱分子，主要來自巴基斯坦、車臣、旁遮普省和沙烏地阿拉伯等地。轟炸如雨之際，清真寺也疾呼民眾禱告。

冬季逼近，天氣變冷，日子仍要過下去。我們對戰爭已習以為常，在阿富汗，戰爭摧毀了太多東西，剩下來可被破壞的東西少之又少。

由於轟炸沒完沒了，除非要張羅食物，否則沒有人會外出。現在很難獲悉有關喀布爾的近況，不過我們陸續發現到一些改變。隨著一週一週過去，塔利班不見了，連同他們過膝的紗爾瓦克米茲、黑色或白色長頭巾、塗了眼線的雙眼等等，也開始從生活中隱去。塔利班並未在一夕之間消失無蹤，不像他們當初占據喀布爾時，聖戰士突然銷聲匿跡一般。塔利班的做法比較漸進。

塔利班出現的第一天，我們在他們的鞭笞下，很快就學會不可直視他們的眼睛，只要他們經過，我們必須低著頭看著地面。而今情況正好相反。愈來愈少看到塔利班，我們家附近也許還看得到兩三個，當他們看到有人走近，輪到他們低頭看地面，匆匆走開，直奔他們占據的某個大宅院。

其他事情也讓我們刮目相看。離諾伯亞堡不遠的一間大清真寺，總有一個塔利布在清真寺附近的十字路口中央坐鎮，只要宣禮員召喚信眾準備禱告，這個塔利布就摘下頭巾放到椅子上，以示他去淨身準備禱告，他有時甚至會丟下鞭子。片刻間，街上的一切活動——實際上是整個城市——都陷入停擺。司機把車停在路中央，趕往清真寺。店家丟下精心擺放的一層層石榴和葡萄，衝出店門，甚至沒想到要鎖門，他們知道沒有人敢偷東西。根據塔利班的法律，竊賊會被剁掉手。

這天還是來了。沒有頭巾，沒有鞭子，十字路口沒看到塔利布坐鎮。大家不知道這是怎麼回事，但是為了安全起見，還是繼續遵照塔利班的規定。

一週接著一週，美國軍機持續轟炸，有些晚上炸得兇，有些晚上炸得少。美機不開燈，只有在炸彈落地前幾秒鐘，才聽得到軍機的聲音。

美國開始空襲後，有兩三次吧，母親、舅舅和我沿著竹梯爬上屋頂，裹著毯子抵抗深秋的涼意。我們看著炸彈爆炸時閃出的火光，幾秒鐘後，感受到整個城市地動山搖，威力撼動我們全身。為了消磨時間，我們打賭接下來哪個塔利班營地會遭到轟炸，有時舅舅贏，有時母親贏，有時我贏。

據傳有些轟炸機是由女性駕駛，我們聽了詫異不已，心想女人怎能做這種事。大家都說，美國必定是偉大的國家，竟然可以派女人擊敗塔利班。我們沒見過一位美國男子，因為地面上看不到美國士兵，他們只會駕駛飛機在天上飛來飛去。

某天晚上，穆拉結束最後一次的集體禱告後，我們爬到屋頂。轟炸已經持續一個多月。我們在僅存的那座高塔附近坐了下來，開始聽音樂。這是名副其實的音樂，而非塔利班那種沒有音樂伴奏的清唱。音樂從鄰居胖老師的屋子傳出來，他住在諾伯亞堡花園的對街。我們看著彼此，臉上露出困惑的笑容。因為有錢，胖老師多次受到塔利班殘酷的對待。而今他兒子在窗戶上放了非常大的喇叭，音樂從喇叭輸出傳到街上。

「塔利班已經走了嗎？」舅舅問。他的眼睛和聲音充滿期待。我們沒有回答。

過去四天來，我們一直聽人說馬卡羅延的住宅區到了晚上就會響起音樂，音樂從公寓較高樓層黑漆漆的窗戶飄出來。我們不相信這些傳言，但這些傳言也許是真的。

不久，我們這條街的另一棟房子也傳出音樂聲，之後是別家，之後又換另一家。再來是我們隔壁，他家的女兒曾爬梯子翻牆來我家地毯工廠做工。最後竟然從我們諾伯亞堡自己的庭院傳出音樂，有人將卡帶錄音機連上汽車的電瓶，因為那天晚上我們家停電。

每個人都把藏起來的喇叭拿出來，放在窗台上，將音樂聲調到最大，什麼音樂都有：阿赫馬德·札希爾（Ahmad Zahir）、洪卡瑪（Hangama）、阿赫馬德·瓦里（Ahmad Wali）、烏斯塔德·薩爾班（Ustad Sarban）、拉塔·曼格卡爾（Lata Mangehkar）、穆罕默德·拉菲（Mohammad Rafi）、加吉特·辛格（Jagjit Singh）、烏斯塔德·拉希姆·巴克什（Ustad Rahim Bakhsh）、烏斯塔德·貝爾圖恩（Ustad Beltoon）、烏斯塔德·多雷·洛加里（Ustad Doray Logari）……聲吞山河，響遍各地。

我們下面的庭院、街道、鄰居的庭院，都可見人群走出屋子，大家放聲歡呼、叫喊、大笑，放縱的程度可是這些年前所未見。一則消息穿過在黑暗中迴盪的音符：塔利班走了！塔利班走了！大家幾乎不敢置信。

我的姊姊妹妹、堂兄弟、鄰居們全都跑到諾伯亞堡的庭院，探聽發生了什麼事，他們問了一個又一個，但沒有人可以回答。

我看到父親站在相思樹旁邊，看著大家。自美軍空襲以來，他有了自己的看法與見解，正等著看接下來會發生什麼事。這些美國人到底是來幫忙還是入侵？他需要看到比音樂更多的東西，才能確定阿富汗回到我們人民手中。他環顧四周，幾分鐘後，安靜地回到屋子。

胖老師的兒子開始播放傳統的阿坦鼓音樂，響亮鼓聲蓋過其他音樂聲。一輛摩托車停在花園後面的路中央，藉著摩托車燈，我們看到約二十多個男子與男孩朝震天價響的節奏聲聚攏，他們穿著緊身牛仔褲或是顏色繽紛的T恤。塔利班掌權期間，這些衣褲都被收了起來。其他人原本穿著紗爾瓦克米茲，出來一瞧後，立刻轉身回屋內換裝，改穿西式衣服再度現身。一個年輕男子還穿西裝打領帶。沒有一個人纏頭巾。

其中兩個人雙手高舉過頭，拍手示意阿坦鼓已開始奏樂。亂烘烘的群眾立刻圍成一圈，跟著阿坦鼓聲邁出舞步，這是五年來我第一次聽到阿坦鼓聲、第一次看到有人跳舞。但是不到十秒鐘，大家笑得前仰後合，根本無法繼續。他們站在原地高聲喊叫，緊擁彼此，詫異地發現自己竟然跳起舞來，儘管這是阿富汗人幾百個世代以來表達開心的方式，直到塔利班出現才改觀。鼓聲持續響遍整條街，不久大家又重新圍成一個圓圈，開始邁出整齊的優美舞步，起初跳得很慢，其他人在旁邊歡呼喝采。

聽到阿坦鼓聲，母親雙眼噙滿淚水，她沒有刻意掩飾，她笑得太開心了，無暇理會這些淚珠。鼓聲愈來愈急切，母親站起身，扯掉頭巾，鬆開髮結，身體微微後傾，在暗夜中，頭左右搖擺，微風拂過她的頭髮，髮梢輕揚。不遠處一枚炸彈爆炸，可能炸到「惡人王」的房子，那裡曾住著許多塔利班。藉著炸彈冒出的藍色火光，我看到母親的臉龐。這是多年來首次看到她像以前一樣沒戴頭巾，還是那麼美。

我起身站在她旁邊，一起看著下面人群隨著加速的鼓聲旋轉身體，搖頭晃腦。我想加入他們，我已十九歲，但從未跳過舞。雖然擔心自己跳起來可能像隻笨羊，但一直都想嘗試。不過有一部分的我和父親一樣：在更了解這些人對阿富汗扔炸彈的用意之前，不會大肆慶祝。

舅舅也站起身，像老鷹一樣張開雙臂，彷彿打算奏起自己的阿坦鼓，在九塔堡的樓頂旋轉起舞。但是他只是讚嘆地仰望天空。

另一枚炸彈的爆炸聲，剛好和阿坦鼓的重拍節奏重疊，我伸出手臂攬著母親，感激她和父親為保護家人的安危所做的一切。我現在已長得比她高，也到了阿富汗男子該照顧父母的年紀。我心想，我該怎麼做才能和他們做的一樣好呢？

母親的頭枕著我的肩膀，伸出雙臂抱住我。她深深嘆了口氣，我將她攬緊些，同時思索著未來不確定的日子。

一個男子打擊脖子上的掛鼓，加入街上的人群。不同於其他人，他穿著傳統阿富汗服飾，戴著金光閃閃的帽子。他踏進舞群圍成的圈子裡，配合喇叭播出的阿坦鼓節奏，熱烈地敲著脖子上的掛鼓，鼓聲因此聽起來更激昂，旁觀人群也跟著愈來愈激動。

阿坦鼓進入急快板樂章，舞者一般幾乎跟不上節奏，一個個筋疲力盡，開始退出圈子。可是鼓聲愈急促，人群愈狂熱，先朝一個方向旋轉，然後是另一個方向。今晚沒有人打退堂鼓，反而吸引了更多人加入。

我為那些人歡呼，儘管我知道他們聽不到我的吶喊聲。我高聲喊叫，希望他們永遠不要停下來。

他們跳啊，跳啊，跳啊……

尾聲：繼續前進的旅程

母親說對了。外國人關注自己政治的程度甚於對阿富汗的興趣。他們暫時趕走了塔利班，但他們也帶回來曾自稱是聖戰士卻摧毀阿富汗的那一批軍閥。

許多來到阿富汗的外國人口口聲聲說要幫助我們，離開時各個都是富豪。我們還在等著看，除了軍事基地，他們還會替阿富汗修建什麼。

多年來，我們一直期盼他們能幫我們修建供水系統，這樣我們就不用再拎著水桶到公共抽水幫浦打水了。或者幫我們修建污水處理系統，這樣我們就能擺脫露天排水溝散發的惡臭以及多種傳染病。我們現在終於有電可用，但電力係其他國家供應，若有人幫我們重建大壩，讓大壩攔水進行水力發電，我們國家就可以自己發電。

看到外國人揮霍虛擲那麼多錢，我想到了祖父。有一天，他坐在窗戶旁的一個長墊子上，沏了壺綠茶，對我說：「我給你講個故事。」

那時我已十幾歲，正在摸索自己的人生，但一定找得出時間和祖父在一起。我坐在他身旁，望著他那張蒼老卻沒有多少皺紋的臉。

「穆拉那斯魯丁以前就住在離這兒不遠的村子裡。」我知道這不是真的。在穆斯林世界，那斯魯丁是一個民間傳說的人物，但祖父老是說他是我們的鄰居。祖父伸出一隻手臂把我攬近些，我對著他笑笑。

「每天早上他都騎著驢子到人跡罕至的地方。為什麼要這樣呢？因為真主要以此告訴民眾，荒原的真正意義。

「一陣子之後，他的鄰居阿里汗（Ali Khan）對這個老頭每天都去同一個地點充滿了好奇，但礙於對老頭的尊敬，不敢直接問他。於是阿里汗派一個兒子去問那斯魯丁，有沒有他可以效勞的地方，以便讓那斯魯丁過更好的生活。

「那斯魯丁見到阿里汗的兒子非常高興，遞給他一塊硬糖，由於糖放在口袋裡，因此上面沾了衣服的棉絨屑。這個男孩有禮地婉拒了。那斯魯丁問他：『你為什麼一個人來？其他人呢？』」

「阿里汗的兒子問那斯魯丁：『你希望誰來呢？』

「他說：『哦，將來這裡可能會有好事發生，果真如此的話，會有一大群人聚在這裡，但我是最先到這裡的人，』說著，他臉上露出招牌式的笑容。『所以我對什麼都會看得很透徹！在那一刻到來之前，我會一直等著。』」

祖父將茶杯舉到嘴邊，我則開心地咯咯笑。儘管我已過了聽那斯魯丁故事的年紀，卻又還太年輕，無法參透故事蘊藏的寓意與智慧，但我還是開心地笑了，因為我喜歡跟祖父在一起。現在，這麼多年過去，我終於明白其中的道理。若是外國人的錢真的能帶給阿富汗好處，我也會像那斯魯丁一樣，看得一清二楚。在那之前，我每天都會等待、等待、再等待。

美國人來了之後，亟需翻譯人員。我花了六個月自學夠用的英語，所以能替他們工作並賺些美金。因為通英語的人供不應求，只要有人能幫忙，他們來者不拒，也不太在意文法的對錯。沒有替美國人工作時，我收聽英國廣播公司的英語節目，並觀看美國電影練習英語。此外，我絕不會對寫錯英文或說錯英文感到難為情，只要有人肯指正我的錯誤，我一定心存感激。

我的第一份工作是跟著美國大兵，從他們那裡學會了許多有趣的辭彙。後來替聯合國工作時，發現在美國大兵那兒學到的辭彙在辦公室使用非常不得體，我用了幾次，發現對方一臉錯愕和困惑。

現在我能說些英語，和父親一起重操家族舊業——買賣地毯。之前的地毯工廠既然收了就收了，我並不想再度啟用，至少從未按以前的方式經營。所有織布機都已送人，不想再要回來，因為很多織工並無其他謀生方式。外國人湧入喀布爾，為地毯重開龐大商機，人民可以把這些年在家裡自製的地毯拿出來賣，我有他們提供貨源，無需自己織地毯才能做生意。因為我會說英語，可以幫他們把地毯賣給外國人，因此有機會認識不同國家的人。

美國人和善而熱情。他們買許多地毯，而且我開價多少，他們就付多少。他們老愛細究地毯的一切細節：哪裡做的、誰編的、圖案的意義等等。我多次受邀到美國大使館演講介紹阿富汗地毯。「地毯織工是詩人，」我告訴他們。「地毯就像詩作。」我試著教導他們讀懂地毯的詩句。

法國人也來買地毯，打量之後，隨手一扔，嫌東嫌西，而且喜歡殺價。為了區區折扣，寧可花幾小時討價還價。不過他們有些人成了我的好友，還從法國帶黑巧克力送我。我短暫造訪過法國兩次，並受邀到他們家作客。他們做的菜非常可口，我不禁懷疑這輩子吃的其他東西是否真能叫作食物。我羨慕他們以法國自己的歷史、傳統和古蹟而自豪，這是阿富汗人所欠缺的。

義大利人就是愛嚷嚷。他們鑑識商品之前，一定要求先來杯茶，然後開始天南地北地聊個不停。等到終於進入正題，才開始在成堆的地毯中東挑西揀。他們要求端上更多的茶，然後開始討價還價，偶爾會講講笑話。這過程可能持續好幾小時，然後突然答應我開的價碼，繼而匆匆離開，因為他們還有其他的事，再不走就會遲到了。他們和阿富汗人很像，為人和善、衣著得體、愛吃大餐，一分鐘前還哈哈大笑，下一分鐘就大吼大叫。我到義大利親眼目睹這一切，開玩笑地告訴自己：「我人在阿富汗。」

我有幸造訪英格蘭一次，當地每個人都對我照顧有加。英格蘭的鄉間幽靜如天堂，但我在喀布爾認識的英國人，各個都符合他們在阿富汗的名聲與刻板印象。

一位骨瘦如柴、面頰凹陷的英國人租下諾伯亞堡的一部分空間。他砍掉所有大棵的老樹，連庭院裡的丁香，以及我們停放瓦基爾遺體的相思樹，都無法幸免。他說，這些樹都種錯了地方。

當年即使碰到最嚴重的大旱，我也每天兩次騎著腳踏車，到距離諾伯亞堡一．六公里以外唯一有水的地方打水。然後把裝了水的桶子綁在腳踏車上，翻過理工學院旁邊的小山丘，就為了養活這些大樹，以免他們枯死。

這個英國人決定要租下諾伯亞堡更多房間，所以兩戶非常窮的阿富汗家庭被迫搬離在庭院外已住了三十多年的房子。其中一戶是哈札拉人，這家的女兒曾翻牆到我的地毯工廠做工。他們離開時，不得不賣掉乳牛，而牛奶是他們家唯一的經濟來源。沒有了乳牛，表示他們的女兒必須輟學出去找工作。祖父與他的朋友在另一個世界彼此有默契地點點頭，不約而同地祈求真主，希望那個英國人有點慈悲心，希望真主引領他走向正途。

這些年我們忍受軍閥派系亂丟炸彈，塔利班揮舞皮鞭、用石頭砸死有罪之人；與此同時，我們朝夕夢想另一個阿富汗能到來，但這樣的阿富汗至今尚未出現。二〇〇四年阿富汗舉行歷來第一次總統選舉，我們都抱著很大的期待。在這兩、三年，許多阿富汗人從避居以及創業的異國陸續回到故里，有些人在喀布爾和其他省份蓋了高樓層的現代建築。大家確實感受到，阿富汗終於又回到人民手裡。

但是之後事情有了變化。我們很快意識到，這並非全都是外國人的錯。

我去商務部登記註冊自己的地毯事業。我認識部長的特別顧問，在她的協助下，我在一個小時內完成所有必要的書面資料，然後必須帶著這些資料交到財政部、司法部、警察總部等單位，完成更多的審查與程序。

不論是哪個單位，我都得蓋很多章，但沒有人告訴我蓋這些章是為了什麼。為我蓋章的每個人都向我索賄，當然他們不會直接要錢，而是說：「能給顆糖果嗎？」我給了他們幾塊錢阿富汗幣，然後他們才完成他們分內的事。

這天過得很慢，我身上的錢幾乎用光，心裡很惱火。我走到街上一個小販的攤前，用僅剩的錢買了一袋糖，是那種喝茶時放在嘴裡的硬糖果。然後每當有人向我要糖，我就從衣袋裡掏出一塊糖給他。他們看了，一道眉毛上挑，另一道眉毛下壓，不可置信地盯著我。我裝傻，衝他們而笑，彷彿真的不懂「糖果」是什麼意思。

一個人說：「我要的不是這個，給我真正的糖果。」

「這就是真正的糖啊，非常好吃。」我說。「瞧，這種糖大老遠從波蘭進口到阿富汗，成分健康易消化。他們用蜂蜜取代蔗糖，並添加真正的牛奶。非常好吃。」說罷，我吃了一塊，還做出非常陶醉的表情。

「笨蛋！我要的是錢。」他直截了當地說了出來。

「錢？為什麼要給錢？」我問，假裝吃驚的表情。

「因為要處理你的申請文件。」他說，聲音介於吼叫和耳語之間。

「但這是行賄啊。」我眼睛睜得老大地答道。「行賄與收賄可是犯罪！在伊斯蘭是被禁止的！你想讓我們兩人都成為罪犯嗎？」

「你是笨蛋嗎？」他不可置信地看著我。

「以前沒有人叫過我笨蛋。」然後我更有禮地補充道：「我只是想向你解釋伊斯蘭的基本原則。」

他不想對我浪費更多時間，心裡清楚可以從下一個來辦事的人身上索賄。他審核了我的文件，按下辦公桌上的鈴，一位警衛火速進來，那人對警衛說：「把這個瘋子帶出去！」

「我沒有精神病！也不是罪犯。我不索賄，不憤世嫉俗。現在你告訴我，誰才是瘋子？」說完不等對方回答，笑著往外走。

自從那天晚上在我們家樓頂目睹美國人投下第一枚炸彈以來，已過去十餘年了。我不時會想起一些人，好人和壞人都有，全是我在最低潮以及戰事最激烈那幾年認識的，我很想知道他們的近況。我再也沒看到比拉，儘管我找了許多地方。倘若他不在人世了，願真主保佑他靈魂安息。倘若他還活著，祈求真主讓我們有朝一日能重逢。

祖父和我發現頭骨的那個花園現在蓋了三棟房子，覆蓋原本是噴泉的地方。

偶爾搭計程車時，司機會抄近路，此時那些可怕的記憶就會浮現。我會傾身向前，請司機走另一條路，因為那裡會勾起我想忘卻的一段戰爭記憶。每個司機都明白這種心情，所以一定將車轉個彎，改走其他路。

我再也沒見到那位被迫賣身的年輕老師。我希望她賺夠了錢，到另一個國家重新生活。儘管我們在不堪的情況下相識，但我只要想到她，總是心懷深深的敬意。

我再也沒遇到塔什庫爾干那家人，我曾在他們的花園偷了五個石榴。也許他們現在已移居美國。我聽說那花園五年前成了廢墟，後來有人在原址重新栽種植物。我曾回去過一次，但住在那裡的人從未聽說過哈姆札或他的家人。我心想哈姆札在別的地方會快樂嗎？

有時庫奇族的堂兄弟在春夏交替時節，趕著羊群和駱駝經過喀布爾附近時，會給父親打個電話。他們離開賈拉拉巴德冬天的家，趕往阿富汗中部的高地，依舊保持庫奇人的習性，但現在都有了手機。

從前那個會吹笛子的牧童歐馬汗現在人在德國生活，成了一位汽車技工。他和另一位在德國出生的阿富汗人一起經營一家汽車修理廠，說得一口流利的德語。自從離開阿富汗後，他再也沒有回國。現在他等著德國政府核發護照給他，有了護照，就可回阿富汗探親了。

亞倫汗現在住在希臘。他成了一位裁縫，娶了一位漂亮的希臘女子。由於庫奇人應該只和庫奇人結婚，生出更多純庫奇血統的小孩，所以他的父母對他娶了外國女子非常不開心，不再與他聯繫，但會透過歐馬汗了解他的近況。

所羅門汗留在庫奇部落。他有兩個漂亮的妻子，第一個妻子為他生了三個漂亮的女兒，第二個妻子生下兩個英俊的兒子。他還是話不多，但教會了妻子與孩子讀書寫字。

我許多同學，包括互揍對方慶祝中學畢業的那些死黨，繼續與我保持聯繫。其中有幾個留學印度兩三年，有幾個與已在歐洲定居的表親結婚，而拿到前往歐洲的簽證。另外有五個在喀布爾，生意做得有聲有色。三個同學死於自殺炸彈攻擊，其中兩人拎著水果趕回家吃晚飯時遇害。他們永遠活在我們心中。

某天晚上參加喀布爾的一場派對，聽到那個施虐變態狂札達德的消息。聽說他在英國被捕入獄。他原本藏匿在倫敦，後來被一位英國廣播公司的記者發現行蹤，當局以戕害人類的罪名逮捕他。

有個外國人——他是少數幾個真心幫助阿富汗的外國人之一，在一個由大師演奏的花園音樂會上，告訴我他被要求出庭作證指控札達德的罪行。札達德出庭受審兩次後被定罪。這位外國人也透露，那隻「吸血狗」已經死了，是在普里查基監獄伏法。在那晚之前，我曾試著用網路搜尋札達德與那隻「吸血狗」的下落，但是過程讓我覺得非常不舒服，因為我清楚記得那段日子。我壓根兒不在乎他們是死是活。要是死了，我希望他們下到地獄的最底層。

至於發射火箭砲炸死瓦基爾的古爾布丁，即使下地獄都還嫌太輕，而風光不過一時。他還活著，仍在繼續為惡。

塔利班被趕走後，外國人開始造訪喀布爾。哈吉．努爾．謝爾從印度回來，他在諾城購物區核心地段的地毯店重新恢復營運。他回來就住在諾伯亞堡他的房間，他離開這些年，這些房間一直鎖著，沒有人用過。某天他一到庭院，便大喊「Malem」，在達利語這是「老師」的意思，他在叫我父親。我們一家人剛吃完午飯，父親正準備午睡，但我們一聽到這熟悉的聲音，立刻跑到庭院，見到他真是太開心了。

接下來的兩年，他一直住在諾伯亞堡，而他的家人仍留在印度。有時他會去探望家人，但在喀布爾他才真正自在，因為周遭是他心愛的地毯和朋友。他和父親每天花幾小時一起蒐集地毯，再賣給顧客。相隔兩地多年，他們很開心又能在一起。

他的身體開始亮紅燈，不過他從未明說是什麼毛病。他去了印度數次，接受治療，回到喀布爾後病情似乎惡化了。有次他去了印度幾個星期後，我們接到電話說他過世了。我們覺得有一部分的自己也跟著他走了。他的善良和慷慨，讓我們全家得以在戰火中倖存下來。

最近，我去找了那位哈札拉人麵包師傅，感謝他把我從塔利班的魔爪中拯救出來。

我去了麵包店三次，每次都按捺著不提此事。除了我們兩個，店裡再無別人。他一直都坐在櫃台的後面，望著人行道和街上的車子。

不知怎地，我就是沒勇氣說出這件事，儘管我非常想和他說話，告訴他我是誰。但是每次我都只要了一個大塑膠袋，挑選盤子上的餅乾，把塑膠袋裝滿。然後我讓他秤一下袋子，過程中，我一直盯著他的臉，想要說點什麼，可是什麼也沒說。我付了錢，然後走出商店。

他比數年前略胖了些，除此之外沒有什麼變化。以前藏匿我的後房現在放了一個大型的現代烤箱，除此之外，他的店也和以前差不多。他的兒子已長大成人，個子高大，肩膀很寬。他和幾位員工一起操作那台烤箱。

第四次去麵包店時，我對他說：「我不是來買東西。」說話時呼吸急促，心臟怦怦直跳，他看出我很緊張。

「慢慢說，年輕人。」麵包師傅說。他口氣平穩，非常不同於多年前的那個下午。「那麼你要什麼呢？」

「我來向你表達謝意。」我說，依舊喘著氣，彷彿跑了好幾公里。

「是我應該謝謝你！」他笑著說。「我很高興你喜歡我家的蛋糕和餅乾。」

「是的，你的東西非常好吃。但是我要感謝你多年前救了我一命。」我說。

忽然之間，笑容從他圓圓的亞洲臉消失了，他面無表情地直視我的眼睛，瞇著雙眼說：「你在說什麼？」

「我就在對面被一個塔利布逮住，為了逃脫，我高喊：『炸彈，炸彈，炸彈，塔利班車下有炸彈。』人群四散奔逃……」

他打斷我的話：「然後你跑進來，站在這扇窗的後面，說道：『其實沒有炸彈，外面一團混亂是我一手造成的，因為有個塔利布為了莫名其妙的理由要逮捕我。』我卻把你推出去，因為我擔心受到牽連。」他略一停頓。「然後，我看到你眼裡的絕望……」他的聲音漸漸聽不見。

「你又把我拉了進來，然後藏在麵粉袋的後面……」

他再度打斷我的話：「你一直打噴嚏……」

麵包師傅從櫃台後面走出來，緊緊抱住我好一會兒。現在我們一樣高了，他的胸膛柔軟而多肉，聞起來有麵包和烤箱的味道。我們緊擁在一起，久久不放。

「我有多次想到你，不知道你有沒有出事，因為你再也沒回來。」他說。

「我很害怕。」我說。

「那晚我送你到家門口後，過了幾個月，我也莫名其妙被逮捕了三次。你知道的，他們痛恨我們哈札拉人。塔利班根本就是野獸！而我是他們絕佳的獵物。那些混帳搶走了我所有的錢。第三次抓我時，我已沒錢可被他們壓榨，他們就痛揍我，彷彿用雞毛撣子清除地毯的灰塵。」他說。

他臉上露出誇張的笑容，彷彿在講一個有趣的笑話。這就是我最欣賞阿富汗同胞的一點。他這餘生應該為這些恐怖經歷而變得膽小害怕，但他卻笑談著過去，彷彿在講一件有趣的事。

「你還住在那個老城堡裡嗎？」他問。

「我們住在那兒十六年，但現在已經搬走了。」我說。「塔利班被趕出喀布爾後，堡主哈吉．努爾．謝爾的一個遺孀從印度回來，把城堡租給外國人，想賺些大錢。她要我們搬走，我們沒有異議。反正我們也希望有個自己的家，不用和其他家庭共用一個庭院。但是我們沒有地方可去。塔利班逼我們把科特桑吉的房子賣給他們，其實是送給了他們。我們買不起在平地的任何地產。一個久居阿里阿巴德山（我們以前慣稱狙擊手山，位於喀布爾大學對面）的男子以高價賣給父親一小塊地，我們在那兒蓋了一棟房子。我希望你能來我家作客。」

「我會登門拜訪的。」他說。

我把家裡地址寫在一張紙上遞給他，他也寫下他的地址給我。已到了午飯時間，但因為是齋戒月，他無法招待我任何吃的。他要我答應在開齋節時到他家作客。我們通常會利用開齋節的三天假到各個親友家作客，慶祝齋戒月結束。我們又聊了其他事，他非常健談，也很會說故事，見多識廣，言談非常風趣。

我發現，他不只是個麵包師傅。他畢業於喀布爾大學文學院，並曾在該大學教了兩年書。但是教書掙的錢不足以養活一大家子，所以他放棄教鞭，接管家裡的烘焙事業。他生意愈做愈好，現在已開了三家店。他有三個兒子兩個女兒，每個都結婚生子，全都與他住在同一個宅子裡，共用大型的庭院，就像以前我們和祖父住在一起一樣。

「你需要準時回家吃晚飯，以免妻子擔心嗎？」我問他。

「哦，的確！畢竟她是家裡的老大嘛！」他露出開心的笑容。

姊姊實現了她的夢想：完成學業，成了建築師和工程師。然後，她結了婚，現在有一個可愛的兒子，名字還是我取的，叫蘇萊曼，我一直很喜歡這個名字。蘇萊曼是許多民間傳說的重要人物，也出現在可蘭經和聖經裡。此外，這名字大家鮮少會念錯。我小的時候，經常夢到蘇萊曼的魔毯，乘著魔毯飛到各個有趣的地方，沿途切斷最漂亮風箏的線。

現在姊姊捉弄嘲笑的對象換成了她丈夫。姊夫是個好人，也會回敬她，姊姊對此頗有微辭，我笑說：

「這是惡有惡報。」

這些日子她成了我最好的朋友，儘管有時候她還是說我吃飯聲音太吵，跟乳牛沒兩樣。也許我是，但我自己並不覺得如此。她這番話讓我想到潛入哈姆札父親花園裡偷摘石榴的那段記憶。

姊姊婚後六個月的某個晚上，她的丈夫對她說：「告訴我你弟弟妹妹的事，我對他們了解甚少。」他們結婚前，他在外國生活了一段時間。

她說了我們小時候住在科特桑吉區祖父家，內戰開打後，一切都變了。我們像難民一樣避居於諾伯亞堡，非常辛苦地求生，極力遠離摧毀阿富汗的狂暴。稍後他告訴我，姊姊講到我是怎麼協助父親撐起這個家時，聲音開始哽咽，忍不住哭了，一哭就停不下來，姊夫見狀，將她攬在懷裡。

到了午夜左右，我聽到敲門聲，打開窗戶瞧瞧是誰這麼晚了還來叨擾，結果竟然是姊姊和姊夫，讓我非常驚訝。我走下長長的階梯到了門口，替他們開門。還來不及和他們寒暄，姊姊就抱著我親個不停，臉上滿是淚痕。

「發生了什麼事？」我驚恐地問。

「沒事，」姊夫道。「她剛剛提到你，突然說非見你不可。」

我帶他們上樓，除了母親，其他人都睡了。母親看到姊姊也很詫異，這時姊姊已恢復平靜。她丈夫要了條毯子和托沙克墊子就去睡了，但姊姊、母親和我三人通宵未眠，開了一場未事先安排的茶會，娓娓道來過去的遭遇。電視被調成靜音，在一旁無聲地閃爍著畫面。我們以前從不談論過去，害怕心裡深刻的傷口太容易被掀開，所以還是將過去那些創傷留在過去就好。

愛哭鬼現在已是大人了，比我俊帥，也比我高、比我壯。他全身充滿肌肉，比賽臂力時，我已不是他的對手。他還是小男孩時就不太哭了，其實他像我父親，很會講笑話逗人開心。但我喜歡他以前的綽號，可以讓我回味過去和庫奇人一起生活的日子。現在他主修法律，希望能幫助阿富汗恢復秩序。

我四個妹妹都還在學校念書，儘管社會上還是有些人認為女子無才便是德，但她們有雄心壯志，其中一個主修管理，另外一個念農業，還有一個想當作家並飽覽群書，最小的妹妹想當護士。阿富汗需要管理人才、懂得種樹的農業專家，善於記錄人民悲喜的作家，以及能療癒受傷心靈的護士。兩個大妹都嫁給了優秀的夫婿。

母親從未辭去在銀行的工作，只不過是在內戰期間戰火連天，礙於危險，不得不中斷工作。之後她被塔利班禁止工作，但是塔利班被趕下台之後，她有一天回銀行看看情況，結果第二天就回到原來的工作崗位。銀行沒有雇人接手母親的工作，因為根本沒有人手負責招聘事宜。幾年後，母親離開銀行，在「阿富汗災難管理局」（Afghanistan Disaster Management Authority）謀到一份工作，她覺得在那裡更能發揮所長。她工作非常認真，讓政府資源可以快速進入遭逢地震、暴風雪等天災重創的災區。

父親仍在哈比比亞中學教物理，他是校內唯一一位從戰前就開始任教，沒有在戰火中遇害，也沒有離開阿富汗的老師。所有比他年輕的老師都像對待自己父親一樣敬重他。學校有一個健身房，但是沒有設備。父親努力募資，添購必要器材，希望可以重新訓練選手。他還是身強體壯，只不過膝蓋偶爾會關節炎發作。

經過多年的努力，父親終於一圓出國的夙願——儘管天數很短。他完成了這輩子要去麥加朝聖一次的壯志，現在我們可以驕傲地稱呼他「哈吉」。

堂兄傻B偶爾還是凸槌，讓人不敢恭維，但他已表現得很不錯了。他一直都很照顧手足與父母，一肩擔起家庭重擔，一如我也是這樣。

我已兩三年沒見到他了，有一天到他家送二妹結婚的喜帖時見到了他。他身材略微發福，兩鬢已出現一些白髮，讓他看起來與眾不同。我指著他的白髮道：「你變老了。」說完突然覺得自己才白目，因為他和我同齡。

他右手摸了摸鬢角說：「這裡面記載了人生的故事。就像祖父說的，『我們從生到熟，最後是被燒掉。』我現在處於被煮熟的階段。」

「你會一直待在阿富汗直到你被燒焦嗎？」我問他，語氣盡量輕鬆打趣。

「是的，我會待在這個國家，竭盡我所能修補缺憾。」他嚴肅地說。「修補我父親與他那一輩沒能彌補的事。我相信阿富汗有未來，只要我們有所作為。如果我們不做，誰會做呢？

「必須有人勇敢地站出來，我們都知道，沒有國家會幫我們，他們來這裡只是為了自己。我們必須告訴全世界，阿富汗有了自己的主人，新主人就是我們這一代。」

我緊緊抱住他，這是我多年來（甚至是這輩子）第一次抱他，因為我被他的話深深感動了。我為他的決心與毅力喝采。

瓦基爾遇害前幾年，我們收到一封從俄國寄來的信。天曉得對方怎麼會找到我們。有些朋友把信轉交到祖父手上。在一塊撕下的俄國報紙上寫著：「我還活著。我無法多寫。我們生活在一個黑洞裡，有一天我會回去的。」筆跡的確是瓦基爾父親的，在此之前他已杳無音訊多年。但是這封信之後，我們再也不曾得到他的訊息。

倘若他返回祖父的老房子，會找不到我們，甚至連房子都了無蹤影。老房子幾乎全毀，父親與母親曾經住過的房間現在已剩土堆。祖父鍾愛的蘋果樹一棵也沒留下。見證我們曾在這裡幸福度日的印記全都蕩然無存。也許某天有人會在祖父的花園裡蓋起一棟新房子，也許他們會發現我們留下的金子。

有個人我再也沒見過，但我決心要找到她，因為她教會我人生的目的。我現在自己開了家地毯公司，公司全名是「喀布爾地毯與奇林花毯」（Kabul Carpets & Kilims）。公司規模雖然還小，但不斷壯大中。祖父曾說過：「涓涓細統終將匯成大海。」

幾年前我有個機會前往荷蘭，到了一位荷蘭婦女家，她來過喀布爾一次，和我成了好友。我拜訪她在哈勒姆（Haarlem）的家，發現一張從我自家工廠編織的地毯。這是在塔利班執政下，我在最低潮時期手織的地毯。

我無從描述我再次看到那張地毯時的心情。它勾起了我美好的回憶、苦難、對未來的憧憬、地毯工廠和織工圍著桌布一起吃午飯等等。那時大家有說有笑，儘管大家心裡明白，若被塔利班逮到，後果不堪設想。而今那段歷史以及我的歷史，均被保留在遙遠的異國裡。

若沒有我的地毯老師，這一切都不會發生。

我想她應該在塔吉克，也許住在城市，也許在鄉下。我已很久沒有夢見她了，我現在的生活充滿太多喧囂，但距離我出發找她的時間應該不遠了。

我確信她準知道我什麼時候會到，而且在她以及阿拉的協助下，我一定會找到她。

在我內心的牢籠裡，承載著長久以來的悲傷。
現在，我把重擔交付給你，希望你夠堅強，足以承受。

——凱斯．阿克巴．歐馬

附記

本書按照時序記錄了阿富汗動盪的三十年。期間有段日子，我年紀尚小，家裡和我親身經歷的許多事情，以及內戰開打的前幾年，我都無法精確說出發生的時間，只能說它們確實發生了。我記下了有把握的精準日期，至於無法清晰記得的，也會盡可能還原重建。

阿富汗之外的讀者也許會納悶，這本書寫的是我家族，但我何以鮮少把家人的名字納入書中？但阿富汗人會理解的。

本書的重點是我家人的經歷，每個阿富汗家庭的故事和我家相似，都應該有人去講述，也需要被人們聽到。這一切苦難切不可再重演。

致謝

本書是獻給阿富汗以及阿富汗人民。獻給祖父，他的精神依舊像守護天使，指引我度過順境與逆境。獻給瓦基爾，他至今仍每三、四年來我夢裡與我相會。獻給父母，他們是我在世上最看重的家人。獻給姊妹與弟弟，他們即將在阿富汗或其他國家成家立業。獻給我深愛的叔叔、嬸嬸、堂親們，謝謝他們不吝和我分享。

若史帝芬・蘭德雷根（Stephen Landrigan）沒有來阿富汗，若我不認識他，本書不可能問世。他靜靜聽我講述我揮之不去的諸多記憶，鼓勵我勇敢寫出來，減輕心裡的煎熬。他的鼓勵與指導，讓我發現自己熱愛寫作。有一天我會寫本書，巨細靡遺地記錄他對阿富汗的所有善舉，想必是一本厚書。

誠摯感謝科羅拉多大學的賈西亞（J. Garcia）與琳達・尼西塔（Linda Nicita），因為我尚未精通英語，多虧他們看了我的初稿，修改了所有文法與拼法的錯誤。感謝勞倫斯・蘭德雷根（Laurence E. Landrigan）認真閱讀與編輯我的手稿，並提出許多深刻見解。大家的慷慨與義助讓我難忘，也樂於讓大家知道他們的慷慨。

卡勒德・胡賽尼（Khaled Hosseini）與麥可・派崔克・麥克唐納（Michael Patrick MacDonald），不僅用他們的作品啟發了我，也幫我打開大門，接觸多位經紀人與出版商。對他們，我心存感激。

我特別感謝法勒、斯特勞斯和吉魯出版公司（Farrar, Straus and Giroux）的編輯寇特妮・霍德爾（Courtney Hodell），她的專業素養、善心以及多次改稿，讓本書得以順利問世。還要大大感謝迪斯特爾和戈德里奇文學管理公司（Dystel & Goderich Literary Management）的經紀人潔西卡・帕潘（Jessica Papin），感謝她十足的活力與不懈的努力，穿針引線讓我認識法勒、斯特勞斯和吉魯的團隊。多虧團隊裡的馬里昂・杜維特（Marion Duvert）與迪文・馬佐尼（Devon Mazzone）協助，本書得以多種語言在許多國家出版問世。羅琴・希佛斯（Lottchen Shivers）是本書的公關宣傳，感謝她打開本書的知名度。

最後，感謝簷妮・哈里斯（Janie Harris）。早在本書問世之前，她就給我看了第一篇的評論。能讓生活在世界另一端的讀者，因為我的作品而心情波動，我為此深受感動。

我希望本書能勾起更多人的好奇心與興趣，進一步認識阿富汗文化的多層性。由於陰錯陽差以及許多錯誤的理由，阿富汗文化出其不意成了世界矚目的焦點。

SPOT 15

如詩的地毯：喀布爾男孩成長記
A Fort of Nine Towers: An Afghan Family Story

作者：Qais Akbar Omar（凱斯 · 阿克巴 · 歐馬）
譯者：鍾玉玨
責任編輯：冼懿穎
封面設計： 三人制創
美術編輯：Beatniks
校對：呂佳真

法律顧問：全理法律事務所董安丹律師
出版者：英屬蓋曼群島商網路與書股份有限公司台灣分公司
發行：大塊文化出版股份有限公司
台北市 10550 南京東路四段 25 號 11 樓
www.locuspublishing.com
TEL：(02)8712-3898　FAX：(02)8712-3897
讀者服務專線：0800-006689
郵撥帳號：18955675　戶名：大塊文化出版股份有限公司

總經銷：大和書報圖書股份有限公司
地址：新北市新莊區五工五路 2 號
TEL：(02)8990-2588　FAX：(02)2290-1658
製版：瑞豐實業股份有限公司

初版一刷：2015 年 12 月
定價：新台幣 480 元
ISBN： 978-986-6841-68-2

Printed in Taiwan

國家圖書館出版品預行編目 (CIP) 資料

如詩的地毯：喀布爾男孩成長記 / 凱斯 . 阿克巴 . 歐馬 (Qais Akbar Omar) 著 ; 鍾玉玨譯 . -- 初版 . -- 臺北市 : 網路與書, 2015.12

464 面 ; 17 * 23 公分 . -- (Spot ; 15)

譯自 : A fort of nine towers : an Afghan family story

ISBN 978-986-6841-68-2(平裝)

1. 歐馬 (Omar, Qais Akbar.) 2. 傳記 3. 社會生活 4. 阿富汗

783.628 104023775

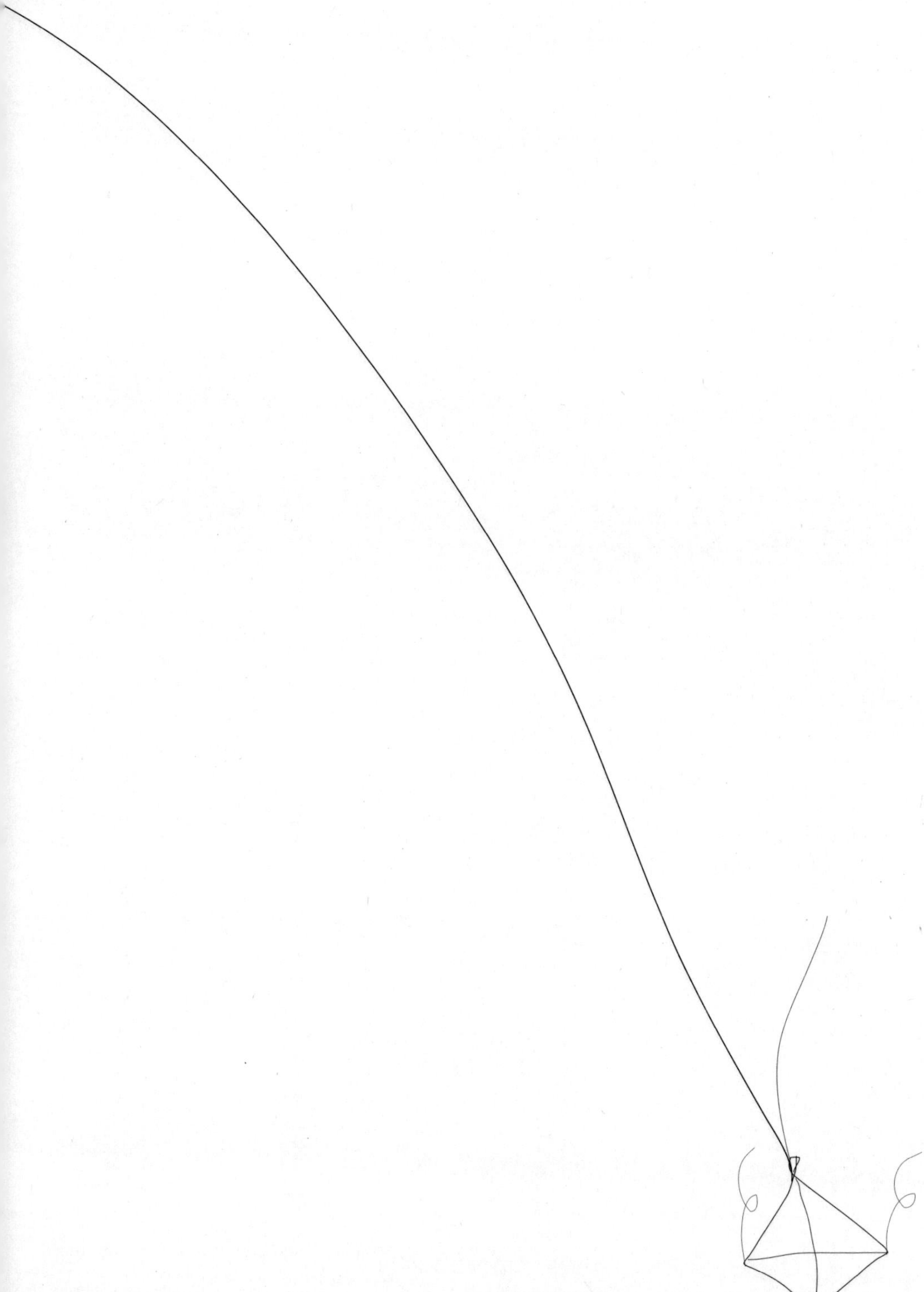

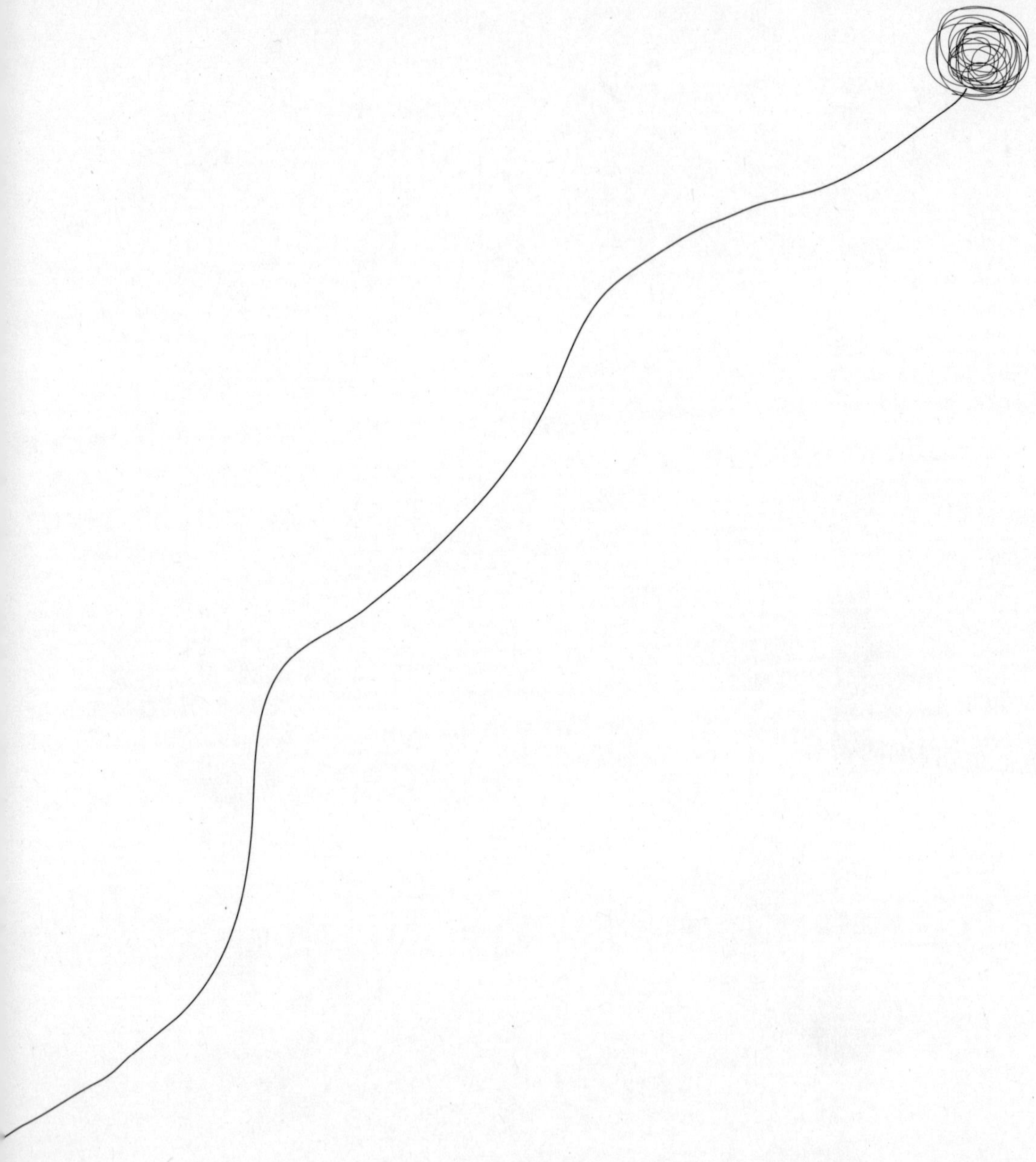